ENCUENTRO CON LA SOMBRA

C. G. Jung, J. Campbell, K. Wilber,
M-L. von Franz, R. Bly, L. Dossey,
M. S. Peck, R. May, J. Pierrakos,
J. A. Sanford, S. Nichols, L. Greene,
B. Hannah, J. Bradshaw y otros

ENCUENTRO CON LA SOMBRA

El poder del lado oculto de la naturaleza humana

Edición a cargo de Connie Zweig
y Jeremiah Abrams

editorial Kairós

Numancia, 117-121
08029 Barcelona

Título original: MEETING THE SHADOW
Traducción: David González y Fernando Mora
Portada: Ana y Agustín Pániker

© 1991 by Jeremiah Abrams y Connie Zweig
© de la versión castellana:
  1992 by Editorial Kairós, S.A.

Primera edición: Junio 1993

ISBN: 84-7245-265-4
Dep. Legal: B-13.787/1993

Fotocomposición: Beluga & Mleka, Córcega, 267, 08008 Barcelona
Impresión y encuadernación: Índice, Caspe, 118-120, 08013 Barcelona

El mal de nuestro tiempo consiste en la pérdida de la conciencia del mal.

KRISHNAMURTI

Todo lo que reprimimos nos debilita hasta el momento en que descubrimos que también constituía una parte de nosotros mismos.

ROBERT FROST

¡Si todo fuera tan sencillo! Si en algún lugar existieran personas acechando para perpetrar iniquidades bastaría con separarlos del resto de nosotros y destruirlos. Pero la línea que divide el bien del mal pasa por el centro mismo del corazón de todo ser humano. ¿Y quién está dispuesto a destruir un solo fragmento de su propio corazón?

ALEXANDER SOLZHENITSYN

Lo que no se hace consciente se manifiesta en nuestras vidas como destino.

C. G. JUNG

AGRADECIMIENTOS

Deseamos expresar nuestra más profunda admiración por los poetas y artistas que nos han mostrado el camino que conduce al lado oscuro, especialmente aquellos cuyas reflexiones sobre el tema de la sombra han influido más profundamente en la elaboración este libro y en nuestra propia vida: C. G. Jung, John A. Sanford, Adolf Guggenbühl-Craig, Marie-Louise von Franz y Robert Bly.

También agradecemos el apoyo afectuoso y la creativa colaboración de Jeremy Tarcher, Barbara Shindell, Hank Stine, Daniel Malvin, Paul Murphy, Susan Shankin, Susan Deixler, Lisa Chadwick, Steve Wolf, Joel Covitz, Tom Rautenberg, Bob Stein, Suzanne Wagner, Linda Novack, Michael y Kathryn Jaliman, Peter Leavitt, Deena Metzger, Marsha de la O, el círculo de escritores sobre la mujer, Bill y Vivienne Howe, Bruce Burman, Andrew Schultz y el personal de las bibliotecas del C. G. Jung Institute de Los Angeles y de San Francisco.

Mención especial merecen también Jane, Marian, Susan y April, hermanas de sombra de Connie. Un reconocimiento eterno a mis sabios padres y un guiño cómplice para los pacientes hijos de Jeremiah, Raybean y Pito.

Una breve nota sobre el lenguaje

Creemos que el lenguaje que compartimos crea y refleja, al mismo tiempo, las actitudes implícitas de nuestra cultura.

Por esta razón pedimos disculpas por el anticuado uso de la forma masculina *él* utilizada en los escritos seleccionados para referirnos al ser humano en general. Actualmente esta práctica parece fuera de tiempo y de lugar. Desafortunadamente, sin embargo, no disponemos todavía de un estilo más adecuado. Esperamos su pronta aparición.

LOS EDITORES

PRÓLOGO

Connie Zweig

En la mitad de mi vida descubrí mis propios demonios. A partir de ese momento gran parte de lo que hasta entonces había considerado como algo positivo se convirtió en una maldición. El anchuroso camino se estrechó, la luz se ensombreció y, en la oscuridad de las tinieblas, mi santo –tan repeinado y bien educado– tropezó con mi pecador.

Entonces mi admiración por la Luz, mi apasionado optimismo, mi confianza implícita en los demás y mi compromiso con la meditación y con un camino de iluminación dejaron de ser una bendición y se transformaron en una amenaza, una forma de pensar y de sentir tan profundamente arraigada que parecía arrojarme inerme frente a sus opuestos, el tormento por los ideales frustrados, la angustia por mi ingenuidad y el aspecto más tenebroso de la Divinidad. En esa época tuve el siguiente sueño:

> Estoy en la playa con mi antiguo novio. La gente se está bañando. De pronto aparece un gran tiburón negro y se echa de menos a un niño. Todo el mundo se asusta y el pánico cunde por doquier. Mi novio no comprende el peligro que corre y persigue al pez, una criatura mítica.
> De algún modo toco al pez y descubro que es de plástico. Clavo entonces un dedo en él, lo pincho y comienza a desinflarse.

Mi novio está furioso, como si yo hubiera asesinado a Dios. Para él la vida del tiburón era más importante que la vida humana. Mi novio se marcha caminando junto al agua y yo deambulo durante un rato y termino entrando en el bosque donde me espera una manta azul.

Cuando analicé este sueño descubrí que jamás había tomado en serio a la sombra. Hasta entonces había creído –en una especie de *hubris* espiritual– que la disciplina del autocontrol podría ayudarme a dominar la sombra del mismo modo que había hecho con mi dieta y mis estados de ánimo, que la vida interna profunda y comprometida podría protegerme del sufrimiento, que las creencias y las prácticas esotéricas podrían, en fin, aplacar el poder de la sombra.

Pero el lado oscuro asume numerosos disfraces. En mi caso la confrontación con la sombra fue espantosa, lacerante y profundamente desalentadora. Las amistades íntimas comenzaron a resquebrajarse hasta terminar rompiéndose y despojándome del aliento vital que hasta entonces me habían proporcionado. Mi fortaleza reveló su vulnerabilidad y en lugar de fomentar mi desarrollo se convirtió en un escollo insalvable. Al mismo tiempo una serie de desagradables potencialidades desconocidas hasta el momento emergieron a la superficie sacudiendo profundamente la imagen de mí misma a la que estaba acostumbrada.

Entonces todo mi optimismo y el temperamento equilibrado que me caracterizaban se desvanecieron en la nada y me sumí en en la desesperación. A los cuarenta años caí en una profunda depresión y viví lo que Herman Hesse denominaba «un infierno de cieno». Entonces brotó de mi interior una furia insospechada –como si súbitamente me hallara poseída por algún primitivo dios airado– que terminó dejándome extenuada y avergonzada.

La búsqueda de sentido que había orientado mi vida hacia la investigación, la psicoterapia y la meditación se convirtió en una amenaza. Mi autosuficiencia emocional y mi celosa independencia de los hombres dio paso a una dolorosa vulnerabilidad y súbitamente me transformé en *una de esas mujeres* que viven obsesionadas por las relaciones íntimas.

Mi vida pareció desbaratarse de repente. Todo lo que hasta entonces había sido una realidad incuestionable se vino abajo como un tigre de papel arrastrado por el viento. Sentía que estaba convirtiéndome en lo que nunca había sido y todo lo que tanto me había esforzado en construir perdió su sentido. La madeja de la historia de mi vida comenzó a desenredarse y todo aquello que hasta ese momento había descuidado y menospreciado brotó de mi interior como si se tratara de otra vida –aunque también mía–, mi imagen especular, mi invisible gemelo.

Entonces pude comprender porque hay gente que enloquece; porque hay personas que se lanzan a vivir apasionadas aventuras amorosas a pesar de disfrutar de una relación matrimonial estable; porque hay quienes gozando de una sólida seguridad económica se dedican a robar, atesorar o malgastar el dinero; entonces comprendí, en fin, por qué Goethe dijo que jamás había escuchado hablar de un crimen que él no fuera también capaz de cometer. Me sentía capaz de cualquier cosa.

En esa época recordé haber leído en algún lugar la historia de aquel juez que, poco antes de condenar a muerte a un asesino, reconoce en los ojos del condenado sus propios impulsos criminales.

De este modo, los aspectos más lóbregos y criminales de mi ser se hicieron patentes pero, en lugar de condenarlos a muerte y relegarlos de nuevo a las profundidades del reino de la oscuridad, decidí intentar afrontarlos y reorganizar mi vida. Así, después de haber atravesado un período de profunda desesperación, estoy comenzando a sentirme más completa, experimento una expansión de mi naturaleza y mi relación con los demás es mucho más profunda que antes.

Cuando hace unos veinte años me hallaba en la cúspide de la soberbia espiritual mi madre me dijo, en cierta ocasión, que admiraba mi amor por la humanidad pero que dudaba un tanto de mi afecto por los seres humanos individuales. La aceptación gradual de los impulsos más oscuros de mi ser ha favorecido el desarrollo auténtico de mi compasión. Hace un tiempo desdeñaba a las personas normales, llenas de deseos y contradicciones; hoy, en cambio, me parecen algo extraordinario.

Para que mi vida externa no quedara destrozada y no tuviera que desechar el creativo estilo de vida que tanto me gusta busqué una forma simbólica de favorecer el alumbramiento de mi sombra. Para ello, durante la elaboración de este libro viajé a Bali, donde la lucha entre el bien y el mal constituye el tema central de cualquier danza y de cualquier espectáculo de sombras chinescas. Existe incluso un ritual de iniciación en el que, a los diecisiete años, los balineses liman sus colmillos para exorcisar los demonios de la ira, los celos, el orgullo y la avaricia después del cual el individuo se siente purificado y renovado. Lamentablemente, sin embargo, hace mucho tiempo que nuestra cultura ha dejado de prestar atención a este tipo de ceremonias de iniciación.

De este modo, la elaboración de este libro ha terminado convirtiéndose para mí en una forma de cartografiar el camino del descenso y de llevar la luz a la oscuridad.

INTRODUCCIÓN: EL LADO OSCURO DE LA VIDA COTIDIANA

Connie Zweig y Jeremiah Abrams

¿Cómo puede haber tanta maldad en el mundo?
Conociendo a la humanidad lo que me asombra
es que no haya más.

WOODY ALLEN, *Hannah y sus hermanas*

En 1886 –más de una década antes de que Freud se zambullera en las profundidades de la mente humana– Robert Louis Stevenson tuvo un sueño muy revelador en el que un hombre perseguido por haber cometido un crimen ingiere una pócima y sufre un cambio drástico de personalidad que le hace irreconocible. De esta manera, el Dr. Jekyll, un amable y esforzado científico, termina transformándose en el violento y despiadado Mr. Hyde, un personaje cuya maldad iba en aumento a medida que se desarrollaba el sueño.

Stevenson utilizó la materia prima de este sueño como argumento para escribir su hoy famoso *El Extraño Caso del*

Dr. Jekyll y Mr. Hyde. Con el correr de los años el tema de esta novela ha terminado formando parte integral de nuestra cultura popular y no es infrecuente escuchar a nuestros semejantes tratando de explicar su conducta con justificaciones del tipo: «no era yo mismo», «era como si un demonio le poseyera» o «se convirtió en una bruja», por ejemplo. Según el analista junguiano John A. Sanford, los argumentos que resuenan en gran parte de la humanidad encierran cualidades arquetípicas que pertenecen a los sedimentos más universales de nuestro psiquismo.

Cada uno de nosotros lleva consigo un Dr. Jekyll y un Mr. Hyde, una persona afable en la vida cotidiana y otra entidad oculta y tenebrosa que permanece amordazada la mayor parte del tiempo. Bajo la máscara de nuestro Yo* consciente descansan ocultas todo tipo de emociones y conductas negativas –la rabia, los celos, la vergüenza, la mentira, el resentimiento, la lujuria, el orgullo y las tendencias asesinas y suicidas, por ejemplo–. Este territorio arisco e inexplorado para la mayoría de nosotros es conocido en psicología como *sombra personal*.

Introducción a la sombra

La sombra personal se desarrolla en todos nosotros de manera natural durante la infancia. Cuando nos identificamos con determinados rasgos ideales de nuestra personalidad –como la buena educación y la generosidad, por ejemplo, cualidades que, por otra parte, son reforzadas sistemáticamente por el entorno que nos rodea– vamos configurando lo que W. Brugh Joy llama el Yo de las Resoluciones de Año Nuevo. No obstante, al mismo tiempo, vamos desterrando también a la sombra aquellas otras cualidades que no se adecuan a nuestra imagen ideal –como la grosería y el egoísmo,

---

* Yo es la traducción de Self; nos ha parecido más apropiado que la habitual sí-mismo o el término original inglés. (*N. del E.*)

por ejemplo–. De esta manera, el ego y la sombra se van edificando simultáneamente alimentándose, por así decirlo, de la misma experiencia vital.

Carl G. Jung descubrió la indisolubilidad del ego y de la sombra en un sueño que recoge en su autobiografía *Recuerdos, Sueños, Pensamientos*:

> Era de noche y me hallaba en algún lugar desconocido avanzando lenta y penosamente en medio de un poderoso vendaval. La niebla lo cubría todo. Yo sostenía y protegía con las manos una débil lucecilla que amenazaba con apagarse en cualquier momento. Todo parecía depender de que consiguiera mantener viva esa luz.
>
> De repente tuve la sensación de que algo me seguía. Entonces me giré y descubrí una enorme figura negra que avanzaba tras de mí. A pesar del terror que experimenté no dejé de ser consciente en todo momento de que debía proteger la luz a través de la noche y la tormenta.
>
> Cuando desperté me di cuenta de inmediato de que la figura que había visto en sueños era mi sombra, la sombra de mi propio cuerpo iluminado por la luz recortándose en la niebla. También sabía que esa luz era mi conciencia, la única luz que poseo, una luz infinitamente más pequeña y frágil que el poder de las tinieblas pero, al fin y al cabo, una luz, mi única luz.

Son muchas las fuerzas que coadyuvan a la formación de nuestra sombra y determinan lo que está permitido y lo que no lo está. Los padres, los parientes, los maestros, los amigos y los sacerdotes constituyen un entorno complejo en el que aprendemos lo que es una conducta amable, adecuada y moral y lo que es un comportamiento despreciable, bochornoso y pecador.

La sombra opera como un sistema psíquico autónomo que perfila lo que es el Yo y lo que no lo es. Cada cultura –e incluso cada familia– demarca de manera diferente lo que corresponde al ego y lo que corresponde a la sombra. Algunas, por ejemplo, permiten la expresión de la ira y la agresividad mientras que la mayoría, por el contrario, no lo hacen así; unas reconocen la sexualidad, la vulnerabilidad y las emociones intensas y otras no; unas, en fin, consienten la ambición por el dinero, la expresión artística y o el desarrollo intelectual mientras que otras, en cambio, apenas si las toleran.

En cualquiera de los casos, todos los sentimientos y capacidades rechazados por el ego y desterrados a la sombra alimentan el poder oculto del lado oscuro de la naturaleza humana. No todos ellos, sin embargo, son rasgos negativos. Según la analista junguiana Liliane Frey-Rohn, este misterioso tesoro encierra tanto facetas infantiles, apegos emocionales y síntomas neuróticos como aptitudes y talentos que no hemos llegado a desarrollar. Así, en sus mismas palabras, la sombra «permanece conectada con las profundidades olvidadas del alma, con la vida y la vitalidad; ahí puede establecerse contacto con lo superior, lo creativo y lo universalmente humano».

La enajenación de la sombra

Nosotros no podemos percibir directamente el dominio oculto de la sombra ya que ésta, por su misma naturaleza, resulta difícil de aprehender. La sombra es peligrosa e inquietante y parece huir de la luz de la conciencia como si ésta constituyera una amenaza para su vida.

El prolífico analista junguiano James Hillman dice: «El inconsciente no puede ser consciente, la luna tiene su lado oscuro, el sol también se pone y no puede brillar en todas partes al mismo tiempo y aún el mismo Dios tiene dos manos. La atención y la concentración exigen que ciertas cosas se mantengan fuera del campo de nuestra visión y permanezcan en la oscuridad. Es imposible estar en ambos lugares al mismo tiempo».

Así pues, sólo podemos ver a la sombra indirectamente a través de los rasgos y las acciones de los demás, sólo podemos darnos cuenta de ella con seguridad *fuera de nosotros mismos*. Cuando, por ejemplo, nuestra admiración o nuestro rechazo ante una determinada cualidad de un individuo o de un

17

grupo –como la pereza, la estupidez, la sensualidad o la espiritualidad, pongamos por caso– es desproporcionada, es muy probable que nos hallemos bajo los efectos de la sombra. De este modo, pretendemos expulsar a la sombra de nuestro interior *proyectando* y atribuyendo determinadas cualidades a los demás en un esfuerzo inconsciente por desterrarlas de nosotros mismos.

La analista junguiana Marie-Louise von Franz ha insinuado que el mecanismo de la proyección se asemeja al hecho de disparar una flecha mágica. Si el receptor tiene un punto débil como para recibir la proyección la flecha da en el blanco. Así, por ejemplo, cuando proyectamos nuestro enfado sobre una pareja insatisfecha, nuestro seductor encanto sobre un atractivo desconocido o nuestras cualidades espirituales sobre un guru, nuestra flecha da en el blanco y la proyección tiene lugar estableciéndose, a partir de entonces, un misterioso vínculo entre el emisor y el receptor, cosa que ocurre, por ejemplo, cuando nos enamoramos, cuando descubrimos a un héroe inmaculado o cuando tropezamos con alguien absolutamente despreciable, por ejemplo.

Nuestra sombra personal contiene todo tipo de capacidades potenciales sin manifestar, cualidades que no hemos desarrollado ni expresado. Nuestra sombra personal constituye una parte del inconsciente que complementa al ego y que representa aquellas características que nuestra personalidad consciente no desea reconocer y, consecuentemente, repudia, olvida y destierra a las profundidades de su psiquismo sólo para reencontrarlas nuevamente más tarde en los enfrentamientos desagradables con los demás.

El encuentro con la sombra

Pero aunque no podamos contemplarla directamente la sombra aparece continuamente en nuestra vida cotidiana y podemos descubrirla en el humor (en los chistes sucios o en las payasadas, por ejemplo) que expresan nuestras emociones más ocultas, más bajas o más temidas. Cuando algo nos resulta muy divertido –el resbalón sobre una piel de plátano o el descubrimiento de un tabú corporal–, también nos hallamos en presencia de la sombra. Según John A. Sanford, la sombra suele ser la que ríe y se divierte, por ello es muy probable que quienes carezcan de sentido del humor tengan una sombra muy reprimida.

La psicoanalista inglesa Molly Tuby describe seis modalidades diferentes para descubrir a la sombra en nuestra vida cotidiana:

- En los sentimientos exagerados con respecto a los demás. («¡No puedo creer que hiciera tal cosa!» «¡No comprendo cómo puede llevar esa ropa!»)
- En el feedback negativo de quienes nos sirven de espejo. («Es la tercera vez que llegas tarde sin decírmelo.»)
- En aquellas relaciones en las que provocamos de continuo el mismo efecto perturbador sobre diferentes personas. («Sam y yo creemos que no has sido sincero con nosotros.»)
- En las acciones impulsivas o inadvertidas. («No quería decir eso.»)
- En aquellas situaciones en las que nos sentimos humillados. («Me averguenza su modo de tratarme.»)
- En los enfados desproporcionados por los errores cometidos por los demás. («¡Nunca hace las cosas a su debido tiempo!» «Realmente no controla para nada su peso.»)

También podemos reconocer la irrupción inesperada de la sombra cuando nos sentimos abrumados por la vergüenza o la cólera o cuando descubrimos que nuestra conducta está fuera de lugar. Pero la sombra suele retroceder con la misma prontitud con la que aparece porque descubrirla puede constituir una amenaza terrible para nuestra propia imagen.

Es precisamente por este motivo que rechazamos tan rápidamente –sin advertirlas siquiera– las fantasías asesinas, los pensamientos suicidas o la embarazosa envidia que tantas cosas podría revelarnos sobre nuestra propia oscuridad. R. D. Laing describía poéticamente este reflejo de negación de la mente del siguiente modo:

El rango de lo que pensamos y hacemos
está limitado por aquello de lo que no nos damos cuenta.
Y es precisamente el hecho de no darnos cuenta
de que no nos damos cuenta
lo que impide
que podamos hacer algo
por cambiarlo.
Hasta que nos demos cuenta
de que no nos damos cuenta
seguirá moldeando nuestro pensamiento y nuestra acción.

Si la negación persiste, como dice Laing, ni siquiera nos daremos cuenta de que no nos damos cuenta. Es frecuente, por ejemplo, que el encuentro con la sombra tenga lugar en la mitad de la vida, cuando nuestras necesidades y valores más profundos tienden a cambiar el rumbo de nuestra vida determinando incluso, en ocasiones, un giro de ciento ochenta grados y obligándonos a romper nuestros viejos hábitos y a cultivar capacidades latentes hasta ese momento. Pero a menos que nos detengamos a escuchar esta demanda permaneceremos sordos a sus gritos.

La depresión también puede ser la consecuencia de una confrontación paralizante con nuestro lado oscuro, un equivalente contemporáneo de la noche oscura del alma de la que hablan los místicos. Pero la necesidad interna de descender al mundo subterráneo puede ser postergada por multitud de causas, como una jornada laboral muy larga, las distracciones o los antidepresivos que sofocan nuestra desesperación. En cualquiera de estos casos el verdadero objetivo de la melancolía escapa de nuestra comprensión.

Encontrar a la sombra nos obliga a ralentizar el paso de nuestra vida, escuchar las evidencias que nos proporciona el cuerpo y concedernos el tiempo necesario para poder estar solos y digerir los crípticos mensajes procedentes del mundo subterráneo.

La sombra colectiva

Hoy en día, cada vez que abrimos un periódico o vemos el telediario tropezamos cara a cara con los aspectos más tenebrosos de la naturaleza humana. Los mensajes emitidos a diario por los medios de difusión de masas a toda nuestra aldea global electrónica evidencian de continuo las secuelas más lamentables de la sombra. El mundo se ha convertido así en el escenario de la *sombra colectiva*.

La sombra colectiva –la maldad humana– reclama por doquier nuestra atención: vocifera desde los titulares de los quioscos; deambula desamparada por nuestras calles dormitando en los zaguanes; se agazapa detrás de los neones que salpican de color los rincones más sórdidos de nuestras ciudades; juega con nuestro dinero desde las entidades financieras; alimenta la sed de poder de los políticos y corrompe nuestro sistema judicial; conduce ejércitos invasores hasta lo más profundo de la jungla y les obliga a atravesar las arenas del desierto; trafica vendiendo armas a enloquecidos líderes y entrega los beneficios a insurrectos reaccionarios; poluciona nuestros ríos y nuestros océanos y envenena nuestros alimentos con pesticidas invisibles.

Estas consideraciones no son el resultado de un nuevo fundamentalismo basado en una actualizada versión bíblica de la realidad. Nuestra época nos ha forzado a ser testigos de este dantesco espectáculo. No hay modo de eludir el espantoso y sombrío fantasma invocado por la corrupción política, el fanatismo terrorista y los criminales de cuello blanco. Nuestro apetito interno de totalidad –patente ahora más que nunca en el sofisticado engranaje de la comunicación global– nos exige hacer frente a la conflictiva hipocresía que se extiende por doquier.

De este modo, mientras que muchos individuos y grupos

viven los aspectos socialmente más benignos de la existencia otros, en cambio, padecen sus facetas más desagradables y terminan convirtiéndose en el objeto de las proyecciones grupales negativas de la sombra colectiva (véase sino fenómenos tales como la caza de brujas, el racismo o el proceso de creación de enemigos, por ejemplo). Así, para el anticomunismo norteamericano la Unión Soviética es el imperio del mal mientras que los musulmanes consideran que los Estados Unidos encarnan el poder de Satán; según los nazis los judíos son sabandijas bolcheviques, en opinión de los monjes cristianos las brujas están aliadas con el diablo y para los defensores sudafricanos del *apartheid* y para los miembros del Ku Klux Klan los negros no son seres humanos y, por tanto, no merecen los derechos y los privilegios de los que gozan los blancos.

El poder hipnótico y la naturaleza contagiosa de estas intensas emociones resulta evidente en la expansión de la persecución racial, la violencia religiosa y las tácticas propias de la caza de brujas. Es como si unos seres humanos ataviados con sombrero blanco intentaran deshumanizar a quienes no lo llevan para justificarse a sí mismos y terminar convenciéndose de que exterminarlos no significa, en realidad, matar seres humanos.

A lo largo de la historia la sombra ha aparecido ante la imaginación del ser humano asumiendo aspectos tan diversos como, por ejemplo, un monstruo, un dragón, Frankenstein, una ballena blanca, un extraterrestre o alguien tan ruin que difícilmente podemos identificarnos con él y que rechazamos como si de la Gorgona se tratara. Uno de las principales finalidades de la literatura y del arte ha sido la de mostrar el aspecto oscuro de la naturaleza humana. Como dijo Nietzsche: «El arte impide que muramos de realidad».

Cuando utilizamos el arte o los medios de difusión de masas –incluida la propaganda política– para referirnos a alguien y convertirlo en un diablo, estamos intentando debilitar sus defensas y adquirir poder sobre él. Esto podría ayudarnos a comprender la plaga del belicismo y del fanatismo religioso puesto que el rechazo o la atracción por la violencia y el caos de nuestro mundo nos lleva a convertir mentalmente a *los demás* en los depositarios del mal y los enemigos de la civilización.

El fenómeno de la proyección también puede dar cuenta de la enorme popularidad de las novelas y de las películas de terror ya que, de ese modo, la representación vicaria de la sombra nos permite reactivar y quizás liberar nuestros impulsos más perversos en el entorno seguro que nos ofrece un libro o una sala cinematográfica.

Los cuentos para niños suelen referirse a la lucha entre las fuerzas del bien –ejemplificadas por las hadas– y las fuerzas del mal –representadas por espantosos demonios–. De este modo los niños suelen ser iniciados en el fenómeno de la sombra superando de manera vicaria las pruebas que deben afrontar sus héroes y sus heroínas, aprendiendo así las pautas universales del destino del ser humano.

La censura actual se debate en el campo de los medios de comunicación de masas y de la música pero quienes se aprestan a silenciar la voz de la oscuridad no alcanzan a comprender nuestra urgente necesidad de escucharla. Así, si bien los censores se esfuerzan denodadamente en reescribir *La Caperucita Roja* para que ésta no termine siendo devorada por el lobo ignoran, por otra parte, que de ese modo lo único que consiguen es entorpecer el camino para que los niños afronten el mal con el que necesariamente deberán tropezar a lo largo de su vida.

Cada familia, al igual que cada sociedad, tiene sus propios tabús, sus facetas ocultas. La *sombra familiar* engloba todos aquellos sentimientos y acciones que la conciencia vigílica de la familia considera demasiado amenazadoras para su propia imagen y, consecuentemente, rechaza. Para una honrada y conservadora familia cristiana puede tratarse de la adicción a la bebida o del hecho de casarse con alguien perteneciente a otra confesión religiosa; para una familia atea y liberal, en cambio, quizás se trate de las relaciones homosexuales, por ejemplo. En nuestra sociedad los malos tratos conyugales y el abuso infantil, oculto hasta hace poco en la sombra de la familia, emerge hoy en proporciones epidémicas a la luz del día.

El lado oscuro de la sombra no constituye una adquisición evolutiva reciente fruto de la civilización y de la educación sino que hunde sus raíces en la *sombra biológica* que se asienta en nuestras mismas células. A fin de cuentas, nuestros ancestros animales consiguieron sobrevivir gracias a sus uñas y sus dientes. Nuestra bestia –aunque se mantenga enjaulada la mayor parte del tiempo– permanece todavía viva.

Muchos antropólogos y sociobiólogos creen que la maldad humana es el resultado de refrenar nuestra agresividad, de elegir la cultura sobre la naturaleza y de perder el contacto con nuestro estado salvaje. En esta línea, el médico y antropólogo Melvin Konner cuenta en *The Tangled Wing* la historia de aquel hombre que fue al zoológico y acercándose a un cartel que decía «El Animal Más Peligroso de la Tierra» descubrió asombrado que se hallaba ante un espejo.

Conócete a ti mismo

En la antigüedad los seres humanos conocían las diversas dimensiones de la sombra: la personal, la colectiva, la familiar y la biológica. En los dinteles de piedra del hoy derruido templo de Apolo en Delfos –construido sobre una de las laderas del monte Parnaso– los sacerdotes grabaron dos inscripciones, dos preceptos, que han terminado siendo muy famosos y siguen conservando en la actualidad todo su sentido. En el primero de ellos, «Conócete a tí mismo», los sacerdotes del dios de la luz aconsejaban algo que nos incumbe muy directamente: conócelo todo sobre tí mismo, lo cual podría traducirse como conoce especialmente tu lado oscuro.

Nosotros somos herederos directos de la mentalidad griega pero preferimos ignorar a la sombra, ese elemento que perturba nuestra personalidad. La religión griega, que comprendía perfectamente este problema, reconocía y respetaba también el lado oscuro de la vida y celebraba anualmente –en la misma ladera de la montaña– las famosas bacanales, orgías en las que se honraba la presencia contundente y creativa de Dionisos, el dios de la naturaleza, entre los seres humanos.

Hoy en día Dionisos perdura entre nosotros en forma degradada en la figura de Satán, el diablo, la personificación del mal, que ha dejado de ser un dios a quien debemos respeto y tributo para convertirse en una criatura con pezuñas desterrada al mundo de los ángeles caídos.

Marie-Louise von Franz reconoce las relaciones existentes entre el diablo y nuestra sombra personal afirmando: «En la actualidad, el principio de individuación está ligado al elemento diabólico ya que éste representa una separación de lo divino en el seno de la totalidad de la naturaleza. De este modo, los elementos perturbadores– como los afectos, el impulso autónomo hacia el poder y cuestiones similares– constituyen factores diabólicos que perturban la unidad de nuestra personalidad».

Nada en exceso

La segunda inscripción cincelada en Delfos, «Nada en exceso», es, si cabe, todavía más pertinente a nuestro caso. Según E. R. Dodds, se trata de una máxima por la que sólo puede regirse quien conoce a fondo su lujuria, su orgullo, su rabia, su gula –todos sus vicios en definitiva– ya que sólo quien ha comprendido y aceptado sus propios límites puede decidir ordenar y humanizar sus acciones.

Vivimos en una época de desmesura: demasiada gente, demasiados crímenes, demasiada explotación, demasiada polución y demasiadas armas nucleares. Todos reconocemos y censuramos estos abusos aunque al mismo tiempo nos sintamos incapaces de solucionarlos.

¿Pero qué es, en realidad, lo que *podemos* hacer con todo esto? La mayor parte de las personas destierran directamente las cualidades inaceptables e inmoderadas a la sombra inconsciente o las expresan en sus conductas más oscuras. De este modo, sin embargo, los excesos no desaparecen sino que terminan transformándose en síntomas tales como los sentimientos y las acciones profundamente negativas, los sufrimientos neuróticos, las enfermedades psicosomáticas, las depresiones y el abuso de drogas, por ejemplo.

El hecho es que cuando sentimos un deseo muy intenso y lo relegamos a la sombra opera desde ahí sin tener en cuenta a los demás; cuando estamos muy hambrientos y rechazamos ese impulso terminamos atormentando a nuestro cuerpo comiendo y bebiendo en exceso; cuando sentimos un aspiración elevada y la desterramos a la sombra nos condenamos a la búsqueda de gratificaciones sustitutorias instantáneas o nos entregamos a actividades hedonistas tales como el abuso de alcohol o drogas. La lista podría ser interminable pero lo cierto es que podemos observar por doquier los excesos del crecimiento desmesurado de la sombra:

• La amoralidad de la ciencia y la estrechísima colaboración existente entre el mundo de los negocios y la tecnología pone en evidencia nuestro deseo incontrolado de aumentar nuestro conocimiento y nuestro dominio sobre la naturaleza.

• El papel distorsionado y codependiente de quienes se dedican a las profesiones de ayuda y la codicia de médicos y empresas farmacéuticas que se manifiesta en la compulsión farisaica a ayudar y curar a los demás.

• La apatía del trabajo alienante, la rápida obsolescencia generada por la automación y la *hubris* del éxito se expresan en la aceleración y deshumanización de los trabajos.

• El interés desmesurado en la maximización de los beneficios y el progreso que se evidencian en el crecimiento a ultranza del mercantilismo.

• El consumismo, el abuso de la publicidad, el derroche y la polución desenfrenada nos revelan el grado de materialismo hedonista existente en nuestra sociedad.

• El narcisismo generalizado, la explotación personal, la

manipulación de los demás y el abuso de mujeres y niños evidencia el deseo de controlar las dimensiones innatamente incontrolables de nuestra propia vida.

• La obsesión por la salud, las dietas, los medicamentos y la longevidad a cualquier precio testimonia nuestro permanente miedo a la muerte.

Estas facetas oscuras impregnan todos los estratos de nuestra sociedad y las soluciones que suelen ofrecerse a los excesos de la sombra colectiva, no hacen más que agravar el problema. Consideremos, por ejemplo, las atrocidades cometidas por el fascismo y el autoritarismo en Europa –intentos reaccionarios de solucionar el desorden social, la decadencia y la permisividad de la época o el moderno resurgimiento del fundamentalismo religioso y político que se extiende por doquier y que, en palabras de W. B. Yeats, ha «desatado la anarquía sobre el mundo».

A esto se refería Jung cuando decía: «Hemos olvidado ingenuamente que bajo el mundo de la razón descansa otro mundo. Ignoro lo que la humanidad deberá soportar todavía antes de que se atreva a admitirlo».

Ahora o nunca

Desde tiempo inmemorial la historia nos evidencia las plagas de la maldad humana. Naciones enteras han caído en ataques de histeria colectiva de dimensiones devastadoras. Hoy en día el aparente final de la guerra fría nos coloca en una situación excepcionalmente esperanzadora. Por primera vez las naciones parecen reflexionar sobre sí mismas y tratan de cambiar de rumbo. El siguiente artículo, citado por Jerome S. Bernstein en su libro *Power and Politics*, es sumamente elocuente a este respecto. El 11 de junio de 1988 el *Philadelphia Inquirer* comentaba del siguiente modo la noticia del gobierno soviético anunciando la suspensión temporal de los exámenes de historia en todo el país:

La Unión Soviética anunció ayer la suspensión de los exámenes finales de historia de más de cincuenta y tres millones de estudiantes arguyendo que los textos de historia habían envenenado con mentiras «las mentes y los cuerpos» de generaciones enteras de niños soviéticos.

Isvestia, órgano oficial del gobierno, afirmaba que esta decisión excepcional pretende acabar con la transmisión de mentiras de generación en generación, un proceso que originó la consolidación de un sistema político y económico estalinista al que los actuales líderes quieren poner fin.

«La culpabilidad de quienes han engañado de ese modo a generaciones enteras... es inconmensurable», rezaba uno de los titulares del artículo. «Hoy estamos recogiendo los amargos frutos de nuestra propia lasitud moral, estamos pagando por la conformidad y el silencio aprobador que tanto nos avergüenza y que impide que podamos mirar a la cara y responder sinceramente a las preguntas de nuestros hijos».

Esta admirable confesión pública de toda una nación jalona el final de una era. Según Sam Keen, autor de *Faces of the Enemy*, «las únicas naciones seguras son aquellas que recurren de manera sistemática a la vacuna de la libertad de prensa y en la que se desoyen los gritos emponzoñados que apelan al "destino divino" y la paranoia santificada».

Hoy en día el mundo se mueve en dos direcciones aparentemente opuestas, una de ellas se aleja de los regímenes fanáticos y totalitarios mientras que otra se dirige hacia ellos. Ante tales fuerzas nos sentimos impotentes o experimentamos una sensación de culpabilidad por nuestra complicidad inconsciente en la situación en que se halla inmerso nuestro mundo. Hace ya más de medio siglo que Jung describió explícitamente la naturaleza de este vínculo: «La voz interna pertenece a la conciencia cualesquiera sean los sufrimientos de la totalidad –sea cual fuere la nación o la humanidad de la que formemos parte. El mal se presenta pues en forma individual y debemos comenzar suponiendo que sólo constituye un rasgo del carácter individual».

Sólo disponemos de una forma de protegernos de la maldad humana representada por la fuerza inconsciente de las masas: desarrollar nuestra conciencia individual. Si desperdiciamos esta oportunidad para aprender o fracasamos en actualizar lo que nos enseña el espectáculo de la conducta humana perderemos nuestra capacidad de cambiarnos a nosotros mismos y, consecuentemente, de cambiar también al mundo. El mal permanecerá siempre con nosotros lo cual no significa, sin embargo, que debamos tolerar sus desmesuradas consecuencias.

En 1959 Jung dijo: «Es inminente un gran cambio en nuestra actitud psicológica. El único peligro que existe reside en el mismo ser humano. Nosotros somos el único peligro pero lamentablemente somos inconscientes de ello. En nosotros radica el origen de toda posible maldad».

Walt Kelly, el dibujante de Pogo, dijo simplemente: «Hemos encontrado al enemigo, somos nosotros mismos». Hoy en día debemos renovar el significado psicológico de la idea de poder individual. La frontera para enfrentarnos a la sombra se halla –hoy como siempre– en el interior del individuo.

Recuperar la sombra

El descubrimiento de la sombra tiene por objeto fomentar nuestra relación con el inconsciente y expandir nuestra identidad compensando, de ese modo, la unilateralidad de nuestras actitudes conscientes con nuestras profundidades inconscientes.

Según el novelista Tom Robbins «descubrir la sombra nos permite estar en el lugar correcto del modo correcto». Cuando mantenemos una relación correcta con la sombra el inconsciente deja de ser un monstruo diabólico ya que, como señalaba Jung, «la sombra sólo resulta peligrosa cuando no le prestamos la debida atención».

Cuando mantenemos una relación adecuada con la sombra reestablecemos también el contacto con nuestras capacidades ocultas. El *trabajo con la sombra* –un término acuñado para referirnos al esfuerzo constante por desarrollar una relación creativa con la sombra– nos permite:

• Aumentar el autoconocimiento y, en consecuencia, aceptarnos de una manera más completa.
• Encauzar adecuadamente las emociones negativas que irrumpen inesperadamente en nuestra vida cotidiana.
• Liberarnos de la culpa y la vergüenza asociadas a nuestros sentimientos y acciones negativas.
• Reconocer las proyecciones que tiñen de continuo nuestra opinión de los demás.
• Sanar nuestras relaciones mediante la observación sincera de nosotros mismos y la comunicación directa.
• Y utilizar la imaginación creativa –vía sueños, pintura, escritura y rituales– para hacernos cargo de nuestro yo alienado.

Quizás... quizás de ese modo dejemos de oscurecer la densidad de la sombra colectiva con nuestras propias tinieblas personales.

La astróloga y analista junguiana británica Liz Greene señala la naturaleza paradójica de la sombra como depositaria de la oscuridad y baliza que jalona el camino hacia la luz. En su opinión: «El lado enfermo y doliente de nuestra personalidad encierra simultáneamente a la sombra oscura que se niega a cambiar y al redentor que puede transformar nuestra vida y modificar nuestros propios valores. En cierto modo este redentor es anormal porque lleva consigo algún tipo de estigma. Por ello puede descubrir el tesoro escondido, salvar a la princesa o matar al dragón. La sombra es, pues, al mismo tiempo, aquello a redimir y el sufrimiento redentor».

PRIMERA PARTE:

¿QUÉ ES LA SOMBRA?

Cada uno de nosotros proyecta una sombra tanto más oscura y compacta cuanto menos encarnada se halle en nuestra vida consciente. Esta sombra constituye, a todos los efectos, un impedimento inconsciente que malogra nuestras mejores intenciones.

C. G. JUNG

Pero hay un misterio que no comprendo: Sin ese impulso de otredad –diría incluso que de maldad– sin esa terrible energía que se oculta detrás de la salud, la sensatez y el sentido, nada funciona ni puede funcionar. Te digo que la bondad –lo que nuestro Yo vigílico cotidiano denomina bondad– lo normal, lo decente, no son nada sin ese poder oculto que mana ininterrumpidamente de nuestro lado más sombrío.

DORIS LESSING

Yo creo que la sombra del hombre radica en su propia vanidad.

FRIEDRICH NIETZSCHE

Esta cosa oscura que reconozco mía.

WILLIAM SHAKESPEARE

INTRODUCCIÓN

Todo lo que posee substancia posee también una sombra. El ego se yergue ante la sombra como la luz ante la oscuridad. Por más que queramos negarlo somos imperfectos y quizás sea precisamente la sombra –las cualidades que no aceptamos de nosotros mismos, como la agresividad, la vergüenza, la culpa y el sufrimiento, por ejemplo– la que nos permita acceder a nuestra propia humanidad.

Utilizamos todo tipo de metáforas para referirnos al encuentro directo con nuestro aspecto más oscuro –descubrir nuestros demonios, luchar con el diablo, descender al mundo subterráneo, noche oscura del alma, crisis de la mediana edad, etcétera–, ese aspecto tenebroso al que denominamos de muy diversas maneras –Yo enajenado, Yo inferior, gemelo o hermano oscuro (en los escritos bíblicos y mitológicos), doble, Yo reprimido, alter ego, id, etcétera.

¿Pero somos nosotros los que poseemos una sombra o acaso es la sombra la que nos posee a nosotros? Carl G. Jung formuló esta misma pregunta como una adivinanza cuando dijo: «¿Cómo puedes encontrar a un león que te ha devorado?» La sombra es, por definición, inconsciente y, por consiguiente, no siempre es posible saber si estamos o no sometidos al dominio de alguno de los contenidos de nuestra sombra.

Según Jung, todo ser humano conoce intuitivamente el significado de los términos *sombra*, *personalidad inferior* y *alter ego*. «Y si lo ha olvidado» –agregaba bromeando sobre

33

el hombre normal– «ahí están las homilías, su esposa o el recaudador de impuestos para recordárselo».

Para poder descubrir a la sombra en nuestra vida cotidiana, para poder aceptarla y poner así fin al control compulsivo que suele ejercer sobre nosotros, es necesario, antes que nada, tener un conocimiento global sobre el fenómeno. El concepto de sombra se deriva de los hallazgos de Sigmund Freud y Carl G. Jung. Este último se refirió a los descubrimientos de su predecesor como el análisis más profundo y minucioso del abismo existente entre los aspectos luminosos y oscuros de la naturaleza humana. Según Liliane Frey-Rohn, colega y discípula de Jung, «en 1912 –todavía bajo la influencia de las teorías de Freud– Jung utilizó el término "lado oscuro del psiquismo" para referirse a los "deseos no reconocidos" y a los "aspectos reprimidos de la personalidad"».

En su ensayo "Sobre la Psicología del Inconsciente", publicado en 1917, Jung se refirió a la sombra personal como *el otro* en nosotros; la personalidad inconsciente de nuestro mismo sexo; lo inferior y censurable; ese otro yo que nos llena de embarazo y de vergüenza: «Entiendo por sombra el aspecto "negativo" de la personalidad, la suma de todas aquellas cualidades desagradables que desearíamos ocultar, las funciones insuficientemente desarrolladas y el contenido del inconsciente personal».

La sombra sólo es negativa desde el punto de vista de la conciencia. No se trata –como insistía Freud– de algo inmoral e incompatible con nuestra personalidad consciente sino que, por el contrario, contiene cualidades que poseen potencialmente una extraordinaria trascendencia moral. Esto resulta particularmente cierto –decía Frey-Rohn– cuando contiene cualidades que la sociedad valora positivamente pero que el individuo considera como algo inferior.

La sombra de Jung es parecida a lo que Freud denominaba «lo reprimido» pero se diferencia de ello en que constituye una especie de subpersonalidad que posee –como ocurre con la personalidad autónoma superior– sus propios contenidos (sean pensamientos, ideas, imágenes o juicios de valor autónomos).

En 1945 Jung definió a la sombra como lo que una persona no desea ser. «Uno no se ilumina imaginando figuras de luz –afirmó– sino haciendo consciente la oscuridad, un procedimiento, no obstante, trabajoso y, por tanto, impopular».

Hoy en día la sombra se refiere a aquella parte del psiquismo inconsciente contiguo a la conciencia aunque no necesariamente aceptado por ella. De este modo, la personalidad de la sombra, opuesta a nuestras actitudes y decisiones conscientes, representa una instancia psicológica negada que mantenemos aislada en el inconsciente donde termina configurando una especie de personalidad disidente. Desde este punto de vista la sombra es pues una especie de compensación a la identificación unilateral de nuestra mente consciente con aquello que le resulta aceptable.

Para Jung y sus seguidores la psicoterapia constituye un ritual de renovación que nos permite acercar e integrar en la conciencia la personalidad de la sombra, reducir su potencial inhibidor o destructor y liberar la energía positiva de la vida que se halla atrapada en ella. A lo largo de su dilatada y prominente carrera Jung se ocupó también de los problemas de la destructividad personal y de la maldad colectiva. Sus investigaciones terminaron demostrando que el hecho de afrontar la sombra y el mal es, en última instancia, un «secreto individual» equiparable al de experimentar a Dios, una experiencia tan poderosa que puede transformar completamente la vida de una persona.

Según el erudito junguiano Andrew Samuels, Jung trató de dar respuesta a las desconcertantes preguntas que nos preocupan y dedicó su vida a encontrar «una explicación convincente no sólo de la antipatía personal sino también de los prejuicios y persecuciones crueles que asolan nuestro tiempo». Jung se consideraba a sí mismo como un explorador que concibió nuevas formas de conceptualizar los problemas psicológicos, filosóficos, espirituales y religiosos que aquejan al ser humano. En su opinión, su obra está dirigida a quienes buscan el sentido de la vida pero no hallan respuesta en los cauces que les ofrece la fe y la religión tradicional. En *Psicología y Religión*, publicado en 1937, Jung dice: «Probablemente lo único que nos reste por hacer hoy en día es una aproximación psicológica. Es por ello que mi tarea es la de recoger las formas de pensamiento que han quedado históricamente cristalizadas, disolverlas nuevamente y terminar vertiéndolas en los moldes de la experiencia inmediata».

Robert A. Johnson -un famoso autor y conferenciante cuyos escritos pertenecen a la tercera generación de ideas junguianas- afirma que la principal contribución de Jung consiste en el desarrollo de un punto de vista excepcional sobre la conciencia humana. «Jung expuso un modelo del inconsciente de tal trascendencia que el mundo occidental todavía no ha alcanzado a vislumbrar todas sus implicaciones».

Es muy posible que el mayor logro de Jung fuera el de desvelar que el inconsciente constituye la fuente creativa de la que procedemos todos los individuos. De hecho, nuestra mente y nuestra personalidad consciente se desarrolla y madura *a partir* de la materia prima aportada por el inconsciente en relación interactiva con las experiencias que nos proporciona la vida.

Jung definió a la *sombra* -junto al *Yo* (el centro psicológico del ser humano) y al *anima* y al *animus* (las imágenes ideales internalizadas del sexo opuesto, la imagen del alma en cada persona)- como uno de los principales arquetipos del inconsciente colectivo. Los arquetipos son las estructuras innatas y heredadas -las huellas dactilares psicológicas, podríamos decir- del inconsciente que compartimos con todos los seres humanos y terminan prefigurando nuestras características, nuestras cualidades y nuestros rasgos personales. Los arquetipos constituyen, pues, las fuerzas psíquicas dinámicas del psiquismo humano. Según el *Critical Dictionary of Junguian Analysis*: «los dioses son metáforas de conductas arquetípicas y los mitos son actualizaciones de los arquetipos». El proceso del análisis junguiano implica la creciente toma de conciencia de la dimensión arquetípica de nuestra existencia.

Para introducir y definir a la sombra personal hemos elegido los escritos de varios destacados autores junguianos que exponen el tema con la suficiente claridad como para poder utilizarla como técnica terapéutica y como herramienta de crecimiento personal. De este modo, los colaboradores que participan en esta primera parte contribuyen a que tomemos conciencia de la presencia de la sombra en nuestra vida cotidiana. En otras secciones del libro ampliaremos el concepto de sombra y pasaremos de su expresión personal a manifestaciones colectivas tales como el prejuicio, la guerra y la maldad.

El poeta Robert Bly abre esta sección con un extracto de *A Little Book on the Human Shadow* en el que nos narra en primera persona la historia de la sombra. A medida que crecemos – dice Bly– el Yo enajenado se convierte en un «un *saco* que todos arrastramos», un saco que contiene aquellos aspectos inaceptables de nosotros mismos. Bly también señala la relación existente entre el saco personal y otros tipos de bolsa (como el colectivo, por ejemplo).

El siguiente capítulo –"Lo que Sabe la Sombra"– constituye la transcripción de una entrevista realizada en 1989 por D. Patrick Miller al analista y pastor episcopalista de San Diego John A. Sanford para la revista *The Sun*. A lo largo de su carrera Sanford ha afrontado en repetidas ocasiones la difícil cuestión de la maldad del ser humano. En otro capítulo de esta misma sección presentamos su propia explicación psicológica del famoso relato de Robert Louis Stevenson "El Dr. Jekyll y Mr. Hyde".

"La Sombra en la Historia y en la Literatura" es un extracto del libro *Archetypes: A Natural History of the Self*, escrito por el psicólogo británico Anthony Stevens. Este artículo, intercalado entre los dos de Sanford, detalla los pormenores del aspecto que asume la sombra en el trabajo creativo.

"La Actualización de la Sombra en los Sueños" es un resumen del trabajo de la eminente psicóloga y erudita en la investigación onírica Marie-Louise von Franz –una de las colaboradoras más estrechas de Jung– para *El Hombre y sus Símbolos*, una compilación pedagógica de sus últimas ideas publicada y editada por Jung, Marie-Louise von Franz y otros tres discípulos a comienzos de los años sesenta.

Cerraremos esta sección con el artículo "Descubrir a la Sombra en la Vida Cotidiana" escrito por el terapeuta William A. Miller para su libro *Your Golden Shadow*. En él Miller nos muestra un camino hacia la sombra en la vida cotidiana a través de las proyecciones, los lapsus linguae y el humor.

En cierto momento de exasperación Jung reprendió a discípulos demasiado literales que citaban sus conceptos fuera de contexto diciendo que «¡La sombra no es más que la totalidad del inconsciente!» En mi opinión esta es una afirmación válida tan sólo en el caso de que las personas fueran completamente ignorantes del inconsciente en la vida cotidiana. Pero cuando comenzamos a darnos cuenta de ciertos aspectos de nuestra personalidad inconsciente la sombra asume una forma personal identificable que inicia el proceso de trabajo, un proceso que concluye con la toma de conciencia profunda de nuestra propia identidad. Según el analista Erich Neumann: «El Yo descansa oculto en la sombra, ella es quien custodia la puerta, el guardián del umbral. Así pues sólo podremos llegar a recuperar completamente nuestro Yo y alcanzar la totalidad reconciliándonos con la sombra y emprendiendo el camino que se halla detrás de ella, detrás de su sombría apariencia».

1. EL GRAN SACO QUE TODOS ARRASTRAMOS

Robert Bly

Conocido ensayista, traductor y poeta que ha recibido el Premio Nacional de Poesía por su libro *The Light Around the Body*. Entre sus numerosas obras cabe destacar: *Loving a Woman in Two Worlds*; *News of the Universe: Poems of Twofold Conciousness*; *A Little Book on the Human Shadow* y *Iron John: A Book About of Men*. Afincado en Minnesota, Bly suele escribir sobre mitología masculina y dirige seminarios para hombres a lo largo y ancho de todo el país.

La antigua tradición gnóstica afirma que nosotros no inventamos las cosas sino que simplemente las recordamos. En mi opinión, los investigadores europeos más relevantes del lado oscuro son Robert Louis Stevenson, Joseph Conrad y Carl G. Jung, de modo que recurriré a algunas de sus ideas y las sazonaré con otras procedentes de mi propia cosecha.

Comencemos hablando de la sombra personal. A los dos o tres años de edad todo nuestro psiquismo irradia energía y disponemos de lo que bien podríamos denominar una personalidad de 360°. Un niño corriendo, por ejemplo, es una esfera pletórica de energía. Un buen día, sin embargo, escuchamos a nuestros padres decir cosas tales como: «¿Puedes estarte quieto de una vez?» o «¡Deja de fastidiar a tu hermano!» y descubrimos atónitos que les molestan ciertos aspectos de nuestra personalidad. Entonces, para seguir siendo merecedores de su amor comenzamos a arrojar todas aquellas facetas de nuestra personalidad que les desagradan en un saco invisible que todos llevamos con nosotros. Cuando comenzamos a ir a la escuela ese fardo ya es considerablemente grande. Entonces llegan los maestros y nos dicen: «Los niños buenos no se enfadan por esas pequeñeces» de modo que amordazamos también nuestra ira y la echamos en el saco. Recuerdo que cuando mi hermano y yo teníamos doce años vivíamos en Madison, Minnesota, donde se nos conocía con el apodo de «los bondadosos Bly», un epíteto que revela muy claramente lo abarrotados que se hallaban nuestro sacos.

En la escuela secundaria nuestro lastre sigue creciendo. La paranoia que sienten los adolescentes con respecto a los adultos es inexacta pues ahora ya no son sólo estos últimos quienes nos oprimen sino también nuestros mismos compañeros. Recuerdo que durante mi estancia en el instituto me dediqué a intentar emular a los jugadores de baloncesto y todo lo que no coincidía con esa imagen ideal iba a parar al saco. En la actualidad mis hijos están atravesando este proceso y ya he visto a mis hijas, algo mayores, pasar por él. Resulta desalentador percatarse de la extraordinaria cantidad de cosas que van echando en su saco pero ni su madre ni yo podemos hacer nada para evitarlo. Mis hijas, por ejemplo, sufren tantos agravios de sus compañeras como de sus compañeros y sus decisiones parecen estar dictadas por la moda o por ciertas imágenes colectivas sobre la belleza.

Somos una esfera de energía que va menguando con el correr del tiempo y al llegar los veinte años no queda de ella más que una magra rebanada. Imaginemos a un hombre de unos veinticuatro años cuya esfera ha enflaquecido hasta el punto de convertirse en una escuálida loncha de energía (el resto está en la bolsa). Ese par de lonchas –que ni siquiera juntas llegan a constituir una persona completa– se unen en una ceremonia denominada matrimonio. No es de extrañar, por tanto, que la luna de miel suponga el descubrimiento de nuestra propia soledad. A pesar de ello, mentimos al respecto y cuando nos preguntan «¿Qué tal ha ido la luna de miel!» no dudamos en responder automáticamente «¡Extraordinaria!»

Cada cultura llena su saco con contenidos diferentes. El cristianismo, por ejemplo, suele despojarse de la sexualidad pero con ello también termina arrojando necesariamente al saco la espontaneidad. Marie-Louise von Franz nos advierte del peligro que implica la creencia romántica de que el bulto que arrastran los individuos de culturas primitivas es más ligero que el nuestro. Pero en su opinión esta conclusión es errónea porque los sacos de todos los seres humanos tienen aproximadamente las mismas dimensiones. Ese tipo de culturas, por ejemplo, echa en el saco la individualidad y la creatividad. La *participation mystique* o la «misteriosa mente grupal» de la que hablan los antropólogos quizás pueda parecernos fascinante desde cierto punto de vista pero no debemos olvidar que en ese estadio evolutivo cada uno de los miembros de la tribu sabe exactamente lo mismo que cualquiera de sus semejantes.

Al parecer, pasamos los primeros veinte años de nuestra vida decidiendo qué partes de nosotros mismos debemos meter en el saco y el resto lo ocupamos tratando de vaciarlo. En ocasiones, sin embargo, este intento parece infructuoso porque el saco parece que estuviera cerrado herméticamente. Hay un relato del siglo XIX que trata precisamente de este tema. Cierta noche, Robert Louis Stevenson despertó sobresaltado y le contó a su mujer el sueño que acababa de tener. Ella le instó a escribirlo y de ahí salió *El Extraño Caso del Dr. Jekyll y Mr. Hyde*. En una cultura que se guía por modelos ideales como la nuestra, el lado amable de nuestra personalidad tiende a hacerse cada vez más amable y a anular otros aspectos. Imaginemos, por ejemplo, a un hombre occidental, un generoso doctor ocupado exclusivamente en el bienestar de los demás. No hay nada desdeñable en esa actitud, por lo demás, moral y éticamente admirable. El cuento de Stevenson nos enseña, pues, a no negar la existencia del contenido del saco porque éste va desarrollando su propia personalidad paralela y cualquier día puede aparecer ante nuestros ojos como si se tratara de *otra persona*. Si arrojamos al saco la cólera, por ejemplo, es muy probable que el día menos pensado se manifieste ante nosotros asumiendo la figura y los movimientos de un simio.

Todo lo que echamos en esa bolsa regresa e involuciona hacia estadios previos del desarrollo. Supongamos que un joven cierra el saco a los veinte años de edad y no vuelve a abrirlo hasta quince o veinte años más tarde. ¿Qué es lo que ocurrirá entonces cuando abra nuevamente el saco? Lamentablemente, la sexualidad, la violencia, la agresividad, la ira o la libertad que había arrojado al saco habrán sufrido un proceso de regresión y cuando aparezcan de nuevo no sólo asumirán un aspecto rudimentario sino que también mostrarán una manifiesta hostilidad. Es normal que quien abra el saco a los cuarenta y cinco años de edad se atemorice como lo haría quien vislumbrara la amenazadora sombra de un gorila recortándose contra el muro de un oscuro callejón.

La mayor parte de los hombres de nuestra cultura echan en el saco las facetas femeninas de su personalidad. No resulta extraño, pues, que cuando a los treinta y cinco o cuarenta años de edad intentan reestablecer el contacto con su mujer interior descubran que ésta se ha tornado hostil. A su vez, ese mismo hombre percibirá una gran hostilidad procedente de las mujeres con quienes tropiece en su vida cotidiana. En el dominio de lo psicológico existe una regla fundamental: como adentro es afuera. Si una mujer, por ejemplo, desea ser valorada por su feminidad y arroja al saco los aspectos masculinos de su personalidad es muy posible que con el transcurrir de los años descubra una fuerte aversión hacia los hombres y que sus críticas hacia ellos se tornen ásperas e inflexibles. Así, aunque conviva con un hombre hostil que le proporcione una cierta justificación para expresar su hostilidad, una válvula de escape para aliviar su presión, se encontrará no obstante en apuros porque eso no la ayudará a resolver el problema de su propio saco. Mientras esa situación perdure se hallará atrapada en un doble rechazo que origina mucho sufrimiento y se manifiesta tanto en el rechazo hacia sus propios aspectos masculinos como en el rechazo hacia los hombres que encuentre en el exterior.

Así pues, cuando nos negamos a aceptar una parte de nuestra personalidad ésta termina tornándose hostil. Casi podríamos afirmar que es como si se alejara y organizara un motín en contra de nosotros. La poesía de Shakespeare es especialmente sensible al riesgo de este tipo de revueltas internas y gran parte de los problemas que abruman a los reyes de sus obras se refiere a este tema. Hotspur «en Gales» se rebela contra el Rey ya que el rey que ocupa un papel prominente y central se halla siempre expuesto al peligro.

Cuando hace unos pocos años visité Bali me di cuenta de que la antigua cultura hindú estaba operando a través de la mitología para hacer aflorar los contenidos de la sombra a la luz de la vida cotidiana. Las ceremonias religiosas que se celebran en sus templos, por ejemplo, –en los que a diario se representan episodios del *Ramayana*– están impregnadas de elementos terroríficos. Casi todos los hogares balineses están custodiados por una figura dentuda de aspecto feroz, agresivo y hostil, esculpida en piedra que no parece tener la menor intención de hacer el bien. Visité a un artesano que fabricaba máscaras y descubrí que su hijo, de nueve o diez años de edad, estaba sentado en el zaguán cincelando una escultura de aspecto colérico y agresivo. En este caso el ideal no es tanto actualizar las agresividad –como sucede en el fútbol o los toros, por ejemplo– como sublimarla artísticamente. Los balineses pueden ser violentos y brutales en el combate pero en la vida cotidiana son mucho más pacíficos que nosotros. En el sur de los Estados Unidos existe la costumbre de colocar figuras de hierro de pequeños hombrecillos benefactores negros en el césped y nosotros hacemos lo mismo en el norte con ciervos de aspecto manso. Empapelamos nuestras paredes con papeles pintados estampados con rosas, Renoirs sobre el sofá y la música de John Denver en el estéreo. Esto, sin embargo, no evita que la agresividad termine escapando del saco y agreda a cualquiera que se ponga a tiro.

Dejemos de lado ahora estas diferencias entre la cultura balinesa y la norteamericana y centrémonos en la analogía que nos proporciona un proyector de cine. Supongamos que miniaturizamos ciertas partes de nosotros mismos, las laminamos, las metemos en una lata y las guardamos en la oscuridad. Luego cierta noche –siempre de noche– mientras vamos conduciendo descubrimos la imagen de un hombre y de una mujer en una enorme pantalla de cine al aire libre. La figura es tan grande que no podemos apartar los ojos de ella y decidimos aparcar y contemplar el espectáculo. De esta manera, mientras las imágenes permanecen recluidas en la oscuridad de una lata y no son más que figuras impresas en una delgada película tienen una leve y macilenta existencia diurna pero cuando se prende cierta luz detrás de nuestras cabezas aparecen en la pantalla unas figuras de aspecto fantasmal que encienden cigarrillos y desenfundan amenazadoramente sus pistolas. Se trata de figuras doblemente ocultas ya que no han tenido la oportunidad de «desarrollarse» plenamente y han permanecido ocultas en la oscuridad de una lata. Nuestros psiquismos son proyectores naturales y cuando se activan de la manera adecuada se despliega en el exterior la imagen que durante tantos años habíamos guardado en la oscuridad. De este modo, por ejemplo, la ira que hemos almacenado durante veinte años puede terminar revelándose el día menos pensado en el rostro de la esposa, una mujer puede descubrir cada noche a un héroe en su marido o, como sucede con Nora en *Casa de Muñecas*, darse cuenta súbitamente de que su esposo es un tirano.

Hace poco encontré mis antiguos diarios y elegí uno al azar fechado en 1956. Recuerdo que durante ese año estuve tratando de escribir un poema sobre la figura del hombre de negocios y también recuerdo que la historia del rey Midas andaba rondando por mi cabeza. En mi poema decía que al hombre de negocios le ocurre lo que a Midas –que transforma en dinero todo lo que toca– y que a ello se debe, en cierto modo, su avidez. Recordé a los hombres de negocios que conocía y el tiempo que pasé criticándoles. Pero a medida que leía descubrí conmocionado que todo aquello no era más que una proyección de mi propia película. En aquel tiempo apenas si podía comer. Cualquier alimento que me ofreciera un amigo, una mujer o un niño, se convertía en metal al entrar en contacto como mi boca. ¿Es clara la imagen? Nadie puede comer o beber metal. Midas era pues una buena imagen de lo que me estaba ocurriendo. Pero mi Midas interior estaba enrollado en una lata y, por ello, cada noche quedaba fascinado por los insensatos y perversos hombres de negocios que aparecían en la pantalla grande. Un par de años después escribí un libro, que nadie quiso publicar, titulado *Poems for the Ascension of J. P. Morgan*, en el que cada uno de los poemas dedicados a los hombres de negocios iba acompañado de un anuncio sacado de algún periódico o alguna revista. Casi todo el libro era una proyección. Veamos un poema, titulado «Inquietud», escrito en aquella época:

Una extraña desazón conmueve las naciones.
Es la última danza, la furiosa agitación del mar de Morgan.
El reparto del botín,
Una lasitud que penetra en los diamantes del cuerpo.
La rebelión se inicia en la secundaria,
Y, cuando la lucha finaliza,
Y la tierra y el mar han sido desolados,
El niño se halla medio muerto.
Entonces dos figuras salen y se alejan de nosotros.
Pero el simio silba sobre la costa de la muerte
Trepando y descendiendo, removiendo nueces y piedras,
Brincando en el árbol
Cuyas ramas sostienen la expansión del frío.
Los planetas giran, y lo mismo hace el negro sol,
El canto de los insectos y los diminutos esclavos
Encerrados en las prisiones de su corteza.
¡Carlomagno, nos estamos aproximando a tus islas!
Luego, retornamos a los árboles nevados,
Y la profunda oscuridad
Queda sepultada bajo la nieve
Sobre la que cabalgas toda la noche
Con las manos entumecidas.
Cae la oscuridad

En la que dormimos y nos despertamos,
Una oscuridad en la que tiritan los ladrones
Y los locos hambrientos de nieve,
una oscuridad donde los banqueros tienen pesadillas
En las que son sepultados bajo rocas de azabache
Y los empresarios permanecen arrodillados
en el calabozo de sus sueños.

Hace aproximadamente cinco años volví a pensar en ese poema. ¿Por qué había elegido a los banqueros y a los hombres de negocios? ¿Con qué otra palabra definiría a un «banquero»? «Alguien que tiene gran capacidad organizadora.» Pero yo soy un buen organizador. ¿Y cómo definiría a un «empresario»? «Alguien con el rostro tenso.» Entonces fue cuando reconocí mi imagen en el espejo del poema. Veamos cómo quedó ese pasaje después de haberlo reelaborado:

...Una oscuridad en la que tiritan los ladrones
Y los locos hambrientos de nieve.
En la que los buenos organizadores huyen de su pesadilla de quedar sepultados bajo rocas de azabache
Y los hombres de rostro tenso como yo permanecen Arrodillados en los calabozos de sus sueños.

Ahora, cuando en una fiesta alguien me dice –como pidiendo disculpas– que es agente de bolsa me siento de otra manera y me digo «Mira, algo interno está activándose en mí» y siento deseos de abrazarle.

Pero la proyección –como señala sabiamente Marie-Louise von Franz en algún lugar– también constituye un mecanismo extraordinario. «¿Por qué tendemos a valorar negativamente la proyección?» –pregunta– «Entre los junguianos decirle a alguien "estás proyectando" se ha convertido en una acusación. Pero hay proyecciones que son útiles e incluso adecuadas». Yo sabía que me estaba matando a mí mismo pero ese conocimiento no podía pasar directamente del saco a la mente consciente sino que debía atravesar primero el mundo. Por ello me decía: «¡Qué malvados son los hombres de negocios!». Marie-Louise von Franz nos recuerda que si no

46

podemos proyectar tampoco podemos conectar con el mundo. En ocasiones las mujeres se quejan que los hombres suelan proyectar su aspectos femeninos ideales sobre una mujer. Pero si no lo hicieran ¿cómo podría abandonar la casa materna o su habitación de estudiante? El problema no radica tanto en el hecho de proyectar sino en el tiempo que permanecemos proyectando.

Sin embargo, la proyección sin contacto personal es peligrosa. Miles, e incluso diría que millones de varones norteamericanos, proyectaron sus aspectos femeninos internos sobre la figura de Marilyn Monroe. Pero cuando un millón de personas se comportan de ese modo es muy probable que la persona que es objeto de la proyección termine muriendo, como realmente ocurrió en este caso ya que las proyecciones sin contacto personal pueden causar mucho daño a la persona que las recibe.

También podríamos decir que el mismo deseo de poder de Marilyn Monroe –originado en algún trauma infantil– atraía esas proyecciones. Con la aparición de los medios de comunicación de masas el proceso de proyección e invocación directo, tan sutil en las culturas tribales, deja de funcionar. Es por ello que la muerte de Marilyn Monroe fue inevitable y, quizás incluso, hasta beneficiosa para la economía de su psiquismo. Ningún ser humano puede soportar tantas proyecciones –es decir, tanta inconsciencia– y seguir vivo. Por ello resulta tan extraordinariamente importante que cada uno de nosotros asuma su propia responsabilidad.

Pero ¿por qué debemos desprendernos de partes de nosotros mismos? ¿por qué lo echamos en el saco? ¿por qué ocurre ese proceso siendo tan jóvenes? ¿cómo podemos sobrevivir despojados de nuestra ira, nuestra espontaneidad, nuestros deseos, nuestros anhelos, nuestras facetas más belicosas y desagradables? ¿qué es lo que nos mantiene integrados? Estos son los temas de los que habla Alice Miller en su ensayo *El Drama del Niño Dotado*, incluido en su libro *Prisoners of Childhood*.

El primer acto de este drama comienza cuando llegamos

al mundo procedentes de los rincones más alejados del universo «arrastrando nubes de gloria», portando con nosotros las tendencias que hemos heredado de nuestro legado mamífero, la espontaneidad de 150.000 años de vida vegetal, la rabia de 5.000 años de vida tribal –en suma, con una personalidad de 360°– y se lo ofrecemos a nuestros padres. Pero nuestros padres sólo quieren un niño o una niña buena y no aceptan de buen grado nuestro obsequio. Eso no significa, sin embargo, que nuestros padres sean malos sino tan sólo que nos necesitan para algo. Mi madre, por ejemplo, pertenecía a la segunda generación de inmigrantes y nos necesitaba para que su familia fuera aceptada con más facilidad. Y lo mismo hacemos nosotros con nuestos hijos ya que esta dinámica forma parte de la vida en el planeta. Nuestros padres nos repudiaron antes incluso de que supiéramos hablar, de modo que todo el dolor de ese rechazo probablemente permanezca almacenado en algún depósito preverbal. Cuando leí el libro de Alice Miller caí en una profunda depresión que duró unas tres semanas.

Pero volvamos a nuestro drama. A partir de ese momento nos dedicamos a fabricar una personalidad que resulte más aceptable para nuestros padres. Alice Miller dice que nos hemos traicionado a nosotros mismos pero agrega que «no debemos culparnos por ello ya que tampoco hubiéramos podido hacer otra cosa». Es muy probable que en la antigüedad los niños que se opusieran a sus padres fueran abandonados a su suerte. Dadas las circunstancias hacemos lo único sensato que podemos hacer. Según la Miller la actitud más adecuada ante ese suicidio parcial es el duelo.

Hablemos ahora de los diferentes tipos de saco. Cuantas más cosas echamos en nuestro saco personal, cuanto más repleto se halla, menor es la energía de la que disponemos. Ciertamente hay personas que tienen más energía que otras pero todos poseemos más energía de que la que normalmente podemos utilizar. Si en la infancia arrojamos la sexualidad en el saco o si una mujer se despoja de su masculinidad y la arroja en el saco desperdicia con ello una gran cantidad de energía. Es razonable, pues, suponer que nuestro saco contiene gran cantidad de energía inaccesible. Si, por ejemplo, consideramos que no somos creativos es porque hemos arrojado toda nuestra creatividad al saco. ¿Qué significa, pues, decir «Yo no soy creativo» o «Dejemos que lo hagan los expertos»? Cuando la audiencia reclama a un poeta –o a un asesino a sueldo– para llevarlo al paredón, cada uno de los presentes debería dedicarse a escribir sus propios poemas.

Todos nosotros arrastramos nuestro propio saco personal pero cada pueblo, cada grupo humano, arrastra también su propio saco. Durante muchos muchos años viví en una pequeña granja de un pueblo de Minnesota y es muy probable que los habitantes de ese pueblo arrojaran a su saco objetos muy distintos a los que echa la gente de cualquier pueblecito de la costa griega. Es como si el colectivo tomara la decisión grupal de despojarse de ciertas energías y tratara de entorpecer cualquiera intento de sacarla del saco. De este modo las comunidades humanas interfieren con nuestro proceso personal y, en este sentido, bien podemos decir que resulta más comprometido vivir en sociedad que permanecer aislado en la naturaleza. Por otra parte, los odios feroces que en ocasiones se desatan en las pequeñas comunidades humanas pueden facilitar la toma de conciencia del proceso de la proyección. La comunidad junguiana no es una excepción a este respecto y, como todo grupo humano, tiene también su propio saco y suele recomendar a sus miembros que arrojen en él la vulgaridad y el interés económico del mismo modo que la comunidad freudiana suele aconsejarles que se despojen de su vida religiosa.

Existe también un saco nacional y el nuestro es particularmente grande. Rusia y China tienen defectos evidentes para nosotros pero si a un ciudadano norteamericano le interesa conocer el contenido de su saco nacional en un determinado momento no tiene más que escuchar cualquier crítica oficial del Departamento de Estado sobre la Unión Soviética. Según Reagan, nosotros somos honrados pero los demás países soportan dictaduras ininterrumpidas, tratan brutalmente a las minorías, lavan el cerebro de sus jóvenes y quebrantan los acuerdos. Los rusos, por su parte, pueden descubrir su propio saco nacional leyendo cualquier artículo de *Pravda* sobre los Estados Unidos. Estamos hablando de un entramado de sombras, de un patrón de interferencias entre sombras proyectadas desde ambos lados que confluyen en algún lugar del espacio. Soy consciente de que con esta metáfora no estoy diciendo nada nuevo sino que tan sólo pretendo señalar claramente la distinción existente entre la sombra personal, la sombra comunitaria y la sombra nacional.

En este artículo he empleado las metáforas del saco, la película enlatada y la proyección. Pero dado que nuestro saco está cerrado y las imágenes permanecen ocultas en la oscuridad sólo podemos percatarnos de su contenido proyectándolo inocentemente –por así decirlo– sobre el mundo. Entonces es cuando las arañas son malignas, las serpientes astutas y los machos cabríos lascivos; entonces los seres humanos son unidimensionales, las mujeres son débiles, los rusos carecen de principios y los chinos parecen iguales. Pero no olvidemos que es precisamente gracias a este artificio engañoso, complejo, dañino, devastador e inexacto que llegamos a establecer contacto con el lodo y el cuervo encuentra un lugar donde posarse.

2. LO QUE SABE LA SOMBRA: ENTREVISTA CON JOHN A. SANFORD

D. Patrick Miller

Escritor de temas psicológicos y espirituales que reside en Encinitas, California. Trabaja como editor y escritor en el *Yoga Journal* y también ha escrito para *The Sun*, *New Age Journal*, *Free Spirit of New York City* y *The Columbia Journalism Review*.

THE SUN: La afirmación de Jung de que prefería ser «un individuo completo antes que una persona buena» puede resultar inquietante y confusa para muchas personas. ¿Por qué cree usted que hay tantas personas que parecen desconocer la estrecha relación existente entre la maldad y la «bondad excesiva»?

SANFORD: La relación existente entre la sombra y el ego constituye un verdadero problema, un problema que resulta especialmente relevante en la tradición cristiana. Para la Biblia las diferencias existentes entre el bien y el mal son muy claras: en una parte está Dios, que es el bien y en la otra el Diablo, que es el mal. Dios castiga el mal porque desea que el ser humano sea bueno. El Nuevo Testamento sostiene la opinión de que si un individuo cede al mal y lleva a cabo malas

51

acciones su alma inicia un proceso psicológico negativo que termina conduciéndole a la degradación y la destrucción. De acuerdo a ello el Cristianismo ha promovido el modelo ideal de «ser una buena persona».

Pero la tradición cristiana original reconocía que el mal se halla dentro de cada uno de nosotros, que la oposición y la discordia forma parte integral de cada uno de nosotros. San Pablo, por ejemplo, como buen psicólogo profundo, se daba cuenta de que la sombra se hallaba en su interior, *sabía* que ésa era su condición, una condición de la que sólo Dios podía salvarle. Por ello dijo: «Porque el bien que quisiera hacer no lo hago pero el mal que no quisiera hacer lo hago».

Más tarde, sin embargo, esta comprensión profunda se ensombreció y los cristianos terminaron identificándose exclusivamente con el bien y se dedicaron simplemente a tratar de ser exclusivamente buenos. Pero de ese modo lo único que lograron fue perder rápidamente el contacto con la sombra. Más tarde –como lamentablemente evidencia la historia de la Edad Media– la Iglesia cometió otro error fatal. A partir de entonces no sólo eran malas las acciones sino que también lo eran las *fantasías* y una persona podía ser considerada mala tan sólo por pensar en malas acciones. A partir de ese momento no sólo era pecado el adulterio sino que también lo era pensar en él. Ambos, por tanto, debían ser confesados y perdonados.

Como resultado de todo ello la gente comenzó a negar y a reprimir su vida imaginaria y la sombra fue relegándose cada vez más al mundo subterráneo. De este modo, poco a poco fue abriéndose un verdadero abismo entre el bien y el mal.

THE SUN: ¿Este proceso corre paralelo a la desaparición del elemento femenino?

SANFORD: Efectivamente. Eso es precisamente lo que iba a decir. El elemento masculino ve las cosas bajo la brillante luz del sol, esto es una cosa y aquello es otra completamente diferente. Pero desde el punto de vista femenino, sin embargo, las cosas, que parecen iluminadas por la luz de la luna, se hallan mucho más entremezcladas y no son tan nítidas, de modo que no resulta tan fácil establecer una diferencia rotunda entre ellas. El tema de la sombra, pues, no es, en realidad, tan sencillo como parece a simple vista. No se trata simplemente de diferenciar entre el bien y el mal sino que es algo mucho más sutil y complejo.

El elemento femenino podría habernos ayudado a franquear el abismo que parece existir entre la sombra y el ego. La Iglesia Cristiana –que en sus comienzos pareció abanderar una especie de movimiento feminista– muy pronto terminó convirtiéndose en un adalid del patriarcado. De esta manera, poco a poco el ego y la sombra fueron separándose progresivamente y prepararon el terreno para la aparición del fenómeno que tan bien nos ilustra el relato del Dr. Jekyll y Mr. Hyde. La historia del Cristianismo es paradigmática a este respecto. Recordemos, si no, cómo los líderes de la Inquisición afirmaban estar haciendo correctamente lo que debían.

Obviamente, este tipo de actitud se halla muy difundido en nuestro mundo y los cristianos no son sus únicos detentadores aunque lo cierto, sin embargo, es que la tradición cristiana se ha mostrado especialmente recalcitrante a la hora de aumentar la división entre el bien y el mal. No obstante, aunque la Iglesia intentara proscribir el mundo de la fantasía, era agudamente consciente de la vida interior del ser humano y siempre ha valorado positivamente la introspección fomentando, de ese modo, el surgimiento de la psicología profunda.

THE SUN: Yo me eduqué entre fundamentalistas religiosos y siempre he visto en ellos una cierta rigidez, como si literalmente estuvieran intentando que ciertas cosas no penetraran en su mente, mucho menos todavía expresarlas abiertamente. Pero para mantener esta división interna es necesario invertir una gran cantidad de energía.

SANFORD: Así es, y ello no significa necesariamente que uno termine convirtiéndose realmente en una buena persona. Luchar por ser bueno no es más que una pose, una forma de engañarse uno mismo. De este modo se desarrolla la persona, la máscara de bondad tras la que intentamos encubrir a nuestro ego. El Dr. Jekyll, por ejemplo, tenía una personalidad muy amable y creía en ella a pies juntillas pero, en realidad, jamás fue una buena persona. Jekyll anhelaba en secreto ser Hyde pero nunca quiso desprenderse de la máscara social con la que se había ocultado de la sociedad y de sí mismo. Cuando el brebaje le transformó en su sombra y permitió que ésta saliera a la superficie creyó haber encontrado la respuesta perfecta a su problema pero entonces era tarde porque su deseo de ser Hyde era ya más fuerte que él.

Es importante comprender la diferencia crucial existente entre la sombra y la verdadera maldad. Como dijo en cierta ocasión Fritz Kunkel, el secreto es que *el mal no hay que buscarlo en la sombra sino en el ego.* Para la mayor parte de las personas el mal no radica en alguna instancia arquetípica ubicada más allá del ego sino que precisamente se asienta en él.

Edward C. Whitmont, un analista neoyorquino, ha descrito claramente a la sombra en términos junguianos diciendo que se trata de «todo lo que hemos ido rechazado en el curso del desarrollo de nuestra personalidad por no ajustarse al *ego ideal*». Si usted ha sido educado en un entorno cristiano en el que el modelo ideal era ser amable, correcto y generoso ha debido reprimir también todas aquellas cualidades que se oponían a esa imagen como la cólera, el egoísmo, las fantasías sexuales, etcétera. Y finalmente todas esas cualidades de las que se ha despojado el individuo se aglutinan en torno a una especie de personalidad secundaria –denominada sombra– que, en el caso de aislarse suficientemente, pueden terminar originando la patología conocida como personalidad múltiple.

Detrás de cualquier caso de personalidad múltiple siempre se halla la sombra. La sombra no siempre es el mal, la sombra es únicamente lo opuesto al ego. Jung dijo que la sombra contiene un noventa por ciento de oro puro. Lo que se ha reprimido encierra una tremenda cantidad de energía y contiene, consecuentemente, un gran potencial positivo. Así pues, por más perturbadora que pueda parecer, la sombra no es intrínsecamente mala. Es más, perfectamente podríamos decir que la negativa del ego a comprender y aceptar la totalidad de nuestra personalidad es más responsable que la misma sombra en la etiología del mal.

THE SUN: La sombra se convierte en algo dañino porque el ego proyecta su propio mal sobre ella.

SANFORD: Exactamente. Si volvemos a ese documento psicológico que se conoce con el nombre de Nuevo Testamento descubriremos que ahí se dice que el diablo es «el padre de la mentira». Ahora bien, la sombra nunca miente sobre sus motivaciones reales. Es el ego el que lo hace. Es por ello que el éxito de cualquier psicoterapia o confesión religiosa auténtica depende de ser totalmente sinceros con nosotros mismos.

THE SUN: Según la analista junguiana Marie-Louise von Franz: «La sombra sumerge al hombre en la inmediatez del aquí y del ahora y de este modo va constelando toda su biografía. Por consiguiente, nuestra inclinación a creer que somos lo que creemos ser es errónea. En realidad es la biografía de la sombra la que cuenta». Esta cita siempre me hace pensar en el desencanto político de nuestra sociedad ya que la biografía que nos muestran los políticos mientras están en campaña nunca es su biografía real.

SANFORD: La biografía que los políticos nos muestran –una biografía laboriosamente elaborada por sus asesores de imagen– es la persona, la máscara. Tras ella se oculta la verdadera realidad de los políticos, una realidad con la que –si nos lo permitiéramos– podríamos convivir perfectamente. A la larga, el hecho de asumir la sombra resulta menos dañino que seguir negándola. Lo que arruinó la carrera política de Gray

Hart, por ejemplo, no fue tanto haber tenido alguna que otra aventura amorosa sino más bien el hecho de seguir negándolo cuando la verdad era ya incuestionable. Personalmente hablando, eso me hace suponer que en realidad no quería ser tan brillante.

Vivimos en una época en la que las elecciones se ganan o se pierden exclusivamente en base de la fortaleza de la persona. Reagan es el ejemplo por excelencia porque jamás dará un paso o dirá una palabra que se salga del guión. Apruebe o no sus decisiones me parece mucho más honesto el presidente Bush porque con él tengo la sensación de que detrás de la persona se halla un ser humano.

En mi opinión, la jornada de reflexión preelectoral constituye el único momento en el que realmente estamos en contacto con los políticos. La forma en la que los medios de comunicación de masas encumbran a la persona nos muestra una faceta monstruosa y peligrosa de la tecnología.

THE SUN: En esta época la sombra parece estar realmente muy presente en nuestros espectáculos –desde los relatos de Stephen King y Clive Barker hasta las películas de terror pasando por el abierto satanismo de ciertos grupos de rock duro. Me pregunto si todo ello supondrá una aproximación al reconocimiento e integración de la sombra o si –como parecen pensar ciertos críticos sociales– significará, por el contrario, un descenso por la pendiente de la degradación.

SANFORD: Usted pregunta por el momento en el que se atraviesa la línea que separa a la sombra –que es un elemento complejo pero todavía humano– y entramos en el territorio de lo demoníaco, en el dominio del mal *arquetípico* (si es que realmente existe la maldad más allá del ser humano). El tema del diablo no sólo ha preocupado a los cristianos ya que también los primitivos persas creían en la existencia de una maldad sobrenatural.

El holocausto de la Alemania nazi y los pogroms de Stalin no han sido el resultado de la sombra personal del ser humano sino que se han debido a una entidad siniestra y verdaderamente temible del psiquismo colectivo. Hay muchas personas que justifican la existencia de ese mal afirmando que los asesinos han padecido infancias muy desgraciadas y han sido víctimas de todo tipo de abusos parentales pero yo, por el contrario, creo en la existencia de una entidad arquetípica maligna.

En mi opinión, quienes censuran algunas letras de las canciones rock y similares no andan del todo errados. Francamente hablando, ese tipo de música me desagrada profundamente. Hay algo en todo ello que me parece siniestro. Con esto no estoy afirmando, no obstante, que crea que quienes moralizan sobre la maldad arquetípica estén libres de pecado ya que, en realidad, el hecho de moralizar sobre el mal es, en sí mismo, una forma sutil de sucumbir a él. Si usted está atacando el mal como defensa para no ver su propio Yo está cometiendo el mismo error en que incurrió el Dr. Jekyll.

THE SUN: Pero ¿cómo podríamos especificar la diferencia existente entre lo que nos parece siniestro y lo que realmente *realmente es* siniestro?

SANFORD: Aunque su pregunta es muy clara no resulta fácil de responder ya que depende mucho del psiquismo de la persona en cuestión. Cuanto más rígido sea su marco psicológico más cosas le parecerán sinestras. Sólo puedo decir que la expresión de la maldad arquetípica es profundamente perturbadora y conmueve a todo el mundo aunque no consigamos encontrar la respuesta adecuada en el momento oportuno. El mundo, por ejemplo, reaccionó muy lentamente ante las atrocidades cometidas por la Alemania nazi.

La función que Jung denominaba sensación –la aptitud interna que nos capacita para atribuir valor a algo– puede ayudarnos a establecer claramente la diferencia. Esta función –que opera al margen del ego– nos dice lo que es deseable y lo que no lo es. El ego determina lo que está bien y lo que está mal desde el punto de vista de sus propios intereses. Así, lo que tiende a reafirmar nuestro sistema de defensas egocéntrico es bueno y lo que tiende a refutarle es malo. Los puritanos, por ejemplo, consideraban que las enfermedades que contagiaron y diezmaron a los nativos eran buenas e interpretaron ese hecho como una señal divina que les allanaba el camino para la conquista. Obviamente, los indios que perecieron a causa de la viruela tendrían una opinión muy diferente sobre lo que estaba bien y lo que estaba mal.

La sensación es una evaluación pura libre de toda contaminación egocéntrica pero que no siempre funciona. Gracias a esta función el público norteamericano se dió cuenta de que la guerra de Vietnam, aunque supuestamente sirviera a nuestros intereses políticos, constituía una terrible calamidad y terminó oponiéndose a ella. Y por supuesto estaban en lo cierto. Los juicios de valor que establece esta función son determinaciones fiables que requieren disponer de una información adecuada sobre lo que está bien y lo que está mal en una determinada situación. Si carece de ella o si sólo opera con información fragmentaria e incompleta la sensación puede llegar perfectamente a conclusiones muy equivocadas.

THE SUN: ¿Cuál es, en su trabajo práctico, el proceso de integración de la sombra?

SANFORD: La primera vez que vemos claramente a la sombra nos quedamos espantados. Entonces algunos de nuestros sistemas de defensa egocéntricos pueden saltar en pedazos o disolverse por completo. El resultado puede ser una depresión temporal o un enturbiamiento de la conciencia. Jung equiparaba el proceso de integración –al que llamaba *individuación*– al proceso alquímico, uno de cuyos estadios, *melanosis*, implica el ennegrecimiento de todos los componentes alquímicos del crisol. Este estadio, considerado habitualmente por el ser humano como una especie de fracaso, resulta absolutamente esencial y representa, según Jung, el primer contacto con el inconsciente y, por consiguiente, con la sombra.

THE SUN: ¿Es posible quedar atrapado ahí? ¿Es posible quedar condenados a enfrentarnos a la sombra una y otra vez sin llegar a terminar de integrarla?

SANFORD: Creo que no. Para profundizar realmente en la sombra es necesario movilizar lo que Jung denominaba Yo –nuestro centro creativo– y cuando ello ocurre la depresión no puede quedar instalada de manera permanente. Después de eso pueden tener lugar numerosos cambios que asumen aspectos notablemente diferentes según el individuo en cuestión. Entonces comienza a emerger lo que Kunkel denominaba el «centro real» de la personalidad y el ego va estableciendo gradualmente una relación más estrecha con ese centro. Entonces es mucho menos probable que la persona se identifique con el mal porque la integración de la sombra siempre corre pareja a la disolución de la falsa persona. Uno se torna mucho más realista porque ve con más claridad la verdad sobre sí mismo y la verdad siempre tiene efectos saludables. No debemos olvidar que la sinceridad constituye la mejor defensa contra el verdadero mal y que dejar de mentirse a uno mismo es el mejor de los amuletos.

THE SUN: ¿Si el ego no es nuestro «verdadero centro» cuál es entonces éste?

SANFORD: Lo que distingue al enfoque junguiano de cualquier otra visión psicológica es la idea de que existen dos centros de la personalidad, el ego –que constituye el centro de la conciencia– y el Yo –el centro de la personalidad global (que incluye la conciencia, el inconsciente y el ego). El Yo es, al mismo tiempo, la Totalidad y el centro mientras que el ego es un pequeño círculo excéntrico contenido dentro de la totalidad. También podríamos decir que el ego es el centro menor de la personalidad y que el Yo, en cambio, es su centro mayor.

En los sueños podemos advertir más claramente esta relación. En nuestra vida vigílica el ego es como el Sol que todo lo ilumina pero que también eclipsa las estrellas. No terminamos de darnos cuenta de que nosotros no somos los creadores de los contenidos del ego consciente sino que éstos surgen de otro lugar sin participación consciente de nuestra parte. El ego prefiere creer que es el artífice de todos nuestros pensamientos pero, aunque no nos percatemos de ello, continuamente nos hallamos bajo la influencia del inconsciente. En nuestros sueños todo cambia con la aparición del ego onírico. Cuando recordamos un sueño automáticamente lo identificamos con el ego onírico, nos referimos a él como «yo» y decimos «tropecé con un oso, luché con él y luego apareció una bailarina», por ejemplo. Pero la diferencia es que el ego onírico sabe cosas que desconoce el ego vigílico. Podemos, por ejemplo, recordar que durante el sueño hemos estado corriendo e ignorar, sin embargo, algo que nuestro ego onírico conoce muy bien: el motivo de nuestra huida.

Y lo que es más importante todavía, el ego onírico nunca es más significativo que cualquier otra de las imágenes que pueblan nuestro sueño. Cuando el sol se pone se manifiesta un dominio invisible en nuestra vida vigílica, aparecen las estrellas y descubrimos que no somos más que una estrella de entre las muchas que brillan en el estrellado firmamento de nuestra alma.

THE SUN: Aunque en vigilia admito a regañadientes la *idea* de sombra, en sueños, sin embargo, me resulta algo mucho más real y poderoso que una simple idea. En ocasiones hasta podría llegar a decir que me convierto en la sombra, *como si yo formara parte de ella.*

SANFORD: En efecto, en el sueño la sombra constituye un sistema energético tan poderoso –al menos– como el ego. En el ámbito del sueño los elementos del psiquismo son menos diferentes que en vigilia y el ego onírico puede observarlos, convertirse en ellos o ubicarse en un estado intermedio entre las dos posiciones anteriores.

La sombra es siempre un aspecto del ego y sus cualidades pueden haber formado parte de su estructura. También podríamos decir que la sombra es algo así como el hermano –o la hermana– del ego y no necesariamente una figura siniestra. Por último, también es importante recordar que la sombra siempre tiene motivos para hacer lo que hace, motivos relacionado con alguna cualidad reprimida del ego. No es nada habitual que en sueños nos convirtamos en la sombra, es mucho más probable, en cambio, que el ego onírico observe las transformaciones que asume la sombra durante el sueño.

THE SUN: Supongo que es mucho más seguro identificarse con la sombra en un sueño que en la vida vigílica.

SANFORD: Bien, de nuevo nos encontramos con el tema de las sutilezas de la sombra. En este punto sigo más a Kunkel que a Jung. La idea es que el ego se halla originalmente muy próximo al centro del Yo y que, en la medida en que se aleja de él, desarrolla una actitud *egocéntrica* que suele verse exacerbada por tendencias infantiles desfavorables cuya naturaleza termina determinando las peculiaridades de nuestras defensas egocéntricas y, por consiguiente, las características de la misma sombra.

Supongamos que una persona se experimente a sí misma como débil e ineficaz ante el medio pero que para adaptarse a la vida se convierta en una especie de «enredadera», alguien que no desarrolla su propia fortaleza sino que se apoya en la de los demás a quienes aprende a valorar de acuerdo a esa dimensión. De este modo termina asumiendo una postura egocéntrica que es, al mismo tiempo, necesitada y merecedora. Este es el tipo de persona que siempre necesita el apoyo de los demás, que puede enumerar un montón de razones para justificar su demanda y, en el caso de no recibir lo que exige, desprecia a los demás como malas personas.

Este tipo de persona es muy aburrido. De modo que la gente suele cansarse pronto de ellos y, cuando tal cosa ocurre, deja de ayudarles. Entonces se sienten amenazados y ansiosos. Ahora bien, para mantener esta actitud egocéntrica de dependencia e identificación ha debido reprimir el valor y la sinceridad –cualidades, por lo demás, muy deseables. Pero frente a ellas nuestro sujeto se siente mortalmente amenazado y es por ello que las considera diabólicas. No debemos olvidar que las cualidades reprimidas *pueden* terminar siendo peligrosas.

Supongamos el caso de un adolescente que asuma la defensa egocéntrica de la tortuga y para ello se aísle de los demás. Su apariencia solitaria y taciturna le convierte entonces en el blanco idóneo de cualquier pandilla que tenga la propensión egocéntrica de atormentar a los demás. Estos se dedican a hostigar a la sombra fuera de ellos hasta que llega un día en que su caparazón egocéntrico de solitario explota y la sombra brota a la luz del día. En ese momento puede emprenderla a puñetazos con los demás y, aun en el caso de que reciba algún que otro golpe, las cosas pueden mejorar favoreciendo incluso su integración psicológica. Ahora bien, en el caso de que la energía haya sido reprimida durante mucho tiempo y con mucha intensidad también puede coger el revólver de su padre, disparar sobre sus torturadores y suscitar un lamentable incidente.

THE SUN: ¿Usted cree que el muchacho estaba pidiendo éso a sus torturadores?

SANFORD: Por supuesto. El inconsciente está emitiendo precisamente el mensaje exacto que nuestro sujeto necesita para catalizar su integración. Kunkel solía decir a este respecto que los «arcángeles» son enviados para completar el plan divino.

THE SUN: Pero los arcángeles no necesariamente son cuidadores.

SANFORD: Así es. Ellos sólo preparan el escenario. Lo único que sabemos es que cuando los arcángeles entran en acción las cosas ya no permanecen igual. Nadie puede predecir lo que ocurrirá a partir de entonces. No deberíamos tomar a la ligera el tema de la liberación de la sombra. Es necesario que el trabajo de despliegue y liberación de la hostilidad tenga lugar en el contexto seguro de una relación terapéutica –o en cualquier otra situación controlada– para que la sombra pueda expresarse de manera gradual.

Kunkel hizo la misteriosa afirmación de que «en los momentos decisivos Dios está siempre del lado de la sombra, no del ego» ya que la sombra siempre se halla mucho más próxima al impulso creativo.

Ahora bien, el ego no necesariamente sostiene una actitud egocéntrica. En tal caso estaríamos hablando de algo completamente diferente ya que el ego mantiene una relación creativa sana tanto con la sombra como con el Yo. El proceso de integración no mengua, pues, al ego, sino que simplemente distiende la firmeza de sus fronteras. Entre un ego fuerte y un ego egocéntrico existe una tremenda diferencia ya que el último es siempre débil. Así pues, el proceso de individuación que nos permite actualizar nuestro propio potencial real no puede tener lugar sin la presencia de un ego fuerte.

THE SUN: ¿Eso significa que es imposible llegar a ser el «Yo»?

SANFORD: Correcto. El ego es el vehículo necesario para la expresión del Yo pero debemos estar dispuestos a hacer lo necesario para ponerlo en su lugar. Como Moisés, por ejemplo, escuchando la palabra de Dios entre las zarzas ardientes y conduciendo luego a los judíos desde Egipto hasta la Tierra Prometida. Esa es una acción que sólo puede llevarla a cabo un ego fuerte.

3. LA SOMBRA EN LA HISTORIA Y LA LITERATURA

Anthony Stevens

Nació y se educó en Inglaterra y estudió psicología y medicina en la Universidad de Oxford. Actualmente trabaja como psiquiatra y psicoterapeuta en Londres y en Devon, Inglaterra, donde combina su trabajo clínico con la literatura y la enseñanza. Es autor del libro *Archetypes: A Natural History of Yo* y de *The Roots of War: A Jungian Perspective*.

A lo largo de la historia de la cristiandad el miedo a «caer» en la iniquidad se ha expresado como temor a «ser poseído» por los poderes de la oscuridad. Los cuentos de vampiros y de hombres lobo –que posiblemente han acompañado a la historia de la humanidad desde tiempos ancestrales y cuya versión más reciente es el *Conde Drácula* de Bram Stoker– despiertan, al mismo tiempo, nuestra fascinación y nuestro horror.

Quizás el ejemplo más famoso de posesión nos lo proporcione la leyenda de Fausto quien, hastiado de llevar una virtuosa existencia académica, termina sellando un pacto con el mismo diablo. Hasta ese momento Fausto se había consagrado a una búsqueda denodada del conocimiento que terminó conduciéndole a un desarrollo unilateral de los aspectos intelectuales de su personalidad –con la consiguiente represión y «destierro» al inconsciente de gran parte del potencial de su Yo. Como sucede habitualmente en tales casos la energía psíquica reprimida no tardó en reclamar su atención. Desafortunadamente, sin embargo, Fausto no entabló un diálogo con las figuras que emergen de su inconsciente ni se ocupó de llevar a cabo un paciente autoanálisis que le permitiera asimilar la sombra, sino que se abandonó, «cayó» y «terminó siendo poseído».

El problema es que Fausto creía que la solución a sus dificultades consistía en «más de lo mismo» –es decir, adquirir todavía más *conocimiento*– con lo cual no hizo más que perseverar obstinadamente en el viejo patrón neurótico. Cuando Fausto «personificó» a la sombra quedó fascinado por su numinosidad y, como sucedió también en el caso del Dr Jekyll –otro intelectual aquejado de un problema similar– sacrificó a su ego y sucumbió al hechizo de la sombra. A consecuencia de este error ambos cayeron en una situación temida por todos: Fausto terminó convirtiéndose en un bebedor y un libertino y Jekyll se transformó en el monstruoso Mr. Hyde.

En cierto sentido, la atracción que ejercen las figuras de Fausto y Mefisto –o de Jekyll y Hyde– dimana del hecho de que ambos encarnan un problema arquetípico y asumen la empresa heroica de llevar a cabo algo que el resto de los seres humanos eludimos constantemente. Nosotros, como Dorian Gray, optamos por mantener ocultas nuestras cualidades negativas –en la esperanza de que nadie descubrirá su existencia– mientras mostramos un rostro inocente al mundo (la persona); creemos que es posible vencer a la sombra, despojarnos de la ambigüedad moral, expiar el pecado de Adán y –de nuevo Uno con Dios– retornar al Jardín del Paraíso. Por ello inventamos Utopías, Eldorados o Shangri-las –lugares en los que la maldad es desconocida– por ello nos consolamos con la fábula marxista o rousseauniana de que el mal no se aloja en nuestro interior sino que es fruto de una sociedad «corrupta» que nos mantiene encadenados y que basta con cambiar a la sociedad para erradicar el mal definitivamente de la faz de la tierra.

La historia de Jekyll y de Fausto –al igual que el relato bíblico del pecado de Adán– son alegorías con moraleja que nos recuerdan la persistente realidad del mal y nos mantienen ligados a la tierra. Se trata de tres versiones diferentes del mismo tema arquetípico: un hombre, hastiado de su vida, decide ignorar las prohibiciones del superego, liberar a la sombra, encontrar al anima, «conocerla» y *vivir*. Las tres, sin embargo, van demasiado lejos y cometen el pecado de *hubris* con lo cual terminan condenándose inexorablemente a *nemesis*. «El precio del pecado es la muerte».

La ansiedad que conllevan todas estas historias no es tanto el temor a ser descubiertos como a que el aspecto oscuro escape de nuestro control. Todos los relatos de ciencia ficción –cuyo prototipo hay que buscarlo en el *Frankenstein* de Mary Shelley– pretenden despertar el desasosiego del lector. En *El Malestar de la Cultura,* Freud ilustra claramente su profunda comprensión de este problema. Sin embargo, la época y las circunstancias vitales que le rodearon –clase media vienesa de fines del siglo XIX– le llevaron finalmente a concluir que la tan temida maldad –reprimida tanto por los hombres como por las mujeres– era de naturaleza estrictamente sexual. Su sistemático análisis de este aspecto de la sombra y el simultáneo declive del poder del superego judeocristiano terminaron expurgando a los demonios eróticos de nuestra cultura y allanaron el camino para que muchos contenidos de la sombra pudieran integrarse en la personalidad total del ser humano sin exigir a cambio el tributo del sentimiento de culpabilidad que tanto había afligido a las generaciones anteriores. Este excepcional ejemplo colectivo ilustra claramente el valor terapéutico que Jung atribuía al proceso analítico de reconocimiento e integración de los distintos componentes de la sombra.

No obstante, todavía nos resta exorcisar de la sombra un elemento tan poderoso como el deseo sexual pero de consecuencias mucho más devastadoras: el ansia de poder y destrucción. Resulta, cuanto menos, sorprendente que Freud –testigo de la Primera Guerra Mundial y de la posterior emergencia del fascismo– ignorase este componente. Mucho nos tememos que su omisión fuera la consecuencia de su firme determinación de que la teoría sexual terminara convirtiéndose en el concepto fundamental del psicoanálisis. («Mi querido Jung: Prométame que nunca abandonará la teoría sexual. Se trata del punto central de nuestra teoría. De él debemos hacer un dogma, un baluarte inexpugnable.») Anthony Storr hace la interesante sugerencia de que esta omisión también pudiera deberse al sentimiento de culpa de Freud respecto a la defección de Alfred Adler que precisamente había abandonado el movimiento psicoanalítico debido a su convicción de que en la etiología de la psicopatología humana el instinto de poder jugaba un papel mucho más importante que el deseo sexual.

En nuestro siglo, la necesidad de afrontar los componentes más brutales y destructivos de la sombra se ha convertido en el destino inexcusable de nuestra especie. Si no lo hacemos así no nos queda esperanza alguna de supervivencia. Este es realmente el problema de la sombra en la actualidad, ésta es –y con motivos– el verdadero origen de la «ansiedad universal» que nos aqueja. «Aún estamos a tiempo de detener el Apocalipsis –declara Konrad Lorenz– pero nuestra acción debe ser inmediata».

Nuestra época está atravesando un momento crítico de la historia de la humanidad y, si no nos aniquilamos a nosotros mismos y a la mayor parte de las especies de la faz de la tierra, la ontogenia terminará triunfando sobre la filogenia. Hacer consciente la sombra se ha convertido en nuestro imperativo *biológico* fundamental. El peso moral que conlleva esta inmensa tarea es mucho mayor que el que ha podido afrontar cualquier generación pretérita. En la actualidad, el destino del planeta y de todo nuestro sistema solar (ahora sabemos que somos los únicos seres sensibles en él) se halla en nuestras manos. Jung es el único de los grandes psicólogos de nuestra época que nos ha proporcionado un modelo conceptual útil para poder afrontar con éxito esta tarea. Su concepto de sombra sintetiza el trabajo de Adler y de Freud y su demostración de la tendencia del Yo a actualizarse los trasciende a ambos. Sólo podremos evitar la hecatombe si llegamos a un acuerdo consciente con la *naturaleza* y, en particular, con la naturaleza de la sombra.

4. EL DR. JEKYLL Y MR. HYDE

John A. Sanford

Ejerce como pastor episcopalista y analista junguiano en San Diego. Entre sus libros cabe destacar *Dreams: God's Forgotten Language*; *The Kingdom Within*; *Dreams and Healing*; *Healing and Wholeness*; *Invisible Partners* y *Evil: The Shadow Side of Reality*.

Comencemos comparando las descripciones de Jekyll y Hyde que nos ofrece Stevenson. Jekyll «era un hombre de unos cincuenta años, alto, fornido, de rostro delicado, con una expresión algo astuta, quizás, pero que revelaba inteligencia y bondad». No existe, por tanto, razón alguna para suponer que Jekyll careciera de cualidades positivas. Tan sólo la alusión a su «expresión algo astuta» nos hace sospechar que bajo su apariencia apacible y bondadosa podría ocultarse una personalidad mucho más problemática. En otro momento el mismo Jekyll se describe a sí mismo con más detalle diciendo que era un hombre «merecedor del respeto de los mejores y más sabios de mis semejantes», lo cual confirma que su aparente bondad y amabilidad encubría un deseo desmedido de aprobación social que le llevó a adoptar una pose ante la galería o, lo que es lo mismo, que su amabilidad tenía como único objetivo conseguir la aprobación y el respeto de los demás.

Jekyll, sin embargo, también subraya otro rasgo de su personalidad, «una disposición alegre e impaciente» que termina conduciéndole a una búsqueda de ciertos placeres difícil de compaginar con su «imperioso deseo» de gozar de la admiración de los demás, una contradicción que le hizo adoptar «una actitud de continencia desusadamente grave». En otras palabras, su exagerada rigidez era una máscara que cumplía con la función de proteger esa faceta de su personalidad que deseaba mantener oculta y por la que sentía «una vergüenza casi morbosa». En consecuencia, Jekyll escribió: «Oculté mis placeres y... me entregué a una doble vida».

Jekyll demuestra tener cierto grado de comprensión psicológica. Cuando se da cuenta de la dualidad de su propia naturaleza declara que «el hombre no es verdaderamente uno, sino dos» e incluso aventura la hipótesis –confirmada por los recientes descubrimientos de la psicología profunda– de que el ser humano es un conglomerado de personalidades diversas. Jekyll advierte que su dualidad es «verdadera» y «primitiva» –es decir, arquetípica– y, por tanto, inseparable de la estructura psicológica fundamental del ser humano. Lamentablemente, sin embargo, la profundidad de su comprensión psicológica –que podría haber contribuido a un desarrollo considerable de su conciencia– se ve dificultada, como veremos más adelante, por un desafortunado error de apreciación.

Stevenson describe a Hyde como un hombre joven, de corta estatura y apariencia perversa que da la impresión de tener algún tipo de deformidad. «No parecía un ser humano sino un monstruo», un ser cuya mera visión despertaba la repugnancia y el rechazo de los demás, un individuo carente del más mínimo asomo de conciencia moral y de sentimiento de culpa que tenía «la misma sensibilidad que un banco de madera» y que parecía incapaz de cualquier tipo de sentimiento humano. La sombra contiene toda la energía reprimida inconsciente, por tanto no debe extrañarnos que Hyde sea descrito como un individuo joven. Es por ello que cuando el individuo toma conciencia de la sombra suele establecer contacto con una fuente de energía renovadora. Por otra parte, su corta estatura y su apariencia deforme indican que la sombra de Jekyll no había salido muy a menudo a la luz del sol y que se había visto obligado –como los árboles que crecen entre rocas a la sombra de otros árboles– a vivir la mayor parte del tiempo en la oscuridad del inconsciente. La ausencia de conciencia moral de Hyde, descrita por Jekyll como «una disolución de los vínculos de todas mis obligaciones», constituye también una característica fundamental de la sombra. Pareciera como si la sombra abandonara los sentimientos y las obligaciones morales en manos del ego y entonces, carente ya de conciencia moral, se entregase a la satisfacción de todo tipo de impulsos prohibidos.

No obstante, el aspecto más relevante de Edward Hyde proviene del comentario hecho por Jekyll cuando tomó la pócima y se transformó en Hyde por vez primera: «Supe... que era ahora más perverso, diez veces más perverso, un esclavo vendido a mi maldad original». Al comienzo del relato Jekyll nos habla de una cierta «disposición alegre e impaciente», un rasgo de su personalidad que le conduce a una búsqueda del placer que puede llevarle a cometer alguna que otra travesura. Pero una vez que se ha convertido en Hyde descubre que su perversión va mucho más allá de lo que nunca hubiera podido imaginar. Esta descripción nos muestra que la sombra no se asienta tan sólo en los estratos más profundos de la personalidad sino que también hunde sus raíces en un nivel arquetípico tan poderoso que Jekyll llega a decir que Hyde es el único ser humano que conoce la maldad en estado puro. De este modo, las candorosas travesuras de Jekyll pronto terminan convirtiéndose en una actividad realmente diabólica, como lo demuestra el espantoso asesinato del Dr. Carew llevado a cabo por el simple placer de destruir y hacer el mal. Es esta misma cualidad diabólica arquetípica –que resulta también evidente en todas aquellas situaciones en las que una persona mata a sangre fría a otras sin el menor remordimiento aparente, como el crimen o la guerra– la que nos conmociona, nos fascina y nos arrastra a leer diariamente las horribles noticias que aparecen en las páginas de sucesos del periódico.

En cierta ocasión C. G. Jung dijo que somos lo que hacemos, lo cual puede ayudarnos a comprender mejor la causa del proceso de degradación de Jekyll. Una vez que Jekyll ha tomado –aunque no fuera más que en una sola ocasión– la decisión de *ser* Hyde, tiende a *convertirse* en Hyde porque la decisión deliberada de *hacer* el mal nos torna malvados. Es por ello que la solución al problema de la sombra no consiste en que el ego se identifica con un arquetipo, sino que tiende a ser devorado y poseído por él.

Jekyll albergaba la esperanza de poder convertirse en Hyde a voluntad pero cuando se da cuenta de que se está transformando involuntariamente en Hyde y de que éste comienza a dominarle, parece tomar conciencia del inminente peligro que se cierne sobre él. Entonces la seguridad inicial que le había llevado a afirmar «puedo deshacerme de ese tal Mr. Hyde en el momento en que lo desee» desparece por completo. Esta despreocupación por el mal es patente en el pasaje en el que Jekyll se sienta en un banco y considera que, después de todo, es «un hombre como los demás» y compara su búsqueda comprometida del bien con la «perezosa crueldad» del egoísmo de sus semejantes. Así pues, su indiferencia con respecto al mal y su deseo de escapar a la tensión de su naturaleza dual son los hitos que jalonan el camino que termina conduciéndole a la destrucción.

En ese momento Jekyll toma la firme determinación de romper todo vínculo con Hyde, la parte oculta de su personalidad, llegando incluso a declarar a Utterson: «Te juro por el mismo Dios... te juro por lo más sagrado, que no volveré a verle nunca más. Te doy mi palabra de caballero de que he terminado con Hyde para el resto de mi vida». Jekyll retoma entonces su antigua vida, se convierte en un devoto y se entrega con ahínco a las obras de caridad.

Pero, al parecer su devoción religiosa era puramente formal –y, por tanto, poco sincera y se limitaba a asistir a los oficios religiosos. Su única esperanza era la de que su aspiración religiosa le protegiera del poder de Hyde, una motivación muy frecuente en personas aparentemente religiosas, especialmente en aquellas confesiones que censuran el pecado, amenazan con el castigo eterno y promueven las buenas obras como único camino hacia la salvación. Este tipo de religiosidad, en el fondo, tiende a atraer a quienes luchan, consciente o inconscientemente, por mantener a la sombra bajo su control.

En el caso de Jekyll, sin embargo, esta tentativa manifiesta su ineficacia ya que, de ese modo, la sombra no desaparece sino que, por el contrario, se acrecienta y pugna, con más fuerza que nunca, por salir a la superficie y adueñarse de la personalidad de Jekyll para poder vivir a su antojo. Todo intento por mantener a la sombra confinada a la oscuridad del psiquismo está abocado al fracaso. De este modo, Stevenson nos recuerda que, si bien ceder a los dictados de la sombra no constituye una respuesta a este problema, tampoco lo es su represión ya que ambas alternativas terminan escindiendo en dos a la personalidad.

Si lo consideramos con más detenimiento, tanto su intención de cortar toda relación con Hyde como su supuesta religiosidad nada tienen que ver con la conciencia moral sino más bien con su deseo de supervivencia personal. No son pues motivos espirituales los que le impulsan a tratar de someter a Hyde sino tan sólo el miedo a su propia destrucción. El hecho de que incluso en plena crisis de arrepentimiento no terminara destruyendo las ropas de Hyde ni abandonase su casa en el Soho evidencia claramente que bajo la superficie de su personalidad todavía persistía una atracción no reconocida hacia el mal. Jekyll sólo hubiera podido salvarse del mal si su espíritu se hubiera impregnado de algo mucho más poderoso, pero al ceder al impulso de transformarse en Hyde, Jekyll vació su alma y, de este modo, permitió que el mal tomara posesión de ella.

Su principal error fue el de pretender escapar de la tensión entre los opuestos que se desplegaban en su interior. Como ya hemos visto, el Dr. Jekyll conocía la dualidad que albergaba en su propia naturaleza –era consciente de que dentro de él habitaba otro ser cuyos deseos iban en contra de su necesidad de aprobación social- y estaba dotado, por tanto, de una comprensión psicológica superior a la de la mayoría de sus semejantes. Si hubiera profundizado en esta comprensión hasta el punto de sostener la tensión entre los opuestos su personalidad hubiera podido seguir creciendo hacia la individuación. Sin embargo, Jekyll no fue capaz de sostener esa tensión y eligió tomar una pócima que le permitiera seguir siendo Jekyll y Hyde y disfrutar, al mismo tiempo, de los placeres y ventajas de ambos aspectos de su psiquismo sin tener que padecer, por ello, tensión ni sentimiento de culpa alguno. Jekyll no se sentía responsable de Hyde, por ello declaró en cierta ocasión: «Después de todo el único culpable ha sido Hyde».

Aquí reside la clave para intentar resolver el problema de la sombra. Jekyll cometió el error de querer escapar de la tensión de los opuestos. Si queremos que nuestro propio drama con la sombra concluya felizmente debemos ser capaces de sostener la tensión que Jekyll no pudo soportar. Tanto la represión de la sombra como la identificación con ella constituyen intentos infructuosos de huir de la tensión de los opuestos, meras tentativas de «aflojar las ataduras» que mantienen unidos los aspectos luminosos y los aspectos oscuros de nuestro psiquismo. Así pues, si bien el intento de escapar al sufrimiento que provoca esta situación puede conducirnos al desastre psicológico, el hecho de sostener la tensión de los opuestos conlleva, en cambio, la posibilidad de contribuir al logro de una mayor integración psicológica.

Sostener la tensión de los opuestos, estar a mitad de camino entre ellos, es un acto difícil de soportar que puede equipararse a la crucifixión, un estado en el que es posible que la gracia de Dios descienda sobre nosotros. El problema de los opuestos no admite una solución racional y jamás podrá resolverse en el nivel del ego pero cuando tomamos conciencia de ello, el Yo -la *Imago Dei* que habita en nuestro interior- puede favorecer el logro de una síntesis irracional de la personalidad.

Por decirlo de otro modo, cuando soportamos conscientemente la carga de nuestros opuestos, todos los procesos secretos, irracionales y curativos inconscientes coadyuvan en la labor de integración de nuestra personalidad. Este proceso de curación irracional, que supera obstáculos aparentemente infranqueables, tiene una cualidad inconfundiblemente femenina. La mente racional, lógica y masculina es la que declara que opuestos como el ego y la sombra, la luz y la oscuridad jamás podrán integrarse. Sin embargo, el espíritu femenino es capaz de alcanzar una síntesis más allá de la lógica. No es de extrañar, pues, que en el relato de Stevenson las figuras femeninas sean vagas y escasas y que, en las pocas ocasiones en que aparezcan, lo hagan bajo una perspectiva completamente negativa. Todos los personajes significativos del relato son masculinos –Jekyll, Enfield, Utterson, Poole, el experto calígrafo Mr. Guest, el Dr. Lanyon– y la figura femenina parece relegada al papel de mera comparsa. Las únicas figuras femeninas que se mencionan en el relato son el ama de llaves de la casa de Hyde –una mujer de «expresión maligna temperada por la hipocresía»–, la doncella asustada que «prorrumpió en un gimoteo histérico» la noche en que Utterson se dirigía a casa de Jekyll, la niña atropellada y las mujeres –«salvajes como arpías»– que se congregaban en torno a Hyde. El mismo Hyde es descrito, la última noche, «llorando como una mujer o un alma en pena». La única alusión positiva a la mujer –o al principio femenino– es la joven que presencia el asesinato del Dr. Carew, pero aún así tampoco pudo evitar desmayarse.

Lo femenino, en suma, apenas si tiene cabida en el relato de Stevenson y cuando aparece presenta un aspecto frío, débil, inepto, desamparado, etcétera, es decir, incapaz de prestar el menor tipo de ayuda. Sin embargo, el poder de lo femenino es el único que puede ayudarnos a resolver este problema racionalmente insoluble. Psicológicamente hablando podríamos decir que cuando se rechaza la conciencia psicológica –como hizo Jekyll– nuestra parte femenina, nuestra alma, se debilita, languidece y cae en un estado de postración profunda, lo cual es una verdadera tragedia.

Convendría también dedicar unas palabras a la figura de

Mr. Utterson ya que su retrato testimonia de manera manifiesta la notable habilidad narrativa de Stevenson. Tengamos en cuenta que, si bien la mayor parte del relato nos llega a través de los ojos y las vivencias de Mr. Utterson, Stevenson desdibuja deliberadamente su personaje hasta el punto de pasar casi completamente desapercibido. Utterson nos agrada, podemos imaginarlo con facilidad, podemos anticipar sus pensamientos, sus sentimientos y sus reacciones pero el foco de atención del relato siempre se dirige hacia el enigma del Dr. Jekyll y Mr. Hyde, y Utterson jamás llega a ocupar el centro de la escena. Es por ello que fácilmente podríamos subestimar al personaje de Utterson como un mero recurso estilístico, como un personaje necesario para el discurso aunque irrelevante con respecto al tema del bien y el mal.

Pero, en realidad, Utterson es mucho más importante de lo que parece a simple vista porque es el único personaje cuya sensibilidad se ve conmovida por el mal y que toma plena conciencia tanto del ego como de la sombra, tanto del bien como del mal. Utterson representa así al único ser humano que tiene la suficiente fortaleza emocional como para verse conmovido por el mal y resistir, sin embargo, su embestida. Es precisamente esta función de la sensación –tan débil en el caso de Jekyll y totalmente ausente en el de Hyde– la que hace posible que el hombre reaccione horrorizado ante la profundidad del mal.

En cualquier caso, la maldad siempre termina siendo conocida porque aunque las actividades de Jekyll y de Hyde fueran secretas todo secreto pugna por salir a la superficie de la conciencia impulsado por fuerzas internas ocultas. Recordemos, por ejemplo, que al comienzo de la historia la mente de Utterson estaba torturada por algo que le impedía conciliar el sueño, un signo inequívoco de que su inconsciente estaba buscando la forma de llevar a su conciencia la terrible y oscura vida secreta de Jekyll y Hyde. El personaje de Utterson dista mucho de ser irrelevante porque representa lo más elevado del ser humano y consituye una especie de figura redentora cuya comprensión puede hacerle tomar conciencia del mal y cuya horrorizada sensibilidad constituye una verdadera salvaguarda contra las acometidas de los poderes de la oscuridad.

¿Y qué podríamos decir con respecto al personaje del Dr. Lanyon? Lanyon también investigó, como lo hiciera Utterson, el misterio de Jekyll y Hyde pero, a diferencia de él, cuando advirtió la magnitud del mal se vió desbordado por la situación. Lanyon percibió el mal demasiado pronto, demasiado profundamente y sin la adecuada preparación y, por consiguiente, se vio superado por él. Ciertamente debemos tomar conciencia del mal pero si esta toma de conciencia es demasiado prematura o ingenua puede provocarnos una conmoción irreversible.

En una época como la nuestra en la que por todas partes nos rodean substancias modificadoras del estado de conciencia deberíamos también dedicar unas palabras a la pócima diabólica que elaboró Jekyll para transformarse en Hyde. Ciertas substancias como el alcohol, por ejemplo, parecen sacar a la luz los aspectos negativos de nuestra personalidad. No deberíamos pues desestimar la posibilidad de que la necesidad de beber –como ocurre en el relato de Stevenson– tenga su origen en los esfuerzos realizados por la sombra para salir a la superficie de la conciencia.

Destaquemos también que la faceta negativa de la personalidad de Jekyll termina destruyéndose a sí misma ya que el hecho de que Jekyll sea poseído por Hyde supone necesariamente el suicidio de Hyde. La maldad, a la postre, acaba por superarse a sí misma y conlleva, por tanto, el germen de su propia destrucción. Evidentemente, el mal no puede subsistir aisladamente sino que requiere un entorno adecuado del que alimentarse.

5. LA ACTUALIZACIÓN DE LA SOMBRA EN LOS SUEÑOS

Marie-Louise von Franz

Eminente psicoanalista suiza; probablemente una de las más detacadas discípulas vivas de C. G. Jung, con quien trabajó durante más de treinta años. Aunque se trata de una pensadora original y polémica, su trabajo encarna la esencia misma del pensamiento junguiano. Entre sus libros podemos citar *Sobre los sueños y la muerte* (Ed. Kairós), *Number and Time*; *The Grail Legend* (con Emma Jung); *Puer Aeternus*; *Projection and Re-collection in Junguian Psychology*; *The Feminine in Fairytales*; *Interpretation of Fairytales*; *Sadhow and Evil in Fairytales* y la transcripción de su entrevista filmada *The Way of Dream*.

La sombra no constituye la totalidad de nuestra personalidad inconsciente sino que tan sólo representa aquellos atributos o cualidades desconocidos o poco conocidos del ego, aspectos que pertenecen, en su mayoría, a la esfera personal pero que también podrían ser conscientes. En algunos casos la sombra también contiene factores colectivos procedentes del exterior de la vida personal del individuo.

Cuando un individuo intenta ver su sombra se da cuenta –y también suele avergonzarse– de descubrir cualidades e impulsos que niega en sí mismo pero que ve con mucha claridad en los demás como el egoísmo, la pereza mental, la indolencia; las fantasías, los planes, y las fabulaciones irreales; la negligencia y la cobardía; la avidez exagerada por el dinero y las posesiones, en suma, todos aquellos pecados veniales de los cuales podríamos perfectamente decir: «Eso no importa, nadie se dará cuenta y, en cualquier caso, lo hace todo el mundo».

Cuando nos enfadamos desproporcionadamente por el reproche de un amigo podemos estar completamente seguros de que tras nuestro enfado se oculta una parte de nuestra sombra de la que no somos conscientes. Obviamente es natural sentirse molesto cuando alguien «que no es particularmente mejor que nosotros» nos critique por los errores cometidos por nuestra sombra. Pero ¿qué podríamos decir en el caso de que fueran nuestros propios sueños –un especie de juez interno de nuestro propio ser– los que nos criticasen? En ese caso el ego normalmente calla y mantiene un embarazoso silencio. Después comienza la lenta y dolorosa tarea de autoeducación, una labor a la que perfectamente podríamos equiparar como un equivalente psicológico de los trabajos de Hércules. Recordemos que el primer trabajo de este infortunado héroe fue el de limpiar en un día los establos de Augías, unos establos repletos del estiércol de cientos de rebaños durante decenios enteros, una tarea tan desmedida que hubiera cortado el aliento de cualquier mortal con solo pensar en ella.

La sombra no sólo se manifiesta mediante omisiones sino que también lo hace en forma de actos impulsivos involuntarios. Antes de que nos demos cuenta siquiera irrumpe un comentario malicioso, se descubre el pastel, tomamos la decisión equivocada y nos vemos enfrentados a situaciones que jamás pretendimos ni deseamos conscientemente. Por otra parte, la sombra se contagia colectivamente con más facilidad que la personalidad consciente. Cuando un hombre está solo, por ejemplo, se siente relativamente bien pero tan pronto como «los demás» hacen cosas incomprensibles o primitivas comenzamos a temer que si no nos unimos a ellos nos considerarán tontos. De ese modo abrimos paso a impulsos que realmente no nos pertenecen. La sombra de una persona del sexo opuesto generalmente nos resulta mucho menos molesta y por ello estamos mucho más predispuestos a perdonarla. Entre personas de nuestro mismo sexo padecemos mucho más los efectos de la sombra.

En consecuencia con lo dicho anteriormente, en los sueños y en los mitos la sombra asume la apariencia de una persona del mismo sexo que el soñador. El siguiente sueño puede servirnos de ejemplo al respecto. El soñante era un hombre de cuarenta y ocho años que intentó vivir por y para sí mismo, trabajando dura y disciplinadamente, reprimiendo el placer y la espontaneidad más allá de lo que convenía a su verdadera naturaleza.

> Era propietario y ocupante de una gran mansión en la ciudad de la que desconocía algunas partes. Resolví dar una vuelta por la casa y encontré, especialmente en el sótano, varias habitaciones –de las cuales ignoraba incluso la existencia– que tenían puertas de salida que conducían a otros sótanos y a calles subterráneas. Cuando descubrí que muchas de ellas estaban abiertas y carecían incluso de cerradura comencé a inquietarme. Además, en las inmediaciones había obreros que fácilmente podrían haberse introducido en la casa...
>
> Cuando regresé a la planta baja también descubrí diferentes salidas a la calle o a las casas contiguas. Luego, cuando estaba examinándolas más de cerca se me acercó un hombre riendo a carcajadas gritando que éramos viejos compañeros de escuela. Yo también le recordé y, mientras me contaba su vida, le acompañé hasta la salida y dimos un paseo por las inmediaciones
>
> Paseamos por una enorme calle circular y llegamos a un prado verde en el que había un extraño claroscuro en el aire cuando, de repente, tres caballos al galope pasaron junto a nosotros. Eran animales hermosos, fuertes, bien domados y nadie los cabalgaba. (¿Se habrán escapado de algún cuartel? –pensé.)

El laberinto de pasadizos, habitaciones y puertas abiertas del sótano nos recuerda la antigua representación egipcia del mundo subterráneo, un símbolo muy conocido del inconsciente y de sus capacidades ignotas. También constituye una representación explícita de la forma en que nuestra sombra inconsciente permanece «abierta» a la influencia de elementos misteriosos y ajenos procedentes del exterior. Podríamos decir que el sótano simboliza los cimientos del psiquismo del soñante. En el patio trasero del extraño edificio –que representa un paisaje psíquico que permanece todavía inexplorado por la personalidad del soñante– aparece de repente un antiguo compañero de escuela. Esta persona encarna, evidentemente, otra faceta del soñante, un aspecto que formó parte de su infancia pero que perdió y olvidó en algún momento de su vida. Es frecuente que nuestros rasgos infantiles –alegría, irascibilidad o confianza, por ejemplo– desaparezcan repentinamente sin saber siquiera dónde o cómo se fueron. Son precisamente estas cualidades extraviadas del soñante las que ahora retornan –del patio trasero– e intentan reanudar su amistad. También es muy probable que esta figura represente el aspecto reprimido extravertido de la vida del soñante y su capacidad de disfrutar de la vida.

Pronto comprendemos el motivo del desasosiego que experimentó nuestro sujeto precisamente antes de encontrarse con este viejo y aparentemente inofensivo amigo. Mientras pasean contemplan juntos el galope de los caballos. El soñante piensa que quizás hayan escapado de algún cuartel –es decir, de la disciplina consciente que hasta entonces había caracterizado su vida. El hecho de que los caballos no llevaran jinete simboliza así que los impulsos instintivos han escapado del control consciente y se han desbocado. En esta vieja amistad y en los caballos reconocemos toda la energía de la que que el soñante carecía y que tanto necesitaba.

Este es un tema recurrente en los encuentros con «el otro lado». Bajo una apariencia aparentemente integrable la sombra suele contener valores imprescindibles para la conciencia. Los pasadizos y la aparente magnitud de la mansión de este sueño ilustran también con claridad el hecho de que el soñante desconoce todavía las dimensiones de su psiquismo y de que existen aposentos completamente ignorados.

La sombra que aparece en este sueño es típica de un introvertido, de un hombre que tiende a retraerse demasiado de la vida exterior. En el caso de un extrovertido, de alguien que tendiera hacia los objetos y la vida exterior, la sombra asumiría sin duda características inconfundiblemente distintas.

Un joven muy vital y emprendedor tuvo, al mismo tiempo que acometía una nueva empresa, una serie de sueños que le incitaban a concluir la obra creativa que estaba iniciando. Veamos uno de esos sueños:

> Una persona yace tendida en la cama con la sábana cubriéndole el rostro. Es un francés, un hombre desesperado al que no le importaría nada cometer un delito. Un oficial me acompaña escaleras abajo y sé que ha tramado algo contra mí, concretamente que el francés me mate en la primera ocasión. (Esto, al menos, es lo que me parece.) Efectivamente, cuando salgo el francés sale tras de mí pero yo permanezco muy atento y vigilante. De pronto un hombre alto y con apariencia de triunfador se apoya contra la pared como si se hallara enfermo. Rápidamente aprovecho la ocasión para clavar un puñal en el corazón del oficial. «Sólo se nota un poco de humedad» –dice, a modo de comentario. Muerto ya el oficial que daba las órdenes al francés me encuentro a salvo. (Probablemente el oficial y el triunfador son la misma persona.)

El hombre desesperado representa el aspecto reprimido del soñante –su introversión– un aspecto que se halla en estado de ruina total. Permanece tendido en la cama (es decir, está pasivo) y se cubre el rostro porque desea que lo dejen solo. Por su parte, el oficial y el hombre alto y próspero (representados por la misma persona) encarnan las responsabilidad y actividad externa exitosa del soñante. El súbito ataque que parece padecer el triunfador está relacionado con la misma biografía del soñante que había enfermado muchas veces cuando permitía que su energía dinámica se descargara impulsivamente en el mundo externo. Pero este triunfador no tiene sangre en las venas (sólo una especie de humedad) lo que significa que sus ambiciosas actividades externas carecen de vida y de pasión, son simples mecanismos. Por ello matar al hombre triunfador no supone ningún tipo de pérdida. Al final del sueño el francés parece satisfecho. Esta figura representa un aspecto positivo de la sombra que se ha convertido en algo negativo y peligroso a causa de la desaprobación consciente del soñante.

Este sueño nos muestra que la sombra contiene elementos muy diversos como, por ejemplo, la ambición inconsciente (el triunfador) y la introversión (el francés). Esta asociación particular con el francés estaba basada, además, en el hecho de que ambos eran muy diestros en el manejo de los asuntos amorosos. Por consiguiente, las dos figuras de la sombra representan también dos impulsos muy conocidos: poder y sexo. El impulso de poder aparece momentáneamente en una doble forma: el oficial y el triunfador. Ambos sirven al impulso de poder aunque el oficial, un funcionario del estado, simboliza la adaptación colectiva mientras que el triunfador denota la ambición. Cuando el soñante logra contener este peligroso impulso que brota de su interior el francés deja de ser hostil. En otras palabras, el aspecto igualmente peligroso del impulso de sexo también ha sido arrinconado.

El problema de la sombra representa un papel muy importante en todo conflicto político. Si nuestro soñante ignorara completamente su sombra no debería extrañarnos nada que hubiera identificado fácilmente al francés con los «peligrosos comunistas» de la vida exterior y al oficial y al triunfador con los «insaciables capitalistas». Esta es la forma habitual en la que solemos eludir los elementos conflictivos que se hallan en nuestro interior. El fenómeno de la «proyección» consiste en advertir en el exterior nuestras propias tendencias inconscientes. La agitación política que sacude el mundo y el mezquino cotilleo que se da entre grupos pequeños está plagada de proyecciones. La proyección oscurece nuestra visión del mundo, destruye nuestra objetividad y siembra de dificultades las relaciones que mantenemos con los demás.

Existe además un inconveniente adicional en el fenómeno de la proyección de la sombra. Cuando identificamos nuestra sombra, pongamos por caso, con los comunistas o con los capitalistas, una parte de nuestra personalidad permanece en el lado opuesto. El hecho es que continua -aunque involuntariamente- haremos cosas a nuestras espaldas que apoyarán al adversario y, por tanto, inconscientemente estaremos de su lado. Si, por el contrario, nos damos cuenta de nuestras proyecciones y podemos aceptarlas sin miedo ni hostilidad, tratando con tacto a los demás, existe la posibilidad de llegar a un entendimiento o, por lo menos, de conseguir una tregua.

Convertir a la sombra en amigo o enemigo depende, en gran medida, de nosotros mismos. Como muestran los dos sueños que acabamos de considerar -el de la casa desconocida y el del francés desesperado- la sombra no tiene porqué terminar convirtiéndose en un contrincante. De hecho, con la sombra ocurre lo mismo que con cualquier otro ser humano: a veces cedemos, otras resistimos y otras somos amorosos según lo requiera la circunstancia. La sombra sólo se convierte en algo hostil cuando la ignoramos y no la tenemos en cuenta.

6. EL DESCUBRIMIENTO DE LA SOMBRA EN LA VIDA COTIDIANA

William A. Miller

Analista junguiano que ejerce en Plymouth, Minnesota. También es autor de *The Joy of Feeling Good*; *Make Friends with Your Shadow; When Going to Pieces Holds You Together* y *Your Golden Shadow*.

Existen por lo menos cinco eficaces métodos de observarnos a nosotros mismos y aprender algo sobre nuestra sombra: 1) solicitar el feedback de los demás; 2) desvelar el contenido de nuestras proyecciones; 3) examinar los «lapsus» verbales y conductuales que cometemos e investigar lo que ocurre cuando los demás nos perciben de modo diferente a como lo hacemos nosotros; 4) investigar nuestro sentido del humor y nuestras identificaciones y 5) analizar nuestros sueños, ensueños y fantasías.

Solicitar el feedback de los demás

Comencemos mirando *más allá* del espejo que nos refleja. Cuando estamos frente a un espejo sólo vemos nuestro reflejo tal como lo queremos ver pero si miramos más allá del espejo nos veremos *como nos ven los demás*.

Si esta técnica nos parece muy difícil hagámoslo con otra persona. Evoquemos la imagen de alguien que, en nuestra opinión, se esté engañando a sí mismo. Esto quizás no nos resulte tan difícil porque estamos bastante familiarizados con las dimensiones de la sombra de los demás y hasta nos resulta soprendente que puedan ignorar algo tan evidente.

Ahora bien, aunque sólo sea en teoría no podremos dejar de estar de acuerdo –por más que nos empeñemos en negarlo– de que lo mismo que me ocurre a mí le sucede también a usted. Quiero decir que si yo puedo ver claramente su sombra –ante la que usted permanece ciego– no es improbable que usted pueda ver claramente la mía –que tan difícil me resulta de observar y que si me parece interesante decirle lo que veo de usted (de un modo amable, obviamente) también es muy probable que a usted le parezca interesante decirme lo que ve de mí (también de un modo amable, por supuesto).

Así pues, el feedback que nos proporcionan los demás, la descripción que pueden hacer sobre cómo nos ven, constituye una de las formas más eficaces de tomar conciencia de nuestra sombra personal. Desafortunadamente, sin embargo, el simple hecho de pensar en ello nos hace sentir amenazados y preferimos seguir creyendo que los demás nos ven del mismo modo en que nos vemos nosotros.

Las personas que nos conocen bien se hallan en una posición privilegiada para ayudarnos a descubrir nuestras facetas más oscuras. Estamos refiriéndonos, claro está, a nuestra esposa, a alguien que nos importe realmente, los amigos íntimos, los socios o los compañeros de trabajo. Paradójicamente, sin embargo, no parecemos estar muy dispuestos a escuchar lo que puedan decirnos estas personas –que potencialmente son las más adecuadas a nuestro interés– y justificamos nuestra falta de atención con el pretexto de que son subjetivos, están proyectando o tienen intereses en el asunto. Obviamente, resulta mucho menos peligroso escuchar a un extraño que a alguien que nos conoce bien pero no olvidemos tampoco que la descripción que pueden brindarnos aquéllos no será tan exacta como la que puedan ofrecernos estos últimos.

Hay que tener en cuenta que las propuestas que presentamos no son fáciles de llevar a cabo. Supongamos que le pido que me dé su feedback y que usted me responde que, en las distintas situaciones en las que nos hemos visto implicados, ha advertido que soy una persona condescendiente. Quizás tenga dificultades en escuchar su comentario pero no me resultará muy difícil aceptarlo. Es posible que quiera responderle «¿De qué está hablando? Precisamente lo *último* que yo querría es ser... condescendiente». Pero me callo.

Esta respuesta constituye una evidencia substancial de que he tropezado con un verdadero rasgo o característica de la sombra. Cada vez que respondemos exageradamente «a favor» o «en contra» de algo y nos mantenemos inflexibles en nuestra actitud existen sobradas razones para sospechar que nos hallamos en territorio de la sombra y que haríamos bien en investigar.

Pero, aún en el caso de que me resulte extraordinariamente difícil creer que puedo parecer condescendiente escucho su comentario y lo acepto. Entonces voy a un amigo íntimo, le explico lo que estoy haciendo, y le digo que alguien me ha comentado que me ve como una persona condescendiente. Luego le pido que sea sincero y que me diga cómo me percibe. Quizás me baste con esta nueva opinión o quizás necesite seguir repitiendo el proceso. En cualquier caso, si soy sincero conmigo mismo, debería interesarme por lo que me dicen los demás –sea lo que fuere– a este respecto. De modo que cuando la opinión de varias personas sea coincidente haría bien en tomar nota de sus observaciones –esté o no de acuerdo con ellos– y dedicarme a examinarlas con detenimiento.

Analizar nuestras propias proyecciones

Una segunda forma de aproximarnos a la sombra personal consiste en examinar nuestras proyecciones. La proyección es un mecanismo inconsciente que acontece cuando se activa un rasgo o una característica de nuestra personalidad que permanece desvinculada de nuestra conciencia. Como resultado de la proyección inconsciente percibimos este rasgo en la conducta de los demás y reaccionamos en consecuencia. Así vemos en ellos algo que forma parte de nosotros mismos pero que no reconocemos como propio.

Las proyecciones pueden ser tanto negativas como positivas. La mayor parte del tiempo, sin embargo, lo que vemos en los demás son aquellos atributos que nos desagradan de nosotros mismos. Por consiguiente, para descubrir los elementos de la sombra debemos examinar qué rasgos, características y actitudes nos molestan de los demás y en qué medida nos afectan.

La manera más sencilla de llevar adelante este trabajo consiste en hacer una lista de las cualidades que nos desagradan de los demás como, por ejemplo, la vanidad, el mal humor, el egoísmo, la mala educación, la avaricia, etcétera. Una vez hecha la lista –que probablemente será muy larga– debemos seleccionar aquellas características que más odiemos, aborrezcamos o despreciemos. Por más difícil que nos resulte de creer –y aún más de asumir– este inventario final nos mostrará una imagen fidedigna de nuestra propia sombra personal.

Si, por ejemplo, he anotado que la arrogancia me resulta insoportable y si además critico de manera inflexible este rasgo en los demás convendrá que analice mi propia conducta para ver en qué medida yo también soy arrogante.

Obviamente no todas nuestras críticas son proyecciones de rasgos propios indeseables pero cuando nuestra crítica sea desproporcionada o excesiva podemos estar seguros de que algo inconsciente ha sido estimulado y reactivado. Como ya hemos dicho anteriomente, para que la proyección tenga lugar la persona sobre la que proyectamos debe presentar ciertos «garfios». Si Jim es arrogante, por ejemplo, es bastante «razonable» que me sienta ofendido por su conducta pero cuando mi condena de Jim exceda a su falta no cabe la menor duda de que está en juego mi propia sombra personal.

Las situaciones conflictivas desatan emociones muy intensas proporcionándonos, por tanto, un terreno excepcional para la proyección de la sombra. En ellas podemos aprender muchas cosas sobre nuestra sombra ya que lo que censuramos en nuestros «enemigos» no es más que una proyección oscura de nuestra propia oscuridad.

Pero no sólo proyectamos cualidades negativas sobre los demás sino que también hacemos lo mismo con las positivas. En los demás también advertimos rasgos positivos propios que, por alguna razón, rechazamos y nos pasan, por tanto, desapercibidos.

No es extraño, por ejemplo, percibir cualidades positivas en los demás sin que exista la menor evidencia empírica que las sostenga. Esto suele suceder, por ejemplo, en el amor romántico y en aquellas ocasiones en las que valoramos positivamente a los demás. Los amantes, cautivos de su deseo por la persona amada, suelen proyectar sus atributos positivos sobre ella. En cierto modo, el rasgo proyectado debe estar ahí, de otra forma la proyección no tendría lugar, pero lo cierto es que la intensidad de la presencia real de ese rasgo en la persona amada suele diferir notablemente del grado en que lo percibe el amante. Susan, por ejemplo, proyecta la dimensión amable y generosa de su sombra sobre Sam y le alaba por su amabilidad, particularmente por su amabilidad hacia ella. Los amigos quizás traten de hacerle ver que, aunque Sam no sea egoísta ni avaricioso, sus demostraciones de amabilidad y generosidad son transitorias pero Susan, sin embargo, no quiere escucharles.

Una vez que hemos quedado «enganchados» de una cualidad positiva de otra persona podemos proyectar sobre ella todo tipo de cualidades positivas. Esto es algo que ocurre con cierta frecuencia en las entrevistas personales y se conoce con el nombre de «efecto halo». En tal caso la proyección de las cualidades positivas del entrevistador sobre el entrevistado le proporcionarán una considerable evidencia de que se halla ante una persona casi perfecta.

Estos ejemplos ilustran situaciones problemáticas pero demuestran claramente el poder de las proyecciones positivas. Debemos comprender que nuestra sombra contiene tanto cualidades positivas como cualidades negativas. En este sentido, también resulta sumamente interesante enumerar las cualidades que más admiremos en los demás. Así, por ejemplo, cuando nos escuchemos decir: «Yo nunca podré ser así» haríamos bien en analizar esos rasgos porque es muy probable que formen parte de nuestra Sombra Dorada.

Examinar nuestros «lapsus»

Un tercer método para explorar nuestra sombra personal consiste en examinar los «lapsus linguae», los lapsus conductuales y las percepciones equivocadas. Los lapsus linguae son aquellas equivocaciones involuntarias que nos ponen en un aprieto. La sombra, que es en parte todo aquello que *queremos* ser –pero que no nos atrevemos a ser–, constituye el escenario más apropiado para la manifestación de este tipo de fenómenos. Justificaciones tales como «esto es lo último que hubiera querido decir» o «no puedo creer que yo haya dicho eso» demuestran que si bien la conciencia es la que propone la sombra es la que suele terminar disponiendo.

Ann, por ejemplo, ha aprendido a tolerar todo lo que hacen los demás. Por consiguiente, cuando su amiga Chris decidió, a los dieciséis años, matricularse en una escuela de modelos, Ann la felicitó aunque internamente pensaba que era una ridiculez. Así, cuando felicitó a Chris por su decisión, su sombra tomó la palabra y dijo: «Estoy segura de que será una tontería (muddle) extraordinaria». Obviamente, lo que Ann quería decir era «modelo» (model) pero –inconsciente de su desaprobación de la decisión de Chris– dijo «tontería» que es lo que realmente pensaba sobre la situación.

Los lapsus de conducta son, si cabe, más reveladores todavía. En ocasiones parece que no exista explicación alguna para la conducta «aberrante» de una persona. En tales casos alguien podría perfectamente decir: «No sé que le ha ocurrido. ¡Jamás le había visto actuar así!» Los lapsus conductuales suelen ser conductas que parecen completamente ajenas a la persona que los comete y que dejan atónitos a todo el mundo –incluida, claro está, la persona en cuestión.

Existe también otro tipo de lapsus en los que nos presentamos de manera diferente a cómo pretendemos. Un conferenciante, por ejemplo, que intenta ofrecer un aspecto simpático ante su audiencia puede descubrir luego, sorprendido, que los demás le han visto como «alguien muy sarcástico»; una mujer recatada y tímida puede sentise incómoda en una fiesta ante la conducta de los hombres y ser, al mismo tiempo, totalmente inconsciente de su propio coqueteo y un hombre que ha sido invitado a dar una breve charla de homenaje a un colega en una comida puede quedarse pasmado cuando su esposa le censura lo «amablemente despectivos» que han sido sus comentarios.

Tales situaciones –tan conocidas, por otra parte, por todos nosotros– nos ofrecen la oportunidad de bucear en nuestro interior y salir beneficiados de ese viaje. En nuestra mano está el hacerlo o no hacerlo. Podemos reírnos de esos lapsus, mantenernos a la defensiva, racionalizarlos o esconderlos bajo la alfombra pero sólo afrontarlos nos permitirá descubrir la oscuridad que se oculta en nuestra sombra, profundizar en nuestro propio autoconocimiento y poner fin a esos embarazosos, inoportunos y, en ocasiones, hasta destructivos «deslices».

Investigar nuestro sentido del humor y nuestras identificaciones

Un cuarto método para acceder a la sombra personal consiste en investigar nuestro sentido del humor y las respuestas que suscita en nosotros el humor. La mayoría de nosotros sabe que el sentido del humor suele evidenciar mucho más de lo que se ve a simple vista. De hecho, quien habla en esas ocasiones suele ser la misma sombra. Por otra parte, quienes rechazan y reprimen a la sombra suelen carecer de sentido del humor y se divierten con muy pocas cosas.

Veamos, por ejemplo, el viejo chiste de los tres curas de un pequeño pueblo que se reúnen en una especie de «grupo de apoyo». A medida que transcurre el tiempo su amistad crece y aumenta su confianza. Cierto día deciden que ya tienen la suficiente confianza para confesar sus pecados más graves y compartir así su culpa. «Confieso que he robado dinero del cepillo» -dice el primero. «Eso no está bien -afirma el segundo, prosiguiendo- Mi principal pecado ha sido el de haber tenido un asunto con una mujer del pueblo vecino». Entonces, el tercero, después de haber escuchado las desdichas de sus compañeros, agrega: «Hermanos, debo confesaros que mi mayor pecado es ser un terrible charlatán. ¡Y que ardo en deseos de salir de aquí!»

La mayoría de nosotros explicamos que este chiste nos hace reir porque es divertido pero lo cierto es que nos conecta con el aspecto sombrío del cotilleo y que lo que nos causa gracia es el hecho de identificarnos con el placer que le aguarda al tercer cura difundiendo por el pueblo los pecados de sus colegas. Obviamente, nosotros *sabemos* que eso está mal y no desearíamos hacerlo pero, recordemos que la sombra es, entre otras cosas, lo que *quisiéramos* pero no osamos hacer. El hecho de que este chiste nos resulte divertido puede permitirnos así profundizar un poco la conciencia de nosotros mismos. Por otra parte, quien niega y reprime a su sombra no encontrará divertido el chiste sino que lo censurará agriamente. Tal persona concluirá, por ejemplo, que el chiste no tiene nada de divertido y que los tres curas deberían ser castigados por sus pecados.

Sabemos que es de mal gusto disfrutar con el dolor y el infortunio de los demás pero nos resultan muy divertidas las caídas de alguien que patina por vez primera sobre el hielo. En los albores de la historia del cine una de las escenas que más hacían disfrutar al público era el clásico resbalón sobre una piel de plátano. Nos reímos a carcajada limpia del cómico que nos cuenta sus adversidades. En todas estas situaciones el humor evoca risa como expresión de nuestro sadismo reprimido. No cabe la menor duda de que lo que despierta nuestro sentido del humor, aquello que nos resulta especialmente divertido puede contribuir a aumentar nuestro autoconocimiento.

En los acontecimientos deportivos –especialmente en las competiciones– podemos observar fácilmente la magnitud e intensidad de la sombra. En este ámbito son alentadas e incluso aplaudidas conductas que en otro entorno resultarían censurables e incluso condenables. Ahí personas afables en otras circunstancias pueden gritar afirmaciones rayanas en la inducción al asesinato. En cierta ocasión fui a un combate de lucha a realizar una encuesta y tropecé con un grupo de ancianas cuya conducta me resultó tan fascinante que olvidé por completo lo que había ido a hacer. Se comportaron de un modo completamente «normal» hasta el momento en que los luchadores subieron al ring. Entonces se pusieron en pie, cerraron los puños y comenzaron a vociferar expresiones vicarias de la agresividad de la sombra tales como: «¡Mata a ese sucio bastardo!» «¡No le dejes escapar!» «¡Rómpele los brazos!»

Analizar nuestros sueños, ensueños y fantasías

El estudio de los sueños, ensueños y fantasías nos proporciona un último camino para tomar contacto con nuestra sombra personal. Aunque digamos lo contrario todos nosotros soñamos, ensoñamos y fantaseamos y si prestamos atención a esas actividades podremos aprender muchas cosas sobre nuestra sombra y sobre sus contenidos.

Cuando la sombra aparece en nuestros sueños asume el aspecto de una figura de nuestro mismo sexo. En el sueño reaccionamos ante ella con miedo, desagrado o disgusto, igual que lo haríamos ante alguien a quien consideráramos inferior. En los sueños huimos de la sombra, la evitamos y frecuentemente experimentamos que nos persigue. La sombra también puede aparecer como una figura difusa a la que tememos y de la que intuitivamente escapamos. Nuestra tendencia habitual ante la sombra consiste en evitarla del mismo modo que solemos hacerlo en la vida consciente.

Pero esta figura es nuestra propia sombra –o un aspecto significativo de ella– por consiguiente, la actitud más adecuada será la de afrontarla y descubrir qué es y qué pretende. Debemos observar sus acciones, sus actitudes y sus palabras (en el caso de que pronuncie alguna). La sombra, a fin de cuentas, encarna dimensiones de nuestro ser que podrían ser conscientes y, por tanto, constituye un yacimiento muy provechoso para nuestro autoconocimiento.

Quizás insistamos en nuestra negativa a aceptar el hecho de que ensoñamos y fantaseamos pero lo cierto es que resulta imposible que la mente se mantenga atenta y concentrada durante toda nuestra vigilia. Por consiguiente: ¿qué pensamos cuando no estamos pensando en nada? ¿dónde va nuestra mente? ¿qué imágenes o fantasías pueblan nuestro pensamiento? Nuestros ensueños y nuestras fantasías pueden ser tan extrañas y contrarias a nosotros que hasta pueden resultar aterradoras. No se trata de algo que estemos dispuestos a admitir fácilmente ante los demás y, en muchas ocasiones, ni siquiera las aceptamos ante nosotros mismos.

Pero negar su existencia es perder otra oportunidad de concocernos a nosotros mismos. En nuestras fantasías y en nuestros ensueños cotidianos podemos descubrir pensamientos, proyectos, deseos y sueños que somos incapaces de aceptar a un nivel consciente. Suelen ser fantasías de violencia, poder, riqueza y sexo. Son ensueños de abundancia en lo que conseguimos lo imposible. Una vez más, la sombra se halla dispuesta a compartir su patrimonio si la aceptamos y reflexionamos sobre ella.

Concluiremos diciendo que nadie puede tomar por nosotros la decisión de afrontar el mundo de nuestra sombra personal. Por otra parte, cada uno de nosotros tiene una vía de acceso diferente y debe seguir su propio camino. Pero aunque no exista un procedimiento universal para emprender este viaje interno al mundo de la sombra, las recomendaciones que hemos presentado en este capítulo pueden resultar de mucha utilidad.

*   *   *

EL OTRO

¿Por qué mencionar los nombres
de dioses o estrellas,
espuma de un océano oculto,
polen de un jardín recóndito,
cuando lo que nos duele es la vida misma,
cuando cada nuevo día
desgarra nuestras entrañas,
cuando al caer la noche
nos retorcemos destrozados?
¿Cuándo sentimos el dolor de otro,
alguien a quien desconocemos
pero que siempre está presente,
y es la víctima, el enemigo, el amor
y todo lo que necesitamos
para llegar a ser completos?
Nunca alces tus súplicas a lo oscuro,
no apures la copa de la alegría de un sólo trago.
Mira a tu alrededor:
hay alguien, siempre hay alguien,
que respira tu sofoco,
se alimenta de tu hambre
y, al morir, convive
con la mitad más pura de tu muerte.

Rosario Castellanos

SEGUNDA PARTE:

EL ORIGEN DE LA SOMBRA: LA FORMACIÓN DEL YO ENAJENADO EN LA FAMILIA

¡Oscuridad, llámame hermano!
Que jamás llegue a temer
aquello que esté buscando.

ANONIMO

La vergüenza, la culpa, el orgullo, el miedo, el odio, la envidia y la avaricia son los subproductos inevitables del proceso
de construcción del ego, el aspecto sombrío del proceso de
emancipación del ego que termina polarizando a la mente entre el sentimiento de inferioridad y el anhelo de poder.

EDWARD C. WHITMONT

Pasamos los primeros veinte años de nuestra vida decidiendo
qué partes de nosotros mismos debemos meter en el saco y
ocupamos el resto tratando de vaciarlo.

ROBERT BLY

INTRODUCCIÓN

Cada uno de nosotros hereda un legado psicológico tan real como su misma dotación biológica. El clima psicológico de nuestro entorno familiar nos expone de continuo a los valores, el temperamento, los hábitos y la conducta de nuestros padres y familiares. De este modo, nuestros padres nos transmiten –en forma de pautas disfuncionales de conducta– los problemas que ellos no han logrado resolver en su propia vida.

Según T. S Elliot «del hogar es de donde partimos». La familia constituye nuestro centro de gravedad emocional, el escenario en el que madura nuestra identidad, se desarrolla nuestra individualidad y se configura nuestro destino bajo la influencia concreta de las diversas personalidades que nos rodean.

Cada niño emprende el necesario proceso de desarrollo de su ego en la atmósfera psicológica creada por sus padres, parientes, tutores y otras fuentes importantes de amor y aprobación. La adaptación del ser humano a la sociedad requiere la creación de un ego –un «yo»– que sirva como principio organizador del desarrollo de la conciencia. De este modo, la creación de nuestra personalidad tiene lugar gracias a las influencias que recibimos del exterior, influencias que nos permiten identificarnos con lo que nuestro entorno refuerza como «bueno» y reprimir lo que considera «equivocado», lo que es «malo».

El proceso de creación del ego es también, al mismo tiempo, el proceso de creación de la sombra. De este modo, el Yo enajenado es un subproducto natural del proceso de construcción del ego que termina convirtiéndose en una imagen especular opuesta a él ya que enajenamos aquello que no concuerda con la imagen que tenemos de nosotros mismos. La necesaria unilateralidad del proceso de desarrollo de nuestra personalidad va desterrando a nuestro psiquismo inconsciente aquellas cualidades inaceptables que negamos y rechazamos hasta que éstas terminan agrupándose y configurando una especie de personalidad inferior, una subpersonalidad, nuestra sombra personal.

Pero aunque ahora no podamos ver los rasgos enajenados que permanecen alejados de nuestra visión no por ello han desaparecido de nosotros sino que perviven constituyendo una especie de alter ego oculto bajo el umbral de nuestra conciencia que puede irrumpir violentamente en circunstancias emocionales extremas. En tales casos tratamos de explicar la conducta de nuestro alter ego recurriendo a algún eufemismo del tipo: «¡Fue obra del diablo!»

El tema del antagonismo entre gemelos –uno bueno y otro malo– constituye un antiguo motivo mitológico que simboliza la relación existente entre nuestro ego y nuestro alter ego, entre la persona y la sombra. Pero ambos aspectos constituyen una totalidad completa y, por ello, cualquier movimiento que apunte hacia la integración de los distintos contenidos que pueblan nuestro Yo alienado nos aproxima a la totalidad.

En los niños más pequeños la regulación del umbral de atención consciente es débil y ambigua. En los juegos infantiles podemos contemplar la forma en que tiene lugar este proceso de creación de la sombra en los niños y la forma en que es reforzado por los adultos. A menudo nos asombramos de la mezquindad y crueldad de los juegos infantiles y reaccionamos de manera natural e instintiva para evitar que se lastimen. Pero, al mismo tiempo, también deseamos que repriman aquellos sentimientos y conductas que nosotros mismos hemos reprimido para que terminen adaptándose a lo que los adultos consideran que es el juego. Por otra parte, nosotros proyectamos y atribuimos a los niños la «maldad» que hemos rechazado en nosotros mismos. Si el niño capta nuestro mensaje más pronto o más tarde se desidentificará de estos impulsos para terminar ajustándose a las expectativas de los adultos.

La sombra de los demás acicatea de continuo el proceso moral de construcción del ego y de la sombra del niño. De este modo, en la infancia aprendemos a esconder lo que ocurre bajo el umbral de nuestra conciencia para parecer buenos y ser aceptados por las personas que nos importan. La proyección –la transposición involuntaria de tendencias inaceptables inconscientes a otros objetos o personas– cumple así con la función de proporcionar el necesario feedback positivo al frágil ego del niño. Según la analista junguiana Jolande Jacobi «a nadie le gusta admitir su propia oscuridad. Quienes creen que su ego representa la totalidad de su psiquismo, quienes prefieren seguir ignorando sus cualidades reprimidas suelen proyectar sobre el mundo que les rodea "los fragmentos ignorados de su alma"».

Obviamente también puede ocurrir todo lo contrario. Un niño, por ejemplo, puede sentir que jamás cumple las expectativas de sus familiares, asumir una conducta inaceptable para los demás y terminar convirtiéndose en el chivo expiatorio de las proyecciones de su sombra. La llamada oveja negra, por ejemplo, constituye lo que en terapia familiar se denomina paciente identificado, el portador de la sombra de toda la familia. En *The Scapegoat Complex*, la psicoanalista Sylvia Brinton Pereira afirma que el adulto designado como chivo expiatorio suele ser aquel miembro de la familia más sensible a las corrientes emocionales inconscientes. Este adulto fue precisamente el niño que percibió y sobrellevó la sombra de toda la familia.

En *Jung and Reich: The Body as Shadow*– John Conger relata una anécdota que le contó A. I. Allensby sobre la sombra familiar:

En cierta ocasión Jung me dijo que conoció a un cuáquero tan educado que creía no haber cometido un error en toda su vida. «¿Y sabe qué les ocurrió a sus hijos?» –preguntó Jung. «Su hijo se convirtió en un ladrón y su hija terminó siendo prostituta. Es como si los hijos se vieran compelidos a vivir los aspectos oscuros de la naturaleza humana, las inexcusables imperfecciones de la naturaleza humana que su padre se había negado a asumir.»

Además de las relaciones paternofiliales existen también otros acontecimientos que hacen todavía más complejo el proceso de creación de la sombra. En la medida en que el ego va afirmándose en la conciencia del niño va configurándose también una máscara –la *persona*– el semblante que exhibimos ante el mundo, el rostro que refleja lo que creemos ser y lo que los demás creen que somos. La persona satisface así las demandas de nuestro entorno y de nuestra cultura adaptando nuestro ego ideal a las expectativas y valores del mundo en que vivimos mientras que la sombra se convierte en una especie de cubo de la basura que se encarga del trabajo sucio. De este modo, el proceso de formación del ego y de la persona constituye la respuesta natural a la aprobación o descalificación, a la aceptación o censura a que nos somete el entorno en que nos movemos –nuestra familia, nuestros amigos, nuestros maestros, etcétera.

El hogar familiar es el escenario natural en el que se tiene lugar este proceso, un proceso en el que la sombra de los distintos miembros de la familia influye poderosamente en la configuración del nuevo Yo enajenado, sobre todo en el caso de que el grupo familiar no reconozca sus propios elementos oscuros o cuando todos los elementos de la familia estén de acuerdo en ocultar la sombra de un miembro especialmente poderoso, débil o querido de la familia.

Los ensayos que hemos seleccionado para esta segunda parte proporcionan un contexto apropiado para comprender diversos aspectos del proceso de creación de la sombra durante los primeros años de vida. En el artículo que abre esta sección, extraído de *Getting the Love You Want*, el terapeuta de pareja y escritor de varios libros sobre el tema Harville

Hendrix explica la forma en que la represión origina el enajenamiento de ciertas partes del Yo y fragmenta nuestra sensación de identidad.

Cuando la dinámica familiar es francamente negativa, abusiva o disfuncional, el núcleo más problemático de nuestro sombrío legado terminan generando la culpabilidad y la vergüenza. El Capítulo 8, extraído del libro del analista junguiano de Los Angeles Robert M. Stein *Incest and Human Love*, examina el tema del rechazo y de la traición parental y sus persistentes efectos perturbadores en el psiquismo infantil.

Kim Chernin nos recuerda, en "El Lado Oculto de la Relación Madre-Hija", que los padres son los primeros preceptores del niño y que sus lecciones no siempre son agradables. Según Chernin –especialista en el tratamiento de los desórdenes alimenticios de las mujeres– la envidia, la rabia y la culpabilidad crean una situación paradójica en la mujer madura que si no se resuelve pueden tener consecuencias autodestructivas trágicas para su hija.

El proceso de creación de la sombra es inevitable y universal. Nos hace ser quienes somos y nos induce a trabajar con la sombra para poder llegar a ser quienes, en realidad, somos.

7. LA CREACIÓN DEL FALSO YO

Harville Hendrix

Director del Institute for Relationship Therapy de Nueva York, fundado en 1984. Es diplomado en la American Association of Pastoral Counselors, formador de terapeutas relacionales y autor del bestseller *Getting the Love You Want: A Guide for Couples*.

En su intento de reprimir los pensamientos, los sentimientos y la conducta de sus hijos los padres utilizan estrategias muy diversas. En ocasiones dan órdenes muy claras como, por ejemplo: «¡No pienses eso!», «¡Los hombres no lloran!» «¡Saca las manos de ahí!» «¡No quiero volverte a escuchar decir eso!» «¡En nuestra familia no hacemos esas cosas!» En otras en cambio –como solemos ver en los grandes almacenes– los padres regañan, amenazan o pegan a sus hijos. No obstante, la mayor parte de las veces los padres moldean a sus hijos mediante un proceso muy sutil de invalidación que consiste en premiar o no determinadas conductas. De este modo, por ejemplo, si los padres valoran poco el desarrollo intelectual no regalarán a sus hijos libros ni juegos científicos sino juguetes y material deportivo; si creen que las niñas deben ser tranquilas y femeninas y que los niños deben ser fuertes y asertivos sólo premiarán aquellas conductas apropiadas a su género, etcétera. Así, cuando un niño pequeño entra en la habitación arrastrando un juguete muy pesado pueden decir: «¡Qué fuerte eres!» pero si es una niña la que lo hace es más probable que respondan: «¡No estropees tu bonito vestido!».

El ejemplo directo, sin embargo, constituye la forma más habitual y más profunda de influir sobre los hijos. Los niños observan instintivamente las decisiones que toman sus padres, las libertades y los placeres que se permiten, los capacidades que desarrollan, las aptitudes que ignoran y las reglas que siguen. Todo eso tiene un efecto muy profundo sobre el niño: «Así es como debe vivirse». Tanto si los niños aceptan como si se rebelan contra el modelo que le proporcionan sus padres este temprano proceso de socialización juega un papel extraordinariamente importante.

La reacción típica de un niño a los decretos prescritos por la sociedad atraviesa una serie de estados concretos. La primera respuesta consiste en no expresar la conducta prohibida en presencia de los padres. El niño se siente enfadado pero no habla de ello en voz alta; explora su cuerpo en la intimidad de su cuarto; molesta a sus hermanos pequeños cuando sus padres están ausentes, etcétera. Finalmente llega a la conclusión de que ciertos pensamientos y sentimientos son tan inaceptables que deben ser eliminados, de modo que se construye una especie de padre imaginario que termina controlando sus pensamientos y sus actividades, una parte de la mente que los psicólogos denominan «superego». A partir de ese momento, cada vez que tenga un pensamiento o una conducta «inaceptable» experimentará una descarga de ansiedad. Esto resulta tan desagradable que el niño termina adormeciendo algunas de esas partes prohibidas de sí mismo o, dicho en terminología freudiana, las reprime. De este modo, el precio que hay que pagar por la obediencia es una pérdida de integridad.

Para llenar ese vacío, sin embargo, el niño crea un «falso Yo», una estructura de carácter que cumple con una doble función: encubrir los aspectos reprimidos de su ser y protegerle de nuevas heridas. Un niño criado por una madre distante y sexualmente represiva, por ejemplo, puede convertirse en un «chico duro». Ese niño puede decirse a sí mismo: «No me importa que mi madre no sea cariñosa. No necesito esas estupideces. En realidad no necesito a nadie. Y además: ¡Creo que el sexo es sucio!» Finalmente termina aplicando este patrón de respuesta aprendido a todas las circunstancias. De este modo, sea quien fuere quien intente aproximarse el niño mantiene en pie las mismas barricadas. Años más tarde, cuando supere esta resistencia a implicarse en una relación amorosa, es probable que critique a su pareja por desear una mayor intimidad y una sexualidad más sana: «¿Por qué necesitas tanto contacto? ¿Por qué estás tan obsesionada con el sexo? ¡Eso no es normal!»

Otro niño puede reaccionar a una educación parecida de manera opuesta exagerando sus problemas en la esperanza de que alguien termine rescatándole: «Pobre de mí. Estoy herido y necesito que alguien me cuide». Otro, en cambio, puede terminar convirtiéndose en un acaparador que disputa –sin saciarse nunca– por cualquier pedazo de amor, alimento o bienes materiales que se crucen en su camino. Sea cual fuere la naturaleza del falso Yo, sin embargo, su objetivo es siempre el mismo: amortiguar el dolor producido por la pérdida de su totalidad original, la totalidad que recibió de Dios.

No obstante, cuando el niño es criticado por sus rasgos negativos esta ingeniosa forma de protección termina convirtiéndose en la causa misma de posteriores heridas. Los demás le censuran por ser distante, necesitado, egoísta, gordo o tacaño. Quienes le atacan sólo ven el aspecto neurótico de su personalidad, le consideran alguien inferior, alguien que no es completo, sin darse cuenta siquiera de la herida que está intentando proteger y de la naturaleza inteligente de su defensa.

Ahora el niño se encuentra atrapado. Necesita mantener sus rasgos de carácter porque cumplen con una función adaptativa importante pero, el mismo tiempo, no quiere ser rechazado. ¿Qué es lo que puede hacer? La única solución posible es negar o atacar a sus críticos. Quizás se defienda diciendo: «No soy frío ni distante sino fuerte e independiente» o «no soy débil, necesitado y egoísta sino que, por el contrario, soy muy sensible» o «no soy orgulloso y egoísta sino ahorrativo y prudente». En otras palabras, «no es de mí de quien estáis hablando. Sólo me veis desde un punto de vista negativo».

En cierto sentido podemos decir que el niño está en lo cierto porque esos rasgos negativos no forman parte de su naturaleza original sino que han ido fraguándose a partir del dolor hasta terminar formando parte de una identidad asumida, una especie de «alias» que le ayuda a moverse en un mundo complejo y, a menudo, hostil. Esto no significa, sin embargo, que esos rasgos negativos no se hallen presentes ya que hay numerosos testigos que afirmarían todo lo contrario. Pero para mantener una imagen positiva de sí mismo y aumentar sus posibilidades de supervivencia se ve obligado a negarlos. Esos rasgos negativos terminan convirtiéndose, pues, en lo que suele llamarse «Yo enajenado», aquellas partes del falso Yo que resultan demasiado dolorosas como para poder ser reconocidas como propias.

Detengámonos un momento y pongamos orden en todo lo que hemos dicho hasta ahora. La naturaleza original, amorosa y unificada con la que nacimos ha ido fragmentándose hasta terminar convirtiéndose en tres entidades separadas:

1. El «Yo perdido», aquellas partes de nuestro ser que las demandas de la sociedad nos han obligado a reprimir.
2. El «falso Yo», la fachada que erigimos para llenar el vacío creado por esa represión y por la falta de una satisfacción adecuada de nuestras necesidades.
3. El «Yo enajenado», aquellas partes negativas de nuestro falso Yo que son desaprobadas y que, en consecuencia, negamos.

La única parte de este complejo collage de la que normalmente somos conscientes se reducen a aquellos aspectos de nuestro ser original que todavía permanecen intactos y a ciertos aspectos de nuestro falso Yo. Estos elementos constituyen ahora nuestra nuestra «personalidad», el aspecto con el que nos presentamos ante los demás. Nuestro «Yo perdido» está ahora completamente alejado de nuestra conciencia ya que hemos cortado casi todas las conexiones con los aspectos reprimidos de nuestro ser. Nuestro «Yo enajenado», las facetas negativas de nuestro falso Yo, permanecen justo bajo el umbral de conciencia vigílica y amenazan de continuo con emerger. Por ello, para mantenerlas ocultas debemos hacer de continuo un esfuerzo activo o proyectarlas sobre los demás. Es este el motivo por el que replicamos enérgicamente «¡Yo no soy egoísta!» o respondemos «¿Perezoso yo? ¡Tú si que eres perezoso!»

8. EL RECHAZO Y LA TRAICIÓN

Robert M. Stein

Uno de los más antiguos formadores de analistas del C.G. Jung Institute de Los Angeles; se dedica a la práctica clínica privada en Beverly Hills. Asimismo es autor de numerosos artículos y del libro *Incest and Human Love: The Betrayal of Soul in Psychoterapy*.

Veamos ahora más en detalle los mecanismos que se ponen en movimiento cuando uno se halla profundamente marcado por una historia infantil de traición y desengaño. Cuando la transición desde la totalidad de la situación arquetípica original a una relación humana más personal tiene lugar de manera inadecuada el niño experimenta el rechazo y la traición. Esto tiene lugar, por ejemplo, cuando la madre permanece identificada con el rol de Madre arquetípica omniprotectora y nutricia aun cuando en la relación con su hijo muestre ya pensamientos y sentimientos que no se correspondan con esa actitud. Para que el niño pueda comenzar a desarrollar su individualidad debe experimentar una imagen más completa de su verdadera personalidad.

Si la madre se identifica con el arquetipo de Madre positiva, la Madre negativa debe ser desterrada a la profundidad del inconsciente. De este modo, el niño, en lugar de experimentar una transición de la Madre arquetípica a la madre humana –con toda su pluralidad de sentimientos y emociones– se encuentra entonces atrapado entre dos fuerzas arquetípicas opuestas y experimenta una sensación de rechazo y traición que destruye bruscamente su sensación de integridad y termina escindiendo su personalidad. Lamenta tener que salir de la situación arquetípica madre-hijo positiva pero, al mismo tiempo, el impulso a la individuación le obliga a dar ese paso. Entonces no le quedan más que dos opciones extremas: o seguir siendo un niño o despertar el rechazo y la ira *absolutos* de la absorbente Madre Negativa. Por consiguiente, aun en el caso de que elija dar forma y expresión a su propia individualidad se encuentra frente a un poder oscuro que destruye cualquier sensación de gratificación o logro. Esta es la traición a la que estamos haciendo referencia.

Del mismo modo que la Madre Positiva acepta y estima a su hijo con todas sus flaquezas e imperfecciones, la Madre Negativa, por su parte, le rechaza y le exige superarlas. Este rechazo –que tiene lugar a un nivel muy colectivo– equivale a un rechazo de todos aquellos elementos únicos e individuales del niño que no concuerdan con la imagen que la madre tiene de cómo debe ser su hijo. Es por ello que el niño debe ocultar o reprimir su singularidad con lo cual todas sus peculiaridades terminan engrosando las filas de la sombra. Pero dado que el contenido de la sombra frecuentemente está repleto de elementos desagradables, inaceptables y destructivos para los demás y para la sociedad, la combinación entre individualidad y sombra suele resultar desastrosa. De este modo el individuo termina equiparando su alma a su sombra disminuyendo entonces drásticamente sus posibilidades de establecer o mantener un contacto humano profundo con los demás. En tal caso, resulta fácil observar que cada vez que comenzamos a intimar con una persona de estas características invariablemente hace algo para que lo rechacemos. Este es un fenómeno tan habitual que deberíamos intentar comprenderlo más profundamente.

¿Por qué las personas que han sufrido una traición arquetípica parecen estar provocando –casi nos atreveríamos a decir pidiendo– el rechazo de los demás? Este tipo de persona suele expresar exactamente su visión de sí mismo. Durante algún tiempo creí que se trataba de un recelo a expresar sus viejas heridas por temor a ser dañado nuevamente. Esto parecía tener cierto sentido hasta el momento en que comprendí que, aunque el hecho de abrirse a alguien pudiera exponerle a ser herido nuevamente, la experiencia infantil de rechazo y traición fue la causante original de la herida. Por consiguiente, cuando una persona rechaza y produce rechazo está reactivando la situación original traumática. Obviamente este mecanismo inconsciente no resulta eficaz para evitar el sufrimiento. Es necesario encontrar otras explicaciones.

Las cosas se comprenden mejor si consideramos que este problema es consecuencia de la incapacidad de la persona para distinguir entre la sombra y el alma. De este modo, cada vez que el individuo establece un contacto profundo con otra persona emergen sentimientos de vergüenza, culpabilidad y miedo. En otras palabras, la sombra contiene elementos infantiles regresivos cuya asimilación e integración en la personalidad se ha visto entorpecida por el rígido rechazo del arquetipo parental negativo internalizado. De este modo, por más que se le acepte y se le valore el individuo seguirá sintiéndose rechazado. Este tipo de persona parece estar pidiendo que los demás le rediman de la culpabilidad que siente por los aspectos verdaderamente *inaceptables* y *destructivos* de su sombra que no ha alcanzado a diferenciar de la totalidad de su ser. Las demandas y las dependencias infantiles, la sexualidad infantil indiferenciada, el egoísmo, la crueldad, etcétera, son elementos que pertenecen a la condición humana que deben ser contenidos para que no causen daño a los demás. El amor y el respeto supone la aceptación de todas estas cualidades, lo cual no significa, sin embargo, que uno deba estar dispuesto a ser dañado por la sombra. Pero esto es precisamente lo que está buscando quien provoca rechazo. Estas personas sólo podrán experimentar aceptación y amor cuando se les permita dar expresión plena a su sombra y, aunque inflijan sufrimiento a los demás, sigue, no obstante, amándoseles. Desde este punto de vista, pues, parece que el agente que determina su acción no es tanto el miedo sino, más bien al contrario, la necesidad de intimidad. Por decirlo de otro modo, la profunda necesidad de liberarse de la culpa y el miedo que provocan los contenidos de su sombra es la que le impulsa de continuo a comprometerse en relaciones que le ofrezcan la posibilidad de conectar profundamente con los demás.

9. EL LADO OCULTO DE LA RELACIÓN MADRE-HIJA

Kim Chernin

Autora de *The Obsession*; *In My Mother's House*; *The Hungry Self*, el libro de poesía *The Hunger Song* y la novela *The Flame Bearers*. Actualmente vive en Berkeley, California, donde trabaja con mujeres aquejadas de desórdenes alimenticios y crisis de desarrollo.

El lado más oculto y amargo de la relación madre-hija se deriva de la creencia de que todo lo que poseen las hijas se debe al esfuerzo de sus madres. De este modo a la madre no le queda más remedio que terminar envidiando a su hija. ¡Qué desdichada y cruel ironía envidiar aquellas oportunidades que tanto se han esforzado en proporcionar a sus hijas!

El análisis de mi propia experiencia como madre no sólo me ha llevado a darme cuenta de que la mayor parte de las mujeres que acuden a mi consulta sienten envidia y resentimiento por el prometedor futuro que parece abrirse ante sus hijas sino que también me ha permitido tomar conciencia de que los desórdenes alimenticios suelen acabar rápidamente con esta situación.

Hay pocas emociones más difíciles de asumir que la envidia que siente una madre por su querida hija. Naturalmente las madres queremos lo mejor para nuestras hijas, por ellas somos capaces de negarnos y de sacrificarnos a nosotras mis-

113

mas. ¿Qué podemos hacer, por tanto, con la irritación que nos despierta escucharlas hablar de la «nueva mujer»? ¿Qué hacer con el resentimiento –muchas veces imposible de encubrir– que nos embarga cuando las vemos organizar su futuro, decidir los hijos que tendrán, cuántas veces darán la vuelta al mundo, cómo llegarán a ser pintoras o irán de compras a las rebajas de la tienda de la esquina? ¿Conviene entonces reprimir una amarga sonrisa, esbozar una mirada condescendiente o simplemente asentir con la cabeza?

Las mujeres que acuden a mi consulta suelen haber elegido su propia vida. Son mujeres que recibieron una educación esmerada e iniciaron incluso una carrera universitaria a la que terminaron renunciando a regañadientes como parte del precio que exige la maternidad. Son mujeres, en fin, que sienten envidia y resentimiento hacia sus propias hijas.

Pero esta envidia también está presente en las mujeres que intentan combinar la maternidad con la vida profesional. En este caso, sin embargo, el problema radica en las múltiples decisiones –generadoras de gran cantidad de incertidumbre, angustia y rabia– que deben tomar cotidianamente. ¿Permitiremos que el niño vea la televisión un rato más para poder seguir dibujando o pintando? ¿Prepararemos espinacas congeladas –que no necesitan ser lavadas– para poder disponer de diez minutos extras para la contemplación o la meditación? ¿Dejaremos a los niños una o dos horas más en la guardería para poder asistir a ese cursillo que tanto nos interesa? A veces tomamos una decisión, otras la contraria, otras, por último, comenzamos nuestra meditación para terminar interrumpiéndola bruscamente cuando súbitamente advertimos que ya ha sonado la hora de ir a recoger a los niños.

Por más esfuerzos que hiciera nuestra madre por disimularlo cuando éramos pequeñas nos dábamos perfecta cuenta de sus enfados. La escuchábamos repetir una y otra vez hasta la saciedad que la aspiración más noble de una mujer es la de sacrificarse por su familia para oir, acto seguido, que ella no estaba haciendo ningún sacrificio. La vimos malgastar días enteros haciendo el pastel sueco de centeno que aprendió de su abuela; sentimos como buscaba en nuestro rostro una justificación a sus esfuerzos; vimos cómo el frasco de harina y el de levadura quedaron olvidados en el fregadero hasta que la hija mayor -la misma que años más tarde terminaría sometiéndose a un severo régimen alimenticio- los lavó y colocó nuevamente en el estante.

Vimos cómo nuestra madre iba y venía inquietamente una y otra vez entre la sección de comida congelada y la de verduras frescas del supermercado; la recordamos cogiendo, con expresión desencajada, un paquete de espinacas congeladas mientras nos explicaba que no ocurriría nada malo si por una vez cenábamos comida congelada; la vimos dar súbitamente media vuelta y dejar de nuevo el paquete en su lugar como si se tratara de algo repugnante; recordamos cómo la seguimos hasta la sección de verduras frescas, cómo dejaba un manojo de espinacas en su cesta, cómo echaba una mirada al reloj con una expresión de angustia y cansancio en el rostro y arrojaba nuevamente las espinacas en su sitio para correr otra vez a la sección de alimentos congelados. Recordamos cómo discurrió la mañana yendo de las verduras a los congelados entre risas inquietas, como si fuera un juego, en un periplo cotidiano entre las obligaciones y la libertad personal que expresaba toda su inseguridad y resentimiento. Recordamos también cómo finalmente nuestra madre compró espinacas frescas que terminaron pudriéndose en el congelador.

Pero los niños, al igual que los adultos, también disciernen y se dan cuenta de que su madre no acepta sin más sus obligaciones, sienten la amarga resignación con la que asume su maternidad, se dan cuenta de las envidia que las embarga cuando la hija toma sus propias decisiones, experimenta los intentos larvados de boicotear su desarrollo y advierte claramente la amarga decepción que la atormenta por su propia ambigüedad. Pero aunque la madre se avergüence de sus sentimientos y no los llegue a reconocer la hija, sin embargo, se da perfecta cuenta de ellos.

Es inevitable que las hijas que hayan crecido en tal atmósfera de mistificación y ambigüedad tengan dificultades en asumir su propia vida y deban terminar enfrentándose a la terrible contradicción interna de creer que su madre fue feliz a pesar de los sacrificios -por otra parte negados de continuo- que hizo por el bienestar de su hija. La hija intenta entonces ocultar desesperadamente su propia angustia y falta de afecto tratando de convencerse de que no tiene el menor motivo para sentirlos. Pero, por más que se empeñe en negarlo, hasta que todos los problemas que enturbian la relación con su madre no surjan a la luz del día -la rabia por haber traicionado su potencial evolutivo femenino- le será imposible separarse de ella y asumir su propia vida. La hija se encuentra así atrapada en una situación de la que no podrá escapar hasta que no desenrede el complejo vínculo que mantiene inmovilizada su energía y sus ambiciones.

Superar a la madre no solo implica hacer lo que ella no hizo sino constatar que no lo hizo por una decisión personal. Si la necesidad económica o la creencia en el destino inevitable de la mujer moldeó la vida de su madre, por ejemplo, hubiera querido encontrar en la maternidad un sostén para superar su descontento e infortunio. Pero si la madre decidió sacrificarse en aras del bienestar de su hija y, a pesar de ello, se sentía insegura de su decisión y suspiraba por otra vida; si después de tener a sus hijos empezó a dudar de que no existieran otras formas posibles de satisfacción y plenitud personal; si la envidia, el resentimiento y la añoranza emponzoñan su vida, es muy posible que su hija se vea afectada por esa necesidad de superar a su madre que, en mi opinión, es una causa fundamental de todos los desórdenes alimenticios. Cuando la madre no puede seguir aceptando su opresión como algo inevitable y no puede seguir eclipsando su personalidad y vivir vicariamente a través de su hija, ésta última se verá compelida a tratar de superar a su madre. En tal caso deberá decidir entre dos alternativas igualmente inaceptables ya que si se abre a la vida puede despertar la envidia y el resentimiento de su madre y si no lo hace le recordará sus propios errores y carencias.

¿Quién es el sujeto que padece esta lamentable situación?

¿La madre herida que una vez fue hija o la hija enfadada que quizás un día sea madre y termine convirtiéndose en el blanco de los reproches de su hija?

Debemos superar nuestra tendencia a culpar a los demás y tomar conciencia, al mismo tiempo, de la angustia, frustración y abandono que, en ocasiones, nos embarga a las hijas de mujeres en crisis. Una vez hayamos tomado conciencia de la rabia que sentimos hacia nuestra madre deberemos aprender a ubicar este problema en su contexto social, sacando a la figura de la madre del entorno doméstico concreto y ubicándola en el preciso momento histórico en que dió a luz a su hija.

La mayor parte de las mujeres mantienen oculta su crisis en el seno del hogar y siguen intentando inútilmente sacrificarse a sí mismas en aras del matrimonio y la maternidad. Sin embargo, tan pronto como salen del entorno familiar e intentan aprovechar las oportunidades que le ofrece nuestra época la crisis termina por salir a la superficie. De este modo, una mujer de cualquier edad se convierte en una madre moderna si oculta su crisis cuando ya no puede seguir haciéndose cargo, sacrificándose o viviendo a través de sus hijos. Pero en el mismo momento en que pretende continuar desarrollando su propia vida, esa mujer se convierte en una hija con un problema alimenticio y debe detenerse para reflexionar sobre la vida de su madre.

Los desórdenes alimenticios sólo pueden resolverse en el seno de un contexto cultural amplio que nos permita desahogar la rabia por la forma en que hemos sido educadas y que incluya también el derecho de nuestras madres y de nuestras hijas a expresar su propia impotencia. Entonces el odio no se dirigirá hacia la madre sino hacia un sistema social injusto que reprime de continuo a la mujer. Sólo de ese modo podremos ser capaces de liberarnos del estancamiento autodestructivo obsesivo y llegar a tomar conciencia de que los desórdenes alimenticios constituyen un acto profundamente político.

Estoy hablando de generaciones enteras de mujeres que han sido aquejadas por el sentimiento de culpa; de mujeres que no han podido ser auténticas madres porque sus legítimos sueños y ambiciones jamás fueron reconocidos; de madres que se sienten fracasadas y que no pueden perdonarse por ello; de hijas que se culpan a sí mismas por necesitar más de lo que su madres fueron capaces de proporcionarles; de hijas que advirtieron y experimentaron en toda su magnitud la crisis de su madre; de hijas que no pueden permitirse sentir la rabia hacia su madre porque saben cuánto las necesitan.

¿Cómo pueden entonces las hijas expresar su propia culpabilidad? ¿Cómo reconocer la culpabilidad expresándose en forma disfrazada bajo la apariencia de un síntoma?

Por supuesto que tenemos algunas respuestas para todas estas preguntas. Hoy en día sabemos que nuestras hijas agreden su propio cuerpo; somos conscientes de la forma en que se destruyen a sí mismas en el mismo momento en que deberían asumir su propia vida y desarrollarse; hemos observado la forma en la que se torturan con estrictos regímenes alimenticios convirtiendo a su cuerpo en un enemigo. Pero este ataque contra el cuerpo femenino por medio del cual están intentando liberarse de las limitaciones de su rol oculta, no obstante, una amarga hostilidad contra la madre. Los rasgos característicos de cualquier desorden alimenticio expresan claramente la culpabilidad y la angustia que no podemos manifestar. Pero ¿por qué tiene lugar esta hostilidad autodestructiva cuando una mujer no puede expresar directamente la rabia que siente hacia su madre? ¿No será que al agredir su cuerpo está atacando el cuerpo femenino que comparte con su madre y que, en un extraordinario acto de sustitución simbólica, dirige la rabia que siente contra su madre hacia su propio cuerpo, tan similar a aquel otro que la alimentó y a través del cual aprendió a conocer a su madre en los primeros años de su existencia?

Pero el problema no es el cuerpo femenino sino la culpa y la angustia que se derivan de este ataque simbólico contra la madre que termina deteniendo el desarrollo de la hija. De este modo, si la mujer moderna quiere seguir desarrollándose deberá resolver la paradoja de querer controlar la rabia, ansiedad y pérdida que implica distanciarse de su madre destruyendo su propio cuerpo.

*　　*　　*

*Sólo aquél cuya radiante lira
haya tañido en la sombra
podrá seguir mirando hacia adelante
y recobrar su infinita alabanza.
Sólo quien haya comido
amapolas con los muertos
descubrirá para siempre
sus acordes más armónicos.
No obstante, la imagen en el estanque
suele desvanecerse:*
Conoce y permanece en paz.
*En el seno del Mundo Dual
todos los sonidos terminan
entremezclándose eternamente.*

RAINER MARIA RILKE
Los Sonetos a Orfeo

TERCERA PARTE:

EL PROBLEMA DE LA SOMBRA: LA DANZA DE LA ENVIDIA, LA IRA Y EL ENGAÑO

Donde hay amor no existe el deseo de poder y donde predomina el poder el amor brilla por su ausencia. Uno es la sombra del otro.

C. G. JUNG

Nuestra personalidad oscura suele resultar evidente a los demás pero permanece oculta ante nuestros propios ojos. Mucho mayor es nuestra ignorancia de los aspectos masculinos y femeninos que residen en nuestro interior... Por este motivo Jung denominaba «obra de principiante» a la integración de la sombra –al hecho de llegar a ser uno– y «obra maestra» a la tarea de integración del anima y el animus.

JOHN A. SANFORD

[El odio] tiene mucho en común con el amor, especialmente con los aspectos trascendentes del amor, la fijación en los demás, la dependencia y la renuncia a una parte de nuestra propia identidad... Quien odia ambiciona el objeto de su odio.

VACLAV HAVEL

INTRODUCCIÓN

Los vínculos que mantenemos con nuestros hermanos del mismo sexo y con nuestros amigos íntimos son tan misteriosos como los lazos que nos unen a nuestros amantes. En cualquier caso, trátese de relaciones consanguíneas o de vínculos espirituales, para cada uno de nosotros el otro representa, al mismo tiempo, al Yo y a la sombra. De este modo, las mujeres podemos vernos reflejadas en el espejo que nos brindan nuestras hermanas del mismo modo que los hombres pueden hacerlo en el que les ofrecen sus hermanos y descubrir la profunda similitud que nos une y la extraordinaria diferencia que nos separa.

En la mayoría de las familias la personalidad de las hermanas sigue caminos tan opuestos como los polos de un imán. En *The Pregnant Virgin* la analista junguiana Marion Woodman las denomina «hermanas del sueño» porque, al igual que ocurre con las hermanas mitológicas Eva y Lilith, Psique y Orual o Innana y Ereshkigal, por ejemplo, cada una de ellas presenta cualidades y virtudes opuestas a las de su hermana. Así pues, si una se inclina hacia el mundo de la materia, la naturaleza y la comida, la otra, en cambio, suele sentirse atraída por el mundo del espíritu, la cultura y la mente. Así pues, estas parejas antagónicas se hallan eternamente unidas y eternamente separadas por la envidia, los celos, la competencia y la incomprensión.

Lo mismo podríamos decir respecto al tema de los hermanos y de otros pares de varones, como Caín y Abel, Jesús y Judas, Otelo y Yago, Próspero y Calibán, etcétera, que, si bien parecen superficialmente opuestos se hallan, en cambio, estrechamente relacionados en lo más profundo. En cada uno de ellos el ego y la sombra danzan de tal modo que cuando uno avanza el otro retrocede. Si, por ejemplo, en un determinado momento una persona considera que otro ser humano es su sombra o su enemigo, es muy probable que uno de los hermanos muera a manos del otro aunque, en ese mismo instante, morirá también una parte del asesino.

El trabajo con la sombra constituye una herramienta fundamental para sanar nuestros problemas de relación. Así, por ejemplo, cuando en una situación crítica una mujer se pregunta «¿Qué es lo que haría mi hermana en este caso?», no está sino evocando sus propias capacidades latentes o invisibles que resultan, en cambio, patentes en su hermana. Es por ello que cuando un ser humano acepta a los demás y es capaz de valorar e integrar un rasgo ajeno que le resulta poco familiar –la agresividad, el sosiego y la sensualidad, por ejemplo– está expandiendo su propio Yo.

La aparición de nuestros opuestos también está presente en las relaciones que sostenemos con personas del otro sexo. Tendemos a enamorarnos y a formar pareja con personas que son completamente diferentes a nosotros: sumiso y agresivo, introvertido y extrovertido, creyente y ateo, reservado y charlatán, etcétera. Es como si nos sintiéramos atraídos hacia ellos porque poseen algo de lo que nosotros carecemos, como si ellos hubieran actualizado cualidades que permanecen latentes en nosotros. En este sentido, por ejemplo, una mujer tímida dejará que su marido hable por ella y un hombre aburrido buscará la compañía de una mujer imaginativa.

Quizás haya algo de verdad en aquel refrán que afirma que acabaremos casándonos con aquellos aspectos de nosotros mismos que nos hemos negado a desarrollar. Si no integramos nuestro odio, nuestra inflexibilidad, nuestra racionalidad o nuestra susceptibilidad, resulta muy probable que terminemos sintiéndonos inclinados hacia aquellas personas que compensen nuestras propias carencias y correremos el riesgo de no desarrollarlas por nosotros mismos.

En nuestra sociedad existe una razón cultural que justifica este extraño matrimonio entre opuestos ya que el ego ideal del hombre –racional, dominante, calculador y orientado hacia metas– constituye el lado oscuro del ego ideal de la mujer –emocional, sumisa, protectora y orientada hacia procesos. En consecuencia, la mayor parte de las veces nuestra sombra y la persona amada suelen compartir las mismas cualidades.

Según la astróloga y analista junguiana Liz Greene: «Los hombres excesivamente espirituales, educados y moralistas suelen tener una sombra muy primitiva y, por consiguiente, tienden a enamorarse de mujeres muy rudimentarias». Sin embargo –agrega Greene– cuando tropieza con esas cualidades en personas de su mismo sexo tiende a odiarlas. En consecuencia –añade– «nos enfrentamos a la curiosa paradoja de estar amando y odiando sistemáticamente la misma cosa».

A medida que crece nuestro desarrollo económico y social los estereotipos masculino y femenino parecen estar perdiendo rápidamente su vigencia, aunque lo inconsciente, sin embargo, todavía sigue ejerciendo una gran influencia en el mundo externo. El desarrollo desequilibrado de un miembro de la pareja puede servir tanto para proyectar como para tomar conciencia de nuestros opuestos e, integrándolos, llevar a cabo la tarea de completarnos a nosotros mismos.

Esto también explica la reacción de disgusto que podemos experimentar en un estado más avanzado de la relación cuando descubrimos aspectos desposeídos de nuestro Yo en la persona amada y tratamos de defendernos de aquellos impulsos propios que parecen provenir del otro. Este descubrimiento desemboca, por lo general, en el odio, los celos y el desengaño. Sin el trabajo con la sombra la tensión puede terminar conduciendo a una dolorosa separación pero con su ayuda el malestar inicial puede aumentar y profundizar la conciencia que tenemos de nosotros mismos. James Baldwin expresaba más poéticamente este punto diciendo:

Sólo podemos ver en los demás
aquello que hemos visto en nosotros mismos.

Pero cualquier argumento puede ser extrapolado y caer entonces en la simplificación. Hay quienes afirman que todo es proyección y que basta con ocuparnos de trabajar con la sombra y asumir nuestros propios sentimientos negativos. En nuestra opinión, sin embargo, en ciertas ocasiones hay razones plenamente justificadas para experimentar sentimientos negativos. La violación, el asesinato y el genocidio, por ejemplo, justifican nuestra rabia y las acciones sociales a que puedan dar lugar. El trabajo con la sombra en nuestras relaciones personales no pretende pues anular los inevitables pensamientos y sentimientos negativos que puedan surgir sino más bien diferenciar entre lo que realmente es una proyección –es decir, lo que es una creación nuestra y, por consiguiente, podemos curar– y lo que pertenece a los demás y puede suscitar, por tanto, una legítima respuesta de rechazo.

En esta parte nos ocuparemos de los problemas que suscita la sombra en las relaciones adultas. En un extracto de su libro *Psyche's Sisters*, Christine Downing, profesora de religión y escritora junguiana, investiga los arquetipos de la hermana y el hermano que la psicología –centrada, por lo general, en el tema de la relación paternofilial y el amor romántico– suele dejar de lado.

A continuación Maggie Scarf nos presenta, en "Descubriendo Nuestra Sombra en la Relación Conyugal" –un extracto de su best seller *Intimate Partners*– un análisis de las relaciones que sostenemos con las personas del sexo opuesto. En su artículo Maggie Scarf describe las relaciones que mantienen los miembros de una pareja que ha caído en la trampa de la identificación proyectiva en la que cada uno manifiesta los aspectos desposeídos del Yo del otro. Scarf explora la atracción inicial hacia los rasgos novedosos y poco familiares que termina convirtiéndose en aversión y provocando la crisis de muchos matrimonios.

Cualquier relación íntima puede constituir un excelente

ámbito para nuestro trabajo con la sombra y hacer que el fuego del amor alumbre los lugares más recónditos, arroje luz en la oscuridad y nos permita, al fin, penetrar en nuestro propio Yo interno.

10. LA SOMBRA COMPARTIDA POR LOS HERMANOS

Christine Dowing

Profesora y directora del departamento de religión de la Universidad Pública de San Diego, California. Ha publicado *The Goddess*; *Psyche's Sisters*; *Journey through Menopause* y *Myths and Mysteries of Same-Sex Love*. Como editora ha dirigido también *Espejos del Yo*, en esta misma colección.

La criatura que en este mundo más se parece a una mujer es su propia hermana ya que no sólo pertenece al mismo género y a la misma generación sino que comparte la misma herencia social y biológica. Las hermanas comparten los padres, crecen en el seno de la misma familia y están expuestas a los mismos valores, creencias y pautas de relación.

Las relaciones entre hermanos constituyen uno de los vínculos humanos más persistentes que existen ya que comienzan en el momento del nacimiento y sólo finalizan con la muerte de uno de los implicados. Es por ello que, aunque nuestra cultura parezca permitirnos el distanciamiento –e incluso el abandono– de la relación fraterna, lo cierto, sin embargo, es que solemos regresar a ella en circunstancias especialmente señaladas –como matrimonios y nacimientos– y en momentos particularmente críticos –como divorcios y muertes, por ejemplo. En esos momentos solemos sorprendernos de la prontitud con que reaparecen las viejas pautas de relación que sosteníamos con nuestros hermanos en la infancia y de la intensidad de la estima y el rencor que nos une y nos separa de ellos.

Pero, en cualquiera de los casos, esa otra persona tan parecida a mí sigue siendo incuestionablemente *otra*. Mi hermana, a fin de cuentas, fue la persona que sirvió como punto de referencia indiscutible para que yo me definiera. (Las investigaciones realizadas al respecto indican claramente que los niños son conscientes de la otredad fundamental de sus hermanos mucho antes incluso de que lleguen a separarse completamente de la madre.) De este modo, las relaciones entre hermanos están sometidas a una tensión paradójica –que jamás llega a superarse por completo– entre la afinidad y la desigualdad, entre la intimidad y la extrañeza.

Los hermanos del mismo sexo se hallan implicados en un proceso recíproco de autodefinición. Paradójicamente cada uno de ellos es, al mismo tiempo, para el otro, el Yo ideal y lo que Jung denominaba la «sombra». Las madres crean hijas del mismo modo en que las hijas crean madres pero la relación existente entre madres e hijas no es simétrica como lo es, en cambio, la relación fraterna. Es cierto que entre hermanas siempre existe algún tipo de asimetría, algún tipo de jerarquía, ya sea el orden de nacimiento, su edad relativa, etcétera, pero la distancia que suele separar a las madres de sus hijas es abrumadora y, en ocasiones, sagrada mientras que la que que existe entre las hermanas, por el contrario, es sutil, relativa y profana. A fin de cuentas, las mismas hermanas pueden negociar, modificar y redefinir sus diferencias, cosa que no ocurre, sin embargo, en el caso de la relación con la madre. Este proceso de autodefinición recíproca parece tener lugar de manera semiconsciente mediante una polarización que tiende a exagerar las diferencias percibidas y una especie de reparto equitativo de las virtudes («Yo soy la inteligente y ella es la hermosa»). Muy a menudo las mismas hermanas parecen repartirse incluso a sus padres («Yo soy la hija de mamá y tu eres la hija de papá»). Yo soy, a fin de cuentas, quien ella no es. Tú eres aquello a lo que aspiro pero sé que nunca llegaré a ser y también aquello otro que más me orgullece no ser pero en lo que temo convertirme.

El papel que desempeña nuestra hermana difiere mucho del rol que juega nuestra mejor amiga (aunque tal amiga suela servir a menudo como hermana sustituta) porque la fraternidad no la elegimos. Nuestra hermana nos confunde como jamás lo podría hacer una amiga. En opinión de John Bowlby el aspecto más importante de los hermanos es su *familiaridad* ya que con frecuencia suelen transformarse en modelos de identificación secundarios a quienes recurrimos cuando nos hallamos cansados, hambrientos, enfermos, asustados o inseguros. Los hermanos también pueden servir como compañeros de juegos pero el papel que desempeñan es diferente porque a los amigos sólo nos dirigimos cuando estamos de buen humor y confiados y lo que queremos es jugar. La relación entre hermanos, sin embargo, persiste durante toda la vida y jamás podremos liberarnos por completo de ella. (Podemos divorciarnos de nuestra pareja pero jamás podremos desembarazarnos completamente de un hermano.) Es precisamente esa persistencia la que la convierte a la relación entre hermanos en la relación más segura –más segura incluso que la relación que nos une a nuestros padres porque no hay relación más dependiente que la que sostenemos en nuestra infancia con éstos– para expresar la hostilidad y la agresividad. La relación que mantenemos con nuestros hermanos del mismo sexo constituye, pues, el vínculo más tenso, escurridizo y ambivalente que existe.

Creo que hasta las mujeres que carecen de hermana biológica anhelan durante toda su vida un deseo de relación fraterna que las lleva a buscar hermanas sustitutas.

A diferencia de lo que ocurre con el arquetipo de la Madre y del Padre, los arquetipos de la Hermana y del Hermano están presentes en nuestra vida psicológica al margen de nuestra experiencia vital concreta. La Hermana, como todos los arquetipos, reaparece en forma de proyección o «transferencia» y tiene un aspecto interno. Si quisiéramos clasificar de algún modo el significado de las relaciones entre hermanas deberíamos hablar de la existencia de tres modalidades de relación distintas: la hermana(s) real(es), la hermana sustituta y la hermana interna, el arquetipo.

Yo soy lo que ella no es. La figura de la hermana interna –ideal y, al mismo tiempo, oscura– tiene tanta importancia para el proceso de individuación que existe tanto en el caso de que tengamos una hermana biológica como en el caso de que carezcamos de ella. Pero, como ocurre con todos los arquetipos, la figura de la Hermana debe actualizarse y singularizarse en el mundo de las imágenes externas. Cuando carecemos de una hermana biológica recurrimos a una hermana imaginaria o a una hermana sustituta e incluso en el caso de que exista una hermana real ésta no siempre personifica adecuadamente al arquetipo y suelen aparecer figuras o sustitutos fantásticos. La Hermana asume entonces el rostro concreto de una amiga, de una figura onírica, de un personaje literario o de una heroína mitológica.

La figura de la Hermana constituye una de esas fantasías primordiales –verificada en numerosas ocasiones por mi experiencia profesional– que, según Freud, permanecen activas en nuestra vida psicológica independientemente de nuestra experiencia biográfica. En muchos de los talleres que he dirigido a mujeres me he encontrado con la necesidad de trabajar la relación entre hermanas. La primera vez que me encontré con esta situación me pregunté: «¿Qué es lo que tengo que decir al respecto? ¿Acaso sé lo que es carecer de hermana biológica?» Entonces me dije: «¡Claro que sí!» Mi madre fue hija única y mi hija sólo tiene hermanos. En cierta ocasión, mi madre me contó cuánto había deseado que yo creciera para poder tener la hermana de la que había carecido y entonces descubrí que el sutil contrapunto que me une a mi hija es el de hermana a hermana.

Comprendo que la idea que mi madre tenía de la fraternidad estaba teñida por el hecho de carecer de hermana. Es por ello que idealizaba la relación que yo sostenía con mi hermana y sólo podía ver sus aspectos positivos sin aceptar siquiera la posibilidad de que hubiera algo valioso en los momentos tensos de nuestra relación. Durante unos cincuenta años la relación que ha sostenido con su cuñada –su hermana política– ha estado marcada por los celos aunque ni siquiera se le ha ocurrido pensar que la suya, a fin de cuentas, no deja de ser una relación fraterna. Mi hija, en cambio, creció entre chicos y para ella los hombres no encierran grandes misterios y por ello busca la compañía de las mujeres como amantes y como hermanas.

Al calificar a la figura de la Hermana como un arquetipo no estoy diciendo que exista una especie de esencia universal ahistórica de la fraternidad sino que tan solo expreso mi convencimiento de que conlleva una dimensión transpersonal, extrapersonal y *religiosa* que confiere una numinosidad daimónica, un aura divina, a todas aquellas personas reales sobre las cuales «transferimos» el arquetipo. Pero no tenemos que creer en esto como si se tratara de un dogma sino que debemos observar en qué medida nuestra experiencia concreta sirve de detonante de un arquetipo que provoca respuestas similares y recurrentes. Siempre me ha impresionado profundamente la observación de Freud de que aunque hemos hecho algo sagrado de la relación paternofilial hemos permitido, no obstante, que la relación entre hermanos se convirtiera en algo profano. Yo también experimento que el arquetipo de la Hermana es menos abrumadoramente numinoso que el de la Madre ya que la figura de ésta es divina mientras la de aquélla no lo es y es proporcionada a las dimensiones de nuestra propia alma. La relación que mantenemos con la mortal Psique difiere –y mucho– de la que sostenemos con Perséfone (la diosa con la que inicié mi investigación).

La figura de la sombra es particularmente interesante a este respecto porque, como decía Jung, en los mitos, en la literatura y en los sueños la sombra suele representarse como un hermano. Jung estaba muy interesado por lo que él denominaba «el motivo del enfrentamiento entre hermanos», un tema emblemático de toda antítesis, especialmente de las dos formas antagónicas de tratar con el poderoso inconsciente: la negación y la aceptación, el literalismo y el misticismo. Este interés le llevó a estudiar detenidamente el cuento de E. T. A. Hoffman *El Elixir del Diablo* y a concluir que el rechazo y el temor que sentía el protagonista por su malvado y siniestro hermano terminaron conduciéndole a la rigidez, al estrechamiento de su conciencia, a la inflexibilidad violenta y, en suma, a la unidimensionalidad de «un hombre carente de sombra».[1]

Jung consideraba que la tarea fundamental del hombre de mediana edad consiste en aprender a reestablecer el contacto con la figura del hermano. Pero el fracaso de esta empresa aparentemente imposible activa una especie de regresión a la infancia. Sin embargo, dado que los medios que funcionaban entonces ya no están disponibles, la regresión prosigue más allá de la temprana infancia y se adentra en los dominios de nuestro legado ancestral. Entonces se reestimulan las imágenes mitológicas –los arquetipos– y se revela un mundo espiritual interno completamente insospechado hasta ese momento. La confrontación con la sombra arquetípica constituye pues una experiencia primordial de no-ego que nos obliga a enfrentarnos a ese oponente interno que nos sirve de guía en el proceso de aproximación al inconsciente.

Pero la reflexión de Jung sobre el significado interno de la relación fraterna no se inspiró en los hermanos antagónicos sino en el mito griego de los Dióscuros, los gemelos –uno mortal y el otro inmortal– tan estrechamente ligados entre sí que ni siquiera la muerte pudo separarlos. En su ensayo sobre el arquetipo del renacimiento Jung escribe:

> Nosotros mismos somos los Dióscuros, uno mortal y otro inmortal. Sin embargo, aunque siempre permanezcamos unidos jamás podemos llegar a ser uno... Preferimos ser «yo» y nada más que eso. Por ello debemos enfrentarnos a ese amigo o enemigo interno y el hecho de que sea amigo o enemigo depende exclusivamente de nuestra propia actitud.

133

En la representación mitológica de la relación entre hombres Jung ve un reflejo de la relación con ese amigo interior del alma en el que la naturaleza querría convertirnos, esa otra persona que también somos y que, no obstante, nunca llegamos a ser, esa personalidad mayor y más amplia que madura en nuestro interior, el Yo.[2]

El concepto junguiano de hermano interior del mismo sexo –que puede ser tanto positivo como negativo– que es la sombra o el Yo, tiene mucho en común con la figura que Otto Rank denominó «Doble». En su temprano estudio *El Mito del Nacimiento del Héroe* y en su voluminoso tratado posterior sobre el tema del incesto, Rank investigó la recurrencia literaria y mitológica del símbolo del hermano hostil. Con mucha frecuencia los dos hermanos son gemelos y, muy a menudo, uno de ellos debe morir para garantizar la vida del otro. En sus últimos escritos Rank subsume el tema de los hermanos bajo la figura del Doble y aquél adquiere el carácter de una figura primordialmente interna, una especie de alter ego. El Doble puede representar tanto a nuestro Yo mortal como a nuestro Yo inmortal y, por consiguiente, puede ser temido como una imagen de nuestra mortalidad o considerado como un símbolo de nuestra propia eternidad. De este modo, el Doble puede ser tanto la Muerte como el Alma Inmortal, puede despertar nuestro temor o inspirar nuestro amor y sacar a la luz el «eterno conflicto» existente entre nuestra «necesidad de parecernos a alguien y nuestro deseo de ser diferentes». El Doble responde, pues, a la necesidad de disponer de un espejo, una sombra y un reflejo. Parece tener una vida independiente pero está tan íntimamente ligado al ser vital del héroe que si éste intenta separarse por completo de él acontecen todo tipo de desdichas.

Rank nos recuerda que los primitivos «consideran que la sombra es su misterioso doble, un ser espiritual aunque, al mismo tiempo, real», un doble hecho de sombras que sobrevive a la muerte –al que los antiguos griegos denominaban *psique*– y que se manifiesta en los sueños cuando se adormece la conciencia. Para Rank la relación con un hermano del mismo

134

sexo, con un doble, es equiparable a la relación que sostenemos con nuestro propio Yo inconsciente, con nuestra psique, con la muerte y con la inmortalidad, una relación que expresa nuestro profundo deseo de muerte del ego, nuestro anhelo de abandonarnos a algo superior al ego y de fundirnos con el Yo trascendente. La imagen del amor fraterno representa pues nuestro impulso a ir «más allá de la psicología».

La primera fase de la vida psíquica tiene que ver con la diferenciación y suele manifestarse como hostilidad pero la segunda, en cambio, tiene que ver con la entrega y el amor. Pero Rank nos advierte de los peligros de interpretar esto de manera demasiado literal y externa porque no existe ningún ser humano concreto, ni siquiera la esposa o el hermano, que pueda desempeñar el papel de nuestro propio alter ego. «Este anhelo de algo superior... se origina en la necesidad individual de expandirnos más allá de los dominios de nuestro Yo... algún tipo de "más allá"... al que entregarnos». Pero no existe nada que «pueda sobrellevar el peso de esta expansión». Resulta extraordinariamente difícil comprender que «existe una diferencia entre nuestras necesidades espirituales y nuestras necesidades humanas y que la satisfacción o cumplimiento de cada una de ellas debe lograrse en esferas diferentes». La falsa personalización de la necesidad de ser amado aboca irremisiblemente a la desesperación y al sentimiento de inferioridad. Rank subraya que la imagen del Doble complementario es un símbolo que ningún ser humano puede encarnar por nosotros; necesitamos comprender su religiosidad, verlo como una encarnación de nuestra ambivalente necesidad de diferenciación y semejanza, individualidad y conexión, vida natural e inmortalidad. De esta manera, su reflexión sobre el tema de los hermanos le conduce «más allá de la psicología».[3]

En ocasiones el concepto junguiano de sombra es igualmente profundo; en otras, sin embargo, Jung escribe desde el punto de vista del ego y considera a la sombra como una figura negativa, como un simple agregado de los aspectos devaluados y negados de nuestra propia biografía personal que deben ser reintegrados antes de poder asumir el compromiso real de acometer el trabajo de individuación que nos obliga a enfrentarnos a los arquetipos del sexo opuesto. Según Jung, el último estadio del viaje hacia la plenitud psicológica presupone nuevamente la aparición de un arquetipo que aparece como una figura de nuestro mismo sexo, el Yo. Desde esta perspectiva lineal las dos figuras internas del mismo sexo, la sombra y el Yo, corresponden a dos momentos muy distintos del proceso, el comienzo y el final. Sin embargo, la relación existente entre la sombra y el Yo no siempre resulta tan evidente y si nos limitamos a considerar que las figuras internas del mismo sexo constituyen una representación del arquetipo del hermano se nos aparecerá como una figura notablemente ambivalente y numinosa.

11. DESCUBRIENDO NUESTROS OPUESTOS EN LA RELACION CONYUGAL

Maggie Scarf

Autora de *Intimate Patners: Patners in Love and Marriage* y *Unfinished Bussines: Pressure Points in the Lives of Women.*

Los especialistas en relaciones de pareja saben bien que aquellas cualidades identificadas por los miembros de la pareja como el elemento que les resultó más atractivo de su compañero *suelen ser las mismas que más tarde se convierten en motivo de conflicto.* De este modo, las cualidades originalmente «atractivas» son reetiquetadas más adelante hasta terminar transformándose en los aspectos más problemáticos y negativos de la personalidad y de la conducta de la pareja.

El hombre que se sintió atraído por la cordialidad, empatía y sociabilidad de su esposa, por ejemplo, puede calificarla más tarde como vulgar, entrometida y frívola y la mujer que valoraba inicialmente la formalidad, prudencia y seguridad que le ofrecía su marido puede censurarlo luego como insulso, aburrido y opresivo. ¡Así pues, los rasgos más fascinantes y maravillosos de la pareja terminan convirtiéndose en las cosas más horribles y espantosas! La cualidad sigue siendo la misma pero –más pronto o más tarde– termina adoptando un calificativo completamente opuesto.

Lo que nos resulta más seductor de nuestra pareja suele ser precisamente lo más ambivalente. Es por ello que acostumbro a comenzar las entrevistas con las parejas que acuden a mi consulta del mismo modo que hice con los Bretts, sentados uno junto al otro y frente a mí: «Díganme –pregunto a la joven pareja– ¿qué fue lo primero que les atrajo al uno del otro?» Mi mirada se deslizó de la atenta Laura al rostro levemente circunspecto de su marido, Tom. «¿Qué creen que les hizo especiales a los ojos de su compañero?»

Aunque estas preguntas me resultaran sumamente conocidas no dejaron de despertar, sin embargo, la sorpresa habitual en mis interlocutores. Laura inspiró profundamente y, tomando un mechón de su largo pelo castaño, se lo recogió por detrás de los hombros. Tom parecía como si estuviera a punto de saltar de su asiento pero, en lugar de ello, se arrellanó en el lujoso sofá marrón. Luego se miraron y esbozaron una sonrisa hasta que Laura terminó ruborizándose y ambos rompieron a reir.

Lo cierto es que los Bretts se consideraban como personas muy diferentes y, en muchos sentidos, opuestas.

Casi al finalizar nuestra primera entrevista les hice la siguiente pregunta: «¿Cómo creen que describiría su relación alguien que les conociera a ambos, un amigo o un miembro de la familia, por ejemplo?»

«Improbable» –respondió inmediatamente Tom, sonriendo. «¿Improbable? ¿Por qué razón? –insistí–. ¡Oh! –replicó, encogiéndose de hombros– Tan improbable como la relación que existe entre la prensa y la iglesia, entre un cínico y una creyente... yo soy muy racional y reservado mientras que Laura es exactamente todo lo contrario».

Tom vacilaba y dirigió su mirada hacia Laura, quien parecía asentir con la cabeza con una expresión entre apesadumbrada y divertida. «Tú eres tranquilo y pasivo –reconoció ella– mientras que yo, para bien o para mal, siempre estoy moviéndome de un lado a otro». Luego se volvió hacia mí y agregó: «Lo mire como lo mire somos dos personas completamente opuestas...».

Los Bretts –como tantas otras parejas que parecen haber establecido su relación sobre los opuestos– se hallaban frente al más frecuente de los problemas maritales: diferenciar entre los pensamientos, sentimientos, deseos, etcétera, que pertenecen a uno y aquellos otros que conciernen a la pareja, un problema que se deriva de la forma en que trazamos nuestras fronteras personales. De hecho, en la confusión entre lo que tiene que ver con uno y lo que tiene que ver con el otro radica el origen de la mayor parte de los problemas que aquejan a las relaciones de pareja.

Hay muchas parejas que parecen compuestas por personas *francamente opuestas* pero su diferencia no es mayor que la existente entre los títeres de un teatro de marionetas: ante los ojos del espectador cada uno de ellos desempeña un papel muy diferente pero entre bambalinas los hilos que las mueven se entremezclan y confunden.

Lo mismo sucedía en nuestro caso ya que bajo el umbral de la conciencia vigílica las emociones de los Bretts se hallaban caóticamente entremezcladas y cada uno de ellos encarnaba y expresaba ante el otro los aspectos enajenados de su propio ser. Es como si hubieran tomado todo el amplio rango de sentimientos y respuestas que forman parte del repertorio vital de *una persona* –deseos, actitudes, emociones, conductas, formas de relación, etcétera– y se los hubieran repartido.

Este acuerdo, que suele tener lugar a nivel inconsciente, no resulta, por ello, menos operativo. Laura, por ejemplo, había asumido el papel de optimista y Tom el de pesimista, ella era la creyente y él el escéptico, ella anhelaba la apertura emocional y él quería permanecer encerrado en sí mismo, ella era la que se aproximaba a él y él quien ponía distancia entre los dos, quien huía de la intimidad. Era como si entre los dos constituyeran un solo organismo adaptado e integrado en el que Laura se encargaba de inspirar mientras que Tom, por el contrario, se ocupaba de exhalar.

Aunque Laura manifestaba externamente su deseo de intimidad, sinceridad, integridad y unión, no debemos olvidar, no obstante, que en otro nivel habían firmado una especie de pacto secreto. Así, cuando Laura se aproximaba a Tom su autonomía se reactivaba y éste se veía compelido –de un modo casi reflejo– a imponer nuevamente la distancia entre los dos. De este modo Laura dependía de Tom para conservar su imprescindible territorio vital.

Porque Laura también precisaba cierta autonomía. Todo el mundo necesita disponer de un territorio personal en el que pueda sentirse como un individuo con derecho propio, un individuo que tiene sus propios deseos y sus propios objetivos personales. Sin embargo Laura creía que la satisfacción de las necesidades personales constituye un peligroso error en el que una persona adulta no debería jamás incurrir. Para ella el rol de la mujer en una relación era el de permanecer *próxima* a su marido y esa visión, por consiguiente, le impedía reconocer sus propias necesidades individuales. Laura sólo tomaba conciencia de las necesidades de su Yo –de su Yo separado e independiente– *tal como las sentía y las expresaba su pareja.*

De la misma manera, Tom *no se daba cuenta* de que su deseo natural de mantener una relación más estrecha y sincera se originaba en su interior sino que consideraba que se trataba de una necesidad que *provenía originalmente de Laura.* Desde su propio punto de vista Tom era autosuficiente, es decir, no necesitaba absolutamente nada de nadie.

Pero al igual que Laura dependía de Tom para escapar de las redes en las que ella misma se había quedado atrapada, Tom, por su parte, dependía de Laura cuando necesitaba o quería intimidad.

Así, en lugar de expresar directamente cualquier necesidad o deseo de intimidad (o incluso de ser consciente y asumir la responsabilidad de tales deseos y sentimientos) Tom había terminado disociándolos de su conciencia. ¡Esos sentimientos y deseos eran muy arriesgados y le hacían sentir demasiado vulnerable! De este modo, cuando necesitaba una mayor proximidad debía sentir que ese deseo provenía de su esposa, tenía que estar seguro –sin el menor reconocimiento consciente de su parte– de que era Laura la que deseaba intimidad. Una forma de lograrlo consistía, por más extraño que pueda parecer, en insinuarle que estaba pensando en Karen. Entonces Laura le perseguía ansiosamente hasta que Tom podía alcanzar la intimidad que deseaba.

Lo que sucedía con esta pareja es algo muy común en los matrimonios. Entre ellos se había abierto un abismo, el conflicto entre satisfacer sus necesidades individuales y satisfacer las necesidades de la relación. En lugar de admitir que *ambos* deseaban una mayor intimidad y que *ambos* querían alcanzar sus propios objetivos individuales –en vez de reconocer que *el conflicto entre la autonomía y la intimidad tenía lugar en el interior de cada uno de ellos*– los Bretts habían firmado una especie de acuerdo inconsciente.

Los términos de ese contrato inconsciente parecían establecer que Laura jamás tomaría conciencia de su necesidad de un espacio personal y que Tom nunca reconocería su necesidad de abrirse emocionalmente y de mantener una relación próxima y sincera. Ella se ocuparía, por así decirlo, de la necesidad de intimidad de la pareja (las necesidades de la relación) mientras que Tom se encargaría de la necesidad de autonomía de ambos (la necesidad de toda persona de conseguir sus propios objetivos). Es por ello que Laura siempre parecía querer un poco más de intimidad y que Tom, por el contrario, parecía encargarse de mantener la distancia entre los dos.

Como resultado de todo ello, un dilema realmente *interno* –algo que sólo existe dentro del mundo subjetivo de cada persona– terminó convirtiéndose en un conflicto *interpersonal* –un problema que se manifestaba de manera reiterada en su relación.

La transformación de un conflicto intrapsíquico (es decir, un problema que ocurre dentro de la mente de un individuo) *en un problema interpersonal* (es decir, un problema entre dos personas) tiene lugar mediante el mecanismo de la identificación proyectiva.

La identificación proyectiva constituye un mecanismo mental muy difundido, complejo y destructivo que consiste en proyectar aquellos aspectos negados y enajenados de la propia experiencia interna sobre la pareja y percibir luego esos sentimientos disociados como si procedieran de ella. ¡No se trata tan sólo de que los pensamientos y sentimientos indeseables parecen provenir de la pareja sino de que ésta es instigada (mediante todo tipo de provocaciones) a comportarse *como si realmente su origen estuviera en ella!* De este modo, la persona puede entonces identificarse vicariamente con la manifestación de los pensamientos, sentimientos y emociones repudiados expresados por la pareja.

Las personas que nunca se enfadan y que jamás se muestran agresivas nos proporcionan uno de los mejores y más claros ejemplos de la forma en que opera la identificación proyectiva. Tales personas sólo son conscientes del sentimiento de cólera cuando éste aparece en otra persona, su pareja por ejemplo. De este modo, cuando algo *afecta* a este individuo hasta el punto de *hacerle experimentar* el enojo se desconecta conscientemente de esa emoción. *Quizás no sepa que está enojado pero es un experto en provocar las explosiones de hostilidad y cólera de su esposa.* La pareja, que probablemente no experimentaba ningún tipo de cólera antes de la interacción, se enfurece rápidamente y termina representando la cólera por algún motivo completamente nimio. Es como si, en cierto modo, ella le «protegiera» de aquellos aspectos de su ser que él no puede aceptar y reconocer como propios.

Quien nunca se enfada puede identificarse así con la expresión de la rabia que manifiesta su pareja sin asumir su propia responsabilidad personal (¡Aún en el caso de que fuera consciente de haber sido el primero en enojarse!) Y normalmente, tras esa explosión de cólera el sujeto suele censurar severamente a su esposa. ¡Cuando se dispara una proyección de este tipo el individuo que nunca se enoja suele horrorizarse ante la expresión de la ira y la conducta airada, impulsiva e incontrolada de su esposa!

De modo parecido, la persona que nunca está triste sólo puede ver su depresión en su pareja quien, en tal circunstancia, es considerada como la causante de la tristeza y desesperación de los dos.

Hablando en términos generales, las proyecciones suelen ser *intercambios* –transacciones pactadas por ambos miembros de la pareja, por así decirlo– de aquellos aspectos reprimidos de su propio Yo. A partir de ese momento cada uno ve en la pareja lo que no puede percibir en sí mismo y lucha incesantemente por cambiarlo.

*   *   *

Apenas supe de la existencia del amor
comencé a buscarte sin saber de mi ceguera.
Los amantes jamás se encontrarán
porque moran eternamente uno en el otro.

RUMI

*   *   *

Quizás los dragones que amenazan nuestra vida
no sean sino princesas anhelantes
que sólo aguardan
un indicio de nuestra apostura y valentía.
Quizás en lo más hondo
lo que más terrible nos parece
sólo ansía nuestro amor.

RAINER MARIA RILKE

CUARTA PARTE:

EL CUERPO ENAJENADO:
ENFERMEDAD, SALUD
Y SEXUALIDAD

Declarar que el cuerpo es algo más que la sombra constituye una renuncia al pesimismo del siglo veinte y una alentadora manera de afirmar la vitalidad del ser humano.

JOHN P. CONGER

La maldad del ser humano reside en el fondo de su vientre... El placer carnal es el principal señuelo utilizado por el diablo para arrastrar al ego hacia los abismos del infierno. Ante esta catástrofe, el aterrado ego lucha con todas sus fuerzas por conservar el control del cuerpo. De este modo, la conciencia, asociada al ego, se opone al inconsciente y al cuerpo como depositarios de las fuerzas de la oscuridad.

ALEXANDER LOWEN

El Hombre Primitivo [una oscura figura masculina] confía en lo que está abajo, en la mitad inferior de nuestro cuerpo, en nuestros genitales, en nuestras piernas y en nuestros tobillos, en nuestras carencias, en la planta de nuestros pies, en nuestros ancestros animales, en la misma tierra, en sus tesoros, en los muertos enterrados en ella, en la inquebrantable riqueza a la que descendemos. Según el Tao Te King, un auténtico tratado del Hombre Primitivo, «el agua prefiere los lugares más bajos».

ROBERT BLY

INTRODUCCIÓN

En los últimos dos milenios de la cultura occidental el cuerpo ha permanecido recluido en la sombra. Los tabús de una casta sacerdotal que sólo concedía importancia a los reinos elevados del espíritu, la mente y el pensamiento racional han desterrado a la oscuridad a los impulsos animales, las pasiones sexuales y la naturaleza efímera del cuerpo. Por si esto fuera poco, el advenimiento de la era científica terminó concluyendo que el cuerpo no es más que un recipiente de productos químicos, una simple maquinaria carente de alma.

Como resultado de todo ello se ha acentuado la división entre el cuerpo y la mente. La cultura favorece el desarrollo del hemisferio lógico izquierdo y promueve la lucha que sostiene el ego individual, desalentando, al mismo tiempo, el crecimiento del hemisferio intuitivo derecho y la materia carnal. Esta división, como el cauce de un río, termina escindiendo en dos partes la superficie de nuestra cultura y generando, con ello, todo tipo de polaridades: carne/espíritu, pecador/inocente, animal/divino, egoísta/altruísta.

Las terribles consecuencias de este paradigma –el cuerpo enajenado como sombra– para nuestra vida en general son la culpabilidad y la vergüenza con la que suelen estar asociadas nuestras propias funciones corporales, la pérdida de la espontaneidad de nuestros movimientos, la lucha a muerte contra las enfermedades psicosomáticas y las terribles consecuencias de las epidemias qua asolan nuestro tiempo (el abuso parental, la adicción al sexo y a las drogas y los trastornos alimenticios).

La afirmación de las tradiciones religiosas y espirituales de que el objetivo de la evolución del ser humano consiste en trascender al cuerpo no consigue sino ahondar todavía más esta división. Los cristianos y los hindúes, por ejemplo, intentan reconducir los deseos del cuerpo hacia propósitos más «elevados», considerando, al mismo tiempo, que nuestras necesidades de placer y de ocio son «inferiores».

Por su parte, la moderna tecnología científica robótica y la inteligencia artificial siguen echando leña al fuego con su pretensión de que las prótesis electrónicas pueden terminar convirtiendo al cuerpo en algo innecesario ofreciéndonos así la visión de un horizonte cada vez más desencarnado, cada vez más semejante a un chip, cada vez más parecido al famoso Data (el humanoide de la serie de televisión *Star Trek: La Nueva Generación*).

Pero este escenario futurista en el que el cuerpo brilla por su ausencia no es más que uno de los posibles caminos que se abren ante nosotros. Los defensores de las terapias corporales, por su parte, no devalúan al cuerpo sino que consideran que constituye el vehículo idóneo para llevar a cabo la transformación, el templo sagrado en el que se realiza el trabajo espiritual. En palabras de John P. Conger: «El cuerpo es, al mismo tiempo, la escuela, la lección, el protagonista, el preciado enemigo... y el trampolín que nos permite ascender a los reinos superiores».

Además, el movimiento que se ocupa de la emergencia de los valores espirituales femeninos también sostiene la idea de encarnar al Yo y existe toda una nueva generación de maestros y terapeutas que integran activamente al cuerpo en los procesos simbólicos utilizando –para amansar a los leones que custodian las puertas de la mente y arrancar al cuerpo del dominio de la sombra– todo tipo de sonidos, imágenes y ritmos curativos.

La mayor parte de nosotros tiende a creer que la sombra es invisible y que se oculta en los rincones de nuestra mente. Sin embargo, quienes trabajan de manera regular con el cuerpo humano y han aprendido su lenguaje son capaces de discernir en él la silueta oscura de la sombra. La sombra se halla esculpida en nuestros músculos, en nuestros tejidos, en nuestra sangre y en nuestros huesos. En nuestro cuerpo, en fin, se halla grabada toda nuestra biografía personal presta a ser leída por quienes conozcan aprendido su callado lenguaje.

Quienes tengan una predisposición natural hacia la conciencia kinestésica –como danzarines, atletas y artesanos, por ejemplo– no se extrañarán ante la afirmación de que el cuerpo encierra la clave de nuestro despertar y quienes se hallen inclinados hacia el pensamiento o el sentimiento podrán encontrar en él una estimulante herramienta de trabajo con la sombra.

El objetivo de esta sección es el de aproximarnos a la sombra a través del cuerpo, un camino menos transitado que la ruta simbólica de la mente elegida por Jung y tantos otros que quedaron fascinados por el mundo interno. En el Capítulo 16, el analista bioenergético de Berkeley John P. Conger compara las nociones junguiana y reichiana de inconsciente y su relación con el cuerpo humano. Según Conger, a pesar de sus grandes diferencias –basadas, a su juicio, en sus peculiaridades personales y temperamentales– existen asombrosos paralelismos entre sus concepciones de psique y soma.

En el siguiente capítulo, "La Anatomía del Mal", John C. Pierrakos, discípulo de Reich, expone la idea de que la coraza corporal constituye la causa radical de la maldad del ser humano. En su opinión, el estancamiento de nuestra energía emocional detiene el flujo de nuestra vitalidad, tensa nuestro cuerpo, nos hace insensibles a los sentimientos y nos torna crueles.

A continuación, el médico Larry Dossey, autor de *Tiempo, espacio y medicina* y *Beyond Illness*, examina el papel oculto que desempeña la enfermedad con respecto a la salud. Según Dossey, la enfermedad y la salud, como el blanco y el negro, siempre van juntas y cada una de ellas cumple con un objetivo del cual podemos aprender.

La sexualidad constituye un aspecto natural de la vida de nuestro cuerpo y, por consiguiente, también tiene facetas oscuras y facetas luminosas. En un extracto de *Marriage Dead or Alive* el analista junguiano suizo Adolg Guggenbühl-Craig investiga el atractivo y el poder que despiertan las facetas demoníacas de la sexualidad: masoquismo, sadismo, incesto y relaciones sexuales proscritas.

El cuerpo, en suma, constituye un universo completo en sí mismo. Como señala Heinrich Zimmer: «Todos los dioses están en nuestro cuerpo» y -como agregarían todos nuestros colaboradores- también lo están todos los demonios.

12. EL CUERPO COMO SOMBRA

John P. Conger

Psicólogo clínico, profesor de la Bioenergetic Society of Northern California y profesor de psicología en la Universidad J.F. Kennedy, de Orinda, California.

Hablando en sentido estricto la sombra constituye la parte reprimida de nuestro ego y se refiere a aquellos aspectos de nosotros mismos que somos incapaces de reconocer. El cuerpo que se oculta bajo nuestros disfraces y expresa de forma incuestionable lo que nuestra conciencia se esfuerza en negar. Con demasiada frecuencia tratamos de ocultar ante los ojos de los demás nuestros enfados, nuestras ansiedades, nuestras tristezas, nuestras angustias, nuestras depresiones y nuestras necesidades. Ya en 1912 Jung escribió: «Debemos admitir que el énfasis cristiano en el espíritu conduce inevitablemente a un menosprecio inaceptable por los aspectos físicos del ser humano que origina una especie de deformación grotesca de la naturaleza humana»[1] y en las conferencias que pronunció en Inglaterra en 1935 sobre su teoría sugería también de pasada la forma en que el cuerpo puede convertirse en sombra:

No nos agrada contemplar nuestro lado oscuro. Por ello hay tantas personas de nuestra civilizada sociedad que han perdido

151

su sombra, que han perdido la tercera dimensión y que, con ello, han extraviado también su cuerpo. El cuerpo es un compañero sospechoso porque produce cosas que nos desagradan y constituye la personificación de la sombra del ego. El cuerpo, de algún modo, es una especie de esqueleto en el armario del que todo el mundo desea desembarazarse.[2]

En realidad, el cuerpo *es* la sombra, el cuerpo encierra la conmovedora historia de todas las ocasiones en las que asfixiamos y reprimimos el flujo espontáneo de nuestra energía vital con la desagradable consecuencia de terminar convirtiéndolo en un objeto mortecino. De este modo, la balanza va desequilibrándose poco a poco hasta acabar inclinándose definitivamente de lado de la vida hiperracionalizada en detrimento de la vitalidad primitiva y natural. Quienes saben leer el cuerpo reconocen las huellas de nuestros aspectos reprimidos, se dan cuenta de aquellas facetas que nos negamos a compartir y advierten en él nuestros miedos presentes y pasados. Nuestro «carácter» constituye la manifestación del cuerpo como sombra, es decir, un bloqueo de nuestro flujo energético que enajenamos y no reconocemos como propio y del que, por tanto, no podemos disponer.

Aunque Jung fuera un hombre pletórico de vitalidad dijo muy pocas cosas sobre el cuerpo. Cuando construyó su famosa torre en Bollingen asumió una forma de vida más primitiva, bombeando agua del pozo y cortando leña. Su cuerpo, su espontaneidad y su atractivo personal indican, en cierto modo, que habitaba gustoso su cuerpo. Muchas de las afirmaciones de Jung demuestran una actitud hacia el cuerpo que está en concordancia con las ideas de Wilhelm Reich aunque, obviamente, más desidentificadas, más metafóricas, que las de éste.

Reich –el único que nos enseñó a observar y a trabajar con el cuerpo– era, por su parte, directo y concreto. Para él el cuerpo y la mente eran «funcionalmente idénticos».[3] Reich consideraba que el psiquismo constituye una expresión de nuestro cuerpo y nos proporcionó una brillante alternativa y un poderoso antídoto contra los sofisticados psicoanalistas vieneses quienes –al menos en sus comienzos– ignoraban por completo el papel desempeñado por la expresión corporal. El temperamento de Reich era vehemente, algo rígido y poco tolerante con los juegos mentales metafísicos y literarios. Reich era un científico con una predisposición natural a tomar en cuenta exclusivamente lo que podía ver y a considerar, por tanto, como «místico» –un calificativo que ya comenzó a aplicar a Jung y al círculo de discípulos de Freud en los comienzos de la década de los veinte– todo lo demás. En *Eter, Dios y el Diablo*, escrito en 1949, Reich escribió:

> En ningún lugar se expresa con tanta claridad la identidad funcional como principio de investigación del funcionalismo orgonómico como en la unidad existente entre psique y soma, entre emoción y excitación, entre sensación y estímulo. Esta unidad, o identidad –que constituye la base fundamental de la vida– excluye de una vez por todas cualquier posible trascendentalismo, o incluso autonomía, de las emociones.[4]

Jung, por su parte, sostenía una visión kantiana del conocimiento que le orientó filosóficamente hacia el estudio científico y empírico del psiquismo sin advertir siquiera que se había mantenido alejado de la Realidad. En su ensayo "Sobre la Naturaleza del Psiquismo" Jung escribe:

> Dado que el psiquismo y la materia están contenidos en uno y el mismo mundo, que mantienen una constante relación entre sí y que, en última instancia, descansan en factores trascendentes irrepresentables, no es sólo posible sino que también resulta extraordinariamente probable que el psiquismo y la materia sean dos aspectos diferentes de una y la misma cosa.[5]

Aunque existan asombrosas y frecuentes afinidades entre Reich y Jung ambos enfocaron, sin embargo, su trabajo de forma radicalmente distinta. Si tenemos en cuenta sus diferencias de estilo y de temperamento cualquier intento de cotejar sus dos sistemas de pensamiento de constituye una tarea extraordinariamente interesante que paradójicamente sólo puede acometerse mediante la intermediación de la visión freudiana del psiquismo. Reich y Jung jamás hablaron ni se comunicaron entre sí. Sólo unos breves comentarios fortuitos de Reich atestiguan que conocía la existencia de Jung pero su conocimiento parece basarse en valoraciones muy superficiales. En la obra de Jung, por su parte, no existe mención alguna de Reich. En cualquiera de los casos, lo cierto es que tanto Reich como Jung comparaban de tiempo en tiempo sus conceptos con los freudianos y este parentesco mutuo puede ayudarnos a establecer una relación inesperada entre las teorías de Reich y las de Jung.

En un artículo escrito en 1939, Jung comparaba a la sombra con la noción freudiana de inconsciente. «La sombra –decía– coincide con el inconsciente "personal" (que se corresponde con la noción freudiana de inconsciente)».[6] En el prefacio de la tercera edición de *La Psicología de Masas del Fascismo*, escrito en agosto de 1942, Reich dijo que su estrato secundario se corresponde con el inconsciente freudiano. Según Reich la estructura del carácter del ser humano se halla estratificada en tres capas –o depósitos del desarrollo social– que funcionan autónomamente y el fascismo brota del segundo de ellos. En el estrato superficial el hombre normal es «reservado, educado, compasivo, responsable y consciente» pero este estrato de «cooperación social no permanece en contacto con el núcleo biológico profundo de la personalidad sino que está aislado de él por un estrato caracterial intermedio secundario repleto exclusivamente de impulsos crueles, sádicos, lascivos y envidiosos que representan al "inconsciente" freudiano, "lo que está reprimido"».[7]

Así pues, dado que la «sombra» de Jung y el «estrato secundario» de Reich se corresponden con el «inconsciente» freudiano podemos establecer una vaga correspondencia entre ambas nociones. Reich consideraba al estrato secundario –como evidencia el cuerpo– como una rígida contracción crónica muscular y tisular, una armadura defensiva contra las agresiones procedentes del exterior y del interior, una forma de bloqueo que terminaba reduciendo drásticamente el flujo energético del cuerpo. Para liberar el material reprimido Reich trabajaba directamente sobre el estrato de la coraza corporal. La coraza corporal constituye, pues, lo que en este escrito denominamos cuerpo como sombra.

Hans Christian Andersen nos presenta, en su cuento *La Sombra*, una sombra que consigue desprenderse de su dueño, un erudito.[8] El erudito afronta el incidente desarrollando un nueva, y más modesta, sombra. Años después, a punto de casarse con una princesa, se encuentra con su vieja sombra que se ha hecho rica y famosa. Esta tiene entonces la osadía de pretender contratar a su antiguo propietario para que se convierta en su sombra. El erudito intenta escapar pero entonces descubre que su astuta sombra le ha aprisionado. Finalmente, el sabio convence a su prometida de que su sombra se ha vuelto loca y, de este modo, logra escapar de la situación que amenazaba su matrimonio. Este cuento nos sugiere que los aspectos oscuros y rechazados del ego pueden agruparse de manera imprevista y contundente y terminar materializándose con tanta fuerza como para llegar a dominar e invertir la relación maestro-sirviente, una historia, en fin, que demuestra el desarrollo de la armadura caracterial del que nos habla Reich ya que, hablando en sentido estricto, la coraza corporal –el cuerpo como sombra– constituye la expresión de lo que el ego está reprimiendo.

También podríamos suponer que el concepto junguiano de persona se corresponde con el primer estrato de la coraza de Reich. Recordemos que, según Reich, «en el estrato superficial de su personalidad el hombre normal es reservado, educado, compasivo, responsable y consciente».[9] En opinión de Jung, «la persona constituye un complejo sistema de relación entre la conciencia del individuo y la sociedad que configura una especie de máscara destinada, por una parte, a causar una determinada impresión en los demás y, por la otra, a ocultar la verdadera naturaleza del individuo».[10] Así pues, aunque la «persona» de Jung constituya una entidad más compleja que el «primer estrato» de Reich, existe, no obstante, una notable correspondencia entre ambos sistemas. Jung consideraba que la persona constituye un factor destinado a compensar los desequilibrios existentes entre la conciencia y el inconsciente. Así por ejemplo, cuanto mayor sea la apariencia de fortaleza de un hombre ante el mundo mayores deberán ser nuestras sospechas de que tras esa fachada se oculta un interior débil y femenino y cuanto menos consciente sea de su aspecto femenino interno más probable es que proyecte su anima primitiva sobre el mundo o que sufra ataques de cólera, paranoias, histerias, etcétera. Reich tendía a menospreciar el estrato superficial como intrascendente mientras que Jung, por su parte, prestaba mucha atención a la interacción primordial existente entre nuestra máscara y nuestra vida interna.

Según Reich, para alcanzar el estrato fundamental del ser humano hay que trabajar sobre el estrato secundario de la sombra. De este modo, la resistencia se convirtió para él en una especie de bandera que delimita nuestra coraza y traza el camino que nos conduce hasta el mismo núcleo del ser humano. «En ese núcleo, y en condiciones sociales favorables, el hombre es un animal esencialmente honesto, laborioso, cooperativo, amoroso y racional.»[11]

Así pues, el concepto junguiano de sombra y el estrato secundario de Reich encajan perfectamente. Para Jung, la sombra constituye un aspecto del núcleo de la vida en la naturaleza de la imagen divina en el psiquismo humano. El lado oscuro nos ofrece una puerta de entrada en los aspectos reprimidos del ser humano. Para Reich, en cambio, el mal constituye un mecanismo crónico que niega la vida energética y supone un obstáculo al núcleo biológico espontáneo del ser humano. El diablo jamás alcanza ese nivel esencial pero constituye la personificación de las perturbaciones existentes en el estrato secundario.

Tras muchos años de trabajo Reich llegó a la misma conclusión desesperanzada de Freud. El había intentado disolver la armadura en gran escala a través de la educación y la terapia individual. Su modelo de tres estratos no reconoce la importancia del estrato secundario, que parece casi imposible de disolver por completo. Actualmente, sin embargo, todo el mundo asume la necesidad de la coraza como armadura protectora y el objetivo de la terapia no apunta, por tanto, a eliminar la coraza sino a flexibilizarla y hacernos conscientes de esa rígida estructura defensiva inconsciente.

De la misma manera que el concepto biológico de coraza es particularmente apropiado al trabajo energético del cuerpo, la sombra –su equivalente funcional a nivel psicológico– constituye un concepto extraordinariamente importante en el dominio del psiquismo. La sombra contiene poder que ha sido enajenado. En este sentido, jamás podrá disolverse por completo y jamás podrá ser totalmente enajenada. Pero aunque sepamos que nunca podremos someter al núcleo profundo de la sombra debemos, sin embargo, tratar de conectar con ella y de integrarla. La sombra y el doble no sólo contienen los residuos de nuestra vida consciente sino que también encierran nuestra fuerza vital primitiva e indiferenciada, una promesa de futuro cuya presencia aumenta nuestra conciencia y nos fortalece a través de la tensión de los opuestos.

13. LA ANATOMÍA DEL MAL

John C. Pierrakos

Fue discípulo de Wilhelm Reich en la década de los 40. Fundador, junto a Alexander Lowen, de la terapia bioenergética, fue, más tarde, creador de la terapia core energética y director del Institute for the New Age Man de Nueva York. Es autor de *Core Energetics*, una forma de terapia que promueve y enseña a lo largo de todo el mundo.

Investiguemos ahora el concepto del mal enfocándolo desde su opuesto, el bien. El ser humano sano siente que la bondad de la vida consiste en la unidad entre su realidad, su energía y su conciencia. No hace mucho tiempo que un músico que acudió a mi consulta me dijo que cuando estaba conectado con lo más profundo de su ser los movimientos de su organismo fluían espontáneamente, como si fueran ellos solos los que estuvieran tocando el instrumento. En ese caso, los movimientos son libres y coordinados y el sonido resultante es verdaderamente hermoso. Cuando el hombre está sano su vida es un continuo proceso creativo. Entonces se siente inundado de sentimientos de unidad y amor por todos los seres humanos. Esta unidad consiste en la toma de conciencia de no ser diferente de los demás, en el deseo de ayudarles, de identificarnos con ellos, de sentir que todo lo que les ocurre también nos está sucediendo a nosotros mismos. La persona sana gobierna positivamente su vida y se siente satisfecho consigo mismo. En ese estado la enfermedad y el mal están casi completamente ausentes.

El principal rasgo distintivo de la enfermedad, por el contrario, consiste en la distorsión de la realidad –la distorsión de la realidad corporal, de la realidad emocional y de la realidad de la verdadera naturaleza de los demás y de sus acciones. El mal, entonces, constituye una distorsión de hechos que, en sí mismos, son naturales pero la persona enferma no percibe sus propias distorsiones sino que siente que la enfermedad procede del exterior. El enfermo suele considerar que sus problemas están causados por factores externos. Una persona que está atravesando un estado psicótico, por ejemplo, considera que el mundo es hostil. Se sienta en una silla, mira las paredes y dice: «ellas son las responsables. Quieren matarme, quieren envenenarme». De este modo renuncia totalmente a su propia responsabilidad por su vida y sus acciones. Una persona sana, en cambio, es muy capaz de hacer exactamente todo lo contrario.

¿Qué sucede en una persona enferma? De algún modo su conciencia y sus energías se modifican. Su conciencia, por decirlo así, ha alterado el funcionamiento de su mente, lo cual, a su vez, distorsiona el movimiento natural de la vida y altera todas sus manifestaciones. Es por ello que su pensamiento se restringe y que sus sentimientos se expresan mediante el odio, la crueldad, el miedo y el terror.

El concepto reichiano de coraza arrojó mucha luz sobre el funcionamiento de la enfermedad. Según Reich, la persona acorazada se aísla de la naturaleza y levanta todo tipo de barreras contra los impulsos vitales que brotan de su propio cuerpo. De este modo, el cuerpo acorazado se tensa y se insensibiliza parcial o totalmente a los sentimientos y a las sensaciones provenientes del interior. Entonces la persona se convierte en un sujeto ambivalente y tibio, alguien que odia sin siquiera saberlo.

Reich creía que toda entidad, todo ser humano, tiene un núcleo, un corazón, en el que se origina el movimiento pulsátil de la vida. En la persona relativamente libre ese movimiento pulsatorio puede alcanzar fácilmente la periferia sin perturbaciones y entonces el sujeto se expresa, se mueve, siente, respira y vibra naturalmente. En la persona acorazada, en cambio, entre el núcleo y la periferia parece existir una especie de línea Maginot. En este último caso, cuando los impulsos vitales chocan con las fortificaciones de la coraza la persona se aterroriza y no piensa más que en suprimirlos porque teme que si lograran emerger a la superficie correría el peligro de ser aniquilado. Para él las sensaciones -especialmente las sensaciones sexuales- son terribles, sucias y malas. De este modo, cuando los impulsos agresivos que surgen de ese núcleo golpean la coraza el individuo tiembla de miedo y, en el caso de que consigan atravesar esa especie de línea Maginot, está completamente aterrado porque no puede aceptar sus sensaciones, porque no puede tolerar el movimiento y la vida que brotan de su interior, porque no puede soportar el dulce ronroneo de la emoción, el vibrante latido del amor y, consecuentemente, reacciona en contra de la vida, en contra de los demás y en contra de sí mismo. Este sujeto no llega a darse cuenta de que lo verdaderamente aborrecible y odioso es su coraza corporal, ese estancamiento que le aleja del núcleo mismo de la vida. La coraza escinde al ser humano y separa a la mente del cuerpo, al cuerpo de las emociones y a las emociones del espíritu.

La coraza puede terminar convirtiendo a un ser humano en un místico que ignora que Dios está su interior. Para él Dios es alguien que está «fuera» y, consecuentemente, se dice: «Si rezo me purificaré y de ese modo resolveré todos mis problemas». Pero esto es imposible porque quien pretende dedicarse a lo espiritual sin haber trabajado sus facetas negativas -sus defensas y sus resistencias egoicas- quizás consiga volar alto como Icaro pero cuando se aproxime al ardiente sol se desplomará pesadamente de nuevo en el mar -en el mar de la vida- donde terminará ahogándose. Sólo podemos acceder a la creatividad y al espíritu después de haber trabajado para superar los obstáculos que nos presenta la vida.

Por otra parte, la coraza corporal puede transformar a la

persona en un monstruo de crueldad. En tal caso el individuo se aterroriza porque cree que si percibiera sus verdaderos sentimientos podría perecer aniquilado.

¿Qué puede hacer un ser humano acorazado para eliminar todas estas barreras? Según Reich, no sólo hay que reconocer nuestros aspectos racionales sino que también hay que aceptar aquellos otros que no lo son tanto. Nuestra irracionalidad es algo muy importante. Deberemos, pues, admitirla, conocerla y expresarla. En ella también está presente el flujo del río de la vida. Si nos aislamos totalmente de lo irracional nos convertimos en alguien pedante y mortecino. Esto no significa, sin embargo, que nuestra conducta deba ser siempre irracional sino tan sólo que debemos aceptar la irracionalidad, tomar conciencia de la energía que hemos investido en ella, desactivarla y comprender cuáles son los obstáculos que hemos erigido para impedir el flujo vital que genera esa irracionalidad. Reich también afirmaba que debemos expandir las fronteras de nuestro pensamiento y abandonar la visión dual que concibe al mundo como una antítesis entre Dios y el diablo.

El mal no es algo intrínsecamente diferente de la energía y de la conciencia. El mal es una creación del psiquismo humano y sólo se manifiesta dentro de los límites de ese dominio.

¿Pero qué significa el mal con respecto a la energía y a la conciencia? En términos energéticos podríamos decir que constituye una forma de enlentecimiento, una disminución de la frecuencia, una especie de condensación. La persona se siente pesada, atada, inmovilizada. Cuando sentimos odio, muerte o cualquier otra cosa negativa nos sentimos muy pesados. En el caso contrario nos sentimos vibrantes y pletóricos de energía.

Por otra parte, cuanto menor es la frecuencia del movimiento mayor la distorsión de la conciencia y viceversa. Cuanto más pesados y negativos estamos menor es nuestra creatividad, nuestra sensibilidad y nuestra comprensión hasta que llega un momento en el que se detiene el movimiento y nos quedamos estancados en la cabeza. Entonces todo movimiento se bloquea y todo pierde importancia. La religión y el resto de sistemas morales organizados ha calificado a las actitudes negativas -el odio, la desilusión y el resentimiento, por ejemplo- como simple maldad. Desde esta perspectiva la religión considera que esos estados y sus manifestaciones conductuales son el simple resultado de una conciencia distorsionada de lo que es bueno y de lo que es malo.

La Biblia recoge una afirmación de Jesús que, a mi juicio, es muy importante. Hablando a sus discípulos dijo: «No os resistáis al mal» (Mateo 5,39). Pareciera que la misma resistencia fuera el mal ya que cuando no existe resistencia alguna la energía no encuentra obstáculos a su paso y fluye pero cuando aparece alguna resistencia el movimiento disminuye, regresa y se detiene. La resistencia sofoca las emociones, disminuye el movimiento de la energía y anula los sentimientos. Esta resistencia tiene su origen en un mecanismo del pensamiento -que no tiene que ver con el pensamiento abstracto sino con el pensamiento organizativo- la cautela.

Del mismo modo que en una dimensión cósmica la conciencia es responsable del flujo energético del universo, en el ámbito de lo humano es la responsable del flujo energético del organismo. Pero «responsable» no quiere decir «culpable». En psiquiatría debemos evitar avergonzar al individuo por sus acciones negativas y sus contenidos inconscientes. Para nosotros se trata más bien de la simple consecuencia de un estado dinámico generado por algo de lo que el individuo no es consciente y, por consiguiente, no puede ser culpado por ello. Cuando la conciencia es negativa la persona se resiste a la verdad. Ciertas resistencias son conscientes y, en tal caso, la persona elige deliberadamente utilizarlas. Un hombre que se sienta herido por su esposa puede elegir entre abrirse al sentimiento del amor y el perdón o seguir con sus sentimientos negativos y destructivos hacia ella. Pero, aunque muchas de nuestras acciones sean deliberadas otras, en cambio, no lo son y en tal caso el individuo no es responsable de sus acciones.

El mal, entonces, es algo mucho más profundo que lo que nos dicen los códigos morales. El mal es la antivida. La vida, por su parte, es una fuerza dinámica y pulsátil, la vida es energía y conciencia que se manifiesta de muy diversas maneras. El mal sólo existe donde hay resistencia a la vida. La resistencia es, pues, la manifestación de lo que llamamos mal. Es esta distorsión de la energía y de la conciencia la que origina el mal.

14. LA LUZ DE LA SALUD Y LA SOMBRA DE LA ENFERMEDAD

Larry Dossey

Ejerce como médico en Santa Fe, Nuevo México y es el autor de *Tiempo, espacio y medicina* (Ed. Kairós); *Beyond Illness: Descovering the Experience of Health* y *Recovering the Soul: A Scientific and Spiritual Search.*

En cierta ocasión, el poeta Gary Snyder señaló que sólo quienes son capaces de descuidar al planeta Tierra están en condiciones de trabajar por su supervivencia ecológica. Con este paradójico comentario subrayaba una cuestión que suele olvidarse con demasiada frecuencia: la estrechísima relación existente entre los opuestos, incluso entre opuestos tan extremos como la supervivencia y la muerte de nuestro planeta.

También extremos tan polares como la salud y la enfermedad se hallan indisolublemente unidos. Sin embargo, la creencia de que la enfermedad es el heraldo de la muerte, el presagio de la extinción personal, y de que, por tanto, debe ser exterminada, se halla tan extendida que parece insólito sugerir siquiera la existencia de tal vínculo. Pero esta relación entre «opuestos» jamás desaparecerá. Impregna nuestros huesos, se infiltra en nuestra sangre, está arraigada en nuestra sabiduría colectiva, perdura todavía intacta en muchas culturas orientales y se halla presente entre nosotros a pesar de la sofisticada tecnología médica desplegada en las «cruzadas» internacionales emprendidas con la intención de erradicar definitivamente las principales enfermedades de nuestro tiempo de la faz de la tierra.

Hemos olvidado cómo pensar sobre la enfermedad. En realidad intentamos no pensar en ella y la expulsamos de nuestra mente hasta el momento del chequeo anual o hasta que contraemos alguna enfermedad. Nos decimos que para estar sanos hay que *pensar* sanamente y creemos que eso supone no pensar en la enfermedad. Huimos de la enfermedad y tenemos miedo de asistir al funeral de un amigo muerto, de visitar a un enfermo de ir a la consulta del dentista, del internista, del médico de cabecera, del pediatra y del ginecólogo.

Pero es imposible no pensar en la enfermedad. Los resfriados comunes o la enfermedad de un amigo constituyen una especie de recordatorio continuo. La muerte está urdida en el mismo tejido colectivo de la estructura social. Por más que lo intentemos jamás podremos eliminar totalmente la presencia de la enfermedad.

Pareciera, pues, como si nuestra continua tendencia a querer desembarazarnos de la enfermedad y la imposibilidad de eliminarla totalmente sugiriera la existencia de una relación misteriosa entre la salud y la enfermedad que imposibilitara conocer y gozar de la salud sin saber y padecer lo que es la enfermedad. Del mismo modo que no podemos conocer lo alto sin conocer también lo bajo o de que no existe el blanco sin el negro parece que tampoco podemos fragmentar nuestra conciencia para descartar la enfermedad y la muerte y quedarnos solamente con la salud.

En realidad ni siquiera podemos emprender una cura sin preguntarnos: «¿Qué es lo que estoy intentando evitar?» Aun en el caso de que se trate de algo tan rutinario como vacunarnos o tomarnos la presión debemos preguntarnos, de algún modo: «¿*Contra* qué me estoy vacunando?» «¿Qué sucedería si me despreocupase de mi presión sanguínea?» Todo acto de salud conlleva su opuesto, su lado oculto, porque nos recuerda lo que estamos tratando de evitar: La enfermedad y la muerte son inevitables y por más que lo intentemos jamás podremos separar a la salud de la enfermedad y al nacimiento de la muerte. Del mismo modo que la luz siempre va acompañada de la oscuridad, nuestro entusiasmo por la salud sólo aumenta nuestra sensibilidad hacia el fenómeno de la enfermedad y de la muerte; se trata de dos fenómenos tan ligados entre sí que jamás pueden presentarse aisladamente.

Los mitos y rituales de la mayor parte de las culturas premodernas evidencian su profunda comprensión de la naturaleza de la salud y de la enfermedad. Muchas de esas sociedades no tratan de *erradicar* la enfermedad sino que nos exhortan a *vivir* con ella. Podría aducirse, sin embargo, que esas culturas no trataron de eliminar la enfermedad y la muerte porque no se hallaban en condiciones de hacerlo pero que si, por el contrario, su nivel de desarrollo tecnológico se lo hubiera permitido las hubieran detestado tanto como nosotros. No obstante, sin negar este hecho, no deberíamos descartar la posibilidad de que la actitud de muchas sociedades premodernas hacia la enfermedad y la muerte fuera la expresión de una forma orgánica de pensar, dc una forma de estar-en-el-mundo en la que la aceptación no constituye una simple respuesta a la impotencia sino la manifestación de un conocimiento profundo del mundo.

La enfermedad puede ser considerada como si fuera una cosa en sí misma, con necesidades propias –la necesidad de ser tenida en cuenta, de ser escuchada, de ser cuidada, de entrar en contacto con ella. La enfermedad [puede ser] considerada como algo *razonable*, algo con lo que se puede tratar, con lo que se puede pactar. Esta visión contrasta profundamente con nuestra forma habitual de pensar sobre el cáncer o el ataque cardíaco como algo que acecha dispuesto a acabar con nosotros.

Las modernas tecnologías nos han alejado de la enfermedad pero, al mismo tiempo, también nos han hecho perder el contacto con la salud. Y en esas condiciones no podemos gozar de la salud porque hemos perdido la conexión vital entre la salud y la enfermedad. Los antibióticos, la cirugía y las promesas de inmortalidad han destruido también nuestra relación orgánica con el mundo. Como dice el filósofo de las religiones Huston Smith, no se trata de que la moderna tecnología médica sea «mala» sino que sus procedimientos no pueden sustituir a la sabiduría de «las cosas como son». La tecnología no es sabia necesariamente ni tampoco puede erigirse en el garante de la *experiencia* de la salud.

Tal vez en la actualidad estemos redescubriendo esa visión orgánica del mundo que tan bien conocían los pueblos primitivos de nuestro planeta. Lo cierto es que carecemos de las respuestas necesarias para comprender la salud y la enfermedad y que nuestra sociedad está resentida por las promesas incumplidas y la deshumanización de la medicina moderna. No creo, sin embargo, que este resentimiento –cuya existencia es innegable– se canalice adecuadamente ya que se dirige abiertamente contra el «sistema». Pero el «sistema» somos nosotros mismos. Estamos decepcionados con nosotros mismos por haber renunciado a asumir nuestra propia responsabilidad, por habernos traicionado, por habernos olvidado de lo que una vez supimos, por haber cortado nuestra conexión orgánica con el mundo en que vivimos. Estamos aprendiendo, profunda y dolorosamente, que longevidad no es lo mismo que calidad de vida. Estamos descubriendo la vacuidad de conceptos tales como «intervalo de salud». Ya no podemos seguir ignorando que nuestra noción de salud es incompleta.

¿Pero de qué nos hemos olvidado? En mi opinión se trata de la enfermedad, la sombra que acompaña siempre a la luz de la salud, una sombra que nos conecta orgánicamente con el mundo, nos ratifica que la naturaleza del mundo no puede ser forzada y nos lleva a darnos cuenta de que es imposible concebir la salud sin tener, al mismo tiempo, conciencia de la enfermedad y, de ese modo, aceptar la enfermedad del mismo modo que aceptamos la salud.

Nuestra cultura, sin embargo, cree que podemos aceptar uno de los dos polos negando al otro, que *podemos* tener lo blanco sin lo negro, disfrutar de las alturas sin descender a las profundidades, gozar de la salud sin padecer la enfermedad o del nacimiento sin la muerte. Nuestra ceguera nos hace creer que sólo es cuestión de tiempo, mano de obra y de ampliación del presupuesto destinado a la investigación y consideramos que la invitación a superar el pensamiento dualista -o esto o aquello- constituye un paso atrás hacia formas de pensamiento primitivas que no concuerdan con el potencial de la edad contemporánea.

Pero no es el hombre primitivo el que ha comprendido la naturaleza indivisible de los opuestos sino que se trata de una visión de la sabiduría perenne que pertene a la tradición de los místicos y de los poetas de todas las épocas.

15. EL ASPECTO DEMONÍACO DE LA SEXUALIDAD

Adolf Guggenbühl-Craig

Psiquiatra y analista junguiano de Zürich, Suiza. Ha sido presidente del Curatorium del C. G. Jung Institute de Zürich y de la Asociación Internacional de Psicología Analítica. Ha escrito *Power in the Helping Professions; Marriage Dead or Alive* y *Eros on Crutches.*

Una de las tareas fundamentales del proceso de individuación consiste en experimentar nuestras facetas más oscuras y destructivas. Esta experiencia puede manifestarse en ámbitos muy diferentes, entre ellos la sexualidad. Con ello no estamos diciendo, sin embargo, que uno se vea desbordado por fantasías propias del Marqués de Sade, ni mucho menos, por supuesto, que deba llevar a la práctica ese tipo de actividades. Lo único que afirmamos es que ese tipo de fantasías deben ser consideradas como una expresión simbólica –en el dominio de lo sexual– del despliegue del proceso de individuación.

En cierta ocasión tuve una paciente masoquista y trabajamos juntos para ayudarla a normalizarse. Podría incluso decir que con ella tuve cierto éxito ya que todas sus fantasías y actividades masoquistas terminaron desapareciendo. Sin embargo, comenzó a padecer un inexplicable dolor de cabeza que le ocasionaba muchos problemas en su vida personal. Tuvo una visión –era una mujer africana de color y en su entorno cultural tales cosas no eran infrecuentes– en la que se le apareció Moisés y la atormentó con la idea de que si no continuaba flagelándose los egipcios la matarían. A partir de ese momento elaboró una complicada teoría –basada fundamentalmente en los rituales autoflagelatorios de los cristianos mexicanos– según la cual el masoquismo era lo único que podría ayudarla a afrontar y aceptar el sufrimiento del mundo. Entonces sucumbió a sus fantasías masoquistas desapareciendo todos sus dolores de cabeza y reanudándose nuevamente su desarrollo psicológico. Este ejemplo, sin embargo, constituye tan sólo una ilustración de nuestro tema que en modo alguno debe considerarse como una invitación.

El fenómeno del sadomasoquismo ha desconcertado frecuentemente a los psicólogos. ¿Cómo pueden coincidir el placer y el dolor? Para muchos psicólogos y psicoanalistas el masoquismo parece ser contradictorio. Algunos van tan lejos como para sugerir que los masoquistas escenifican detalladamente sus fantasías hasta el momento en que comienzan a sufrir. Esto, sin embargo, no es del todo exacto y tiene que ver con la diversidad de las manifestaciones sexuales. La vida sexual real rara vez coincide plenamente con las fantasías sexuales. Sabemos que muchos masoquistas no sólo persiguen formas degradantes de dolor sino que también las experimentan con placer.

En la Edad Media el masoquismo desempeñaba un papel muy importante y los flagelantes proliferaban en las aldeas y las ciudades. La rutina cotidiana de los monjes incluía prácticas autohumillantes y autoflagelatorias. Según la psiquiatría moderna este fenómeno colectivo constituye una expresión clara de una perversión neurótica de la sexualidad. Pero esta explicación no resulta completamente satisfactoria. En mi opinión el sadomasoquismo está ligado al proceso de individuación. ¿No es acaso nuestro propio sufrimiento –y obviamente el sufrimiento en general– una de las cosas más difíciles de aceptar? Hay tanto sufrimiento en el mundo y nuestro sufrimiento corporal y espiritual es tan intenso que hasta los santos experimentan dificultades para comprenderlo. Una de las tareas más arduas del proceso de individuación consiste en aceptar la tristeza, el dolor y la ira de Dios con la misma facilidad con la que aceptamos la alegría, el placer y la gracia de Dios. En el masoquismo estos dos opuestos –sufrimiento y alegría, dolor y placer– se hallan simbólicamente unidos. Es como si el masoquismo lograra afrontar y resolver –a nivel simbólico– los grandes opuestos de nuestra existencia.

El sadismo, por su parte, puede ser considerado como una expresión del aspecto destructivo de la sombra, del asesino que se esconde dentro de cada uno de nosotros. Se trata de un rasgo específicamente humano que parece disfrutar con la destrucción. Este no es el lugar para discutir si la destructividad es un fenómeno natural o si es la consecuencia de algún problema en el desarrollo (aunque yo me inclino por la primera de las dos hipótesis). En cualquiera de los casos, cada uno de nosotros debe resolver por sí mismo el problema de la destructividad.

Lo cierto es que existen seres humanos que gozan con la destrucción, el asesinato y la tortura. Y este fenómeno está relacionado con la autodestrucción. No resulta pues sorprendente que el sadismo y el masoquismo sean fenómenos estrechamente relacionados y suelan aparecer juntos. El asesino autodestructivo se halla en el mismo centro de la sombra arquetípica, en el centro de la irreductible destructividad de los seres humanos.

Otro elemento constitutivo del sadismo hay que buscarlo en el deseo de poder. Es por ello que hay sujetos que experimentan placer sexual en el hecho de someter a su pareja, de jugar con ella como lo hace un gato con un ratón.

Otro aspecto del sadismo consiste en el hecho de degradar a la pareja al estatus de puro objeto. En las fantasías sádicas atar a la pareja y observar «fríamente» sus reacciones juega un papel muy importante. De este modo la pareja se convierte en una pura cosa con la que juega el sádico.

Durante mucho tiempo los teólogos cristianos sólo aceptaban la sexualidad con fines reproductivos. Consideraban que el erotismo era algo demoníaco y misterioso, algo contra lo que debía lucharse. Pero no debemos despachar de un plumazo este punto ya que esos teólogos eran personas inteligentes y diferenciadas que buscaban sinceramente la verdad y la comprensión.

Hoy en día la sexualidad sigue portando consigo el estigma del demonio. Todos los intentos realizados para convertirla en algo inofensivo y «natural» han terminado fracasando. Para el hombre moderno la sexualidad sigue siendo diabólica y siniestra.

Ciertos movimientos feministas de liberación consideran a la sexualidad como un arma política utilizada por los hombres para someter a las mujeres, convirtiendo entonces a la sexualidad en algo diabólico y exigiendo un intercambio de roles con los hombres para transformarla en algo inofensivo.

Citemos, como otro ejemplo de demonización causante de numerosas neurosis, el efecto de la denominada escena primordial. Los discípulos de Freud y gran parte de la opinión oficial educada bajo su influencia sostienen que la contemplación accidental de la denominada escena primordial –el contacto sexual entre los padres– puede causar serias perturbaciones psicológicas en el niño.

Desde este punto de vista, la contemplación de la actividad sexual de los padres estimula los deseos incestuosos y los celos de sus hijos intensificando la situación edípica. Afortunadamente, sin embargo, el tabú del incesto dificulta la manifestación abierta y desinhibida de su sexualidad. De este modo, los padres se protegen instintivamente de la estimulación de sus fantasías y tendencias incestuosas. La represión de un tabú probablemente cree más daño psicológico que su correspondiente reconocimiento. No olvidemos, sin embargo, que algunos de los grandes tabús –como el tabú del incesto, por ejemplo– constituyen una ayuda antes que una dificultad.

El hecho de que la sexualidad se halle excluida de la vida cotidiana de la mayor parte de nuestros hospitales constituye otro ejemplo contemporáneo de la forma siniestra en la que experimentamos la sexualidad. ¿Por qué se considera que la vida sexual puede dañar a los pacientes? ¿De dónde surge esta creencia? ¿Por qué razón no se les permite a los pacientes de una institución mental, por ejemplo, mantener relaciones sexuales con otros internos?

Siguiendo con la descripción de los aspectos siniestros de la sexualidad debemos también mencionar que en Suiza la relación sexual con un retrasado mental se considera un acto criminal. Aunque originalmente esta ley pretendía proteger a los retrasados mentales lo cierto es que ha terminado impidiéndoles llevar una vida sexual. Esta inhumana ley –y la pasividad con la que fue aceptada– constituye también otro ejemplo del poder mágico que se le atribuye a la sexualidad.

Terminaremos esta enumeración recordando que los atletas que participan en las Olimpíadas suelen tener estrictamente prohibido el ejercicio de cualquier tipo de actividad sexual durante el desarrollo de la competición hasta el punto de que se ha dado el caso de haber sido descubiertos y expulsados por ello. Sin embargo, al mismo tiempo se reconocen también los efectos benéficos del ejercicio sexual antes de acometer grandes esfuerzos.

En todos estos puntos podemos sospechar la presencia de prejuicios muy antiguos. En ciertos pueblos primitivos los hombres se abstenían de mantener contacto sexual con las mujeres antes de ir a la batalla.

Este aspecto demoníaco de la sexualidad también podemos encontrarlo en la dificultad de experimentar y aceptar la actividad sexual como simple «goce» de una experiencia placentera. Hay muy pocas personas que puedan disfrutar de la sexualidad como lo hacen de una buena comida. Aunque suela esgrimirse con mucha frecuencia la «teoría del vaso de agua» –considerar a la actividad sexual del mismo modo que a la sed– lo cierto es que apenas nadie la experimenta de ese modo.

¿Qué significado psicológico puede tener, pues, el hecho de que la sexualidad siempre haya estado acompañada de algo siniestro aun hoy en día en que aparentemente nos hemos liberado de esa actitud? Lo siniestro resulta siempre ininteligible, conmovedor, numinoso. Dondequiera que aparezca lo divino experimentamos miedo. En muchos sentidos el proceso de individuación, que tiene un carácter fuertemente religioso, se experimenta como numinoso. Todo lo que tiene que ver con la salvación posee, entre otras cosas, un carácter siniestro, poco familiar y sobrehumano.

Si tenemos en cuenta que la sexualidad está estrechamente ligada al proceso de individuación quizás podamos comprender la demonización de la que ha sido objeto a lo largo de la historia. La sexualidad no es una simple actividad biológica inofensiva sino el símbolo de algo estrechamente relacionado con el sentido de nuestra vida, de nuestra lucha y de nuestro anhelo de lo divino.

Todos los aspectos del proceso de individuación encuentran en la sexualidad una forma simbólica de expresarse. El encuentro con las figuras parentales se experimenta en el drama del incesto; la confrontación con la sombra conduce a los componentes destructivos sadomasoquistas de lo erótico; el encuentro con nuestra alma –con el anima y el animus, con lo femenino y con lo masculino– puede asumir una forma sexual; la sexualidad –ya sea vía fantasía o en realidad– constituye también una forma de experimentar corporalmente el amor por uno mismo y el amor por los demás y, por último, el lenguaje del erotismo nos proporciona el ejemplo más claro de la unión de los opuestos, de la *unio mystica*, del *mysterium coiniunctionis*.

* * *

Todas las biblias o códigos sagrados han incurrido en los siguientes errores:

174

1. Que en el ser humano existen dos únicos principios verda-
deros: el cuerpo y el alma.
2. Que la energía –denominada mal– pertenece exclusivamen-
te al cuerpo y que la razón –denominada bien– es exclusiva del
alma.
3. Que si el hombre sigue los dictados de su energía Dios le ator-
mentará eternamente.

Pero la verdad es exactamente lo contrario:
1. El ser humano no tiene un cuerpo distinto al alma porque lo
que llama cuerpo es aquella porción del alma que puede ser
percibida por los cinco sentidos, las   principales ventanas del
alma en esta época.
2. No hay más vida que la energía y ésta pertenece al cuerpo.
La razón es el límite, o circunferencia externa, de la energía.
3. La energía es deleite eterno.

WILLIAM BLAKE

QUINTA PARTE:

LA SOMBRA DEL ÉXITO: EL LADO OSCURO DEL TRABAJO Y DEL PROGRESO

El amor al dinero es la raíz de todo mal.

I, Timoteo 6:10

No estoy en este planeta para hacer algo que ya está hecho... Nuestros logros constituyen la expresión manifiesta de nuestros objetivos.

Paul Williams

El progreso es nuestro producto más importante.

Eslogan publicitario

Tendemos a exaltar los aspectos luminosos de la industria a expensas de las facetas oscuras de la naturaleza o a enaltecer las facetas luminosas de la naturaleza en detrimento del lado oscuro de la industria. En realidad, lo que deberíamos hacer es comparar la luz con la luz y la oscuridad con la oscuridad.

Thomas Berry

INTRODUCCIÓN

La creciente literatura destinada a la investigación del estrés y del riesgo de la catástrofe ecológica que parece cernirse sobre nosotros ilustra con suma elocuencia los aspectos personales y colectivos respectivamente del lado oscuro de la ética laboral norteamericana.

Todos conocemos a alguien que ha sacrificado su vida por el trabajo. Sea cual sea su ocupación el adicto al trabajo derrama su sangre en aras de una empresa incierta (la jubilación o el futuro de sus hijos), un sueño (la contribución al bienestar colectivo) o la simple incapacidad de vivir de otra manera. Pero en cualquiera de los casos no es dueño de su destino ni se halla motivado por el proceso creativo sino que está poseído por una especie de yo demoníaco.

Hoy en día se considera que la obsesión por el trabajo constituye una adicción tan compulsiva como el juego o la sobrealimentación. Hay casos en los que la misma estructura de la empresa y sus directivos contribuye a fomentar este sombrío panorama. Por su parte, el exceso de trabajo, las cuotas de venta irreales y los martinis contribuyen a aumentar la distancia existente entre el estilo de vida de los distintos estamentos laborales norteamericanos.

El precio que hay que pagar por esta situación es muy elevado ya que el adicto padece el deterioro físico y emocional que acompaña a una vida unidimensional, los familiares sufren la ausencia de su esposo o de su padre y las empresas se

179

ven obligadas a renovar periódicamente sus cuadros directivos cada siete años.

Douglas LaBier, autor de *Modern Madness*, los denomina los trabajadores heridos, «personas sanas sometida a condiciones emocionales que, si bien pueden fomentar el proceso productivo resultan, en cambio, sumamente perjudiciales para el espíritu». Según LaBier, el éxito personal del trabajador herido depende de su adaptación a la personalidad colectiva de la empresa y del consiguiente destierro al olvido de aquellas otras cualidades que no se ajustan a la imagen de la organización. Debemos recordar que las empresas también cuentan con una persona (con un rostro agradable para presentar ante el mundo, determinado por su objetivo manifiesto) y que, por consiguiente, también poseen una faceta oculta y sombría (bajos salarios, limitada tolerancia a la autocrítica, conflictos internos, una política exterior que suele tener consecuencias ecológicas desastrosas, falta de honestidad con sus clientes, etcétera).

El trabajo nos obliga a afrontar dolorosos conflictos de valores. A veces nos vemos obligados a transgredir determinados principios, en otras tenemos que controlar a los demás, hacer caso omiso de sus necesidades personales, contar mentiras piadosas y vendernos, en fin, de miles de maneras diferentes. Hay un chiste de abogados –que bien pudiera aplicarse a cualquier otra profesión– que ilustra perfectamente esta situación: un abogado que aspira a ser el Número Uno se encuentra con el diablo, quien le ofrece todo el dinero y el poder del mundo a cambio de su alma, a lo cual nuestro personaje responde: «De acuerdo, pero ¿cuál es el precio que tengo que pagar por ello?»

Los ambientes tensos nos obligan a establecer compromisos que tienen un enorme coste personal. El éxito conduce a la inflación del ego mientras que el fracaso conduce a la más humillante de las frustraciones. Como ocurre con el millonario Donald Trump, en un momento determinado podemos sentirnos volando por las nubes para encontrarnos, al instante siguiente, hundidos en lo más profundo.

Cada actividad favorece el desarrollo de ciertas habilidades y aptitudes mientras que deja otras en la sombra. Si cultivamos la ambición y la competencia extravertida, por ejemplo –como ocurre en el caso de los hombres de negocios, los políticos o los empresarios– nuestra introversión se verá relegada a la sombra. En tal caso, ignoraremos cómo crecer sin llamar la atención, cómo enriquecernos con la soledad y cómo desarrollar los recursos ocultos que se hallan en nuestro interior. Si, por el contrario, desarrollamos una personalidad volcada hacia la esfera privada –como ocurre con los escritores y los artistas en general– correremos el riesgo de relegar nuestra ambición y nuestro orgullo a la oscuridad de la sombra. De ese modo, estaremos expuestos a la posibilidad de que esos rasgos puedan emerger súbitamente a la luz del día como si se tratara de un fantasma que sale del cuarto oscuro. Todos nosotros habremos leído alguna que otra historia relativa a un hombre de negocios de apariencia intachable que fue cogido con las manos en la masa en un asunto turbio de blanqueo de dinero o evasión de impuestos, una situación que puede deberse paradójicamente a la incapacidad de mirar a la sombra cara a cara.

De la misma manera que la sombra puede tomar posesión de nuestra personalidad y provocar un giro de ciento ochenta grados en nuestra vida también puede hacer lo mismo con un grupo de personas o con una empresa. Así pues, los valores conservadores y materialistas de la generación que padeció la Gran Depresión dieron lugar al movimiento contracultural de la década de los sesenta y a su renuncia al conformismo y al materialismo que convirtió en héroes de la sombra a aquellos que vivían a contracorriente y ha terminado conduciendo –como vemos hoy en día a nuestro alrededor– a un resurgimiento del materialismo.

El péndulo parece dirigirse actualmente en otra dirección. Del mismo modo que el *burnout* individual constituye una expresión de la sombra personal, la sombra de nuestra cultura se manifiesta con toda su crudeza en el exterminio de especies y ha adquirido la magnitud de una catástrofe ecológica de tales dimensiones que ya no nos queda más remedio que tomar conciencia de los aspectos oscuros que están ligados al crecimiento económico ilimitado y al progreso tecnológico descontrolado.

En *The End of Nature*, Bill McKibben señala que hemos dejado de ser los dueños de nuestra tecnología: «Mientras sigamos arrastrados por el deseo ilimitado de progreso material las cosas se nos escaparán de las manos y no habrá modo de ponerle límites. En esas condiciones es muy improbable que desarrollemos la ingeniería genética para erradicar la enfermedad y luego no pretendamos utilizarla para la fabricación de pollos perfectos».

Bruce Shackleton, psicólogo y consejero empresarial, abre esta sección analizando el encuentro personal y colectivo con la sombra en nuestro lugar de trabajo y examina la forma en que la relación existente entre la sombra personal y la sombra colectiva posibilitan o dificultan el rendimiento laboral.

En el capítulo 17, John R. O'Neill, empresario y consejero empresarial y presidente de la California School of Professional Psychology, expone las conclusiones a las que arriba en su libro, de próxima publicación, *The Dark Side of Succes*. En este artículo O'Neill nos ofrece las claves fundamentales para alcanzar un desarrollo sano sin perder de vista los aspectos ocultos de nuestra sombra.

A continuación, Marsha Sinetar explora –en un extracto de *Do What You Love, The Money Will Follow*– la forma en que las carencias y los problemas personales aparecen en nuestro trabajo y la manera de aprovecharlos para enriquecer nuestra vida y hacerla más creativa.

Chellis Glendinning cierra esta sección con un capítulo titulado "When Technology Wounds" (un resumen de su libro del mismo título) en el que cuestiona la idea de progreso como desarrollo tecnológico desbocado y nos ilustra sus posibles peligros con algunos relatos de personas aquejadas por enfermedades causadas por la tecnología (los ordenadores, las luces fluorescentes, las píldoras de control de la natalidad, el amianto y los pesticidas, por ejemplo).

Pareciera, pues, como si nuestros logros personales y colectivos tuvieran una faceta oscura y tenebrosa y que el progreso ilimitado y descontrolado deja el caos a su paso.

16. EL ENCUENTRO CON LA SOMBRA EN EL TRABAJO

Bruce Shackleton

Se dedica a la consulta privada y a la asesoría de organizaciones en Boston y es miembro permanente de la Occupational Health Clinic del Massachusetts General Hospital y la Harvard Medical School.

¿Qué es lo que nos impide alcanzar lo que deseamos conscientemente? ¿Cuál es la naturaleza de esa faceta oscura de nuestra personalidad que sabotea nuestros esfuerzos, frustra nuestras expectativas y aspiraciones y parece despreciar el esplendor del éxito? ¿En qué medida el mundo empresarial obstaculiza el logro de nuestros objetivos en lugar de ayudarnos a lograrlos?

La vida profesional, aunque ciertamente menos reconocida que la familiar, la escolar o la religiosa, constituye un elemento de capital importancia en la creación de la sombra. El mundo laboral nos induce a comportarnos de un determinado modo para ajustarnos a la sociedad, adaptarnos y alcanzar el éxito. Todos intentamos agradar a nuestros jefes, a nuestros compañeros y a nuestros clientes y relegamos con mucha frecuencia los rasgos más desagradables de nuestra personalidad –la agresividad, la envidia, la competitividad y la crítica, por ejemplo– a los rincones más oscuros de nuestro psiquismo. Muchas personas se ven compelidas así a asumir el costoso compromiso psicológico y espiritual de tener que arrojar gran parte de sí mismos a la sombra para terminar descubriendo luego que «han vendido su alma a la empresa».

Obviamente, todos nosotros necesitamos a la sombra para ocultar nuestros impulsos más destructivos y negativos e incluso nuestras flaquezas y capacidades menos desarrolladas. Sin embargo, cuando relegamos gran parte de nosotros mismos a las profundidades más oscuras corremos el peligro de que nuestra sombra profesional llegue a ser tan impenetrable, densa y consistente que adquiera vida propia y termine transformándose en algo destructivo.

La sombra del poder y la competencia

Cuando conocí a Harold –un hombre de mediana edad que hace diez años aspiraba a llegar a la «cumbre»– era vicepresidente financiero de una pequeña compañía de tecnología punta. Su carrera anterior en otras empresas de mayor envergadura había sido relativamente exitosa pero cuando cumplió los cuarenta años inició la psicoterapia conmigo porque se sentía deprimido y carecía de motivación para seguir su fulgurante carrera ascendente. Harold se había resignado a permanecer en una pequeña compañía que no ponía a prueba sus conocimientos y se dedicaba casi exclusivamente a pensar en su jubilación.

Harold había heredado de su familia una cierto sentimiento de inferioridad y constituía un caso típico de baja autoestima. En sus trabajos anteriores había tenido dificultades de relación con la autoridad debido a que, en realidad, se consideraba inferior a sus compañeros.

El jefe de Harold, un hombre duro, insensible y arrogante, dirigía la empresa de manera inflexible, no permitía la oposición abierta y, en ocasiones, llegaba a ser desagradable con sus empleados. Harold respondía a la agresividad de su jefe con una acomodaticia y, en ocasiones ansiosa, voluntad de servicio. Harold había encontrado un jefe sobre quien podía proyectar sus oscuros sentimientos de poder, arrogancia y competencia, alguien junto a quien se sentía al mismo tiempo cómodo e inquieto y que reforzaba la imagen familiar que tenía de sí mismo.

Durante una temporada todo pareció funcionar a la perfección. Harold se limitaba a poner buena cara y a desempeñar su trabajo del mejor modo posible y era aceptado tanto por su capacidad como por su apoyo al *status quo*. Pero aunque Harold sólo era vagamente consciente de una difusa sensación de inquietud y desazón, bajo la fachada estaba evitando toda confrontación, eludiendo la necesidad de cambiar de trabajo y renunciando a su entusiasmo y a su capacidad creativa.

En esa situación el dique pronto comenzó a hacer aguas y Harold, que solía ser una persona juiciosa y devota, empezó a mostrarse agresivo ante pequeñeces en un intento de descargar sus sentimientos de rencor, frustración y desprecio. Esta conducta –tan impropia de la imagen de buen ciudadano que tenía de sí mismo– le impresionó tanto que le condujo a reconsiderar en profundidad el coste personal de su vida laboral.

La adicción al trabajo y la sombra de las organizaciones

Cuando las personas dejan de lado sus necesidades de tiempo libre, intimidad y familia y se convierten en una especie de máquinas podemos constatar la presencia de la sombra en el mundo laboral.

Como ocurre con la mayor parte de las adicciones, la adicción al trabajo –que termina conduciendo a un estilo de vida desequilibrado y compulsivo– también se origina en pautas familiares. En ciertos hogares sólo se valoran los resultados y, por tanto, el único criterio para la autoestima es el del éxito; en otros hogares, en cambio, es un padre adicto al trabajo el que transmite esta pauta de conducta a su hijo, quien la hereda como si se tratara del color de los ojos; en otros, en fin, la frustración de un padre fracasado constituye un poderoso estímulo que acicatea de continuo al niño para conseguir el éxito y termina convirtiéndole, de algún modo, en la sombra de su padre.

Si la persona trabaja en una organización adictiva que sostiene y alienta este tipo de modelo, el «matrimonio» será perfecto durante el tiempo en que la sombra de la empresa y la del individuo caminen al mismo ritmo. Pero, más pronto o más tarde, algo comenzará a fallar –el trabajador desarrollará otras adicciones (como el alcohol o las drogas, por ejemplo), se producirá el *burnout* o la empresa cambiará sus directrices o su equipo directivo– y la adicción al trabajo mostrará crudamente sus facetas más destructivas ocasionando todo tipo de estragos.

Pero la adicción al trabajo no es el único aspecto oculto de las organizaciones. La cultura de la empresa –es decir, las reglas, los rituales y los valores que ayudan a organizar las actividades de los individuos– tiene un aspecto manifiesto y otro mucho menos evidente que determinan muchos de sus logros financieros y personales.

Las empresas que rechazan la posibilidad de desarrollar adecuadamente los recursos humanos y que se niegan a considerar con detenimiento el problema del estrés, por ejemplo, manifiestan una notable y peligrosa insensibilidad. Cuando la atención se focaliza exclusivamente en la productividad y se desatienden las necesidades del individuo puede generarse un clima de desconfianza tal que –en un intento desesperado de resolver la dinámica inconsciente de la organización– no duda en convertir en chivos expiatorios a algunos de sus empleados y no vacila un instante en sacrificarlos.

Las culturas colectivas que potencian la comunicación abierta, por su parte, pueden establecer controles y medidas para resolver los problemas suscitados por la sombra individual y grupal. Una organización sana puede contribuir a limitar las expresiones negativas elaborando sistemas de retroalimentación adecuados, estableciendo acuerdos sobre valores y objetivos y ayudando incluso a potenciar las capacidades más profundas de sus trabajadores.

La motivación de los empleados también se halla profundamente ligada a la sombra. Quienes ambicionan a ascender en la jerarquía de la organización, por ejemplo, pueden verse obligados a negar sus cualidades más estimadas y a servirse de los demás –como si se tratara de escalones– para ascender en el escalafón. No obstante, cuando el triunfador llega a la cumbre es muy probable que su vida profesional se halle totalmente desvinculada de la sombra y –como si fuera una versión moderna del mito del Dr. Jekyll y Mr. Hyde– sólo se atreva a exponer su humanidad en la intimidad de la vida familiar llegando incluso, en casos extremos, a despreciar por completo a los demás tanto en el entorno laboral como en el familiar.

Los gestores de recursos humanos y los consultores empresariales suelen soslayar el problema de la sombra individual y colectiva. En mi opinión, sin embargo, resultaría sumamente provechoso unir nuestros esfuerzos para reconocer el lado oscuro de la empresa y contribuir, de ese modo, a la necesaria renovación individual, empresarial y social.

17. EL LADO OSCURO DEL ÉXITO

John R. O'Neill

Presidente de la California School of Professional Psychology y de la California NEXUS Foundation. Desde que en 1970 abandonara la American Telephone and Telegraph Company ha desarrollado una intensa actividad educativa y empresarial. También ha sido vicepresidente del Mills College de Oakland, California.

Se supone que todos buscamos el éxito, llegar a ser más, ser mejores, etcétera. Pero últimamente, sin embargo, hemos constatado ciertas distorsiones peculiares en nuestra definición del éxito y nos vemos obligados a afrontar las lamentables consecuencias de este cambio. Las personas y las empresas suelen disfrutar de un brillante éxito que termina, no obstante, deslustrándose. Es como si la ansiedad fuera connatural al éxito: ¿Será duradero? ¿Cómo podría aumentarlo? ¿Acaso lo merezco? ¿Qué ocurrirá si lo pierdo? Es por ello que en tal caso pasamos rápidamente de la euforia y el entusiasmo a la inquietud, la fatiga, la depresión y la crisis personal.

¿Cómo es posible este cambio? La arrogancia, la inflación del ego y el consiguiente pecado de *hubris* que suele acompañar al éxito nos impiden afrontar y asimilar nuestra sombra. En esa situación nos vemos arrastrados por los caprichos del ego, dejamos de escucharnos y observarnos, desperdiciando la posibilidad de aprender más profundamente sobre nosotros mismos y distorsionamos, e incluso llegamos a perder, nuestra verdadera identidad.

Consideremos, por ejemplo, el caso de James, un personaje muy apreciado en Wall Street en la década de los ochenta, que llegó a odiar su rentable negocio y lo vendió por ciento treinta millones de dólares. Tres meses después acudió a mi consulta con el rostro bronceado, su cabello rubio canoso algo más largo de lo habitual y un aspecto relajado y comenzó a hablarme animadamente –mientras yo me preguntaba el motivo de su consulta– de sus travesías en yate, de la temporada de esqui y de su nuevo rancho.

Al finalizar la entrevista dijo casi de pasada: «No tengo a quien contarle mi vida. Por eso estoy aquí». Traté de no mostrar mi sorpresa por esa revelación y le pregunté cómo era eso posible, a lo que respondió hablándome de desengaños, disputas familiares, un divorcio inminente, largas noches de insomnio y miedo al qué dirán si hablaba con una persona inadecuada.

La sombra de James estaba repleta de los mismos contenidos que la de la mayoría de las personas:

- Aquellos aspectos que no se adecuaban a su ego ideal del momento. En una era machista había bloqueado sus aspectos receptivos y femeninos; en una era materialista había desdeñado sus sentimientos espirituales.
- Las partes de sí mismo que sus padres u otras personas cuya aprobación deseaba, consideraban indignas, habían terminado siendo sepultadas, aunque, de algún modo, permanecían completamente activas.
- Los sueños y las ambiciones que en su momento consideró estúpidos o irreales y que postergó con la promesa de que «quizás algún día...».

Los aspectos ocultos de James eran más importantes que los manifiestos. Este material vital reprimido es el que controla la dirección de nuestra vida, nuestro nivel energético y nuestra historia biográfica. El precio que debemos pagar por arrojar nuestro ser a la oscuridad es la pérdida del alma.

Los verdaderos triunfadores son aquellos que saben extraer toda la riqueza potencial de su sombra y utilizarla en su provecho. Ellos son los auténticos aprendices de la profundidad. Winston Churchill, Eleanor Rooselvelt, Florence Nightingale, Thomas Jefferson y Abrahan Lincoln, por ejemplo, constituyen ejemplos históricos de personas que –yendo más allá de *hubris*– supieron aprender de sus propios fracasos, errores y sufrimientos y utilizar adecuadamente sus enseñanzas.

A los directivos que me preguntan, con cierta frecuencia, qué deben hacer para mantener vivo el aprendizaje y el crecimiento en sus empresas, les suelo responder que el principal punto consiste en evitar *hubris* en el momento en que se alcanza el anhelado éxito. El tallo de la dulce planta del éxito hunde sus raíces más profundas en el suelo de la inflación del ego que se alimenta del orgullo y la codicia.

Resumamos ahora brevemente los signos que acompañan a los ataques de *hubris*:

– *Atribuirnos la posesión de dones especiales*. Cuando creemos en la infalibilidad de nuestras valoraciones y en nuestra inmunidad a los errores que comete todo ser humano nos hallamos a merced de la sombra y podemos sospechar la presencia de ciertos rasgos de inflación del ego.
– *Matar al mensajero*. Si rechazamos los informes adversos porque nos parecen indignos, poco fiables, envidiosos o incapaces de apreciar completamente la situación, estaremos allanando el camino del fracaso. Si en nuestro papel de directivos nos aislamos de los demás y restringimos el círculo de consejeros habremos empezado a matar a los mensajeros.
– *Necesidad de protagonismo*. Cuando *hubris* está presente, el ego necesita afirmarse mediante demostraciones manifiestas de poder, como marcar el territorio, preocuparnos excesivamente por la etiqueta y establecer reglas excesivamente rígidas, por ejemplo. El hecho de que necesitemos sentir que los demás se den cuenta constante-

mente de nuestra importancia es un síntoma de inseguridad reprimida.

- *Vivir según principios morales superiores*. Cuando un grupo o una persona siente que se halla en el camino justo y califica a quienes piensan de manera diferente de malvados, ignorantes, o enemigos, puede encontrar cierto alivio provisional al exceso de tensión existente entre el bien y el mal pero, en realidad, no se trata más que de *hubris* disfrazada de bondad.

Cuando aparece *hubris* dejamos de aprender. Entonces nuestro inflado ego proyecta a la sombra y la ira ciega amenaza con arrastrarnos. Reconocer la presencia de la sombra es el primer paso para salir de esta situación, el siguiente es el de aprender lo que tiene que enseñarnos. El ego se siente inquieto porque, en realidad, es la sombra la que tiene las riendas en su mano. Si encontramos un modo de ir más allá de las necesidades, roles, símbolos y todo lo que, en general, denominamos una conducta correcta del ego, podremos penetrar en el caos del nuevo aprendizaje y descubrir facetas insospechadas sobre nosotros mismos.

Desde este punto de vista, el éxito siempre va acompañado por una sombra que puede llegar a ser devastadora. Es necesario, pues, que afrontemos día a día a la sombra pero si realmente queremos renovarnos también necesitaremos guías, mentores y, en ocasiones, hasta terapeutas.

Los triunfadores saben cómo hacer ese trabajo. Como me dijo hace años el escritor John Gardner: «Cuando escalas una montaña recuerda que no es la única. Mira entonces hacia la próxima cima y aprovecha los valles para fortalecerte».

18. APROVECHAR NUESTROS DEFECTOS Y NUESTROS ERRORES

Marsha Sinetar

Psicóloga de organizaciones y autora de *Do What You Love, The Money Will Follow* y *Ordinary People as Monks and Mystics*.

Las personas eficaces en su trabajo conocen sus propias limitaciones y las utilizan para su provecho. Esas personas han descubierto no sólo que deben seguir explotando, en cierta medida, su propia constitución psicológica, sus tendencias emocionales y sus pautas de atención, sino que además las consideran como una ayuda inestimable para llevar a cabo su trabajo. De hecho, el conjunto de limitaciones que caracterizan a una determinada persona constituye un complejo de atributos cuyo sentido excede la comprensión del individuo. Este complejo es la esencia de la vida creativa.

Tengo un cliente –merodeador de pasillos– cuyo temperamento inquieto le hace pensar mejor deambulando arriba y abajo. Mi cliente acepta ese rasgo peculiar de su personalidad y lo mismo hacen sus compañeros de trabajo. Después de varios años de trabajar con él sus colegas ya no se sorprenden de su singular caminata. Su mente superdotada ha proporcionado millones de dólares a su empresa y él ha adquirido, en consecuencia, el «derecho» de deambular tanto como desee.

Otra persona, en este caso una científica, prefiere trabajar aislada en una empresa que mantiene una política de puertas abiertas, de modo que cuando trabaja cierra sistemáticamente la puerta. Al comienzo fue criticada por comportarse de ese modo pero ella era tan consciente de esa necesidad para obtener resultados tangibles que insistió hasta que sus compañeros terminaron aceptándola.

Todas esas personas han adoptado un estilo de trabajo que compagina tendencias contradictorias, el deseo de concentrarse con la necesidad de deambular o el deseo de satisfacer a una empresa con la necesidad de compaginarlo con un estilo personal de trabajo.

El lema de la cantante francesa Edith Piaf «aprovecha tus defectos» define a la perfección el desafío que supone llegar a comprender y a utilizar nuestras limitaciones. Sin embargo, no estoy segura de que debamos llamar «limitaciones» a esos rasgos aunque así me lo parecen, ciertamente, cuando los comparo con la conducta estereotipada con que los demás pretenden moldear nuestro modo de ser.

Con frecuencia suelo hablar con una escritora amiga sobre nuestra «pereza». Hace ya muchos años que las dos nos dimos cuenta de que nuestro proceso creativo incluye períodos de inactividad completa, etapas de reposo en las que parecen incubarse nuevas ideas. Desde un punto de vista superficial esto no parece muy interesante e incluso podríamos decir que es «malo» si lo comparamos con el estilo de vida que se nos ha inculcado. Mi propia moral puritana, por ejemplo, se rebela con un vigor insospechado ante la simple idea de tener que atravesar períodos de descanso. Sin embargo, a la larga me he dado cuenta de que es precisamente eso lo que debo hacer antes de acometer un nuevo proyecto creativo.

Mi amiga me contaba riendo cómo se quedaba en la cama días enteros mirando la televisión mientras almacenaba inconscientemente nuevas imágenes e ideas para su próximo libro. «Antes odiaba verme de ese modo porque iba en contra de todas las ideas que me había forjado sobre qué y cómo "debía" escribir. Era como si debiera estar continuamente rodeada por una especie de halo almidonado, una Betty Crooker de la máquina de escribir que tecleaba escrupulosamente manuscrito tras manuscrito veinticuatro horas al día como si fueran sabrosas galletas recién salidas del horno». Sin embargo, mi amiga se dio cuenta gradualmente de que de tanto en tanto necesitaba un descanso porque, de lo contrario, su nuevo libro sería forzado, artificial y muy poco original.

En lo que a mí respecta vivo en el campo y aprovecho para dar largos paseos conduciendo mientras escucho música. Siempre me han gustado las iglesias rurales y me encanta viajar por caminos polvorientos o por la escarpada autopista "1" de la costa del Pacífico contemplando este tipo de edificios curtidos por el tiempo. Estos paseos suponen para mí un descanso y un viaje simbólico que refleja el camino espiritual subjetivo que precisa mi faceta creativa para acopiar energía y poder escribir un artículo o un capítulo de un libro.

No hay otra faceta de nuestra personalidad que revele mejor nuestro temperamento básico, nuestro estilo personal de trabajo, que nuestro lado oscuro, esa parte de nosotros mismos que se desarrolla siguiendo su propio ritmo y que tiene sus propias necesidades. Me refiero, claro está, al conjunto de impulsos incontrolables, de hábitos contumaces y de tendencias inaceptables y contradictorias que nos empujan en la dirección opuesta a la que pretendemos ir. Ese conjunto de impulsos y hábitos contradictorios, sin embargo, enriquece nuestra vida y proporciona la energía dinámica que nos mueve. Jung los describe del siguiente modo:

> La conciencia y el inconsciente no pueden aspirar a convertirse en una totalidad cuando una de las partes es suprimida o maltratada por la otra. Si deben luchar, dejemos, al menos, que sea una lucha honesta en la que ambos contendientes cuenten con las mismas posibilidades. Ambas partes constituyen aspectos fundamentales de nuestra vida... y también debemos permitir, en la medida de lo posible, que la vida caótica de nuestro inconsciente tenga la oportunidad de encontrar su propio camino. Esto supone, al mismo tiempo, una contradicción y una colabora-

ción. El hierro se templa con el martillo y el yunque y nuestra «individualidad» global se fragua en el crisol de la conciencia y del inconsciente.

Con ello no estamos afirmando, sin embargo, que debamos dañarnos a nosotros mismos ignorando o potenciando comportamientos adictivos y autolimitadores sino que, por el contrario, debemos adoptar una visión global sobre lo que cada una de nuestras conductas puede enseñarnos, sobre lo que cada una de ellas aporta para el gran viaje del Yo hacía sí mismo. Veamos ahora algunos puntos especialmente provechosos para aprender a «apreciar» el valor potencial de nuestros «hábitos negativos»:

– ¿Has tratado de eliminar a la fuerza ciertos hábitos de trabajo para adaptarte y parecerte a los demás?
– ¿Existen rasgos personales contra los que trataste de luchar –como hicimos mi amiga escritora y yo– porque pensabas que eran negativos?
– ¿Has renunciado a alguna meta en algún área «superflua» de tu vida porque alguien te haya dicho que no merece la pena?
– ¿Existe alguna actividad «de tiempo libre» (como dormir, ver la televisión, escuchar música, fantasear, etcétera) que renueve tu energía pero que consideres que no debes hacer?

Si caemos en cuenta que nuestros hábitos, nuestras ensoñaciones, nuestras fantasías, nuestros valores y todas las dualidades de nuestra personalidad constituyen expresiones de la vida, podemos aprovecharlas para expresar nuestra totalidad creativa. Y no son sólo nuestras palabras, nuestros actos y nuestras relaciones las que expresan nuestra individualidad sino la totalidad de lo que somos. Es por ello que las facetas contradictorias de nuestra personalidad pueden aportar un nuevo matiz, una nueva faceta o un nuevo impulso al proceso de individuación y afirmación creativa de toda nuestra vida.

19. CUANDO LA TECNOLOGÍA DAÑA

Chellis Glendinning

CHELLIS GLENNDENING es una psicóloga afincada en Tesque, Nuevo México. Ha escrito *Waking Up in the Nuclear Age* y *When Technology Wounds*.

Vivimos en un mundo cuya tecnología se cobra cada vez más víctimas y resulta más dañina para la salud. En la actualidad, el progreso tecnológico y su utilización indiscriminada no sólo amenaza la salud del individuo sino que degrada la calidad de nuestras aguas, de nuestro suelo y de nuestro aire llegando incluso a poner en peligro la supervivencia misma de la vida en el planeta.

El historiador Lewis Mumford afirma que nuestra época es la Era del Progreso, una era en la que «el mito de la máquina... ha cautivado hasta tal punto la mentalidad del hombre moderno que ningún sacrificio parece suficiente»[1]. La invención del teléfono, la televisión, los misiles, las armas nucleares, los ordenadores, la fibra óptica y los materiales superconductores ha favorecido el desarrollo desproporcionado de una tecnología que nos aleja cada vez más de las raíces naturales comunes que durante milenios han respetado la vida sobre el planeta. El ideal moderno de «progreso» ha fomentado la creencia en el progreso tecnológico descontrolado, un progreso que ha terminado convirtiéndose en el imperativo moral –y *en la maldición*, al mismo tiempo– de nuestra época.

Es por ello que en este incierto momento histórico resulta imprescindible prestar atención al testimonio de aquellas personas que han padecido enfermedades causadas por la tecnología para abrir nuestros ojos a la necesidad de tomar conciencia del futuro al que nos conduce la sociedad tecnológica. La experiencia personal de quienes se han visto afectados por la tecnología no puede seguir confinada al plano de lo privado ya que las terribles ordalías que han sufrido tienen mucho que decirnos sobre la tecnología, las relaciones humanas y el significado de la vida y pueden servir como catalizador para abrir nuestro corazón colectivo y corregir el rumbo para hacer de nuestro mundo un lugar seguro y habitable.

El problema fundamental es el del conocimiento. ¿Quién sabe que una determinada tecnología es peligrosa? ¿Cuándo se supo? ¿Qué tipo de pruebas se llevan a cabo antes de lanzar al público una nueva tecnología? ¿Cuál es el rigor de los estudios realizados para determinar sus efectos secundarios? En ciertos casos –como el de la Dalkon Shield, la Pinto car y las fugas de los tanques de gasolina, por ejemplo– no se realizaron suficientes estudios al respecto y nadie (ni inventores, ni fabricantes, ni gobierno ni consumidores) conocía sus posibles efectos secundarios. Pero en los casos en los que tanto el proveedor como el consumidor desatienden los posibles riesgos siempre aparece alguien que termina padeciéndolos en carne propia, un descubrimiento que suele poner a la defensiva al fabricante que no quiere invertir dinero en la renovación de la tecnología y que tampoco suele estar dispuesto a admitir su responsabilidad ante las denuncias de los usuarios que reclaman una indemnización económica o exigen la retirada del mercado del producto peligroso.

En otros casos, sin embargo, las altas jerarquías del gobierno, la ciencia o la industria terminan decidiendo que el bienestar colectivo, el curriculum o sus cuentas corrientes bien merecen el precio de poner en peligro la vida del individuo. Es por ello que suelen rodear sus investigaciones de un halo de secreto y mantienen en silencio sus peligros potenciales con lo cual exponen innecesariamente a los trabajadores y al público en general a un riesgo innecesario.

Desde 1918,[2] se sabía que el amianto puede causar enfermedades pulmonares que terminan conduciendo a la muerte pero los fabricantes han seguido exponiendo a sus trabajadores a ese peligro y han eludido sus responsabilidades legales ante las legítimas reivindicaciones de aquéllos. Durante la década de los cincuenta Heather Maurer trabajó con su padre en un negocio familiar cortando tuberías de amianto. Su padre murió de cáncer múltiple y su madre está aquejada, en la actualidad, de fibrosis pleural. «¡Créame –afirma– si mi padre hubiera sabido que estaba matándonos no cabe la menor duda de que hubiera cambiado de trabajo!»

En última instancia, ignoramos los efectos sobre la salud de la moderna tecnología porque sus descubridores y fabricantes no se han tomado siquiera la molestia de estudiarlos. El desarrollo tecnológico, por tanto, no ha sido seleccionado y puesto a punto cuidadosa, abierta y democráticamente y tampoco hemos exigido que así fuera. Pareciera, más bien, como si la irresponsabilidad del fabricante y le ingenuidad del consumidor hubieran convertido a la tecnología en *un destino que no ha sido elegido*. Es por ello que el descubrimiento de que la tecnología favorece el desarrollo de determinadadas enfermedades tiene lugar en un clima impregnado de inocencia e ignorancia.

El problema no radica tan sólo en que la mayoría de nosotros –desde los científicos hasta el ciudadano de a pie– desconozcamos el peligro potencial de la tecnología sino que ni siquiera queremos admitir que nuestros vecinos, nuestros familiares e incluso nosotros mismos seamos víctimas de enfermedades causadas por la tecnología. Existen ciertos tabús sobre la tecnología, reglas implícitas y restricciones inconscientes aprendidas a lo largo del proceso de socialización que nos impiden admitirlo. En este sentido, estar en contra de la tecnología es un tabú tan flagrante como cuestionar a la industria tecnológica y denunciar sus posibles daños.

El sociólogo Jacques Ellul bosqueja –en *Propaganda: The Formation of Men's Attitudes*– el funcionamiento de un sistema de tabús. Según Ellul, la manipulación de la opinión pública no depende exclusivamente del acoso doctrinal al que se somete a la población sino que constituye un complejo sistema en el que participan todos los sectores sociales.

La sociedad moderna se apoya en un sistema de tabús sobre la tecnología que beneficia directamente, por lo menos a corto plazo, a los creadores y promotores de la tecnología y que también ha servido indirectamente –con sus promesas de «progreso» y de «bienestar general»– para satisfacer las necesidades psicológicas de la población.

* * *

Existe una historia de tres albañiles que ilustra perfectamente las grandes diferencias existentes en la actitud hacia el trabajo:

Cuando les preguntamos lo que estaban haciendo el primero de ellos dijo, sin levantar siquiera los ojos de su trabajo, «Estoy apilando ladrillos», el segundo respondió «Estoy levantando una pared» y el tercero replicó, entusiasmado y evidentemente orgulloso «Estoy construyendo una catedral».

SEXTA PARTE:

DESCUBRIENDO A LA SOMBRA EN EL CAMINO: EL LADO OCULTO DE LA RELIGIÓN Y DE LA ESPIRITUALIDAD

Un discípulo le preguntó a un erudito rabino por qué Dios había dejado de hablar directamente con su pueblo a lo que el sabio respondió: «Ahora el hombre no puede inclinarse lo suficiente como para escuchar lo que le dice Dios».

PROVERBIO JUDIO

La renuncia –incluida la renuncia a Dios– constituye lo más profundo del espíritu religioso.

ALFRED NORTH WHITEHEAD

Tras las tinieblas de lo reprimido –lo que ha sido y está enraizado– y detrás de la sombra personal –lo que todavía no es y está germinando– se halla la oscuridad arquetípica, el principio del no-ser, lo que se describe y denomina Diablo, Mal, Pecado Original, Muerte, Nada.

JAMES HILLMAN

Una vida espiritual no puede librarnos del sufrimiento ocasionado por la sombra.

SUZANNE WAGNER

INTRODUCCIÓN

Uno de los objetivos fundamentales de la religión es, y siempre ha sido, el de definir a la sombra, enfrentar el mundo de la luz al mundo de la oscuridad y dictaminar la conducta moral de sus acólitos. Toda religión tiene su manera peculiar de escindir la totalidad en bien y mal y cuanto más afilado es el instrumento que utiliza más específicos son los ideales éticos que prescribe. En el Antiguo Testamento Isaías nos dice: «¡Ay de aquellos que llaman bien al mal, que confunden la oscuridad con la luz y la luz con la oscuridad, que toman lo amargo por lo dulce y lo dulce por lo amargo... porque contra ellos se dirigirá la ira del Señor!»

En un universo dividido entre el blanco y el negro, el camino de lo correcto y el camino de lo lo equivocado se dirigen en direcciones completamente diferentes que pueden conducirnos a los cielos o llevarnos, por el contrario, a las profundidades de los infiernos. Los creyentes de este tipo de religión afirman que debemos elegir entre uno u otro sendero. En palabras de Bob Dylan: «Debes servir a alguien. Puede ser el Diablo o el Señor pero debes servir a alguien».

También hay quienes reconocen la relación existente entre el lado oscuro y el lado luminoso y aceptan la relatividad del mundo humano. Así, el filósofo del siglo XII Maimónides dijo: «La maldad sólo lo es en relación a algo».

La tradición hebraica parece reconocer los aspectos oscuros y luminosos de Dios –su naturaleza airada y su naturaleza misericordiosa– mientras que el Dios cristiano, por su parte, al afirmar «Yo soy la Luz» se aleja de su hermano oscuro, el Diablo, la sombra.

Las fuerzas parejas del bien y del mal, de la luz y de la oscuridad aparecen, con pequeñas variaciones, en casi todas las tradiciones. En el conocido símbolo del Taoísmo chino del yin y del yang, por ejemplo, cada uno de los polos *contiene* al otro, ambos representan la relación existente entre los opuestos, indisolublemente unidos en un abrazo eterno, y su continua transformación mutua.

Según las tradiciones –ocultas hasta hace muy poco– místicas y esotéricas (sufis, alquimistas y chamanes, por ejemplo), la sombra y el mal no son realidades objetivas y externas sino que, por el contrario, son energías internas mal comprendidas y, por consiguiente, mal encauzadas. Como señala Joseph Campbell: «Quien es incapaz de comprender a un dios lo percibe como un demonio».

Para los místicos, en cambio, el bien y el mal se asientan en nuestro interior. Es por ello que sus enseñanzas no apuntan a prescribir una moral sino que tan sólo aspiran a ofrecernos fórmulas para llevar a cabo el trabajo espiritual. En este contexto, una determinada práctica meditativa o una ceremonia chamánica puede ayudar al individuo a armonizar una energía dañina, como la rabia o la lujuria, por ejemplo, y reencauzarla hacia el lugar que le corresponde en nuestro mundo interno.

El poeta sufí Rumi abunda en esta idea cuando escribe: «Si todavía no has visto al diablo mira tu propio yo». De este modo, las enseñanzas místicas, no consideran que el diablo sea un agente independiente sino que afirman la realidad de la sombra interior y nos brindan prácticas introspectivas que puedan ayudarnos a redimirla.

En el Hinduismo y en el Budismo, por su parte, el mal y la sombra están personificados por la figura de dioses y demonios a quienes rogamos bendiciones o contra quienes nos rebelamos. Esas fuerzas internas, o *rakshasas*, son consideradas como aspectos de la mente del meditador, deidades airadas internas que representan los celos, la envidia y la codicia.

Las tradiciones ocultas suelen tratar a la sombra con una mezcla de respeto y de cautela porque la sombra es una figura clave a la que no podemos dejar de tener en consideración. En términos junguianos podríamos decir que los practicantes de la magia negra ha invertido la polaridad blanco/negro y están poseídos por el arquetipo de la sombra. Sin pretender ser irónicos, sólo a la luz de lo anterior es posible comprender la devoción diabólica de Anton LeVey, líder de la Iglesia Satánica de los Estados Unidos.

Hay buscadores espirituales que consideran que su trabajo con un instructor o guru constituye fundamentalmente un trabajo con la sombra. Joseph Chilton Pearce, por ejemplo, describe así sus relaciones psicológicas con su maestro.

> Cada vez que me acercaba [al guru], afloraban aspectos pueriles ocultos de mi personalidad, demonios que me hacían aparecer como un asno ante la persona que más deseaba impresionar. De este modo, el guru me ayudaba a hacer algo que no podía llevar a cabo solo, algo en lo que nadie sino él podía ayudarme, no para hacerme sentir ridículo sino para echar luz sobre mi oscuridad, sobre mi sombra.

No obstante, la sombra parece brillar por su ausencia en la mayor parte de los entusiastas partidarios de la nueva era. Estos devotos suelen creer que con la ayuda de un maestro adecuado o de una disciplina correcta pueden acceder a los niveles superiores de conciencia sin tener que habérselas con sus vicios más mezquinos o sus apegos emocionales más desagradables. Como dijo, en cierta ocasión, el periodista de Colorado Marc Barasch: «La nueva era nos ofrece una espiritualidad amorosa y luminosa en la que se ha expurgado todo vestigio de peregrinación y penitencia, de decepción y descenso, de angustia y humildad».

Recientemente, sin embargo, la sombra de la espiritualidad de la nueva era ha comenzado a mostrar su semblante más desagradable. Muchos gurus están cayendo de sus pedestales y muestran sus flaquezas más humanas y los meditadores, por su parte, desilusionados del ideal de la iluminación como perfección personal, han dejado de lado su intento de trascender su humanidad y han encaminado, en cambio, sus pasos hacia la psicoterapia y al trabajo cotidiano con el ego o han reorientado su interés hacia una espiritualidad más centrada.

La mayor parte de los maestros espirituales traen consigo desde Oriente sus problemas irresueltos –la necesidad de control, el desprecio por las debilidades, la sexualidad ingenua, la avidez por el dinero– y, en muchos casos, los grupos que les rodean han sido modelados por ese tipo de fuerzas. Según el psiquiatra James Gordon, autor de *The Golden Guru: The Strange Journey of Bhagwan Shree Rajness*, es muy posible que exista una elevada correlación entre los miedos y los deseos ocultos de un determinado líder espiritual –es decir, su sombra– y lo que su grupo de acólitos considera que es el carácter ideal del ser humano. Cuando Bhagwan Shree Rajneesh comenzó su enseñanza, por ejemplo, reprochaba agriamente la pompa de los sacerdotes y el hambre de poder de los políticos, curiosamente las mismas trampas en las que terminó cayendo más tarde.

Sólo podremos construir comunidades basadas en la honestidad y el reconocimiento de las limitaciones humanas y descubrir la auténtica vida espiritual cuando recuperemos las proyecciones de sabiduría y heroísmo que habíamos depositado sobre los demás.

En esta parte de nuestro libro ofrecemos una perspectiva insólita y lúcida del lado oscuro de la espiritualidad contemporánea. Para ello no vamos a centrarnos en los aspectos históricos o en las principales religiones sino que hemos preferido focalizar nuestra atención en ciertos temas candentes de la actualidad para que puedan ayudarnos a dar adecuadamente el siguiente paso de nuestro viaje.

El filósofo del yoga Georg Feuerstein abre esta sección tratando de explicar lo que ocurre con la sombra del guru en el desarrollo de la conciencia en los caminos orientales de iluminación. Desde su punto de vista, es muy posible que nuestra comprensión de la iluminación como desaparición absoluta de la sombra sea inadecuada y subsista una especie de «vestigio de sombra», algo parecido al «fantasma del ego».

A continuación Liz Greene, analista y astróloga junguiana, describe el emplazamiento y la función de la sombra en la carta natal y Sallie Nichols, por su parte, prosigue hablándonos de la figura de la sombra en el Tarot.

Por último, John Babbs nos presenta sus objeciones hacia el creciente fundamentalismo de la nueva era, una adicción a la luz que parece glorificar una visión unilateral del mundo que nos sustrae subrepticiamente de las profundidades.

20. LA SOMBRA DEL GURÚ ILUMINADO

Georg Feuerstein

Ha publicado una docena de libros sobre filosofía hindú, entre los cuales destacamos: *Yoga: The Technology of Ecstasy* y *Holy Madness: The Outer Limits of Religion and Morality.*

En *El Loto y el Robot*, Arthur Koestler relata un incidente que presenció mientras se hallaba sentado a los pies de la guru Anandamayi Ma, venerada por decenas de miles de hindúes como una encarnación de la Divinidad. Una anciana se acercó a la tarima en que se hallaba la maestra y le pidió que intercediera por su hijo, desaparecido en una reciente refriega fronteriza. La santa, sin embargo, la ignoró por completo. Cuando la mujer se puso histérica, Anandamayi Ma hizo un gesto displicente a sus acólitos quienes la echaron de la sala sin mayores contemplaciones.

Koestler quedó estupefacto por la indiferencia mostrada por Anandamayi Ma hacia el sufrimiento de la mujer y llegó a la conclusión de que, por lo menos en ese momento, la santa no había mostrado el menor atisbo de compasión. Quedó perplejo ante el hecho de que un ser supuestamente iluminado cuyas acciones, según se dice, proceden espontáneamente de la plenitud de Dios, se comportara de un modo tan grosero y cruel. Este episodio, sin embargo, ilustra claramente el hecho de que seres supuestamente «perfectos» puedan actuar de un modo que parece contradecir la imagen idealizada que de ellos tienen sus seguidores.

Hay maestros «perfectos» que destacan por sus ataques de ira y otros por su autoritarismo. Recientemente, muchos supergurus supuestamente célibes han encabezado los titulares de los periódicos por haber manenido relaciones clandestinas con sus discípulas. Debemos tener en cuenta que los genios espirituales –santos, sabios y místicos– no son inmunes a las neurosis ni tampoco a sufrir experiencias que tienen mucho de psicóticas. Es más, individuos supuestamente iluminados pueden, en ocasiones, presentar rasgos que la opinión consensual calificaría de execrables.

Cuando revisamos la biografías y autobiografías de adeptos pasados o presentes descubrimos que la personalidad de los seres iluminados y de los grandes místicos permanece substancialmente intacta. Cada uno de ellos manifiesta características psicológicas muy concretas que han sido determinadas por su dotación genética y por su biografía personal. Hay maestros predispuestos a la pasividad y hay otros que son extraordinariamente dinámicos, los hay amables y hay otros que son muy desagradables, algunos no tienen el menor interés en el aprendizaje, mientras otros, en cambio, son grandes eruditos. Al margen de sus particularidades psicológicas, sin embargo, todos ellos comparten el hecho de que ya no están identificados con los complejos de su personalidad y viven arraigados en el Yo. No obstante, aunque la iluminación estribe en la trascendencia de los hábitos egoicos *no* supone, sin embargo, la aniquilación de la personalidad ya que, en tal caso, sería justificado equipararla con la psicosis.

El hecho de que la iluminación no modifique la estructura fundamental de la personalidad suscita la importante cuestión de si ocurre lo mismo con aquellos rasgos que pueden ser calificados de neuróticos. Personalmente creo que sí. El objetivo de los verdaderos maestros –caso de que existan– debe ser la comunicación de la Realidad trascendente. Su conducta siempre será, en lo que respecta al mundo externo, un asunto de estilo personal.

Por supuesto, los devotos siempre creen que su idealizado guru está libre de ilusiones y que sus aparentes particularidades cumplen con alguna función didáctica. No obstante, un mínimo de reflexión basta para demostrarnos que esta opinión no es más que una fantasía y una proyección.

Hay maestros que dicen que su conducta refleja el estado psicológico de las personas que les rodean y que sus curiosos arrebatos de cólera son el simple reflejo de sus acólitos. Quizás ocurra que los maestros iluminados son como camaleones. En cualquiera de los casos, sin embargo, su conducta sigue ajustándose a pautas personales. Hay maestros que se sientan sobre un montón de basura, consumen carne humana (como el maestro tántrico Vimalananda) o meditan sobre cadáveres, pero se trata, en estos casos, de personalidades que difícilmente considerarían siquiera la posibilidad de desarrollar su intelecto o de aprender música como vehículo de transmisión de su enseñanza.

La personalidad del adepto está, con toda seguridad, más orientada hacia la trascendencia del ego que hacia su propia satisfacción personal. No obstante, este no es el camino típico de la *autorrealización* (entendida en sentido más restringido que el de Maslow como el impulso hacia la actualización de la totalidad psicológica basada en la integración de la sombra). En términos junguianos la sombra es el aspecto oscuro de la personalidad, el conjunto de sus contenidos reprimidos. La sombra individual está indisolublemente ligada a la sombra colectiva. Esta integración, por otra parte, no tiene lugar de una vez por todas sino que es un proceso que se desarrolla a lo largo de toda la vida y que puede ocurrir antes o después de la iluminación. Pero la estructura de la personalidad tiene una relativa estabilidad y, por consiguiente, si la integración no constituye un programa consciente de la personalidad del sujeto preiluminado es improbable que forme parte de su personalidad después de alcanzar la iluminación.

Ciertos adeptos contemporáneos afirman que durante la

iluminación la sombra se ve inundada por la luz de la supra-
conciencia y que el ser iluminado carece de sombra. Pero
esta afirmación es difícil de aceptar cuando se refiere a una
personalidad condicionada. La sombra es el producto de un
número cuasi infinito de permutaciones de procesos inconscientes esenciales para la vida humana tal como la conocemos. Por consiguiente, mientras haya vida seguirán existiendo
contenidos inconscientes ya que es sencillamente imposible
ser conscientes de todo.

La desidentificación del ego que tiene lugar durante la iluminación no concluye definitivamente el proceso atencional
sino que tan sólo pone fin al anclaje de la atención al ego. Por
lo demás, el ser iluminado sigue pensando y sintiendo, lo
cual deja inevitablemente un residuo inconsciente aún en el
caso de que no exista el menor apego interno a estos procesos. La única diferencia es que este residuo no se experimenta como un obstáculo para la trascendencia del ego porque para el iluminado éste es un proceso continuo.

Hay quienes han intentado resolver este problema admi-
tiendo que, aún después de que el individuo despierte a la
Realidad universal, existe una especie de ego fantasmal, un
vestigio central de la personalidad. Pero si aceptamos este
supuesto quizás deberíamos admitir la existencia de una sombra fantasma, un vestigio de sombra, que permite al iluminado
funcionar en la dimensión condicionada de la realidad. Si en
el individuo no iluminado, ego y sombra van juntos podemos postular que tras la iluminación también tiene lugar una
polarización análoga entre el ego fantasmal y su correspondiente sombra.

Pero aún en el caso de que aceptáramos que la iluminación
disipa todo tipo de sombras, deberíamos preguntarnos seriamente si este concepto de iluminación se corresponde con el
de integración, el fundamento de una transformación de orden superior. Esto supondría la existencia de un cambio in-
tencional hacia la totalidad psicológica fácilmente observable por los demás. Sin embargo, en la biografía de algunos
adeptos contemporáneos que pretenden estar iluminados no

vemos evidencias claras de que esa integración haya tenido lugar. Uno de los principales indicadores al respecto sería la manifiesta disposición no sólo a servir como espejo para sus discípulos sino también para que éstos le sirvan de espejo para su propio crecimiento. No obstante, este tipo de actitud requiere una apertura normalmente incompatible con el autoritarismo tan frecuentemente adoptado por la mayor parte de los gurus.

Los caminos espirituales tradicionales suelen basarse en el ideal vertical de la liberación de los condicionamientos del cuerpo y de la mente y, por consiguiente, se orientan hacia el supuesto bien último, el Ser trascendente. Sin embargo, esta orientación unidireccional desequilibra al psiquismo humano minimizando sus asuntos personales y considerando que sus estructuras, en lugar de ser transformadas, deben ser trascendidas lo más rápidamente posible. Obviamente, toda autotrascendencia implica un cierto grado de autotransformación, lo cual no suele implicar lamentablemente el esfuerzo sostenido y armónico de trabajar con la sombra y lograr la integración psíquica. Esto podría explicar por qué existen tantos adeptos excéntricos y autoritarios con una personalidad tan poco ajustada a la sociedad.

La integración, a diferencia de la trascendencia, tiene lugar en el plano horizontal, extendiendo el ideal de totalidad a los condicionamientos de la personalidad y a sus vínculos sociales. Sin embargo, la integración sólo tiene sentido cuando consideramos que la personalidad y el mundo condicionado son manifestaciones de la Realidad última y no su opuesto irreductible.

Después de haber descubierto a la Divinidad en las profundidades de su propia alma, la principal obligación y responsabilidad del adepto es descubrirla en todas las manifestaciones de la vida. Dicho de otro modo, después de beber en el manantial de la vida el adepto debe completar su obra espiritual y practicar la compasión sobre la base del reconocimiento de que todo participa de lo Divino.

21. LA SOMBRA EN LA ASTROLOGÍA

Liz Greene

Analista junguiana, astróloga y escritora. Reside habitualmente en Londres y ha publicado cuentos infantiles, novelas y libros de astrología como *The Astrology Fate*; *Relating: An Astrological Guide to Living with Others with Others on a Small Planet*; *Saturn: A New Look at an Old Evil* y *The Jupiter/Saturn Conference Lectures* (en colaboración con Stephen Arroyo).

Una de las cosas más interesantes que podemos hacer con la carta astral es tratar de determinar sus aspectos oscuros y sus aspectos luminosos. La figura de la sombra –que puede ocupar cualquier lugar de nuestra carta astral– suele ocultarse bajo la máscara de una persona de nuestro mismo sexo. No creo, sin embargo, que se trate de una regla absoluta porque, en realidad, la sombra no tiene nada que ver con la atracción o el rechazo sexual sino que, por el contrario, está relacionada con la aceptación de nuestra propia sexualidad (es decir, nuestra propia masculinidad o femenidad). Así pues, la sombra no sólo tiene que ver con el tipo de persona de la que nos enamoramos sino que también está estrechamente ligada con los aspectos oscuros de nuestra alma. Por otra parte, los aspectos planetarios también están relacionados con la sombra y con las personas del sexo opuesto que más nos fascinan. Por último, ciertos puntos de la carta –como, por ejemplo, el descendente y el IC (*Imum Coeli*, el nadir o fondo del cielo)– tienen también una estrecha relación con todos aquellos aspectos de nuestra personalidad que, de un modo u otro, permanecen bajo el influjo de la sombra.

En la interpretación astrológica el tema del IC suele dejarse de lado. Pero conviene señalar que así como el medio cielo (MC) está relacionado con la forma en que queremos aparecer ante los ojos de los demás, el punto opuesto –el IC– tiene que ver con aquello que deseamos que los demás ignoren. Así pues, el signo astrológico que está situado en la parte inferior de la carta representa nuestra zona más oscura, el lugar más bajo de la órbita solar y constituye, por tanto, uno de los puntos más vulnerables a las acometidas de la sombra.

Para descubrir el tipo de personas y grupos más *opuestos* a nosotros y el tipo de personas y grupos que tendemos a idealizar conviene inspeccionar el signo que ocupa el IC en nuestra carta natal y cuáles son sus principales características (para ello también conviene prestar atención al signo que se halla en el descendente). Lo que amamos y lo que odiamos no son cosas tan diferentes entre sí, es por ello que si colocamos la imagen de lo que idealizamos frente a la imagen de lo que odiamos quizás descubramos sorprendidos a la misma figura oculta bajo ropajes diferentes.

Si, por ejemplo, tienes a Tauro en el ascendente y presentas las características típicas de ese signo quizás menosprecies a las personas cerradas que mantienen relaciones poco claras. Los Tauro suelen desdeñar a las personas reservadas, manipuladoras e indirectas, a quienes complican innecesariamente las cosas creando problemas donde no los hay. Pero, por otra parte, Tauro suele sentirse fascinado por quienes se rodean de un halo de misterio que les hace inaccesibles y parecen tener intuiciones extraordinarias sobre la naturaleza humana. Estas dos tendencias, sin embargo, no son tan diferentes como podría parecer a simple vista ya que, en ambos casos, el descendente está en Escorpio y bien podríamos decir que se trata de la misma figura, una figura que cuando es admirada por el sujeto se convierte en algo atractivo, profundo y poderoso y cuando es rechazada se transforma en algo diabólico, escurridizo y artificial.

En el caso de que tengas a Acuario en el medio cielo quizás sientas una cierta predisposición a exhibir el semblante tolerante y humanitario de que hacen gala los acuarianos, a mostrarte ante los demás como un personaje racional, imparcial y preocupado por sus derechos que aborrece y desprecia a quienes pretenden enriquecerse en cualquier circunstancia a costa de sus semejantes y a los egocéntricos que tratan siempre de llamar la atención sobre su persona. Si crees que todos somos especiales y que, por tanto, todos tenemos los mismos derechos y privilegios es muy posible que te desagraden los exhibicionistas que siempre están dispuestos a presumir ante los ojos de los demás. Sin embargo, al mismo tiempo también puedes llegar a sentir una gran admiración por las personas creativas, por los artistas que son capaces de encerrarse en una habitación durante cinco años ignorando a todo el mundo para pintar un cuadro o escribir una novela. No obstante, Acuario no suele tener en cuenta que hay que ser un tanto megalomaníaco y desconsiderado como para creer que un cuadro o una novela puedan ser tan importantes como para merecer la atención de todo el mundo.

Hay muchos ejemplos que podrían servirnos para ilustrar este punto. Veamos el caso de las personas que tienen su ascendente en Géminis, por ejemplo, personas frías, racionales e inteligentes que no parecen tomarse nunca nada en serio. A los Géminis les gusta jugar con las palabras –las ideas son para ellos como las pelotas para el malabarista– son enamorados de la información y son capaces de recordar las más pequeñas anécdotas y percatarse de detalles imperceptibles para los demás. Por eso pueden convertirse fácilmente en excelentes observadores y cronistas de la vida. Pero aunque a Géminis todo le parece muy interesante nada llega a apasionarle porque la intensidad y la vehemencia suelen resultarle desagradables e incluso molestas. Es por ello que suele rechazar a quienes creen en algo con fe ciega, a los fanáticos, a los proselitistas, a quienes van con el corazón en la mano, muestran sus sentimientos y se apasionan fácilmente con las personas y por las ideas. En consecuencia, Géminis puede llegar a odiar a quienes se comprometen profundamente con la religión o la filosofía, a quienes te abordan en la calle y te dicen: «Deberías afiliarte a Cienciología», «¡Jesús te ama!» y otras lindezas por el estilo. Géminis es demasiado sofisticado intelectualmente como para creer que sólo exista una verdad y rechaza, por tanto, visceralmente todas estas demostraciones de fe. No obstante, al mismo tiempo también puede admirar extraordinariamente a quienes se enfrentan con entusiasmo a la vida y asumen un punto de vista o un compromiso espiritual verdadero. Así pues, Géminis puede llegar a idealizar a las personas imaginativas e intuitivas y despreciar a los vehementes ignorando que ambos tipos de persona se alimentan del mismo combustible.

Si sólo te identificas con ciertas cualidades te indignarás en presencia de las cualidades opuestas. Conviene señalar, no obstante, que no estamos hablando de un simple desinterés o de un mero rechazo. La sombra siempre suscita una respuesta desproporcionada a la situación. En tal caso, no te limitarás a ignorar al fanático que reparte panfletos en la esquina sino que querrás deshacerte de él de un puñetazo. Pero ¿de dónde proviene ese odio y esa repulsa? La sombra siempre se experimenta como una amenaza. Reconocerla o aceptarla supone, por tanto, una forma de muerte ya que la menor consideración, aceptación o aprecio pone en cuestión a todo el edificio egoico. De este modo, cuanto más rígidos y comprometidos nos hallemos con nuestra imagen o con un conjunto determinado de actitudes más amenazadora será para nosotros la sombra, lo cual resulta particularmente doloroso porque, en ocasiones, debemos reconocer a la sombra y tomar la decisión moral de no obedecer a sus impulsos.

Hace algún tiempo hice la carta natal de una mujer Acuario con ascendente Capricornio que tenía un Saturno muy fuertemente aspectado –la mayoría de ellos trígonos y sextiles– para quien la independencia era muy importante. A pesar de haberse casado con un marido débil que le resultaba insoportable se sentía muy orgullosa de sus habilidades y de su fortaleza y había conseguido educar a dos hijos y labrarse un brillante porvenir en una entidad bancaria. Lo único que le resultaba intolerable era que alguien se mostrara desamparado, necesitado o dependiente. Prefería sufrir en silencio antes de mostrar el menor asomo de debilidad que la hiciera vulnerable. Por ello necesitaba un marido que la ayudara poco porque de lo contrario se hubiera visto obligada a enfrentarse con su propia sombra. En cierta ocasión me contó un sueño que se había repetido dos o tres veces en el que llamaban a su puerta y, al descubrir que se trataba de una compañera de trabajo que le resultaba muy desagradable, se enfadaba tanto que le cerraba la puerta en las narices.

Entonces le pedí que me hablara de su compañera. Mi cliente respondió: «No puedo soportarla. Me resulta completamente odiosa». A lo cual repliqué: «¿Qué es lo que le desagrada?» Entonces me contó que esa mujer –unos veinte años más joven que ella– era «una de esas recepcionistas estúpidas». Al parecer, se trataba de una persona muy insegura, alguien que se lamentaba constantemente por no saber hacer las cosas y solicitaba de continuo la ayuda de sus compañeros de oficina. Mi cliente no escatimaba adjetivos para referirse a ella: repulsiva, antipática, mentirosa, desagradable. Recordemos que la utilización de adjetivos desproporcionados constituye precisamente un síntoma de la dinámica de proyección de la sombra y que mi cliente no se limitaba a decir: «Esa mujer me desagrada» sino que la descalificaba totalmente.

Luego le pregunté: «¿No crees que la conducta de esa mujer tiene algo que ver contigo?» a lo cual replicó automáticamente: «¡De ningún modo!» Ante esa respuesta no quedaba más remedio que cambiar de tema. Advirtamos, sin embargo, que mi cliente había reproducido exactamente la misma respuesta del sueño, cerrar la puerta de un portazo para impedir que la sombra penetrase en su casa. Su compañera de trabajo era, pues, una figura que personificaba a la sombra de mi cliente ante la que reaccionó como tenía por costumbre.

Para resolver el problema de la sombra no basta con admitir nuestras propias faltas. Cuando realmente comprendemos que no somos lo que aparentamos nuestros mismos cimientos se ven conmocionados. La sombra nos recuerda de continuo que lo que más valoramos puede verse gravemente perturbado si la dejamos entrar. La enérgica personalidad saturniana de mi cliente la había conducido a edificar su vida y su imagen sobre la autosuficiencia y aunque la sombra llamaba de continuo a su puerta ella se negaba a dejarla entrar, un rechazo desproporcionado que oculta, por lo general, un miedo muy profundo a que la persona que creemos ser termine siendo aniquilada.

En mi opinión, cuanto más envejecemos más difícil nos resulta caer en cuenta de que todo lo que hemos construido en esta vida está abocado a la destrucción. Pero lo peor no es tanto la destrucción como el miedo a la destrucción. Es por ello que cuanto más cristalizada se halle nuestra personalidad, cuanto más poderoso sea nuestro ego y cuanto más duro hayamos luchado para conseguir lo que deseábamos más difícil nos resulta reconocer a la sombra. Cuanto mayor sea el autocontrol que ejerzamos y cuanto más nos hayamos negado a nosotros mismos en aras de alcanzar algún ideal, más dolorosa será nuestra confrontación con la sombra porque, en tal caso, reconocer a la sombra puede implicar el colapso de toda nuestra personalidad.

Ese es el verdadero origen del miedo y del rechazo. No se trata simplemente de que sintamos una simple indiferencia sino que la sombra constituye la principal amenaza para los valores establecidos. Es por ello que cuanto mayor sea nuestro desequilibrio mayor será también la vehemencia con la que trataremos de mantener a la sombra en el exterior. Aunque mi cliente hubiera podido llegar a darse cuenta de que su antipática compañera de trabajo no era más que una imagen de algo que se ocultaba en su interior no creo que hubiera sentido las menores ganas de agradecérmelo.

22. EL DIABLO
EN EL TAROT

Sallie Nichols

Autora de *Jung y el Tarot: Un viaje arquetípico* (Ed. Kairós), estudió en el C. G. Jung Institute de Zurich. En la actualidad enseña simbolismo del Tarot a los estudiantes del C. G. Jung Institute de Los Angeles y suele dar frecuentes conferencias sobre el tema.

Ha llegado el momento de enfrentarse al Diablo. Como figura arquetípica partenece al cielo, la parte superior de nuestra carta del Tarot. Pero cayó... ¿recuerdan? Según él, renunció a su empleo y abandonó los cielos. Dijo que merecía una mejor oportunidad, ascender y gozar de más autoridad.

Pero no es ésta la historia que cuentan los demás. La mayor parte de las leyendas que narran el incidente afirman que Satán fue despedido a causa de su orgullo y su arrogancia. Era despótico y ambicioso y desmesuradamente orgulloso de sí mismo. Sus modales, sin embargo, eran fascinantes y muy seductores. Sólo así podemos entender que consiguiera organizar una rebelión a espaldas del Jefe mientras que, al mismo tiempo, imploraba sus favores.

Le gustaba pensar que era su hijo predilecto. Tenía celos de todo el mundo, especialmente de la humanidad. Odiaba a Adán y le irritaba pensar que fuera él quien gobernara el armonioso jardín del Paraíso. Para él la seguridad complaciente

219

era –y sigue siendo– anatema. La perfección le fastidiaba y la inocencia le sacaba de quicio. La tentación era –y sigue siendo– su especialidad. ¡Cómo disfrutó tentando a Eva y ocasionando su expulsión del Paraíso!

Hay quienes llegan a decir que Dios es tan bueno que jamás hubieran podido ocurrírsele las diabólicas triquiñuelas que utilizó para poner a prueba a Job de no haber sido inspirado por Satán. Otros, por el contrario, afirman que el Señor es omnisciente y todopoderoso y que, por consiguiente, es el único responsable del tercer grado al que sometió a Job. La polémica sobre la responsabilidad del sufrimiento de Job ha durado muchos siglos, todavía no se ha llegado a ninguna conclusión definitiva y es muy posible que jamás se llegue a ella. La razón es muy sencilla: el Diablo confunde porque está confundido. Si echamos un vistazo a la imagen de esta carta del Tarot comprenderemos por qué. La imagen del Diablo se nos presenta como un agregado incoherente de rasgos completamente dispares. Tiene cornamenta de ciervo, garras de ave predadora y alas de murciélago. Se refiere a sí mismo como un hombre pero tiene pechos de mujer –o, mejor dicho, porta pechos de mujer, porque esos pechos parecen estar pegados o pintados. Ese ridículo peto, sin embargo, resulta muy poco protector. Quizás constituya un emblema para ocultar la crueldad, tal vez sea una alusión simbólica a su uso de la ingenuidad y la inocencia femeninas para lograr introducirse subrepticiamente en nuestro jardín. En cualquier caso, lo cierto es que la leyenda del Paraíso nos dice que el Diablo utiliza la inocencia –personificada por Eva– para colarse de rondón en nuestro interior.

El hecho de que el peto sea rígido y postizo puede también insinuar que el aspecto femenino del Diablo es mecánico, poco coordinado y que no siempre está bajo su control. Resulta también significativo, en este sentido, que lleve consigo un yelmo dorado, atributo de Wotan, un dios vengativo sujeto a frecuentes arrebatos de cólera cada vez que veía amenazada su autoridad.

El Diablo lleva también una espada pero la sostiene descuidadamente con la mano izquierda. Es evidente que su relación con el arma es tan inconsciente que sería incapaz de utilizarla de la manera adecuada, lo cual significa simbólicamente que su relación con el Logos masculino es igualmente torpe. En esta versión del Tarot, el arma que Satán porta consigo es peligrosísima porque no está bajo su control. Tengamos en cuenta que el crimen organizado actúa lógicamente y que, por consiguiente, puede rastrearse y descubrirse mediante la investigación sistemática. Hasta los crímenes pasionales tiene una cierta lógica emocional que los hace humanamente comprensibles e incluso, en ocasiones, hasta predecibles. Sin embargo, ante la destrucción indiscriminada –el asesinato callejero injustificado o el francotirador enfurecido, por ejemplo– nos encontramos completamente indefensos. Esas fuerzas operan en el dominio de las tinieblas que descansan más allá de la comprensión humana.

El Diablo es una figura arquetípica cuya estirpe se remonta, directa o indirectamente, a la antigüedad, donde solía representarse como una bestia demoníaca más poderosa y menos humana que la imagen que nos ofrece el Tarot. Set, por ejemplo, el dios egipcio del mal, se representaba como una serpiente o un cocodrilo. En la antigua Mesopotamia, por su parte, Pazazu (el rey de los espíritus malignos del aire, un demonio portador de la malaria que moraba en el viento del suroeste) encarnaba algunas de las cualidades que hoy atribuimos a Satán. Nuestro Diablo también ha heredado algunas de las cualidades de Tiamat, la diosa babilonia del caos, que asumía el aspecto de un murciélago con garras y cuernos. Fue en la época judeocristiana cuando el Diablo comenzó a aparecer en forma definitivamente humana y a llevar a cabo su nefasta actividad de manera más comprensible para nosotros, los humanos.

El hecho de que la imagen del Diablo haya ido humanizándose con el correr de los siglos representa simbólicamente que hoy en día estamos en mejores condiciones para considerarla como un aspecto oscuro de nosotros mismos, que como un dios sobrenatural o como un demonio infernal. Quizás también signifique que ya nos encontramos en condiciones de enfrentarnos a nuestro lado más oculto y satánico. Pero aunque su apariencia sea humana –e incluso hermosa– el Diablo sigue sin haberse despojado todavía de sus enormes alas de murciélago.

Es más, el hecho de que en el Tarot de Marsella esas alas sean mayores y más oscuras todavía, parece indicarnos que la vinculación de Satán con el murciélago es especialmente importante. Detengámonos, por tanto, en este punto para prestarle una atención especial.

El murciélago es un ave nocturna. Durante el día rehuye la luz del sol y al llegar la madrugada se retira a una oscura caverna y se cuelga boca abajo para recuperar la energía necesaria para sus correrías nocturnas. Es un chupador de sangre cuyo aliento pestilente emponzoña el ambiente. Se mueve en la oscuridad y, según la creencia popular, tiene una especial tendencia a enredarse con los cabellos de los seres humanos y a desatar sus ataques de histeria.

También el Diablo vuela durante la noche, cuando las luces de la civilización se extinguen y la mente racional dormita, cuando el ser humano yace inconsciente e inerme y más expuesto se halla a la sugestión. A plena luz del día, sin embargo, cuando la conciencia del ser humano está despierta y mantiene toda su capacidad discriminativa, el diablo se retira hacia las zonas más oscuras del psiquismo donde cuelga boca abajo, esconde sus contradicciones, recupera su energía y espera pacientemente a que llegue su momento. Metafóricamente hablando, el Diablo chupa nuestra sangre y consume nuestra esencia. Los efectos de su mordedura son contagiosos y llegan a contaminar a comunidades o incluso a países enteros. Así pues, del mismo modo que el vuelo del murciélago puede desatar el pánico irracional de un nutrido grupo de personas, el Diablo puede revolotear sobre la multitud, enredarse en sus cabellos, desarticular su pensamiento lógico y desatar un ataque de histeria colectiva.

El miedo al murciélago desafía todo tipo de lógica y algo parecido sucede –y por razones similares– con el miedo al Diablo. El murciélago se nos antoja una monstruosa aberración de la naturaleza, un ratón con alas y lo mismo ocurre con el Diablo, cuya disparatada forma desafía todas las leyes de la naturaleza. Tenemos la tendencia a considerar todo tipo de malformación –los enanos, los jorobados y las cabras con dos cabezas, por ejemplo– como criaturas e instrumentos de los poderes más irracionales y siniestros. Uno de los poderes más inexplicables del murciélago y del Diablo al que más tememos intuitivamente consiste en su capacidad para desplazarse a ciegas en la oscuridad.

Los científicos han elaborado todo tipo de estrategias para protegerse de las desagradables y peligrosas costumbres del murciélago, estrategias que les permiten entrar en su guarida y analizarlo racionalmente. Como resultado de esta investigación, su absurda forma y su repulsiva conducta resultan hoy en día menos temibles que antaño. Hasta hemos llegado a comprender las leyes que rigen el secreto de su misterioso sistema de radar. La moderna tecnología ha terminado así desentrañando el poder de su magia negra y ha llegado a diseñar y elaborar un sistema de vuelo similar al suyo que permite al ser humano volar a ciegas.

Es posible que si realizamos un estudio similar sobre el Diablo aprendamos también a protegernos contra él. Tal vez si descubrimos nuestra proclividad hacia la magia negra satánica podamos conquistar los miedos irracionales que paralizan nuestra voluntad y nos impiden enfrentarnos y relacionarnos con el Diablo. Quizás el terror de Hiroshima –con sus espantosas secuelas para la humanidad– puedan permitirnos por fin vislumbrar la monstruosa silueta de nuestra diabólica sombra.

Cada nueva guerra pone en evidencia nuestros rasgos más diabólicos. Hay quienes llegan incluso a afirmar que la guerra cumple precisamente con la función de revelar a la humanidad su enorme potencial para el mal de un modo tan crudo que no nos quede más remedio que tomar conciencia de nuestra propia sombra y establecer contacto con las fuerzas inconscientes de nuestra naturaleza interior. Según Alan

McGlashan, por ejemplo, la guerra es «el castigo por la incredulidad del ser humano con respecto a las fuerzas que moran en su interior».[1]

Paradójicamente, sin embargo, a medida que la vida consciente del ser humano se torna más «civilizada» su naturaleza animal se declara en guerra y se vuelve más salvaje. A este respecto dice Jung:

> Las fuerzas instintivas reprimidas por el hombre civilizado son muchísimo más destructivas –y, por consiguiente más peligrosas– que los instintos del primitivo que vive de continuo en estrecho contacto con sus aspectos negativos. En consecuencia, ninguna guerra pasada puede competir –en cuanto a su colosal escalada de horrores se refiere– con las guerras que asolan hoy a las naciones civilizadas.[2]

Jung continúa diciendo que la imagen tradicional del Diablo –mitad hombre mitad bestia– «describe exactamente los aspectos más siniestros y grotescos de nuestro inconsciente con el que jamás hemos llegado a conectar y que, por consiguiente, ha permanecido en su estado salvaje original».[3]

Si examinamos al «hombre-bestia» que nos muestra el Tarot descubriremos que en él no existe ninguna parte que destaque sobre las demás. Lo que hace su figura tan detestable es el absurdo conglomerado de rasgos tan dispares. Este agregado irracional atenta contra el mismo orden de las cosas y socava el esquema cósmico sobre el que descansa toda nuestra visión de la vida. Afrontar esta sombra significa afrontar un miedo que no sólo espanta al ser humano sino que también aterra a la misma Naturaleza.

Pero esta extraña bestia que todos llevamos en nuestro interior y a la que proyectamos como Diablo es, después de todo, Lucifer. Y Lucifer es un ángel –aunque ciertamente un ángel caído– el Portador de la Luz y, como tal, es un mensajero de Dios. Es imprescindible, pues, que aprendamos a establecer contacto con él.

23. EL FUNDAMENTALISMO DE LA NUEVA ERA

John Babbs

Escribe y enseña en Boulder, Colorado.

Anoche, como tantas otras veces, acudí a una de esas extravagantes reuniones de la Nueva Era. Pero esta vez no creo que vuelva a otra. Me ponen enfermo. En noches como la de ayer debo escapar a la tortura de pensar que estoy condenado a morir. Hay algo tan espantosamente irreal en todo ello que me resulta incluso difícil señalarlo. Lo único que sé es que terminé gritando obscenidades, bebiendo whisky y buscando ligue en un sórdido rincón.

En la reunión de anoche un apuesto joven relató sus viajes alrededor del mundo y su peregrinaje por unos cuatrocientos lugares de poder de todo el mundo. A sus treinta y cuatro años de edad había dado catorce veces la vuelta al mundo y había vivido en la mayoría de esos lugares durante meses, a veces incluso durante años enteros.

Nuestro conferenciante había tenido una visión. Una visión de un mundo en paz, un mundo bueno y limpio en el que todos trabajaban en lo que les gustaba colaborando estrechamente entre sí.

Nos dijo que todos esos sitios habían sido utilizados cuatro o cinco mil años antes de Cristo por los antiguos paganos como lugar de culto a la diosa, como pista de aterrizaje interestelar para visitantes procedentes de lejanas galaxias y como lugar de asentamiento de antiguas civilizaciones mucho más avanzadas que la nuestra.

También predijo calamidades de todo tipo y describió el terrible futuro que nos aguardaba por haber dejado atrofiar nuestro hemisferio cerebral derecho y haber perdido el contacto con los antiguos lugares de poder. Luego nos explicó que las religiones patriarcales se habían adueñado de esos sitios para su propio uso y terminaron destruyendo, en el proceso, la profunda sabiduría y las antiguas verdades que encerraban esos lugares.

Calculo que habré estado en un centenar de estos prodigiosos acontecimientos. Gente hermosa, dulce, amable, espiritual. Fascinantes visionarios. Pero bajo todo ese esplendor acecha una sombra apenas velada por los beatíficos tópicos de la dulzura a la que denomino Funtamentalismo de la Nueva Era, la creencia de que yo poseo la verdad y de que todos los demás están equivocados, son estúpidos o malos, la convicción de que yo represento a las fuerzas de la luz y la bondad mientras que los demás están engañados por las fuerzas del mal.

Esto, obviamente, no es algo que se declare en voz alta. Se trata, por el contrario, de algo encubierto pero, no por ello, menos presente. Nunca he hablado favorablemente de Jerry Falwell pero por lo menos con él sabes siempre dónde está y sabes cuáles son sus valoraciones. Con él se puede hablar claramente porque al menos tiene la valentía de manifestar sus opiniones sin tapujos. Lo que más me exaspera de los fundamentalistas de la nueva era es que sus juicios y sus estimaciones morales permanecen ocultas bajo la fachada de la doctrina de la nueva era, tras las pantallas de humo del «amamos a todo el mundo» y el «todos somos uno».

Nuestro joven prosiguió afirmando que «sentía» que las leyendas y los mitos paganos, griegos y romanos que describían este gran misterio eran «ciertas» y que las leyendas cristianas, islámicas y judaicas eran elaboraciones y distorsiones de la «única» verdad. Además, él había desarrollado las funciones de su hemisferio derecho y podía «constatar» que esos lugares habían sido utilizados como pistas de aterrizaje extraterrestre y como asentamiento de los atlantes, los lemures y los habitantes de Mu. ¿Qué cómo podía saberlo? ¡Lo sabía por channeling. Y se acabaron las preguntas!

¡Dénme una oportunidad... Por favor! (Jamás hubiera creído que me escucharía diciendo esto.) *¡Dénme hechos!* ¿Existe acaso la menor posibilidad de verificar materialmente este tipo de fantasmagóricas afirmaciones?

¿Por qué estamos tan obsesivamente preocupados por el pasado y por el futuro? ¿Acaso importa tanto lo que ocurrió hace 5.000 años? ¿Por qué justamente ahora nuestros Hermanos del Espacio se aprestan a redimirnos de la locura? ¿Acaso todas estas preocupaciones son algo más que otra forma de huir de lo que se halla frente a nuestros mismos ojos, de eludir el esfuerzo que supone ordenar nuestra vida y aliviar el sufrimiento que nos rodea?

Si la nueva era pretende ofrecer algo substancial para reorganizar la vida sobre la tierra, los Peter Pans deberemos aterrizar en *terra firma* y acometer aquí y ahora –no en algún remoto pasado o en un incierto futuro– por primera vez en nuestra vida la ardua tarea de transformación. Parafraseando al sabio budista: «Si quieres cambiar al mundo aparca tu mountain bike, busca un empleo y comienza por barrer el porche de tu casa».

* * *

LA SOMBRA EN LA TRADICIÓN ZEN

Durante la ceremonia de la comida uno toma unos pocos granos de arroz del Buda y los deposita en el extremo de un raspador como ofrenda a los espíritus del mal. Entonces acude el servicio, los retira y los ofrece a una planta o a un animal, res-

tituyéndolos así al ciclo vital. Este rito constituye una especie de reconocimiento consciente de los espíritus del mal, de la sombra, una manera de alimentarlos –sin saciarlos– con nuestra mejor comida.

Más tarde, si a lo largo del día nos topamos con los espíritus del mal podemos decirles: «Ya os he dado de comer. No tengo porque seguir alimentandoos».

En la tradición budista se cree que existe un reino de espíritus malignos que tienen un apetito devorador pero cuya garganta tiene el grosor de un alfiler. Por ese motivo nunca están satisfechos y –como la sombra– tienen un hambre voraz. Sin embargo, si los alimentamos poco a poco de manera regular la sombra dejará de adoptar una actitud agresiva.

Es imposible eliminar el reino de los espíritus famélicos, lo único que podemos hacer es cuidar de ellos. Entonces el alboroto de sus gruñidos disminuirá. Lo mismo ocurre con la sombra.

Relatado por PETER LEAVITT

SÉPTIMA PARTE

DIABLOS, DEMONIOS Y CHIVOS EXPIATORIOS: UNA PSICOLOGÍA DEL MAL

Nuestra vida es un tejido entrelazado con el bien y el mal: nuestras virtudes serían admirables si no estuvieran contaminadas por nuestros defectos y nuestras flaquezas serían desesperantes si no se hallaran atemperadas por nuestras virtudes.

WILLIAM SHAKESPEARE

No cabe la menor duda de que la noción filosófica de salud mental es una doctrina inapropiada porque la maldad que tan positivamente rechaza constituye un aspecto genuino de la realidad que puede abrirnos los ojos a los niveles más profundos de la existencia y, en este mismo sentido, esconder la clave principal que nos permita descubrir el sentido de la vida.

WILLIAM JAMES

La angustiosa realidad es que la vida cotidiana del ser humano se halla atrapada en un complejo inexorable de opuestos –día y noche, nacimiento y muerte, felicidad y desdicha, bien y mal. Ni siquiera estamos seguros de que uno de ellos pueda subsistir sin el otro, de que el bien pueda superar al mal o la alegría derrotar al sufrimiento. La vida es un continuo campo de batalla. Siempre lo ha sido y siempre lo será. Si no fuera así nuestra existencia llegaría a su fin.

C. G. JUNG

INTRODUCCIÓN

La sombra personal constituye un asunto completamente subjetivo pero la sombra colectiva, por su parte, configura la realidad objetiva a la que comúnmente denominamos mal. Nuestra sombra personal puede modificarse mediante el esfuerzo moral pero la sombra colectiva, sin embargo, no se ve alterada por nuestros esfuerzos racionales y puede dejarnos con una sensación de total y absoluta indefensión. No obstante, cuando nuestros valores se sustentan en los valores institucionalizados nos sentimos vacunados contra los efectos negativos del mal. Es por ello que hay quienes buscan refugio a su desesperación en la fe y la obediencia a los valores absolutos que proponen los sistemas religiosos o ideológicos que históricamente ha utilizado el ser humano como defensa psicológica ante las profusas amenazas del mal.

El mal y los problemas que acarrea han llamado la atención del ser humano desde los tiempos más remotos. El *Zeitgeist* de cada generación –el espíritu de la época– tiñe nuestra percepción de lo que es el bien y lo que es el mal. Entre los pueblos aborígenes –que han permanecido prácticamente inalterados desde la Edad de Piedra– el mal siempre ha estado asociado a la oscuridad y la noche. La vida cotidiana de esos pueblos –para quienes el mal sólo acecha amenazadoramente en la oscuridad de la noche– está impregnada de creencias supersticiosas asociadas literal y simbólicamente con la idea de la sombra.

En su clásico *El Doble*, Otto Rank pasa revista a algunas

231

de las formas mediante las cuales internalizamos nuestra sombra como una expresión elocuente del pacto que establece el alma del ser humano con el problema del bien y el mal. En ese libro Rank estudia detalladamente la forma en la que los pueblos nativos regulan de modo ritual sus relaciones con la sombra a través de las tradiciones y del tabú.

En el Antiguo Egipto el mal era deificado con la figura de Set, el hermano oscuro de Osiris. Set personificaba el árido desierto, la causa de todas las sequías y plagas que azotaban a la floreciente cultura del fértil valle del Nilo. En la mitología persa, por su parte, la vida era simbolizada como una batalla entre Ahura-Mazda, que representaba la fuerza de la vida, portadora de luz y de verdad, y Ahriman, que representaba la fuerza de la maldad colectiva, el señor de la oscuridad, de la mentira, la enfermedad y la muerte.

La cultura hindú prevalente en todo el subcontinente indio considera que el mal transpersonal forma parte de la continua transformación de la única substancia divina, la energía vital. Según el erudito Heinrich Zimmer el mal forma parte integral del ciclo kármico de causa y efecto. Los hindúes creen que su felicidad o su desdicha dependen de sus acciones y de las intenciones que las mueven. Según un relato hindú «el bien y el mal se alternan en incesante ciclo. Por consiguiente, el sabio no se identifica con el bien ni con el mal. El sabio no está ligado absolutamente a nada».

El pensamiento occidental, por su parte, se sustenta en los aleccionadores relatos de la biblia judeocristiana y en la mitología griega. Toda nuestra cultura se halla impregnada con imágenes procedentes del drama del Antiguo Testamento, la historia de un pueblo guiado por la conciencia que sostuvo un privilegiado diálogo con su Creador. Las parábolas de Jesús y la parafernalia que acompaña a Satán –el ángel de las tinieblas– nos proporcionan los símbolos fundamentales para comprender la maldad humana.

Para la mitología griega, en cambio, el mal colectivo es una creación divina. Todos los dioses del panteón olímpico –desde el más prominente hasta el más insignificante– presentan una extraordinaria correspondencia psicológica con nuestro mundo de *hubris* y de sombras. Se trata de fuerzas arquetípicas, de fenómenos reales y palpables que se originan más allá del mundo de causas y efectos pero que se manifiestan entre los seres humanos. En los grandes mitos griegos el mal es una fuerza preexistente con la que deben contar los mortales.

Repasemos ahora la historia de Pandora, cuya curiosidad fue, según la mitología griega, la causa de todas las desgracias que aquejan al ser humano:

El gran Zeus, poderoso señor de los cielos y gobernador de todos los dioses, encolerizado con Prometeo por haber robado el fuego de los dioses, dijo así: «Tu arte es más sabio que el de todos nosotros, te regocijas de haberme engañado y de haber robado el fuego. Esto te perjudicará a tí y a todos los seres humanos porque mi venganza hará caer sobre ellos todos los males rodeando con amor su propio dolor».

Siguiendo las órdenes de Zeus, Hefesto, el herrero de los dioses, construyó con arcilla una inocente doncella a imagen de la hermosa Afrodita, diosa del amor. Esta figura femenina, predecesora de todos los mortales, fue bautizada con el nombre de Pandora («la rica en dones»). Cuando Atenea la adornó con cualidades casi divinas Pandora era encantadora. La indignación de los Olímpicos con el engaño de Prometeo era tal que todos los dioses y diosas participaron en la venganza. El mismo Zeus resolvió proporcionar a Pandora una curiosidad insaciable y luego le regaló una caja cerrada de arcilla con la advertencia de que jamás debía abrirla.

Prometeo –sabedor de los ponzoñosos regalos de los dioses– había advertido a su hermano Epimeteo que no aceptara ningún regalo de ellos. Pero cuando Hermes, el mensajero de los dioses, le obsequió a Pandora, Epimeteo no pudo resistir los encantos de la hermosa mujer y aceptó. De este modo Pandora llegó a vivir entre los mortales.

No pasó mucho tiempo antes de que Pandora sucumbiera a su curiosidad, abriera la caja y liberara, de ese modo, a todos los infortunios –desconocidos hasta entonces– que desde ese momento afligen a la humanidad. Entonces cerró nuevamente la caja a tiempo todavía de mantener dentro a la Esperanza, pero ya era tarde porque todas las numerosas calamidades de la caja se habían diseminado por toda la tierra. Ese fue el origen de la vejez y de la muerte que completó la separación entre los seres humanos y los dioses inmortales.

A veces no vemos los males del mundo pero en otras, en cambio, los descubrimos con aterradora lucidez. Carl Kerenyi ha explicado la actitud de Epimeteo en el mito de Pandora diciendo que la naturaleza humana acepta los regalos y sólo después percibe el mal. Nosotros percibimos el mal como un conflicto entre lo que esperamos de la vida y lo que ésta realmente es. Nuestra entusiasta visión del mundo nos ciega a la visión de lo negativo pero esta ignorancia tiene importantes consecuencias. De este modo permanecemos inconscientes de la realidad del mal y esta ingenuidad puede explicar gran parte de las abominaciones realizadas por los seres humanos en nombre de una causa noble.

La sombra colectiva puede convertirse en un fenómeno de masas y hacer que naciones enteras se vean poseídas por la fuerza arquetípica del mal. Esto puede explicarse por un proceso inconsciente denominado *participation mystique*, un proceso mediante el cual los individuos y los grupos se identifican emocionalmente con un objeto, una persona o una idea y dejan de lado cualquier tipo de discriminación moral. Este fenómeno colectivo es el que sustenta la identificación con una ideología o un líder que da cauce de expresión a los miedos y sentimientos de inferioridad de toda una colectividad. A menudo esta situación asume formas colectivas fanáticas y da lugar a fenómenos tales como la persecución religiosa, la intolerancia racial, el sistema de castas, el fenómeno del chivo expiatorio, la caza de brujas o el odio genocida. De este modo, cuando la sombra reprimida por toda una sociedad se proyecta sobre una minoría se activa considerablemente el potencial para el mal de esa colectividad. Los pogroms zaristas del último cambio de siglo, la persecución y el holocausto nazi de judíos, gitanos y homosexuales en la Segunda Guerra Mundial, el anticomunismo y el maccarthismo norteamericano de los años cincuenta y el sistema constitucional sudafricano del apartheid constituyen espantosos ejemplos de este fenómeno. Nuestro siglo ha sido testigo de psicosis masivas que ha engendrado actos de barbarie de una crueldad hasta entonces inimaginable.

La expresión del mal colectivo suele desafiar nuestra comprensión. Es como si de repente estas fuerzas brotaran de la mente inconsciente de un gran número de personas. Cuando tiene lugar una epidemia mental de tales proporciones nos hallamos indefensos para combatir las calamidades que provoca. Los pocos que no quedan atrapados en tal fenómeno masivo de *participation mystique* corren el peligro de convertirse en víctimas de él. Consideremos, sin ir más lejos, la negativa del pueblo alemán a aceptar la existencia de los campos de exterminio nazis, la ceguera del mundo entero al régimen genocida del Khmer Rojo de Camboya o la indiferencia global al sufrimiento del pueblo tibetano a manos del despiadado comunismo chino.

Este fenómeno colectivo suele personificarse en un determinado líder político –Napoleón, Stalin, Hitler, Pol Pot o Saddham Hussein, por ejemplo– quien sobrelleva entonces las proyecciones colectivas reprimidas por toda una cultura. «La sombra colectiva no sólo se halla viva en tales líderes –dice Liliane Frey-Rohn– sino que ellos mismos son representaciones de la sombra colectiva, del adversario y del mal».

En los últimos años hemos presenciado valerosos intentos de poner fin a este tipo de problema. El moderno santo hindú Mohandas Gandhi consiguió recuperar la dignidad e independencia de la India mediante la no violencia, un movimiento que ha terminado liberando a casi todas las naciones del Tercer Mundo de la colonización imperialista más descarada. Martin Luther King y el movimiento por los derechos civiles constituyó la avanzadilla de la causa de la igualdad racial y sigue inspirando a individuos y naciones a desafiar las fuerzas represivas del mal. Las sanciones de toda una civilización unificada contra el fenómeno del apartheid sudafricano son un resultado directo de este logro. El movimiento por los derechos de las mujeres, de los niños, de los marginados y de los ancianos desafía abiertamente las fuerzas inconscientes del mal presentes en la vida americana. En la antigua Unión Soviética podía observarse el extraordinario esfuerzo de toda una nación por liberarse de las garras de una ideología destructiva. Resulta muy alentador observar el rechazo de todo el pueblo ruso y de las naciones aledañas, de las fuerzas oscuras que han gobernado su sistema político durante casi un siglo.

Pero para evitar caer involuntariamente en la ingenuidad inconsciente necesitamos de continuo nuevas formas de pensar sobre el mal. Para la mayor parte de nosotros el mal sigue siendo un tigre que descansa aletargado en un rincón oscuro de nuestra vida. De tanto en tanto despierta, ruge amenazadoramente y –si no ocurre nada terrible– nuestra propia necesidad de negar su peligrosa presencia vuelve nuevamente a adormecerle.

La negación del mal es una conducta aprendida. Sólo así podemos soportar la realidad. Desde nuestra infancia más temprana todos hemos experimentado de manera directa o indirecta el mal a través de la conducta inexplicable de los demás y las imágenes impersonales de la televisión, los nuevos medios de comunicación, el cine, las novelas y los cuentos de hadas. Esta situación obliga a nuestras jóvenes mentes a encontrar alguna explicación para la realidad objetiva del mal y su amenazante peligro.

Algunos consiguen superar esta amenazadoras experiencia sin ayuda. Las formulaciones infantiles sobre las sombras y el mal, tales como el hombre del saco, por ejemplo, eliminan la inmediatez de tal presagio del peligro pero constituyen pobres adaptaciones posteriores a la vida generando todo tipo de síntomas, desde el miedo a la oscuridad a perturbadoras reacciones fóbicas. Hay quienes lamentablemente se hallaron expuestos de manera prematura y trágica al abismo del mal –que fueron víctimas del abuso infantil, de las guerras y de otros tipo de crímenes– y que jamás han terminado de recuperarse de tales experiencias. Otros han recibido un adoctrinamiento religioso tan extraordinariamente

236

dogmático sobre el mal del mundo que sobreviven con estereotipos de azufre, fuego, infiernos, castigos y todo tipo de supersticiones relativas al bien y el mal.

La mayoría de nosotros, sin embargo, solemos utilizar como estratregias de enfrentamiento, la evitación y la negación. Pero la negación del mal constituye una aflicción permanente de la humanidad que quizás constituye la forma más peligrosa de pensar. En *Escape from Evil*, Ernest Becker sugiere que la causa fundamental de todos los males del mundo descansa en la expectativa y el deseo quimérico de negar el mayor de los males, la muerte: «En sus intentos de evitar el mal el ser humano es responsable de haber producido más daño al mundo que el que podrían haber originado los organismos ejercitando simplemente sus tractos digestivos. Es la ingenuidad del ser humano, más que su naturaleza animal, lo que ha acarreado tan amargo destino terrenal».

No todo el mundo está de acuerdo en que el mal constituya un aspecto permanente de la condición humana. San Agustín ya expuso la doctrina de la *privatio boni*, la idea de que el mal no es más que la ausencia del bien, una noción según la cual las buenas acciones pueden ayudarnos a erradicar el mal. En *Aion* Jung criticaba este tipo de pensamiento diciendo:

> Existe una tendencia casi innata a dar prioridad a lo «bueno» y a hacerlo así con todos los medios a nuestro alcance, sean adecuados o no... la tendencia a maximizar el bien y a minimizar el mal. La privatio boni puede pues ser una verdad metafísica. En este tema no conviene dar nada por supuesto. Sólo subrayaría que en nuestro campo de experiencia el blanco y el negro, la luz y la oscuridad, el bien y el mal, etcétera, son opuestos equivalentes que siempre se implican mutuamente.

En su reciente *Banished Knowledge* la prolífica escritora y psicoanalista Alice Miller recurrió a la controvertida noción de la *privatio boni* cuando afirmó claramente que la sombra colectiva no existe y que tales ideas en sí mismas son una negación del mal:

La doctrina junguiana de la sombra y la noción de que el mal es el reverso del bien están orientadas a negar la realidad del mal. El mal es real pero no se trata de algo innato sino adquirido, algo, sin embargo, que nunca es el reverso del bien sino más bien su destructor... Por más que se repita una y otra vez, no es cierto que el mal, la destructividad y la perversión constituyan un aspecto ineludible de la existencia humana. Lo cierto es que el mal siempre produce más mal y, con ello, un océano de sufrimiento, por otra parte, perfectamente evitable. El día en que la humanidad despierte y se disipe la ignorancia actual relativa al tema de la represión infantil pondremos verdaderamente un punto final a la producción del mal.

No obstante, la hipótesis operativa que presentamos en *Encuentros con la Sombra* es que el mal constituye un factor vital inextricablemente ligado a lo mejor de la humanidad. Para rechazar el legado de Pandora deberíamos retornar a su caja todas las calamidades, lo cual parece lógica y mitológicamente imposible. Ha sido precisamente cuando los seres humanos han cerrado los ojos a la realidad del mal que han ocurrido desgracias y calamidades mucho peores que el mal que deseaban erradicar. Recordemos, a este respecto, las Cruzadas contra los infieles de la Edad Media o la reciente guerra de Vietnam, sin ir más lejos.

Nuestra única posibilidad de afrontar los problemas de la maldad del mundo consiste en asumir nuestra propia responsabilidad personal. Según el analista junguiano Edward C. Whitmont «debemos reconocer y aceptar que la maldad y la vileza está en cada uno de nosotros por el hecho de ser humanos y haber desarrollado un ego. Debemos reconocer la objetividad arquetípica del mal como el espantoso semblante de una fuerza sagrada que no sólo contiene el crecimiento y la maduración sino que también encierra destructividad y podredumbre. Sólo entonces podremos relacionarnos con nuestros semejantes considerándolos como víctimas en lugar de hacerlo como chivos expiatorios».

Las doctrinas infalibles no existen y nuestro sincero intento de descubrir la verdad sobre el mal en nuestras vidas sólo constituye una promesa de aumentar nuestra conciencia. Cada generación tiene sus propios encuentros con el espectro aterrador del mal. Nuestros hijos, nacidos en una época de dogmas simplistas de potencial destructivo desconocido hasta el momento, exigen y merecen de nosotros un planteamiento equilibrado y un lúcido conocimiento del mal.

En la séptima sección de nuestro libro presentamos y cotejamos algunas de las principales ideas sobre el tema del mal desde el punto de vista psicológico. Los ensayos recogidos aquí pretenden completar las lagunas que pudieran existir en el lector con respecto a la gran diversidad de aproximaciones psicológicas al tema del mal.

El capítulo 24, extraído de *Recuerdos, Sueños y Pensamientos*, la autobiografía de C. G. Jung escrita al final de su vida, resume las últimas reflexiones de Jung sobre el tema del mal y su indispensable necesidad para la psicología y el autoconocimiento del individuo.

En el segundo ensayo, procedente de su libro *Power and Innocence*, el psicólogo Rollo May, nos expone su idea de que la inocencia (a la que él denomina «pseudoinocencia») constituye una defensa infantil contra la toma de conciencia del mal.

El psiquiatra y autor de best-sellers M. Scott Peck delinea en el siguiente capítulo, extraido de *People of the Lie*, una aproximación psicológica al problema del mal que incluye una definición de las características de las personas malvadas basada en el Cristianismo. «Con demasiada frecuencia –dice Peck– las personas malas suelen ser destructivas porque están intentando destruir el mal. El problema es que ellos se equivocan en su ubicación del locus del mal. En lugar de destruir a los demás deberían ocuparse en destruir la enfermedad que albergan en su propio interior».

A continuación Stephen A. Diamond examina varios enfoques psicológicos sobre el mal –incluyendo también una evaluación crítica de las ideas presentadas por May y Peck en los dos capítulos precedentes. Su visión de los demonios y de lo daimónico profundiza cualquier visión simplista del mal y da un paso adelante hacia una psicología progresiva del mal.

El siguiente capítulo, «La Dinámica Fundamental del Mal Humano» representa el trabajo final de Ernest Becker. En este extracto de *Escape from Evil* compara las ideas psicológicas de Otto Rank, Freud y Jung y hace especial hincapié en las ideas de Wilhelm Reich. Según Becker el pricipal beneficio del psicoanálisis ha sido su contribución a la comprensión de la dinámica de la desdicha del ser humano.

En su artículo «Reconocer Nuestra División Interna», procedente de su libro *Out of Weakness*, Andrew Bard Schmookler afirma que sólo podremos hacer las paces con la sombra cuando nos comprometamos en una lucha interna contra el mal. Sus observaciones sobre el estudio de Erick Erikson de la sombra de Mahatma Gandhi agregan una interesante dimensión al diálogo que hemos abierto en esta sección.

Estos ensayos no pretenden constituir un estudio exhaustivo sobre el tema del mal pero sí que proporcionan un estimulante acicate para nuestro pensamiento. Acerque una silla a nuestra mesa y participe. El diálogo no ha hecho más que comenzar.

24. EL PROBLEMA DEL MAL EN LA ACTUALIDAD

Carl G. Jung

Uuno de los fundadores del psicoanálisis. Su principal interés se centró en el misterio de la conciencia, la personalidad y los problemas espirituales que aquejan al hombre moderno. Entre sus numerosos libros podemos citar: *The Collected Works* (en 20 volúmenes); *Modern Man in Search of a Soul*; *Man and His Symbols* y su conocida autobiografía *Memorias, Sueños y Reflexiones*. Muchas de sus obras han sido traducidas al castellano.

El mito cristiano permaneció inexpugnable durante todo un milenio hasta que en el siglo XI comenzaron a advertirse los primeros síntomas de una transformación de la conciencia.[1] A partir de ese momento, la inquietud y la duda fueron en aumento hasta que, a fines del segundo milenio, vuelven a percibirse los atributos de una catástrofe mundial que amenaza a la conciencia. Esta amenaza consiste en una hipertrofia de la conciencia –una *hubris*, en otras palabras– que puede resumirse en la frase: «No hay nada superior al hombre y sus hazañas». El mito cristiano ha perdido su trascendencia y, con ella, ha desaparecido también la noción de totalidad ultramundana propuesta por el Cristianismo.

A la Luz sigue la oscuridad, la otra cara del Creador, y este proceso ha alcanzado su punto culminante en el siglo XX.

Esta emergencia del mal, cuya primera erupción violenta tuvo lugar en Alemania, coloca al Cristianismo frente al mal (representado por la injusticia, la tiranía, la mentira, la esclavitud y la opresión de la conciencia) y revela hasta que punto el Cristianismo ha sido socavado en el siglo XX. El mal ya no puede seguir justificándose con el eufemismo de la *privatio boni* y se ha convertido en una realidad determinante que ya no puede eliminarse del mundo por medio de una simple paráfrasis. A partir de ahora debemos aprender a controlarlo porque va a permanecer junto a nosotros aunque, de momento, resulte difícil concebir cómo podremos convivir con él sin experimentar sus terribles consecuencias.

En cualquier caso, lo cierto es que necesitamos una reorientación, una *metanoia*. Permanecer en contacto con el mal supone correr el riesgo de sucumbir a él. Sin embargo, ya no podemos seguir sucumbiendo, ni siquiera al bien. Un bien en el que «caemos» deja de ser un bien moral. No se trata de que se convierta en algo malo sino de que el mismo hecho de sucumbir puede generar todo tipo de problemas. Cualquier forma de adicción –ya se trate de la adicción al alcohol, a la morfina o al idealismo– es mala. Debemos dejar de pensar en el bien y el mal como términos absolutamente antagónicos. Debemos dejar de lado el criterio de la acción ética que considera que el bien es un imperativo categórico y que podemos soslayar el llamado mal. De este modo, al reconocer la realidad del mal necesariamente relativizaremos al bien y al mal y comprenderemos que ambos constituyen paradójicamente dos mitades de la misma totalidad.

En la práctica esto significa que el bien y el mal dejan de ser incuestionablemente evidentes y que debemos caer en cuenta de que es nuestra propia valoración la que los hace tales. Sin embargo, todo *juicio* humano es imperfecto y, por consiguiente, no podemos seguir creyendo ingenuamente en la infalibilidad de nuestros juicios. El problema ético sólo se presenta cuando comenzamos a poner en cuestión nuestras valoraciones morales. Pero que el «bien» y el «mal» sean relativos no significa que se trate de categorías inválidas o inexistentes. Por otra parte, sin embargo, continuamente nos vemos en la obligación de tomar decisiones morales y de asumir las consecuencias psicológicas que necesariamente acompañan a nuestras decisiones. Como he señalado en otras ocasiones, todo error cometido, pensado o deseado volverá nuevamente a nuestra alma. Los contenidos de nuestros juicios dependen del lugar y del momento y, por tanto, asumen formas muy diversas. Toda valoración moral se asienta en la aparente certidumbre de un código moral que pretende saber exactamente lo que es bueno y lo que es malo. Pero una vez que hemos descubierto lo inseguro de sus fundamentos, cualquier decisión ética se convierte en un acto creador subjetivo.

Es imposible eludir el tormento de la decisión ética. No obstante, por más extraño que pueda parecer, debemos ser lo suficientemente libres como para evitar el bien y para hacer el mal si nuestra decisión ética lo requiere así. Dicho en otras palabras, *no debemos caer en ninguno de los opuestos*. En este sentido, el *neti, neti* de la filosofía hindú nos proporciona un patrón moral sumamente útil. En determinados casos el código moral se abroga y la decisión ética se deja en manos del individuo. Esto no es nada nuevo, en definitiva se trata de una antigua idea conocida en la época prepsicológica como «conflicto de obligaciones».

Como norma general, sin embargo, el individuo es tan inconsciente que suele ignorar totalmente su propia capacidad de elección y busca ansiosamente en el exterior normas y reglas que puedan orientar su conducta. Gran parte de la responsabilidad de esta situación reside en la educación, orientada exclusivamente a repetir viejas generalizaciones pero totalmente silenciosa respecto a los secretos de la experiencia personal. De este modo, individuos que ni viven ni vivirán jamás de acuerdo a los ideales que proclaman, enseñan todo tipo de creencias y conductas idealistas sabiendo de antemano que nadie va a cumplirlas y, lo que es todavía más grave, nadie cuestiona siquiera la validez de este tipo de enseñanza.

Así las cosas, para obtener una respuesta al problema del mal en la actualidad es absolutamente necesario el *autoco-*

nocimiento, es decir, el mayor conocimiento posible de la totalidad del individuo. Debemos saber claramente cuál es nuestra capacidad para hacer el bien y cuántas vilezas podemos llegar a cometer. Si queremos vivir libres de engaños e ilusiones debemos ser lo suficientemente conscientes como para no creer ingenuamente que el bien es real y que el mal es ilusorio y comprender que ambos forman parte constitutiva de nuestra propia naturaleza.

Sin embargo, aunque hoy en día existan personas que tengan gran comprensión de sí mismas, la mayor parte de nosotros distamos mucho de poseer este nivel de autoconocimiento. El autoconocimiento es de capital importancia porque nos permite acercarnos a ese estrato fundamental, a ese núcleo esencial del ser humano en el que moran los instintos y radican los factores dinámicos preexistentes que determinan las decisiones éticas de nuestra conciencia. Este núcleo es el inconsciente y sus contenidos, acerca de los cuales no podemos emitir ningún juicio definitivo. Cualquier idea que nos hagamos del inconsciente será errónea porque nuestra capacidad cognitiva es incapaz de comprender su esencia y de imponerle límites racionales. Para alcanzar el conocimiento de la naturaleza es necesaria la ciencia, que amplía nuestra conciencia y, de la misma manera, para profundizar nuestro autoconocimiento necesitamos de la ciencia, es decir, de la psicología. No es posible construir un telescopio o un microscopio, por ejemplo, a fuerza de buena voluntad sino que para ello es necesario tener profundos conocimientos de óptica.

Hoy en día la psicología resulta de capital importancia. Nuestro conocimiento del ser humano es tan parcial y distorsionado que el nazismo y el bolchevismo nos han dejado perplejos y confusos. Estamos frente al mal y no sólo ignoramos lo que se halla ante nosotros sino que tampoco tenemos la menor idea de cómo debemos reaccionar. Y aunque supiéramos responder seguiríamos sin comprender «cómo ha podido suceder esto». Con manifiesta ingenuidad un estadista afirma que no tiene «imaginación para el mal». Efectivamente, *no tenemos imaginación para el mal porque es el mal el que nos tiene a nosotros.* Unos quieren permanecer ignorantes mientras que otros están identificados con el mal. Esta es la situación psicológica del mundo actual. Hay quienes se llaman cristianos y creen que pueden aplastar el mal a voluntad; otros, en cambio, han sucumbido al mal y ni siquiera pueden ver el bien. El mal ha terminado convirtiéndose en un poder visible. La mitad de la humanidad crece en el seno de una doctrina basada en la especulación mientras la otra mitad enferma por falta de un mito adecuado a la situación. El pueblo cristiano ha llegado a un callejón sin salida, la cristiandad dormita y hace siglos que olvidó revitalizar sus mitos.

Nuestro mito ha enmudecido y ha dejado de dar respuestas a nuestras preguntas. Como dicen las sagradas escrituras, la culpa no es suya sino exclusivamente nuestra ya que no sólo hemos dejado de desarrollarlo sino que hemos reprimido todos los intentos realizados en ese sentido. La versión original del mito nos ofrece un amplio punto de partida y múltiples posibilidades de desarrollo. Al mismo Cristo, por ejemplo, se le atribuyen las siguientes palabras: «Sed astutos como las serpientes y mansos como las palomas». Pero ¿para qué se necesita la astucia de las serpiente y qué tiene que ver ésta con la inocencia de las palomas?

La cristiandad sigue sin contestar a la antigua pregunta gnóstica «¿De dónde proviene el mal?» y la cauta insinuación de Orígenes de la posible redención del mal sigue siendo calificada como herética. Hoy nos vemos obligados a reformular esta pregunta pero seguimos con las manos vacías, desconcertados y confusos y ni siquiera podemos explicarnos que –a pesar de la urgencia con la que lo precisamos– no existe ningún mito que pueda ayudarnos. La situación política y los aterradores –por no decir diabólicos– avances de la ciencia despiertan en nosotros secretos estremecimientos y oscuros presagios. Pero ignoramos la forma de salir de esta situación y hay muy pocas personas que crean que la posible solución descanse en el *alma del ser humano.*

De la misma manera que el Creador es completo también lo es Su criatura, Su hijo. El concepto de totalidad divina es global y nada puede separarse de El. No obstante, sin ser conscientes la totalidad se escindió y de esa división se originó el mundo de la luz y el mundo de las tinieblas. Esta situación, como podemos advertir en la experiencia de Job o en el ampliamente difundido Libro de Enoch (pertenecientes al período inmediatamente precristiano) estaba claramente prefigurada antes incluso de la aparición de Cristo. El Cristianismo perpetuó posteriormente esta escisión metafísica. Satán –que en el Antiguo Testamento pertenecía todavía al entorno próximo a Jehová– constituyó a partir de entonces el polo eterno diametralmente opuesto al mundo divino. No se le podía extirpar. No debe, por tanto, sorprendernos que ya en los mismos comienzos del siglo XI apareciera la creencia de que el mundo no era una creación divina sino diabólica. Esta ha sido la nota predominante que ha caracterizado a la segunda mitad del eón cristiano, después de que el mito de la caída de los ángeles explicase que eran esos ángeles caídos los que habían enseñado al hombre el peligroso conocimiento de la ciencia y del arte. ¿Qué hubieran dicho esos viejos narradores de haber presenciado el desastre de Hiroshima?

25. LOS PELIGROS
DE LA INOCENCIA

Rollo May

Destacado psicólogo y profesor; es autor de numerosos libros, entre los que cabe destacar *The Meaning of Anxiety*; *Man's Search for HimYo*; *Love and Will*; *The Search for Beauty* y *Power and Innocence*.

Para poder asumir la responsabilidad de las consecuencias de nuestras acciones debemos tomar conciencia de que la existencia humana es gozo y aflicción. En ocasiones las necesidades del dragón o de la Esfinge que se hallan en mi interior pueden ser irrefrenables y, en consecuencia, mis intenciones pueden ser malas pero –en cualquiera de los casos– en lugar de proyectar esa parte de mí mismo debo hacer lo que esté en mi mano por asumirla.

No podemos fundamentar ninguna ética en el crecimiento porque éste puede ser tanto bueno como malo. Cada día crecemos a la enfermedad y la muerte. Hay muchos neuróticos que comprenden mejor que el resto de nosotros que sus miedos crecen y maduran porque reconocen –aunque de un modo neurótico, es cierto– que a cada paso que damos nos aproximamos más a la muerte. El cáncer es un fenómeno de crecimiento, un crecimiento desproporcionado en el que algunas células se desarrollan desmedidamente más allá de todo control. El sol suele ser bueno para el cuerpo pero si padecemos de tuberculosis debemos protegernos de él porque su acción estimula extraordinariamente el crecimiento de los bacilos t.b. Para alcanzar el equilibrio necesitamos, pues, un criterio más profundo que el que nos proporciona una ética basada exclusivamente en el crecimiento.

Quizás pudiéramos preguntarnos por la relación que existe entre la ética que sugerimos aquí y la ética que nos ofrece el Cristianismo. Pero para ello conviene entender al Cristianismo en términos realistas, es decir, prestando más atención a lo que ha llegado a ser que a lo que dijo Jesús. La ética cristiana se originó en el sistema jurídico del «ojo por ojo y diente por diente» del Antiguo Testamento, un concepto de justicia basado en el equilibrio de males. Más tarde la ética cristiana y hebraica fue evolucionando y comenzó a prestar atención a la actitud interna: «Un hombre es lo que piensa en lo más profundo de su corazón», un criterio que terminó dejando paso a la ética del amor basada en el mandamiento capital, «Ama a tus enemigos».

Pero a lo largo de toda esta evolución nos hemos olvidado de que el hecho de amar a nuestros enemigos es una cuestión de gracia. Se trata, en palabras de Reinhold Neibhur, de «una posible imposibilidad» que sólo puede llevarse a cabo mediante un acto de gracia. El hecho de amar a Hitler, por ejemplo, requeriría de mi parte un acto de gracia que en este momento no estoy en condiciones de llevar a cabo. Si prescindimos de la gracia, el mandamiento de amar a nuestros enemigos se convierte en un mero principio moral que sólo puede lograrse mediante el esfuerzo moral de trabajar sobre nuestro propio carácter. Pero, de ese modo llegamos, en ocasiones, a algo completamente diferente: una forma supersimplificada e hipócrita de aspiración ética, una especie de gimnasia moral basada en bloquear ciertos aspectos de nuestra conciencia que impiden finalmente que realicemos las acciones realmente válidas para el verdadero progreso social. En este sentido, la persona inocente, la persona que carece de «la sabiduría de las serpientes», puede causar mucho daño sin saberlo.

Si observamos la evolución cultural también podremos advertir que en los últimos cinco siglos la ética de la Cristianismo se ha aliado con el individualismo renacentista que enfatiza la certeza en las propias creencias y ha terminado originando una ética del individuo encerrado en sí mismo y celoso de su soledad. Esta ética resulta particularmente evidente en las sectas protestantes americanas fomentada por el individualismo propio de la vida de la frontera. De aquí deriva el gran hincapié que se ha hecho en Estados Unidos en vivir *sinceramente* de acuerdo a las propias convicciones. Por ello idealizamos a quienes suponemos que vivieron de ese modo, como Thoreau, por ejemplo. De ahí deriva también el énfasis en el desarrollo del carácter, que en Estados Unidos parece ir siempre acompañado de ciertas connotaciones morales fomentando una actitud a la que Woodrow Wilson denominaba «el carácter que le hace a uno intolerable ante los ojos de los demás». Luego, la ética y la religión terminaron convirtiéndose en un asunto dominical y el resto de la semana fue relegado a hacer dinero. De este modo llegamos a la curiosa paradoja que nos brinda el hombre de carácter impecable que dirige una empresa que explota a miles de trabajadores. Es interesante constatar que el fundamentalismo, esa forma de protestantismo que subraya los rasgos más individualistas del carácter, tiende a ser también la secta más nacionalista y belicosa y más fanáticamente contraria a cualquier forma de entendimiento internacional con China o Rusia.

No podemos –en realidad, no debemos– abandonar nuestra preocupación por la integridad y por la valoración de lo individual. En mi opinión, sin embargo, los logros alcanzados por el individualismo que surgió en el Renacimiento deben armonizarse con el desarrollo de una nueva solidaridad, un compromiso deliberadamente asumido de corresponsabilidad con el resto de los seres humanos. En estos días de comunicación de masas no podemos seguir desoyendo las necesidades de nuestros semejantes ya que ignorarlas sería suicida. A diferencia de lo que ocurre con el amor ideal, la comprensión –comprender a nuestros enemigos del mismo modo que nos comprendemos a nosotros mismos– cae dentro de nuestras posibilidades. En la comprensión se asienta el origen de la compasión, de la piedad y de la caridad.

Es evidente que las potencialidades del ser humano se mueven en una dimensión vertical de dos direcciones. Así pues, para crecer hacia lo alto es también imprescindible hacerlo hacia lo bajo. Como decía Daniel Berrigan: «Cada paso que damos hacia arriba nos abre también un camino hacia las profundidades». No podemos seguir creyendo ingenuamente que la virtud se alcanza renunciando al vicio; es imposible definir nuestro ascenso ético en términos de lo que hemos abandonado. Este tipo de bondad no es más que mera arrogancia. La maldad absoluta, si no se halla sazonada por el bien, resulta insípida, banal y apática. Esta *sensibilización* hacia el bien y hacia el mal resulta actualmente esencial para el desarrollo de nuestra creatividad.

En pocas palabras, nuestra capacidad para el mal depende de la disposición a abandonar nuestra pseudoinocencia. En la medida en que sigamos pensando unidireccionalmente seguiremos encubriendo nuestras acciones tras la cortina de humo de hipócritas súplicas de inocencia. Pero esta fuga antediluviana de la conciencia ya no es posible porque somos los únicos responsables de nuestras acciones y, por tanto, también somos los únicos responsables de tomar conciencia de sus consecuencias.

Para una persona que se halla en proceso psicoterapéutico resulta especialmente difícil aceptar que su capacidad para el mal corre pareja a su capacidad para el bien. Los pacientes están tan acostumbrados a su propia impotencia que tomar conciencia de su propio poder desequilibra su disposición vital e ignoran lo que podrían hacer en el caso de admitir su propio mal.

Sin embargo, constituye una verdadera liberación para cualquier ser humano llegar a comprender que también tiene un aspecto negativo, que lo daimónico es potencialmente bueno y malo al mismo tiempo y que, por tanto, resulta imposible desprenderse del mal. Del mismo modo también resulta muy positivo advertir que gran parte de nuestros logros están impulsados por el conflicto que genera este impulso daimónico. Sólo la experiencia nos hace ver que la vida es una combinación de bien y de mal, que el bien en estado *puro* no existe y que si el mal no fuera posible el bien no podría existir. La vida no consiste en lograr el bien aislado del mal sino *a pesar de él*.

26. LA CURACIÓN
DEL MAL HUMANO

M. Scott Peck

Conocido psiquiatra de Connecticut que ha escrito libros tan populares como *The Road Less Traveled*; *People of the Lie*; *The Different Drum* y la novela *A Bed by the Window*.

El problema del mal constituye un misterio tan difícil de resolver y las piezas del puzzle se hallan tan enredadas entre sí que aunque la investigación científica arroje cierta luz al respecto el mismo hecho de tratar de desentrañarlo suele agregar más confusión a la ya existente. Además, el asunto es de tal magnitud que ni siquiera resulta razonable esperar alcanzar otra cosa más que atisbar un ligero vislumbre de la imagen global. De hecho, como sucede con cualquier otro intento prematuro, la investigación científica termina suscitando más preguntas que respuestas nos ofrece.

En realidad no podemos separar el problema del mal del problema del bien ya que donde no existe bondad difícilmente podemos plantearnos siquiera el problema del mal.

Centenares de veces he escuchado la misma pregunta: «¿Por qué cree usted que existe tanto mal en el mundo Dr. Peck?» pero me resulta curioso que jamás me hayan preguntado «¿Por qué cree usted que existe el bien en el mundo?» Es como si creyéramos que el nuestro es un mundo naturalmente bueno que, de algún modo, hubiera sido contaminado por el mal. Pero si nos atenemos a las leyes de la naturaleza, el mal resulta más fácil de explicar que el bien porque la física nos dice que las cosas se deterioran. Lo que no resulta ya tan fácil de explicar es que la vida evolucione asumiendo formas cada vez más complejas. Por otra parte, resulta fácilmente observable que los niños mienten, roban y engañan aunque algunos de ellos crezcan y terminan convirtiéndose en adultos de provecho. La pereza, por último, es bastante más frecuente que la diligencia. A la vista de todo lo anterior, la bondad resulta bastante más misteriosa que la maldad y si pensamos seriamente en ello quizás deberíamos modificar nuestras creencias y admitir que el nuestro es un mundo naturalmente malo que, de algún modo, hubiera sido «contaminado» misteriosamente por el bien.

El hecho de nombrar nos confiere cierto poder sobre la cosa nombrada ya que cuando sé su nombre conozco algo sobre las dimensiones de esa fuerza. Sólo cuando me siento seguro puedo permitirme el lujo de preguntarme sobre algo, de moverme hacia ello.

Para comenzar es necesario distinguir entre el mal y el pecado. La gente mala no se caracteriza especialmente por sus pecados sino por la sutileza, persistencia y consistencia de éstos. El principal defecto del mal, pues, no radica en el pecado mismo sino en nuestra negativa a reconocerlo.

La gente mala puede ser rica o pobre, educada o inculta, no hay nada raro en ellos. No suelen ser criminales sino «ciudadanos honrados»: maestros de escuela, policías, banqueros y miembros de la asociación de padres de alumnos.

¿Pero qué es lo que estamos diciendo? ¿Cómo pueden ser malos si no se trata de criminales? Es cierto que cometen «crímenes» contra la vida y la vitalidad pero –si exceptuamos aquellos casos contados en los que alcanzan un poder político extraordinario que les exime de las limitaciones ordinarias, como en el caso de Hitler, por ejemplo– sus «crímenes» son tan sutiles y silenciosos que difícilmente podrían ser calificados como criminales.

Durante mucho tiempo he estado trabajando en cárceles con criminales pero muy pocas veces he tropezado con personas a las que pudiera calificar de personas malvadas. No niego, con ello, que no sean destructivos y que, en muchos casos, reincidan en sus acciones, lo único que estoy afirmando es que su destructividad suele ser fortuita. Además, aunque habitualmente nieguen la responsabilidad de sus acciones ante la autoridad suelen también ser sinceros al respecto. Desde su punto de vista el mismo hecho de estar encarcelados constituye una prueba incuestionable de su «honestidad criminal». Para ellos la verdadera maldad se halla fuera de la cárcel. Obviamente estas declaraciones de inocencia son autojustificaciones pero también suelen encerrar, en mi opinión, verdades muy notables.

Los delincuentes habituales suelen estar calificados con algún tipo de diagnóstico psiquiátrico que abarca, en términos profanos, desde la locura hasta la impulsividad, pasando por la agresividad y la falta de conciencia moral. Los hombres y las mujeres de los que estoy hablando, por el contrario, no presentan defectos tan manifiestos ni caen con tanta nitidez en los casilleros nosológicos de la psiquiatría, lo cual no significa, sin embargo, que su maldad sea saludable sino tan sólo que todavía no hemos elaborado una definición clara de su enfermedad.

Además de esta distinción entre personas malvadas y delincuentes habituales también deberíamos diferenciar entre las malas acciones y la maldad como un rasgo de la personalidad. Dicho en otras palabras, el que una persona cometa malas acciones no significa que se trate de una persona malvada. Todos nosotros realizamos malas acciones sin que ello signifique necesariamente que seamos malvados.

Podríamos decir que el hecho de pecar consiste en «no dar en el blanco». El pecado no es más ni menos que un fracaso en el intento de ser intachables de continuo. Pero este intento está abocado al fracaso porque normalmente no hacemos las cosas de la mejor manera posible y, por consiguiente, con cada fracaso cometemos un crimen, ya sea contra Dios, contra nuestros vecinos, contra nosotros mismos o contra la ley.

Aunque existan crímenes de mayor y menor magnitud, cometeríamos, sin embargo, un grave error si considerásemos que el pecado –o el mal– constituye una cuestión de grado. Por más que nos parezca menos odioso estafar al rico que al pobre en ambos casos, no obstante, se trata de una estafa. La ley diferencia entre defraudar a un hombre de negocios, falsear la declaración de renta, copiar en un examen, ocultar una infidelidad detrás de la excusa de que hemos tenido que quedarnos a trabajar o decirle a nuestro marido (o a nosotros mismos) que no hemos tenido tiempo de llevar la ropa a la lavandería cuando, en realidad, hemos estado una hora al teléfono hablando con nuestra vecina. Quizás algunas de estas acciones sean más excusables que otras, quizás existan también circunstancias atenuantes, pero el hecho es que todas ellas encierran una mentira y una traición. Si usted es lo suficientemente escrupuloso como para no cometer ninguna de estas acciones pregúntese si recientemente se ha mentido o se ha engañado a usted mismo o ha hecho las cosas peor de lo que podría haberlas hecho, lo cual, obviamente también es una forma de traicionarse a sí mismo. Si es sincero consigo mismo tendrá que admitir que es un pecador y, en el caso de que no lo reconozca así, su pecado será el de no haber sido totalmente sincero consigo mismo. Si hay un hecho indiscutible es que todos somos pecadores.[1]

Así pues, si la ilegalidad de las acciones y la magnitud de los pecados no constituye un elemento concluyente ¿cuál es entonces el rasgo distintivo que caracteriza a las personas malvadas? La respuesta hay que buscarla, obviamente, en la perseverancia de esos pecados que, aun sutiles, no por ello, sin embargo, son menos destructivos. Las personas malvadas son aquellas que se niegan *totalmente* a admitir sus propios pecados.

Hay muchos tipos de personas malas. La misma negativa a reconocer nuestra culpabilidad convierte a la maldad en un pecado incorregible. En mi opinión existen personas muy ruines, personas tan despreciables que hasta sus «regalos» están envenenados. En *The Road Less Traveled* afirmo que el principal pecado es la pereza. En la siguiente sección, sin embargo, intentaré demostrar que se trata de la soberbia - porque todos los pecados pueden corregirse menos los que cometamos sin ser conscientes de ellos. En cierto sentido, este es un problema discutible pero la verdad es que todos los pecados suponen alguna forma de engaño que nos aísla de lo divino y de nuestros semejantes. Como dijo cierto pensador religioso, cualquier pecado «puede curtirse en el infierno».[2]

Un rasgo muy particular, sin embargo, de la conducta de las personas malvadas consiste en el fenómeno del chivo expiatorio. En su intimidad estas personas se consideran libres de todo reproche y, por consiguiente, no dudan en atacar violentamente a quienes les critican. De este modo, para mantener su imagen de perfección deben terminar sacrificando a los demás. Consideremos, por ejemplo, el caso del niño de seis años que le pregunta a su padre: «¿Papá, por qué llamas puta a la abuela?» «¡Te he dicho mil veces que no me molestes! –ruge el padre– Ahora verás. Te voy a enseñar a no decir más palabrotas. Vamos a lavarte la boca con jabón. A ver si de este modo aprendes a permanecer callado de una vez». Luego el padre arrastra al niño escaleras arriba hasta el lavabo y le infringe el castigo prometido perpetrando una acción malvada en nombre de la «disciplina».

El fenómeno del chivo expiatorio opera a través de un mecanismo que los psiquiatras denominan proyección. El sujeto se siente tan intachable que resulta inevitable que atribuya cualquier problema que aparezca al mundo. Al negar su propia maldad esas personas deben *proyectarla* sobre el mundo y percibir que los malos son los demás. Esas personas jamás ven su propia maldad y, por consiguiente, sólo la advierten en los demás. El padre que hemos mencionado anteriormente, por ejemplo, sólo se dio cuenta de las palabrotas de su hijo y le castigó en consecuencia. Pero todos sabemos que el blasfemo era el padre que proyectó su sombra sobre su hijo y luego le castigó en nombre de la buena educación.

El fenómeno del chivo expiatorio suele ser una de las principales manifestaciones de la maldad a la que me refiero. En *The Road Less Traveled* defino al mal «como un ejercicio de poder político –es decir, una imposición abierta o encubierta sobre los demás– para evitar... su crecimiento espiritual». En otras palabras, la persona malvada ataca a los demás en lugar de hacer frente a sus propios defectos. Pero el crecimiento espiritual requiere que tomemos conciencia de nuestra propia necesidad de crecer y si no lo hacemos así no tenemos más alternativa que intentar erradicar toda evidencia de nuestra imperfección.[3]

Por más extraño que pueda parecer, la destructividad de las personas malvadas radica precisamente en su intento de destruir el mal. El problema es que se equivocan en la ubicación del locus del mal. En lugar de atacar a los demás deberían ocuparse de destruir su propia enfermedad. Por otra parte, como la vida amenaza con mucha frecuencia su propia autoimagen de perfección dedican todas sus fuerzas a odiar y tratar de destruir a la vida en nombre de la justicia. El problema, sin embargo, no es tanto que odien la vida sino que *no* aborrezcan al pecador que albergan en su interior.

¿Pero cuál es la causa de esta dificultad en odiarse a sí mismos, de este imposibilidad de degradarse uno mismo que parece ser el pecado capital por excelencia, la raíz de la conducta a la que denomino mal? En mi opinión, no se trata de una falta de conciencia. Hay personas, tanto dentro como fuera de la cárcel, que carecen de toda conciencia moral o superego. Los psiquiatras les denominan psicópatas o sociópatas. Su ignorancia les lleva a cometer todo tipo de crímenes con una especie de negligencia temeraria. Pero su criminalidad no parece estar movida especialmente por el fenómeno del chivo expiatorio. La inconsciencia de los psicópatas les hace despreocuparse de casi todo, incluyendo su propia criminalidad. Parecieran hallarse tan felices dentro de la cárcel como fuera de ella. En pocas ocasiones intentan encubrir sus crímenes y cuando lo hacen sus esfuerzos son débiles, indiferentes y mal planificados. Este tipo de individuos ha sido calificado de «imbécil moral» y su despreocupación es tal que roza, en ocasiones, hasta la misma inocencia.

Nada de esto ocurre en el caso de las personas malvadas. Estas personas están totalmente consagradas a alimentar su imagen de perfección y continuamente están esforzándose en mantener su reputación de pureza moral. Esta es su principal preocupación. Son personas muy sensibles a las normas sociales y a lo que los demás puedan pensar sobre ellos. Se visten bien, son puntuales en su trabajo, pagan sus impuestos y externamente parecen vivir de manera irreprochable.

Estas personas están muy preocupadas por todo lo que sea «imagen», «apariencia» y «exterior». Carecen de toda motivación para ser buenos pero están obsesionados, sin embargo, en parecer buenos. Su «bondad», por tanto, no es más que una apariencia, una mentira. Es por ello que suelo decir que son «personas de mentiras».

Su mentira no consiste tanto en el hecho de engañar a los demás como en engañarse a sí mismos. No pueden –o no quieren– tolerar el sufrimiento que supone desaprobarse a sí mismos. Por ello viven con un decoro que les permite contemplar el reflejo de su propia compostura. Pero si carecieran de todo sentido de lo que está bien y lo que está mal no sería necesario que se engañaran a sí mismos. Sólo mentimos cuando estamos intentando ocultar algo que sabemos que no es correcto. Para mentir debemos tener algún tipo –aunque sea rudimentario– de conciencia moral. Si no sintiéramos que algo está mal no tendríamos la menor necesidad de ocultar nada.

Nos encontramos, pues, ante una curiosa paradoja. Hemos dicho que la gente malvada se cree perfecta y que, en algún sentido, tienen cierta conciencia de su propia maldad. En realidad, creo que es precisamente de esta sensación de la que intentan huir desesperadamente. Así pues, el componente fundamental de la maldad no consiste tanto en la ausencia de toda sensación de pecado o imperfección sino en su incapacidad absoluta de tolerar esa sensación. A diferencia de lo que ocurre con la carencia de toda sensación de conciencia moral del psicópata, las personas malvadas están permanentemente obsesionadas por esconder su maldad bajo la alfombra de su conciencia. Su problema no radica pues en una falta de conciencia moral sino en su empeño en negarla. Es el mismo intento de huir de nosotros el que nos transforma en malas personas. La perversidad pues no es una acción directa sino la consecuencia indirecta de un proceso de ocultamiento. El mal no se origina en la ausencia completa de culpa sino en nuestros esfuerzos por huir de ella.

Así pues, podemos reconocer el mal por el disfraz tras el que oculta. Es más fácil descubrir la mentira que el delito que pretende ocultar, la coartada antes que el crimen. Vemos a la sonrisa que esconde el odio, la zalema que encubre la furia y el guante de terciopelo que oculta el puñetazo. Pero los disfraces son tantos que resulta casi imposible determinar con precisión la malignidad del mal. El disfraz suele ser impenetrable, lo único que podemos percibir son vislumbres de «este juego inconsciente del escondite en el que el alma del individuo huye, se esconde y escapa de sí misma».[4]

En *The Road Less Traveled* señalo que toda enfermedad mental se asienta en la pereza y el deseo de escapar del «sufrimiento legítimo». Aquí estamos también hablando de evitar y escapar del dolor. Por consiguiente, lo que distingue a las personas malvadas del resto de los seres humanos –pecadores mentalmente enfermos– es el tipo de dolor del que intentan huir. No se trata de personas perezosas ni tampoco están tratando de escapar del sufrimiento sino que, por el contrario, están realizando un esfuerzo continuo sobre sí mismos para alcanzar y mantener su imagen de personas respetables. Su ansiosa búsqueda de status les predispone a superar todo tipo de obstáculos. El único sufrimiento que no pueden tolerar es el que procede de su propia conciencia, el dolor de reconocer sus pecados y sus imperfecciones.

Esta incapacidad de afrontar el sufrimiento que les produce la toma de conciencia de sí mismos hace que estas personas sean extraordinariamente refractarias al trabajo psicoterapéutico. El mal odia la luz, la luz de la bondad que les pone en evidencia, la luz del escrutinio que les deja en entredicho, la luz de la verdad que les hace caer en cuenta de su propia ilusión. La psicoterapia es un proceso iluminador por excelencia. Es por ello que, excepto en casos sumamente complicados, una persona malvada considera a la autoobservación como una especie de suicidio y elegirá cualquier otra alternativa antes que acostarse disciplinadamente en el sofá del psicoanalista. Esta es precisamente la razón más poderosa que conozco para explicar el hecho de que sepamos científicamente tan poco sobre el mal ya que las personas malvadas son extraordinariamente reacias a ser estudiadas.

27. REDIMIENDO NUESTROS DIABLOS Y NUESTROS DEMONIOS

Stephen A. Diamond

Licenciado en Psicología; ejerce en Los Altos, California. Entre sus escritos cabe destacar artículos como "The Psychology of Evil", "Rediscovering Rank" y el resumen de la obra de Rollo May "Finding Beauty".

El problema del mal no es nuevo en el campo de la psicología aunque es ciertamente oportuno referirse a él. El mismo Freud, como luego hicieron tantos otros psicólogos y psiquiatras de este siglo, entre los cuales cabe destacar a Jung, Fromm, May, Menninger, Lifton y recientemente M. Scott Peck, se ocupó del tema.

Según Freud, existe un antagonismo constante entre el malvado «instinto de muerte» (Thanatos) y el bondadoso «instinto de vida» (Eros), una especie de duelo en el que el mal siempre termina imperando. Jung, por su parte, empleó «el término [nietzscheano] de "sombra" para referirse a la maldad del individuo y reservó el concepto de "mal" para maldad colectiva».[1] Según este punto de vista –asentado en la tradición individualista del protestantismo suizo– no debemos buscar el origen de lo patológico, de lo negativo y de

261

lo malo en la cultura sino en la actitud moral del individuo ya que la causa original del mal no radica en la moralidad colectiva pues ésta sólo «se transforma en algo negativo [es decir, en algo malo] cuando el individuo considera sus mandamientos y prohibiciones como algo absoluto e ignora el resto de sus pulsiones».[2]

Al igual que luego hizo Peck, Rollo May sostuvo firmemente que en Estados Unidos tenemos una comprensión muy limitada de la verdadera naturaleza del mal y que, por consiguiente, no estamos en las mejores condiciones de relacionarnos con él. En su obra, May se hace eco de la advertencia de Jung a Europa: «El mal se ha convertido en una realidad determinante que ya no puede eliminarse del mundo por medio de una simple paráfrasis. A partir de ahora debemos aprender a controlarlo porque va a permanecer junto a nosotros aunque, de momento, resulte difícil concebir cómo podremos convivir con él sin sufrir sus terribles consecuencias».[3]

En opinión de May el término de diablo «es inadecuado porque proyecta el poder fuera del Yo y abre las puertas a todo tipo de proyecciones psicológicas».[4] Es por ello que, siguiendo el ejemplo de su gran maestro y amigo Paul Tillich, May opuso la noción de *daimon* al símbolo judeocristiano del mal cósmico, el «diablo».

Peck, cuyos escritos han sido comparados con los de May, centra fundamentalmente su atención en el campo lo teológico y de lo espiritual desde un sistema de creencias convencionalmente cristiano. Peck distingue entre la *maldad humana* y la *maldad demoníaca* y considera que la primera es «un tipo específico de enfermedad mental», una forma crónica y solapada de «narcisismo maligno», mientras que, en su opinión, la segunda constituye la consecuencia sobrenatural directa de «estar poseído por demonios inferiores» –o por el mismo Satán– un problema cuyo único tratamiento posible es el exorcismo.[5]

Desde mi punto de vista, el concepto junguiano de sombra y, más concretamente, el conocido modelo de May de lo daimónico, han abierto el camino que nos conduce a una psicología más comprehensiva del mal. Examinemos ahora en detalle el modelo propuesto por May para comprender más claramente sus diferencias con el concepto de Peck.

Diablos, demonios y lo daimónico

Durante mucho tiempo los diablos y los demonios han sido considerados como la causa y la personificación del mal. Según Freud, los pueblos aborígenes proyectaron su hostilidad sobre demonios imaginarios. En su opinión, «es muy posible que el mismo concepto de demonio esté relacionado, de un modo u otro, con la muerte» y agregó que «el hecho de que los demonios siempre hayan sido considerados como los espíritus de las personas que acaban de morir testimonia claramente la influencia del duelo en el origen de la creencia en los demonios».[6]

Históricamente hablando, los demonios han servido de chivo expiatorio y de receptáculo de todo tipo de impulsos y emociones amenazadoras e inaceptables, especialmente aquellas que tienen que ver con el hecho inexcusable de la muerte. Pero la visión popular y parcial y unilateral de los demonios es psicológicamente simplista e ingenua. Según Freud, los malignos demonios, tan temidos por nuestros antepasados, cumplían con ciertas funciones en el proceso del duelo ya que, una vez afrontados e integrados por el sujeto, acababan siendo «reverenciados como ancestros y eran invocados para que proporcionaran ayuda en los malos momentos».[7]

Refiriéndose a la idea medieval de lo «daimónico», Jung dice que «los demonios son intrusos procedentes del inconsciente, irrupciones espontáneas de complejos del inconsciente en la continuidad del proceso de nuestra conciencia. Los complejos son comparables a demonios que hostigan caprichosamente nuestro pensamiento y nuestra acción. Es por ello que, en la antigüedad y en la Edad Media, las perturbaciones neuróticas agudas eran consideradas como una consecuencia de la posesión».[8]

Antes de la aparición de la filosofía cartesiana en el siglo XVIII y de su consecuente énfasis en el objetivismo científico, se creía a pies juntillas que los desórdenes o la enajenación emocional eran obra de los demonios que habitaban el cuerpo (o el cerebro) inconsciente del infortunado sufriente. Esas imágenes de entidades voladoras invasoras dotadas de poderes sobrenaturales siguen presente en algunos de los eufemismos que utilizamos para referirnos a la locura («tener murciélagos en el tejado», por ejemplo) y en los delirios paranoicos de hallarse bajo la influencia de extraterrestres procedentes de platillos voladores.

El enfoque cartesiano separó la mente del cuerpo y el sujeto del objeto, rechazó de plano todos los fenómenos subjetivos «irracionales» y sólo consideró «real» a los fenómenos objetivamente mensurables y cuantificables. Este avance supuso un considerable paso adelante en el desarrollo del pensamiento humano y permitió al Renacimiento tardío desembarazarse –en una clara maniobra de depuración científica– de la superstición, la brujería, la magia y toda la amplia panoplia de criaturas míticas, tanto de signo positivo como negativo, que tan importantes habían sido hasta ese momento. Pero, como declaró May, «al desembarazarnos de las hadas, los duendes y toda su cohorte, terminamos empobreciendo nuestras vidas y el empobrecimiento no es el mejor modo de eliminar la superstición de la mente humana... De ese modo, nuestro cuerpo terminó desencantándose y eso quebró nuestra armonía con la naturaleza y con nosotros mismos».[9]

La dilatada investigación realizada por Jung le llevó a concluir que las poderosas fuerzas arquetípicas del inconsciente «poseen una energía específica que causa o fomenta determinados impulsos o modalidades de conducta, es decir, que bajo determinadas circunstancias constituyen una fuerza posesiva u obsesiva (¡numinosa!). Concebirlas, por tanto, como daimones es algo perfectamente acorde con su naturaleza».[10]

Siguiendo la misma línea, May nos recuerda que el moderno término *demonio* se deriva de la antigua noción griega de *daimon* y utiliza este concepto para elaborar su modelo mitológico de lo daimónico: «Lo daimónico es cualquier función natural –como la sexualidad, el erotismo, la cólera, la pasión y el anhelo de poder, por ejemplo– que tiene el poder de dominar a la totalidad de la persona. Lo daimónico puede convertise en un acicate para la creación o en un terremoto destructivo y, con mucha frecuencia, en ambas cosas al mismo tiempo. Pero cuando este poder funciona mal y un fragmento termina usurpando el control de toda la personalidad padecemos una "posesión daimónica", el término tradicional con el que se ha denominado a la psicosis a lo largo de la historia. Obviamente, lo daimónico no es una entidad sino una función arquetípica fundamental de la experiencia humana, una realidad existencial».[11]

Según la discípula de Jung Marie-Louise von Franz, «en la grecia prehelénica –como en Egipto– los demonios formaban parte de una colectividad anónima».[12] Este es también el modo en que May concibe a lo daimónico, una fuerza primordial, indiferenciada e impersonal de la naturaleza. Al igual que ocurría con los demonios primitivos descritos por Freud, para los antiguos griegos el daimon era maligno y creativo y constituía, al mismo tiempo, un motivo de destrucción y una fuente de orientación espiritual. Platón, por ejemplo, utilizaba en ocasiones el término *daimon* como sinónimo de *theos* (o dios) y desde su punto de vista el poderoso Eros era también un daimon.

Así pues, los daimones eran buenos o malos, constructivos o destructivos, según la relación que la persona sostuviera con ellos. Según May, «durante la época helenística y cristiana se acrecentó la división dualista entre los aspectos positivos y negativos de los daimones. Siguiendo esta línea hemos llegado, en la actualidad, a tener una población celestial dividida en dos campos, los ángeles, encabezados por Dios, y los diablos, aliados de Satán. Aunque jamás haya sido expresado racionalmente en estos términos no es difícil adivinar que en aquél tiempo esa fue la manera más sencilla de resistir y vencer al diablo».[13]

Pero quienes siguen perpetuando esta dicotomía artificial

no alcanzan a comprender que es imposible conquistar a los llamados diablos y demonios destruyéndolos sino que, por el contrario, debemos aceptarlos y asimilar lo que simbolizan en nuestro Yo y en nuestra vida cotidiana. Esta -que fue una tarea relativamente sencilla para los pueblos primitivos- resulta, sin embargo, bastante más difícil de llevar a cabo para los modernos postcristianos, precariamente armados con los «dioses» de la actualidad, la ciencia, la tecnología e incluso las nuevas corrientes religiosas.

Lo daimónico versus el diablo

En la actualidad el diablo ha sido reducido a un concepto muerto despojado de la autoridad de la que un día disfrutó. De hecho, para la mayoría de nosotros Satán ha dejado de ser un símbolo y se ha convertido en un mero signo, el signo de un sistema religioso al que menospreciamos y tachamos de acientífico y supersticioso.

No obstante, vivimos en una época en la que el problema del mal personal y colectivo encabeza con alarmante regularidad los titulares de los periódicos y las cabeceras de los telediarios. El mal se enseñorea por doquier bajo la apariencia de ataques de cólera, rabia, hostilidad, agresividad interpersonal y la denominada violencia gratuita.

«La violencia -escribe May- constituye una deformación de lo daimónico, una especie de "posesión demoníaca" en su aspecto más despiadados. Vivimos en una época de transición en la que los canales normales de expresión de lo daimónico se hallan cerrados, una época, por tanto, en que lo daimónico se expresa de la manera más destructiva».[14]

Estos períodos turbulentos nos obligan a afrontar la cruda realidad del mal. A falta de un mito psicológicamente más adecuado, integrado y significativo, hay quienes se aferran al obsoleto símbolo del diablo para expresar sus inquietantes tropiezos con el aspecto destructivo de lo daimónico. La repentina proliferación de cultos satánicos en la actualidad refleja la emergencia de este antiguo símbolo que suele ir acompañado de una fascinación mórbida por el diablo y la demonología. En mi opinión, no obstante, esta propensión hacia el satanismo constituye un esfuerzo desesperado y erróneo de establecer contacto con el reino de lo transpersonal y dar algún tipo de sentido a nuestra vida. La persecución de objetivos tan legítimos mediante conductas tan perversas –y, en ocasiones, tan mortíferas– manifiesta a todas luces el dilema que nos aflige. Así pues, el problema parece estribar en la rígida división establecida por la tradición religiosa occidental entre el bien y el mal, un dualismo inflexible que condena a lo daimónico como algo exclusivamente maligno, el mismo dualismo erróneo sobre el que, en nuestra opinión, se asienta el pensamiento de Peck.

Necesitamos una nueva concepción de la realidad encarnada por el diablo, un concepto que englobe también los aspectos creativos que conlleva este poder elemental en el que, según Jung, tenía lugar la *coincidentia oppositorum*. De hecho, en opinión de May, la palabra diablo:

> Procede del griego *diabolos*, un término que perdura todavía en la palabra «diabólico». Es interesante constatar que el significado literal de *diabolos* es el de «desgarrar» (*dia-bollein*). También resulta muy significativo advertir que diabólico es el antónimo de «simbólico», un término que procede de *sym-bollein*, que significa «reunir», juntar. Este significado etimológico tiene una importancia extraordinaria en lo que respecta a la ontología del bien y del mal. Lo simbólico es, pues, lo que reúne, lo que vincula, lo que integra al individuo consigo mismo y con el grupo; lo diabólico, por el contrario, es aquello que lo desintegra, aquello que lo mantiene separado. Ambas facetas se hallan presentes en lo daimónico.[15]

La sombra y lo daimónico

Aunque existen importantes similitudes entre el concepto de sombra y el de daimon también existen, no obstante, considerables diferencias entre ellos. La revitalización del modelo de lo daimónico realizada por May constituye un intento de contrarrestar y corregir el dogmatismo, deshumanización, mecanización y abuso que ha hecho la moderna psicología profunda del concepto junguiano de sombra y de su tremenda significación psicológica con respecto a la naturaleza de la maldad del ser humano.

Uno de los principales obstáculos que supone el concepto junguiano de sombra no consiste en la tentación de proyectar el mal sobre una entidad externa – como el diablo, por ejemplo– sino sobre un «"fragmento" relativamente autónomo de la personalidad»,[16] llámesele «sombra», «extraño» u «otro». De este modo, en lugar de decir «fue obra del diablo», podemos seguir renunciando a nuestra responsabilidad personal y afirmar que «fue obra de la sombra (o de lo daimónico)». La noción de May de lo daimónico pretende minimizar los estragos causados por esta renuncia a la integridad, libertad y responsabilidad personal conservando «un elemento fundamental, la decisión de trabajar a favor o en contra de la integración del Yo».[17] Cuando consideramos que lo daimónico es algo maligno (es decir, demoníaco) tratamos de reprimirlo, negarlo, adormecerlo o excluirlo de nuestra conciencia. Pero, de ese modo, no hacemos más que contribuir al *proceso del mal* potenciando las violentas erupciones de cólera, rabia, destructividad social y todas las diversas psicopatologías que resultan de reafirmar los aspectos más negativos de lo daimónico. En lugar de ello, debemos tratar de integrar constructivamente lo daimónico en nuestra personalidad y participar así positivamente en el *proceso de la creatividad*.

James Hilman nos recuerda que el encuentro personal de Jung con lo daimónico le persuadió de nuestra «enorme responsabilidad» al respecto. May, al igual que Jung, considera que tenemos la obligación ética y moral de elegir cuidadosamente nuestra respuesta a los frecuentemente ciegos impulsos psicobiológicos de lo daimónico y a asumir con resolución nuestras decisiones más constructivas. Es bien conocido el hecho de que Jung no logró superar la emergencia abrumadora de material procedente del inconsciente mediante la represión o el *acting out* sino gracias a un compromiso casi religioso con la «imaginación activa», con la observación y con el escrupuloso registro de su experiencia subjetiva. Esta decisión consciente y deliberada reiterada una y otra vez fue –como dice Hilman– la que terminó convirtiendo finalmente a Jung en un «hombre daimónico».[18]

Según May, la noción de daimon abarca e integra los conceptos junguianos de sombra y de Yo y los arquetipos de anima y animus. Pero, mientras que Jung distingue entre la sombra y el Yo y también establece diferencias entre la sombra personal y la sombra y los arquetipos colectivos, May, por su parte, no lleva a cabo tales distingos. Recordemos la cautela de Marie-Louise von Franz a este respecto:

> Debemos permanecer escépticos ante cualquier intento de relacionar estas «almas», o «daimones», con los conceptos junguianos de sombra, anima, animus y Yo. Jung solía afirmar que cometeríamos un grave error si supusiéramos que la sombra, el anima (o el animus) y el Yo se encuentran separados en el inconsciente de una persona y se manifiestan en un orden concreto y definido... Si analizamos las distintas personificaciones del Yo entre los daimones de la antigüedad advertiremos que algunos de ello son una mezcla entre la sombra y el Yo, o entre el animus-anima y el Yo. En otros términos, podríamos decir que representan la «otra» personalidad inconsciente del individuo todavía indiferenciada.[19]

Sin embargo, a pesar de todas estas diferencias la unificadora noción junguiana de sombra nos ayuda a reconciliar la fragmentación impuesta por el conflicto entre opuestos. El hecho de afrontar y asimilar nuestra sombra nos obliga a reconocer la totalidad de nuestro ser, una totalidad que engloba el bien y el mal, lo racional y lo irracional, lo masculino y lo femenino, lo consciente y lo inconsciente. Si comparamos los conceptos psicológicos de sombra y de daimon tenemos la fuerte impresión de que tanto Jung como May están intentando señalar la misma verdad fundamental de la existencia humana. A diferencia de lo que ocurre con el concepto de May de lo daimónico o con la noción junguiana de sombra, sin embargo, el concepto de Peck de lo «demoníaco» constituye algo exclusivamente negativo, un poder tan vil que en modo alguno puede ser redimido y sólo puede ser exorcisado, expulsado o excluido de la conciencia.

La psicoterapia constituye uno de los posibles caminos que nos conducen a llegar a ponernos de acuerdo con lo daimónico. Cuando asumimos nuestros «demonios» internos –simbolizados por aquellas tendencias que más tememos y rechazamos– los transmutamos en útiles aliados, en energía psíquica renovada y apta para propósitos más constructivos. Este proceso de descubrimiento puede conducirnos a la paradoja con la que tropiezan muchos artistas: Lo que antes habíamos negado y rechazado se convierte en la verdadera fuente redentora de nuestra vitalidad, creatividad y espiritualidad.

28. LA DINÁMICA FUNDAMENTAL DE LA MALDAD EN EL SER HUMANO

Ernest Becker

Fue profesor de la Universidad de California, Berkeley, de la Universidad Estatal de San Francisco y de la Universidad Simon & Fraser de Canadá. En 1974 recibió el premio Pulitzer por su ensayo *The Denial of Death*. Entre sus otras obras cabe destacar *Birth and Death of Meaning*; *Revolution in Psychiatry*; *Angel in Armor*; *The Structure of Evil* y *Scape from Evil*.

Lo único que tienen en común tres pensadores tan dispares como Otto Rank, Wilhelm Reich y Carl Jung es que todos terminaron disintiendo de Freud. A partir de ese momento, cada uno de ellos desarrolló una teoría y un estilo peculiar que, en ocasiones, se oponía diametralmente al de los otros dos. ¿Acaso hay personajes más distintos, por ejemplo, que Reich y Jung? No obstante, a pesar de las evidentes discrepancias mutuas que presentan entre sí también podemos advertir una coincidencia esencial en su diagnóstico sobre el origen de la maldad del ser humano, que no es el resultado de una mera coincidencia sino de una sólida labor científica que avala los descubrimientos realizados por estos investigadores.

Rank ya nos había sugerido algo al respecto en sus estudios históricos. Según él, el principal deseo del ser humano es el de perdurar, prosperar y alcanzar algún tipo de inmortalidad. Así pues, sabiéndose mortal sólo anhela negar su propia muerte, una muerte que, por otro lado, le vincula con los aspectos oscuros y animales de la existencia. De este modo, el mismo hecho de querer alejarse de aquélla le conduce a negar éstos. Es por ello que, apenas el hombre desarrolló formas de poder más evolucionadas, las esgrimió como una forma de venganza en contra de los animales –con los que hasta entonces había estado identificado– los representantes de aquello que más temía, la muerte sin nombre y sin rostro.

Ya hemos señalado en otro lugar que todo el edificio conceptual de Rank se asienta en una única piedra angular: el miedo del ser humano a la vida y a la muerte. No merece, pues, la pena que reincidamos aquí en ese punto más que para recordar su origen inconsciente. A fin de cuentas, fue necesario el genio de Freud y de todo el movimiento psicoanalítico para investigar y descubrir que el miedo a la vida y el miedo a la muerte son equivalentes. La clave radica en que los seres humanos no viven de manera continua y evidente atormentados por sus temores. Si lo hicieran así no podrían seguir manteniendo su aparente ecuanimidad e indiferencia. La función de la represión consiste pues en sepultar los miedos del hombre a los estratos más profundos de su psiquismo confiriendo así a su existencia una apariencia de normalidad. La desesperación, por tanto, sólo aparece de manera ocasional en algunas personas. Así pues, la represión fue el gran descubrimiento del psicoanálisis, un descubrimiento que nos permite explicar nuestra destreza para permanecer inconscientes de nuestras motivaciones básicas. Sin embargo, tal como demostró Rank, la articulación simbólica de la cultura constituye un antídoto ante el temor ancestral a la muerte. Este antídoto le hace concebir la ilusión de que sus obras perduran más allá de su cuerpo, lo cual le proporciona una despreocupación, confianza, esperanza y alegría que la represión, por sí sola, jamás podría ofrecerle.

Por esas mismas fechas, Wilhelm Reich elaboró todo su sistema basándose en los mismos postulados fundamentales. En *La Psicología de Masas del Fascismo*, Reich desentraña la mecánica del sufrimiento humano que, según él, se basa en el intento de negar su propia naturaleza animal y ser algo distinto a lo que realmente es. Para Reich, ése es el verdadero origen de todas las enfermedades psicológicas, de la crueldad y de la guerra. Es por ello que el principio fundamental de toda ideología consiste en «la repetición de la misma monótona cantinela: "Nosotros no somos animales..."»·[1]

En su libro, Reich trata de explicar el fascismo aduciendo que éste se fundamenta en la predisposición del ser humano a confiar las riendas de su destino a un líder o al estado. Según Reich, esa predisposición encuentra un excelente caldo de cultivo en la promesa de los políticos de diseñar un nuevo mundo y de elevarnos por encima de nuestro destino natural. Es, pues, en las promesas de prosperidad e inmunidad que nos ofrece el poder centralizado donde hallamos la explicación de la relativa facilidad con la que los hombres pasaron de las sociedades igualitarias a las monarquías.

Pero este nuevo orden trajo consigo un sufrimiento masivo y constante que las sociedades primitivas sólo habían tenido que afrontar ocasionalmente y, por lo general, a una escala mucho más reducida. Así pues, la tentativa del ser humano de escapar de las plagas naturales de la existencia obedeciendo a los políticos, de renunciar a su resposabilidad personal y de entregarla a estructuras de poder representativas de la inmortalidad, sólo consiguió atraerle nuevas plagas desconocidas hasta entonces. No en vano Reich acuñó la expresión «traficantes de plagas» para referirse a los políticos porque éstos mienten sobre nuestras posibilidades reales y no dudan en embarcar a la humanidad en sueños inalcanzables y requerir de ella, si llega el caso, hasta el holocausto colectivo. Cuando depositamos todo nuestra energía vital sobre una mentira y tratamos de vivir en base a ella pretendiendo que el mundo es lo contrario de lo que realmente es no hacemos sino prefigurar nuestro propia ruina. La teoría alemana del superhombre –o cualquier otra teoría relativa a la superioridad de un grupo o de una nación sobre el resto– «se origina en el intento inútil de separarnos de los animales». Para ello, lo único que se requiere es proclamar que nuestro grupo es el mejor, el más puro, que ha sido elegido para gozar plenamente de la vida y que es portador de todo tipo de valores eternos. Otros grupos –como los judíos o los gitanos, por ejemplo– son los verdaderos animales, ellos son quienes nos roban, nos contaminan, nos contagian todo tipo de enfermedades y terminan debilitando nuestra fortaleza. Entonces –como podemos constatar, por ejemplo, en las escalofriantes páginas del *Mein Kampf* de Hitler, en donde los judíos aparecen como unos mentirosos contumaces que acechan en el fondo de los callejones oscuros para infectar a las jovenes vírgenes germanas– acometemos denodadas cruzadas de exterminio para purificar el mundo. Partiendo de estas nociones poco más necesitamos para llegar a formular una teoría social que explique el fenómeno del chivo expiatorio.

En este punto, Reich se pregunta por qué suelen ignorarse con tanta frecuencia los nombres de los verdaderos benefactores de la humanidad cuando «hasta los mismos niños conocen el nombre de los líderes de la plaga política». En su opinión la respuesta es la siguiente:

Las ciencias naturales machacan la conciencia del ser humano repitiéndole de continuo que no es más que un gusano en medio del universo. Los traficantes de la plaga política, por su parte, reiteran una y otra vez que el hombre no es un animal sino un «zoon politikon», es decir, un ser portador de valores, un «ser moral». ¡Cuánto daño ha causado la teoría platónica del estado! Parece clara, pues, la razón por la que el hombre conoce mejor a los políticos que a los científicos: desprecia su naturaleza y *no desea que le recuerden que, en lo esencial, es un animal sexual.*[2]

Coincido con Reich en su intento de despojar a la dinámica

del mal de todo artificio técnico, porque, como él, considero que no es preciso insistir en este punto. No obstante, si alguien deseara estudiar detalladamente este tipo de información puede recurrir a la abundante literatura psicoanalítica, uno de cuyos logros más importantes es que efectúa afirmaciones simples sobre la condición humana como, por ejemplo, el rechazo del hombre de su propia animalidad y su demostración de que esta negación tiene sus raíces psicológicas en la infancia. Es por ello que el psicoanálisis nos habla de objetos «buenos» y objetos «malos», estados «paranoicos» de desarrollo, «represiones», fragmentos «escindidos» de la mente que constituyen una especie de «enclaves de la muerte», etcétera.

En mi opinión, la obra de Jung –que, con su peculiar estilo científico-poético, introdujo el concepto de «sombra»– representa una síntesis magistral de este tipo de intrincadas investigaciones psicológicas. Hablar de la sombra es otro modo de referirse al sentimiento de ser una criatura inferior, algo que el individuo desea negar a toda costa. Erich Neumann resumió sucintamente la visión de Jung del siguiente modo:

La sombra es el otro lado, la expresión de nuestra propia imperfección terrenal, de nuestra negatividad [por ejemplo, el terror ante la fugacidad de la vida y la certeza de la muerte] que se contrapone a los valores absolutos.[3]

Como decía el mismo Jung, la sombra constituye el lado oscuro de nuestra propia mente, «un sentimiento de mezquindad real del que no tenemos más que una leve sospecha».[4] Ante esta situación, el ser humano quiere despojarse de su sentimiento de inferioridad, quiere «saltar por encima de su propia sombra» y el modo más rápido de conseguirlo consiste en «atribuir a los *otros* toda nuestra mezquindad, negatividad y culpabilidad».[5]

A los seres humanos la culpabilidad nos desagrada, nos abruma, y la sombra cubre literalmente toda nuestra existencia. Neumann acota nuevamente este punto de manera muy acertada:

El sentimiento de culpa tiene su origen... en la apercepción de la sombra... Este sentimiento de culpa –basado en la sombra– se descarga del sistema, tanto a nivel individual como colectivo, mediante el mismo fenómeno de proyección de la sombra. La sombra, que se halla en conflicto con los valores conscientes [ya que el rostro de la cultura se opone a la animalidad] no puede ser aceptada como una parte negativa del propio psiquismo, siendo proyectada o transferida, por consiguiente, al mundo externo y experimentada luego como un objeto procedente del exterior. A partir de entonces deja de ser un problema interno para pasar a ser perseguida, combatida y exterminada como si se tratara de un problema «ajeno».[6]

Así pues, Neumann concluye afirmando que la proyección constituye un mecanismo ancestral que pone en funcionamiento el fenómeno del chivo expiatorio, un mecanismo que permite descargar de nuestra mente las fuerzas negativas de la culpabilidad, la inferioridad y la animalidad proyectándolas al exterior y posteriormente tratando de destruirlas simbólicamente en el chivo expiatorio. A la luz de todas estas consideraciones –y de otras muchas que pudieran aducirse al respecto– sólo cabe una posible explicación del genocidio nazi de judíos, gitanos, polacos y tantos otros: la proyección de la sombra. No debemos pues asombrarnos de que Jung observara –incluso de manera más contundente si cabe que Rank o Reich– que lo único que funciona mal en el mundo es el ser humano».[7]

29. LA TOMA DE CONCIENCIA DE NUESTRA ESCISIÓN INTERNA

Andrew Bard Schmookler

Consejero del Search for Common Ground en Washington y autor de *The Parable of the Tribes* y *Out of Weakness: Healing the Wounds that Drive Us to War*.

Según Scott Peck, «el principal problema del mal no estriba en el hecho de pecar sino en nuestra negativa a admitir que pecamos».[1] A fin de cuentas, todo lo que no afrontamos termina sorprendiéndonos desagradablemente. Por consiguiente, sólo dejaremos de estar poseídos por los demonios cuando acopiemos la energía suficiente como para reconocer las imperfecciones de nuestra condición moral.

En *Moby Dick*, la búsqueda de la ballena blanca por parte del capitán Ahab alegoriza el camino de la guerra mientras que el cuento de Joseph Conrad, *El polizón* -que también trata de una embarcación y de las relaciones que mantiene su capitán con su lado oscuro- constituye, por el contrario, una alegoría del camino de la paz.

En opinión de la psicóloga junguiana Esther Harding, el cuento de Conrad es un alegato sobre la sombra. *El polizón* relata la historia de un extranjero desnudo -un oficial que ha matado a uno de sus hombres por haber incumplido una orden- que sube a bordo de un barco mientras su capitán está de guardia. A partir del momento en que el capitán oculta al extraño personaje, un aura de desazón e inquietud parece cernirse sobre la -hasta entonces- tranquila embarcación. En cierto momento crucial el capitán está a punto de cometer un acto tan violento como el perpetrado por su misterioso pasajero. Cuando se da cuenta de que también él podría ser un asesino -afirma Harding- se disipa la tensión que pesaba sobre la embarcación. «Entonces, y sólo entonces, el desconocido regresa al océano del que tan inexplicablemente había surgido. A partir de ese momento, el barco y su inexperto capitán emprenden su singladura de regreso empujados por vientos favorables».[2]

Mientras creamos que todos los males residen en el exterior, nuestra nave -como la del capitán Ahab- se verá amenazada por la fatalidad. Cuando, por el contrario, nos percatemos de que la capacidad de hacer el mal también mora en nuestro interior, podremos hacer las paces con nuestra sombra y nuestro barco podrá, por fin, navegar a salvo de las adversidades.

Obviamente, la maldad y la enemistad no constituyen un asunto exclusivamente interno ya que también en el exterior podemos observar su presencia. No obstante, al igual que la discordia, también la conciliación puede hacer acto de presencia en cualquier momento. La fragmentación contribuye a enloquecernos pero cualquier aproximación hacia la salud, por su parte, fomenta la creación de un orden más completo. De este modo, si queremos trascender las fronteras que dividen nuestro amenazado planeta deberemos aprestarnos a superar la escisión que anida en el mismo corazón del ser humano.

Dice un relato jasídico:

El día del Sabbath el hijo de un rabí acudió al servicio religioso de una población cercana. Al volver, su familia le preguntó: «¿Y allí hacen algo diferente a lo que hacemos nosotros?» «Sí» -respondió el hijo. «¿Ah, sí? ¿Y qué es lo que has aprendido?

«Ama a tu enemigo como a tí mismo» -replicó éste. «Entonces enseñan lo mismo que nosotros. ¿Por qué dices que has aprendido algo nuevo?» «Me enseñaron a amar a los enemigos internos» -replicó finalmente.[3]

La reconciliación con nuestros enemigos internos no supone la eliminación de nuestros adversarios externos pero sí que modifica nuestra relación con ellos. Para alcanzar la paz nos veremos obligados a realizar un doloroso esfuerzo espiritual. Sólo entonces dejaremos de considerar que la maldad es algo diabólico y comenzaremos a relacionarnos con ella en términos mucho más humanos. Este es, a fin de cuentas, el camino de la humildad.

La oscuridad se asienta en el corazón de todo ser humano. Quizás encontremos cierto alivio en creer que los seres humanos más destructivos son una especie de demonios que pertenecen a una raza diferente. Sólo así es posible comprender que un escritor alemán subrayara la inutilidad de cualquier intento de comprender la conducta de Himmler porque, en su opinión, «tal tentativa equivaldría a tratar de comprender a un demente en términos de experiencia humana».[4] Más adecuada, sin embargo, nos resulta la opinión de un periodista alemán que afirmaba: «Desde el mismo comienzo sabíamos que Hitler era uno de *nosotros*. No debemos olvidarlo».[5] Efectivamente, Hitler era un ser humano, *uno de nosotros*, y aunque la proyección pueda proporcionarnos cierto alivio, no podemos seguir ignorando que el verdadero camino que conduce a la paz pasa por el reconocimiento de que hasta el más diabólico de nuestros enemigos no deja, por ello, de ser tan humano como nosotros.

Es nuestra propia escisión interna la que ocasiona la hostilidad existente entre el bien y el mal. Sólo cuando comprendamos que el antagonismo es precisamente el causante de la maldad descubriremos una nueva dinámica moral que haga posible la paz. Mientras nuestra moral siga sustentándose en el modelo bélico nos veremos obligados a elegir un bando, identificarnos con una parte de nosotros mismos y repudiar a la otra. De este modo, todas nuestras tentativas fracasarán como el intento de elevarnos tirando de los cordones de nuestros propios zapatos.

Es lamentable que los «pacifistas» compartan, con tanta frecuencia, el mismo modelo ético que los belicistas. De ese modo, sin embargo, se colocan a sí mismos en el papel de personas virtuosas que sólo desean la paz y consideran a los belicistas como una especie de demonios sedientos de sangre. Pero los belicistas *también* nos protegen de peligros muy reales y los «amantes de la paz», por su parte, pretenden imponer sus opiniones sobre las de sus «enemigos». De este modo, lo único que se consigue es mantener el imperio de la violencia enmascarándolo detrás de la bandera de la paz.

En el libro *Gandhi's Truth*, Erik Erikson nos ayuda a esclarecer algunas de las trampas que acechan en el camino de la paz. No cabe la menor duda de que Gandhi constituye, con todo merecimiento, un héroe del movimiento pacifista de nuestro siglo. El mismo libro de Erikson es un tributo de admiración. La figura semidesnuda de Gandhi constituye la encarnación misma de la sencillez de espíritu y nos enseña a apelar a la bondad de nuestros adversarios y a no convertirlos en demonios. Así pues, su ejemplo nos señala el camino para detener la escalada vertiginosa de la violencia mediante la decisión voluntaria de aceptar los agravios sin responder a ellos.

No obstante, como afirmó Erikson en una carta abierta dirigida a Gandhi, el obstinado esfuerzo del mahatma por alcanzar la perfección moral constituye también una evidencia de su dimensión sombría. Según Erikson, la relación que Gandhi sostenía consigo mismo entrañaba un tipo de violencia que le llevó a establecer relaciones de dominio y explotación con las personas que le rodeaban.[6] En opinión de Erikson, el combate que Gandhi sostuvo consigo mismo para alcanzar la santidad es la herramienta que nos mantiene cautivos del yugo de la violencia.

Erikson prosigue diciendo: «Mientras sigamos siendo incapaces de aplicar la no violencia (*satyagraha*) a "la maldad" que se asienta en nuestro interior y sigamos temiendo a nuestros instintos no haremos más que marchitar nuestra sensibilidad, correremos el riesgo de convertirnos en criaturas doblemente peligrosas y la no violencia tendrá pocas oportunidades de adquirir una relevancia universal».[7] El argumento central de la tesis de Erikson es que la lucha que Gandhi sostuvo contra su propia sexualidad –una lucha en la que la proyección desempeñó una función muy importante– dañó a otras personas. No podemos por menos que hacernos eco de las reservas con las que George Orwell reflexionaba sobre Gandhi: «No cabe la menor duda de que un santo debe evitar el alcohol, la carne, etcétera, pero, de la misma manera, los seres humanos también deben tratar de evitar la santidad».[8] A fin de cuentas, la santidad constituye una identificación exclusiva con nuestros aspectos «virtuosos» –en tanto que irremisiblemente opuestos a nuestros aspectos «pecaminosos»– y, por tanto, sigue alimentando nuestra concepción belicista de la vida. «Gran parte del exceso de violencia que distingue al hombre de los animales –continúa Erikson– son el fruto de métodos educativos pueriles que enfrentan a una parte del ser humano en contra de otras».[9]

Es posible que existan otras alternativas. La bondad puede ser concebida en términos de salud. En inglés, la raíz de la palabra «salud» (health) está relacionada con la de «totalidad» (whole). Desde este punto de vista, la maldad deja de ser algo que debemos destruir violentamente para convertirse en una enfermedad que debemos curar, algo que hay que completar. Sólo haciéndonos seres completos hallaremos el camino que conduce a la paz y al bienestar. Y, para lograrlo, es fundamental que nos reconciliemos con nuestras facetas pecadoras e imperfectas. Erich Neumann considera que uno de los principales objetivos terapéuticos de la psicología profunda decansa en acopiar el «coraje moral necesario para no tratar de ser *ni mejor ni peor* de lo que uno realmente es».[10] Erikson, por su parte, finaliza su carta a Gandhi diciendo que –como afirma el psicoanálisis– el *satyagraha* del mahatma debería contemplar la necesidad de un encuentro terapéutico con uno mismo que nos permita «reconciliarnos amablemente con nuestros enemigos internos...»[11] Sólo de este modo la violencia fragmentadora desaparecerá para dejar paso a la integración.

La bondad no reinará en el mundo cuando haya triunfado sobre el mal, sino cuando nuestro anhelo por el bien deje de estar basado en la derrota del mal. Mientras sigamos entregados a la búsqueda exclusiva de la santidad y no aceptemos humildemente nuestra condición imperfecta será imposible alcanzar la verdadera paz. Fue precisamente santa Teresa de Lisieux quien describió lo difícil que resulta dejar que el espíritu de la paz more en nuestros corazones. «Sólo cuando puedas soportar serenamente el desafío de despreciarte a tí mismo serás para Jesús el más grato de los refugios».[12]

* * *

¿Hay alguna diferencia entre el sí y el no?
¿Hay alguna diferencia entre lo bueno y lo malo?
¿Debo temer lo que otros temen? ¡Qué absurdo!
Tener y no tener son las dos caras de una misma moneda.
Lo fácil y lo difícil se complementan mutuamente.
Lo largo y lo breve cooperan entre sí.
Lo alto y lo bajo se sustentan el uno al otro.
El frente y el reverso van siempre juntos.

LAO TSE

OCTAVA PARTE

LA CONSTRUCCION DEL ENEMIGO: ELLOS Y NOSOTROS EN LA VIDA POLÍTICA

En nuestra época estamos empezando a comprender que las personas que habitan más allá de la montaña no son demonios de cabezas rojas ni tampoco son los responsables de todo la maldad que existe en este lado de la montaña.

C.G. JUNG

Nuestros amigos nos enseñan lo que podemos hacer, nuestros enemigos lo que debemos hacer.

GOETHE

Tener un enemigo es como poseer un tesoro oculto en nuestra propia casa sin haber realizado esfuerzo alguno por conseguirlo. Debemos cuidar a nuestros enemigos porque ellos constituyen la mejor ayuda en el camino que conduce a la Iluminación.

SANTIDEVA

Si tuviéramos acceso a la biografía secreta de nuestros enemigos y comprender toda la tristeza y sufrimiento que encierran toda nuestra hostilidad hacia ellos se desvanecería.

HENRY WADSWORTH-LONGFELLOW

INTRODUCCIÓN

Por más desagradable que pueda parecernos la idea, todos nosotros necesitamos enemigos. Nuestra existencia parece depender e incluso, en ocasiones, progresar gracias a ellos. En este capítulo presentaremos una serie de ensayos que subrayan los aspectos morales, prácticos y filosóficos que suscita –tanto a nivel personal como colectivo– la figura del adversario y haremos especial hincapié en su origen y su función.

El proceso de creación de enemigos parece cumplir con una función muy importante: la atribución inconsciente y cruda a nuestros enemigos de aquellos rasgos que nos resultan especialmente intolerables de nosotros mismos. Desde un punto de vista psicológico, el proceso de creación de un enemigo parece originarse en una proyección de nuestra sombra sobre aquellas personas que –debido a razones frecuentemente muy abstrusas– se adecuan a la imagen que tenemos de lo inferior. Basta simplemente con pensar en aquellas personas a quienes despreciamos o contra quienes albergamos algún tipo de prejuicio para caer presa de los aspectos más turbios de nuestra naturaleza.

En lo que concierne al ámbito de lo colectivo –nación, raza, religión– el proceso de creación de enemigos adquiere proporciones míticas, dramáticas y, frecuentemente, trágicas. Las guerras, las cruzadas y las persecuciones, por ejemplo, constituyen la expresión más terrible de esa sombra que forma parte de nuestro legado instintivo tribal. No es de extrañar, pues, que las mayores atrocidades de la historia de la

285

humanidad se hayan perpetrado en nombre de causas justas cuando la sombra de toda una nación –o un grupo humano– se proyecta en la figura del enemigo y llega a convertir, de este modo, a otro grupo humano en infiel, cabeza de turco o chivo expiatorio de nuestras propias culpas.

El enfrentamiento con nuestros enemigos cumple pues con una función redentora. Según el sociólogo Ernest Becker: «Si hay algo que nos han enseñado las terribles guerras de nuestra época es que el enemigo cumple con la función ritual de redimirnos del mal. Por eso todas las guerras son consideradas "guerras santas", en el doble sentido de constituir, por una parte, una forma de librar al mundo de la maldad y, por la otra, una revelación de nuestro propio destino, una prueba de que Dios está de nuestra parte».

Nuestra época ha derrochado una enorme cantidad de recursos humanos y materiales tratando de mantener vigente la figura del enemigo mediante la estrategia de la guerra fría. Y aunque ya hemos hipotecado el futuro de nuestros hijos armándonos hasta los dientes con todo tipo de tecnología bélica todavía podemos albergar, sin embargo, ciertas esperanzas de desmantelar toda la parafernalia bélica obsoleta y sacar algo en limpio de toda esta sinrazón.

El mundo, no obstante, parece estar esperando una era de cooperación constructiva, un nuevo milenio en el que utilicemos nuestra energía en resolver los problemas en lugar de malgastarla en seguir creándonos enemigos. El verdadero adversario de nuestro tiempo –la contaminación ecológica, el efecto invernadero, la extinción de numerosas especies, el hambre y la pobreza de gran parte de la humanidad– está más allá de toda proyección y sólo podrán resolverse adecuadamente cuando asumamos y seamos los dueños de nuestra sombra colectiva.

Sin embargo, en los albores de esta era de cooperación una nueva amenaza se cierne sobre nosotros. Hemos cambiado el objetivo de la proyección de nuestra sombra desde la Unión Soviética hasta Irak y su cínico presidente Saddam Hussein. De nuevo las naciones han comenzado a hacer sonar los tambores que convocan a la danza de muerte y una vez más hemos caído en las garras de la sombra arquetípica.

Los ensayos presentados en este capítulo tratan del proceso de creación del mal en la mente colectiva, subrayando especialmente el tema de la sombra en la estructura social y política de la humanidad. El escritor y filósofo Sam Keen abre esta sección con su ensayo "El Creador de Enemigos" -extraído de su libro *Faces of the Enemy*- en el que describe el proceso de creación de enemigos, estudia la mentalidad de lo que él denomina *homo hostilis* y señala que la única posibilidad de supervivencia de nuestra especie descansa en la transformación de nuestros modelos conceptuales sobre la guerra y la figura del enemigo.

Fran Peavey -profesora, activista y dramaturga- presenta en "Nosotros y Ellos" (escrito en colaboración con Myrna Levy y Charles Varon) un relato en primera persona en el que describe la naturaleza del odio y el temor, las dificultades que entraña cualquier intento de cambio social sin transformar nuestra concepción del enemigo y -lo que es todavía más importante- nos ofrece una serie de propuestas para que podamos dejar de odiar a nuestros enemigos.

A continuación, la feminista Susan Griffin nos proporciona una nueva terminología para reflexionar sobre la sombra en su artículo "La Mentalidad Chauvinista" -extraído de su libro *Pornography and Silence*- en el que afirma que la mitología chauvinista es pornográfica y demuestra que los elementos rechazados por el racista, el misógino y el antisemita son, en realidad, fragmentos escindidos de su propia alma. Según Griffin, en nuestra cultura todos participamos, en mayor o menor medida, de esta mentalidad chauvinista.

El eminente autor y psicólogo Robert Jay Lifton analiza el lado oscuro de las actividades de la maquinaria de guerra nazi en "El Desdoblamiento y los Médicos Nazis" y nos proporciona un retrato del genocida y del asesino de masas. En su artículo, extraído de *The Nazi Doctors: Medical Killing and the Psychology of Genocide*, Lifton apela a los conceptos de desdoblamiento y desintegración psicológica para tratar de averiguar los motivos que arrastraron a profesionales médicos supuestamente sensatos a perpetrar –tanto en Auschwitz como en otros campos de exterminio– atrocidades inconcebibles sobre sus «enemigos» y seguir llevando, sin embargo, una vida cotidiana aparente y funcionalmente normal.

En "¿Quiénes son los criminales?" –publicado por primera vez en la revista *Inroads*– Jerry Fjerkenstad recurre a una sofisticada metáfora alquímica para criticar la forma en que nuestra cultura proyecta sus facetas más oscuras e indeseables sobre los delincuentes y afirma que, en lugar de considerar seriamente su posible rehabilitación social, termina transformándolos en meras víctimas propiciatorias. «Necesitamos a los delincuentes –bromea Fyerkenstad– para no terminar encerrándonos a nosotros mismos».

Si tenemos en cuenta la amplia panorámica que nos ofrece este capítulo podremos comenzar a advertir que todos somos, al mismo tiempo, amigos y enemigos, aliados y adversarios. La elección depende de nosotros.

30. EL CREADOR DE ENEMIGOS

Sam Keen

Ffilósofo y ex-editor de *Psychology Today*. Es el autor de *Su viaje mítico* (escrito en colaboración con Anne Valley-Fox; Ed. Kairós); *To a Dancing God*; *The Passionate Life: Stages of Loving*; *Faces of the Enemy: Reflections of the Hostile Imagination* y *Fire in the Belly: On Being A Man*.

Para crear un enemigo
toma un lienzo en blanco
y esboza en él las figuras
de hombres, mujeres y niños.

Sumerge en la paleta inconsciente
de tu sombra enajenada
un gran pincel
y emborrona a los extraños
con los turbios colores de la sombra.

Dibuja en el rostro de tu enemigo
la envidia, el odio y la crueldad
que no te atreves a admitir como propias.

Ensombrece todo asomo
de simpatía en sus rostros.

Borra cualquier indicio de los
amores, esperanzas y temores
que se constelan caleidoscópicamente
en torno al corazón de todo ser humano.

Deforma su sonrisa
hasta que adopte el aspecto tenebroso
de una mueca de crueldad.

Arranca la piel de los huesos
hasta que asome
el esqueleto inerme de la muerte.

Exagera cada rasgo
hasta transformar a cada ser humano en una bestia, una alima-
ña, un insecto.

Llena el fondo del cuadro
con todos los diablos, demonios y figuras malignas
que alimentan nuestras pesadillas ancestrales.

Cuando hayas terminado el retrato de tu enemigo
podrás matarlo y descuartizarlo sin sentir vergüenza ni culpa
alguna.

Porque entonces lo que destruirás
se habrá convertido
en un enemigo de Dios
o en un obstáculo
para la sagrada dialéctica de la historia.

Primero creamos al enemigo. La imagen existe antes que
el arma, la propaganda precede a la tecnología. Comenzamos *pensando* en otros a quienes matar y posteriormente inventamos el hacha de guerra o el misil intercontinental para
acabar con ellos.

Sin embargo, los políticos de uno y otro signo creen exactamente lo contrario y proclaman a voz en grito que si aban-
donamos nuestra política armamentista el enemigo no desa-
provechará la ocasión. Los conservadores, por su parte, opinan

que el único modo de mantener en cintura al enemigo consiste en demostrarle que disponemos de armas más grandes y más poderosas que las suyas. Los liberales, por el contrario, piensan que el enemigo dejaría de serlo si tuviéramos menos armas o si éstas fueran menos potentes. Ambas posturas, sin embargo, se basan en la creencia optimista y racional de que el ser humano es un animal pragmático que ha llegado a convertirse, con el correr de los años, en *homo sapiens* («hombre racional») y en *homo faber* («hombre hábil»), y que, consecuentemente, es posible alcanzar la paz mediante la negociación y el control armamentístico.

Sin embargo, la realidad no parece ajustarse a esa creencia, ya que el problema no parece asentarse tanto en nuestra razón o en nuestra tecnología como en la dureza de nuestros corazones. Generación tras generación hemos inventado todo tipo de excusas para odiar y deshumanizar a nuestros semejantes. Nos negamos a admitir lo evidente y nos justificamos con la retórica política más sofisticada. El ser humano es un *homo hostilis*, una especie hostil, el único animal capaz de fabricarse enemigos para tratar de escapar de su propia hostilidad reprimida. De este modo, con los residuos inconscientes de nuestra hostilidad y con nuestros demonios privados creamos un objetivo, conjuramos un enemigo público y –lo que es peor– nos entregamos a rituales compulsivos, a dramas tenebrosos con los que tratamos de exorcisar aquellos aspectos que negamos y despreciamos de nosotros mismos.

Nuestra única esperanza de supervivencia radica en la capacidad de cambiar nuestra actitud hacia la guerra y la figura del enemigo. En lugar de seguir hipnotizados con la imagen del adversario debemos empezar a prestar atención a los ojos que ven al enemigo. Ya ha llegado el momento de explorar la mentalidad del *homo hostilis* («humano hostil») y de examinar minuciosamente la forma en que manufacturamos la figura del enemigo, creamos un plus de maldad y terminamos convirtiendo al mundo en un inmenso cementerio. Pero mientras sigamos ignorando la lógica de la paranoia política y el proceso propagandístico con el que tratamos de justificar nuestra violencia parece poco probable que lleguemos a tener ningún éxito sustancial en el control armamentístico. Para ello debemos tomar conciencia de lo que Carl Jung denominaba «la sombra». Los héroes y los líderes de la paz de nuestro tiempo son aquellos hombres y mujeres que tienen el valor de sumergirse en las tinieblas de su propia personalidad y zambullirse en la oscuridad del psiquismo colectivo en busca de su enemigo interno. La psicología profunda nos ha proporcionado la evidencia incuestionable de que fabricamos al enemigo con las partes negadas de nuestro propio yo. Por tanto, el mandamiento «ama a tu enemigo como a tí mismo» nos señala el camino que conduce al autoconocimiento y a la paz. De hecho, amamos y odiamos a nuestros enemigos en la misma medida que nos amamos y nos odiamos a nosotros mismos. En el rostro del enemigo encontramos pues el espejo en el que contemplar nítidamente nuestro verdadero semblante.

Pero ya escucho el clamor de las objeciones de quienes detentan los poderes fácticos. Vayamos, pues, más despacio. «¿Qué significa eso de "crear" enemigos? Nosotros no inventamos a los enemigos. En el mundo real existen agresores, imperios malignos, hombres malvados y mujeres perversas que nos destruirían si no acabáramos antes con ellos. En este mundo existen seres tan ruines como Hitler, Stalin y Pol Pot (dirigente de los khmeres rojos y responsable del asesinato de dos millones de camboyanos). No podemos psicologizar los acontecimientos políticos ni resolver el problema de la guerra tratando simplemente de comprender la forma de pensar del enemigo».

Efectivamente. Pero la causa de la paz no puede avanzar con verdades a medias, ya sean éstas de naturaleza política o psicológica. Ciertamente, debemos abstenernos de psicologizar los acontecimientos políticos pero también debemos evitar politizar los hechos psicológicos. La guerra es un problema sumamente complejo que no puede afrontarse desde un solo punto de vista. Para comprenderla deberíamos disponer, como mínimo, de una especie de teoría *cuántica* de la guerra. Así, de la misma manera que sólo podemos comprender la naturaleza de la luz considerándola simultáneamente como onda y como partícula, sólo podremos comprender la naturaleza de la guerra apelando a un enfoque pluridisciplinar que englobe sus diversos factores causales. Es por ello que necesitamos abordar el problema de la guerra considerando que se trata de un sistema sustentado, por igual, en:

el psiquismo belicista   y   la polis violenta
la paranoia   y   la propaganda
la imaginación hostil   y   los conflictos geopolíticos y
                               de valores entre naciones.

Cualquier reflexión fructífera sobre la guerra deberá, pues, tener en consideración al psiquismo individual y a las instituciones sociales. La sociedad configura nuestro psiquismo y viceversa. Por consiguiente, debemos poner manos a la obra para acometer la ingente tarea de concebir alternativas políticas y psicológicas a la guerra, de cambiar la mentalidad del *homo hostilis* y de modificar la estructura de las relaciones internacionales. Esto supone, al mismo tiempo, la doble tarea de emprender un viaje heroico hacia el yo y ensayar un nuevo estilo más compasivo de hacer política. No será posible reducir la belicosidad mientras no tengamos en cuenta todos los factores que sostienen un sistema basado en la violencia. Debemos tener en consideración tanto a las raíces psicológicas de la paranoia, la proyección y la propaganda como a las prácticas contraproducentes en la educación de nuestros hijos, la injusticia, los intereses creados de las élites del poder, los conflictos religiosos, sociales, históricos, económicos, raciales y la presión de la opinión pública.

El problema de la psicología militar estriba en cómo llegar a convertir el asesinato en patriotismo, pero no suele examinarse en profundidad el proceso de deshumanización del enemigo. Cuando proyectamos nuestra sombra no nos damos cuenta de lo que hacemos. La masa genera odio y el cuerpo político debe insensibilizarse de su paranoia, proyección y propaganda. De este modo, el «enemigo» se convierte en algo tan real y objetivo como una piedra o un perro rabioso. Nuestra primera tarea consiste, pues, en romper este tabú, tomar conciencia de los aspectos inconscientes del cuerpo político y examinar la forma en que creamos la figura del enemigo.

La paranoia consensual –la patología de una persona normal perteneciente a una sociedad belicista– nos proporciona un modelo útil para comprender este proceso. Si comprendemos la lógica de la paranoia podremos comprender la presencia recurrente –independientemente de las circunstancias históricas– del arquetipo del adversario.

La paranoia presupone un complejo de mecanismos mentales, emocionales y sociales mediante los cuales una persona –o un grupo– se atribuyen toda la justicia y la pureza mientras asignan, al mismo tiempo, toda la hostilidad y la maldad a sus enemigos. Este proceso se inicia con la división –sancionada por los mitos y los medios de comunicación de masas– entre el «buen» Yo (con el que nos identificamos conscientemente) y el «mal» Yo (que reprimimos y proyectamos inconscientemente sobre nuestros enemigos). Mediante esta artimaña escamoteamos de la conciencia aquellos aspectos inaceptables de nuestro Yo que Jung denominaba «sombra» (la envidia, la crueldad, el sadismo, la hostilidad, etcétera) que, a partir de entonces, sólo reconocemos como cualidades de nuestros enemigos. De este modo, la paranoia cumple con la función de reducir la ansiedad y la culpabilidad que sentimos y de transferir a los demás aquellas características que no queremos reconocer en nosotros mismos. Este proceso, por otra parte, se mantiene mediante la percepción y la memoria selectiva que hace que sólo nos percatemos de aquellos aspectos negativos del enemigo que se ajustan a nuestro estereotipo. Las únicas noticias que ofrecía la televisión norteamericana, por ejemplo, sobre la Unión Soviética eran negativas y lo mismo ocurría en el otro bando. Por otra parte, sólo recordamos aquello que confirma nuestros prejuicios.

La típica propaganda antisemita contemporánea ilustra perfectamente este modelo. Para los antisemitas el judío es la causa fundamental del mal. Para los antisemitas nazis tras los enemigos tradicionales de Alemania –Inglaterra, Rusia y los Estados Unidos– acechaba la conspiración judía. Esta amenaza –inexistente para cualquier otro observador– resultaba, sin embargo, evidente para quien creía ciegamente en la supremacía de la raza aria. Fue precisamente esta lógica distorsionada, la que justificaba la utilización de trenes –vitales para el traslado de tropas al frente– para el transporte de judíos a los campos de concentración en vistas a la «solución final».

Un ejemplo más reciente de esta mentalidad paranoica nos la ofrece el ala derecha del anticomunismo norteamericano y el obsesivo anticapitalismo soviético. Ambas perspectivas comparten la misma visión paranoica que les llevaba a atribuir a sus enemigos más poder, cohesión y éxito conspiratorial del que en realidad poseen. Los creyentes de ambos bandos consideran fanáticamente que el mundo es un inmenso campo de batalla y que todos los países deben terminar, más pronto o más tarde, alineándose, bajo la esfera de influencia del comunismo o del capitalismo.

Una de las principales funciones de la mentalidad paranoica consiste en librarnos de la culpa y la responsabilidad atribuyéndosela a los demás. Esta inversión puede revestir, a veces, un carácter extremo.

La culpa genera más culpa. Es por ello que la nación o la persona paranoica creará un sistema de mentiras compartidas, una *paranoia à deux*. El sistema de creación de enemigos supone la participación de dos o más adversarios arrojando su basura psicológica inconsciente en la puerta trasera de los otros. De este modo, todo lo que rechazamos en nosotros mismos terminamos atribuyéndoselo al enemigo y viceversa. Dado que este proceso de proyección inconsciente de la sombra es universal los enemigos «se necesitan» mutuamente para poder depojarse de sus toxinas psicológicas desposeídas. De este modo terminamos creando un vínculo de odio, una «simbiosis de enfrentamiento», un sistema integrado que nos garantice que jamás nos veamos obligados a afrontar nuestra propia sombra.

En el conflicto Estados Unidos-Unión Soviética ambas partes se necesitaban mututamente como blanco de sus proyecciones. La propaganda soviética que describía a los Estados Unidos como un violador de los derechos humanos se parecía al cazo que llama sucia a la olla y, por nuestra parte, los ataques contra el control estatal soviético y la ausencia de propiedad privada sólo reflejaban nuestro rechazo inconsciente de la pérdida de libertad individual bajo el capitalismo corporativista y nuestra dependencia del apoyo gubernamental durante toda nuestra vida. Esos aspectos contradecían la imagen que nos habíamos forjado de nosotros mismos como individualistas empedernidos. Oficialmente, equiparamos la dependencia del estado a la esclavitud y, sin embargo, nos vemos obligados a adoptar un macrogobierno y un socialismo galopante que indican, obviamente, que tenemos enormes necesidades y dependencias que no se corresponden con la imagen del «hombre Malboro» que hemos forjado de nosotros mismos. Los soviéticos, por su parte, cuando veían que el consumo era una forma de libertad y que ésta producía beneficios aspiraban también a una mayor libertad personal. Nosotros creemos que los soviéticos sacrifican al individuo a los intereses del estado y ellos, por su parte, consideran que nosotros santificamos la avaricia de los poderosos a costa de la comunidad, permitiendo el beneficio de una minoría a expensas de la inmensa mayoría. Así, mientras estamos intercambiando insultos permanecemos a salvo de tener que emprender la ardua tarea de comprender las considerables deficiencias y crueldades de nuestro propio sistema.

Es inevitable que la mentalidad infantil paranoica vea en el enemigo algunas de las cualidades paradójicas del mal padre. La fórmula necesaria para poder destruir al enemigo con total impunidad moral siempre atribuye al enemigo un poder casi omnipotente y una degradación moral casi absoluta. Las declaraciones del Departamento de Defensa de los Estados Unidos, por ejemplo, suelen asumir un estilo típicamente paranoico enfatizando la superioridad de la Unión Soviética en la producción de bombas, tanques, misiles, etcétera subrayando también, al mismo tiempo, el despiadado avance del comunismo y del ateísmo en el mundo. El Kremlin, por su parte, jugaba a lo mismo.

Lo cierto es que la mentalidad paranoica no tolera la idea de igualdad. Un paranoico debe sentirse sádicamente superior –y dominar a los demás– o bien debe sentirse masoquistamente inferior –y sentirse amenazado por ellos. Los adultos, en cambio, pueden sentirse iguales y compartir, de este modo, su responsabilidad tanto por el bien como por el mal, pero en la mentalidad infantil, el gigante –el padre, el enemigo– es el único que detenta el poder, el único, por tanto, moralmente responsable de no eliminar el mal y el sufrimiento de su vida.

El *homo hostilis* es irremediablemente dualista, un dualista maniqueo:

Nosotros somos inocentes.	Ellos son culpables.
Nosotros decimos la verdad.	Ellos mienten.
Nosotros informamos.	Ellos hacen propaganda.
Nosotros tenemos un Departamento de Defensa.	Ellos tienen un Ministerio de la Guerra.
Nuestros misiles y armas son defensivos.	Las suyas son ofensivas.

La más terrible de todas las paradojas morales, sin embargo, el nudo gordiano que debe ser cortado para que la historia pueda seguir su curso, es el hecho de que creamos el mal a partir de nuestros ideales más elevados y de nuestras aspiraciones más nobles. Necesitamos ser héroes, estar del lado de Dios, eliminar el mal, purificar el mundo y vencer a la muerte aunque para ello tengamos que sembrar la destrucción y la muerte de todo lo que se interponga en nuestro camino hacia nuestro heroico destino. Necesitamos y creamos enemigos absolutos no porque seamos intrínsecamente crueles, sino porque proyectamos nuestro odio sobre un objetivo externo, agrediendo a los extraños, tratando de agrupar a nuestra tribu o nación y permitiéndonos entrar a formar parte de un grupo cerrado y exclusivo. Creamos un excedente de mal porque tenemos necesidades de pertenencia.

¿Cómo podemos crear psiconautas, exploradores de las alturas y profundidades del psiquismo? ¿Cómo llevar a cabo una cruzada interna contra la paranoia, la mentira, la autoindulgencia, la culpabilidad, la vergüenza, la pereza, la crueldad, la hostilidad, el miedo y el absurdo? ¿Cómo puede la sociedad reconocer y recompensar el coraje de quienes combaten las tentaciones diabólicas del yo, de quienes emprenden una guerra santa contra toda la maldad, la perversión y la crueldad que anida en su interior?

Si realmente deseamos la paz debemos empezar a desmitificar al enemigo, dejar de politizar los fenómenos psicológicos, recuperar nuestra sombra, dedicarnos a estudiar minuciosamente las mil y una formas en que negamos, enajenamos y proyectamos en los demás nuestro egoísmo, nuestra crueldad y nuestros celos y, finalmente, comprender en profundidad cómo hemos creado inconscientemente un psiquismo beligerante y cómo hemos perpetuado las innumerables variedades de la violencia.

31. NOSOTROS Y ELLOS

Fran Peavey (en colaboración con Myrna Levy y Charles Varon)

Tiene un amplio historial laboral que abarca desde su trabajo como taxista y diseñadora de muebles hasta el activismo político y su labor académica sobre teorías innovadoras y tecnología de vanguardia. Es autora del libro *Heart Politics*.

Hubo una época en la que yo sabía a ciencia cierta que quienes se negaban a servir a los negros eran racistas, quienes organizaban guerras y ordenaban asesinar a personas inocentes eran belicistas y que los propietarios de fábricas que contaminan el aire, el agua y la tierra eran los responsables de la contaminación del medio ambiente. Fue un tiempo en el que el hecho de participar en boicots, manifestaciones y sentadas de protesta contra las acciones de los malos me hacía sentir una buena chica.

Pero, por más que proteste, un examen sincero de mí misma y de mis relaciones con el mundo me revela que yo también formo parte del problema. Me doy cuenta, por ejemplo, de que desconfío más de los mejicanos que de los blancos, constato también que soy adicta a un estilo de vida que sólo puede mantenerse a expensas de la gente más pobre del planeta –una situación sostenida, por otra parte, gracias al poder militar– y advierto que el problema de la polución no está desvinculado de mi despilfarro de los recursos energéticos y la creación de desperdicios. De este modo, la línea que antaño me separaba claramente de los malos ha terminado esfumándose.

Cuando luchaba contra la guerra de Vietnam me molestaba ver a personas vestidas con uniforme militar. Recuerdo que pensaba: «¿Cómo puede este muchacho ser tan estúpido como para ponerse un uniforme? ¿Cómo puede ser tan dócil y crédulo como para creerse las historias que cuenta el gobierno sobre Vietnam?» Sólo pensar en los terribles atropellos que, con toda probabilidad, habría cometido en Vietnam me ponían enferma.

Años después del final de la guerra, un pequeño grupo de veteranos de Vietnam quiso hacer un retiro en nuestra granja de Watsonville. Al principio no estaba muy segura de si debía acceder a su petición pero finalmente accedí. Ese fin de semana escuché a una docena de hombres y mujeres que a su regreso al hogar debieron afrontar el ostracismo al que se les sometió por haber participado en la guerra y se vieron obligados a luchar de nuevo para poder superar esta experiencia.

Contaron cosas terribles sobre lo que habían visto o hecho y otras, en cambio, de las que se sentían orgullosos. Expusieron también las razones que les habían movido a alistarse: su amor a los Estados Unidos, su voluntad de servicio, su valentía y su deseo de llegar a ser héroes. Se daban cuenta también de cómo habían traicionado sus aspiraciones iniciales hasta el punto de llegar a desconfiar de su propio juicio. Algunos de ellos dudaron incluso de su propia humanidad. Se preguntaban si su participación en la guerra había tenido algún sentido y si el sacrificio de sus camaradas había servido para algo. Su angustia me dejó tan inerme que, a partir de ese momento, dejé de considerarlos meros agentes del mal.

¿Cómo había llegado a transformar a los militares en mis enemigos? ¿Acaso aquellos vilipendiados soldados me habían proporcionado una coartada para inhibirme de mi propia responsabilidad por lo que mi país había hecho en Vietnam? ¿Acaso mi odio y rigidez me habían impedido comprender cabalmente la complejidad de la situación? Y, lo que es todavía peor, ¿cómo había afectado, en su momento, la estrechez de mi visión a mi lucha contra la guerra?

Hace algunos años, cuando mi hermana pequeña y su marido –un joven militar de carrera– vinieron a visitarme me enfrenté de nuevo al reto de tener que ver al ser humano que se hallaba dentro del soldado. En esa ocasión, mi cuñado me contó que siendo casi un niño –mientras estaba trabajando en una granja en Utah– le habían reclutado y adiestrado para ser francotirador.

Una noche, casi al final de su visita, comenzamos a hablar de su trabajo. Aunque mi cuñado había estudiado para trabajar como auxiliar médico todavía cabía la posibilidad de que le requirieran como francotirador. No me habló mucho sobre ese particular porque era secreto pero creo que, aunque no lo hubiera sido, tampoco hubiera querido hablar sobre el tema. En todo caso, dijo que la misión de un francotirador era la de viajar a un lugar extraño, «eliminar» a alguien y perderse entre la multitud.

Cuando te dan una orden –agregó– no puedes objetarla. Te sientes solo e indefenso. Por eso, en lugar de enfrentarse al ejército y, con ello, a todo el país, había elegido no considerar siquiera la posibilidad de desobedecer ciertas órdenes.

Comprendí entonces que el hecho de sentirse aislado le hiciera imposible seguir su propio código moral hasta el punto de desobedecer una orden. Por eso le dije: «Si alguna vez te ordenan algo que crees que no debes hacer llámame de inmediato y encontraré el modo de ayudarte. No estás solo. Conozco a mucha gente que apoyaría con gusto tu decisión». Entonces, mi hermana nos miró con los ojos anegados de lágrimas.

¿Cómo aprendemos a quién debemos amar u odiar? A lo largo de mi breve existencia los enemigos nacionales de los Estados Unidos han cambiado en varias ocasiones. Nuestros adversarios de la Segunda Guerra Mundial –los japoneses y los alemanes– se han convertido en nuestros aliados. La enemistad de los rusos, por su parte, ha sido proverbial aunque también ha habido breves períodos de tiempo en los que las relaciones han mejorado. Los norvietnamitas, los cubanos y los chinos también han cumplido con su papel. Así pues, si tantos países pueden provocar nuestra ira nacional, ¿cómo podemos elegir entre ellos?

¿Cómo elegimos a nuestros enemigos personales? ¿Seguimos acaso las advertencias de nuestros dirigentes, de los líderes religiosos, de los maestros de escuela, de los periódicos, de la televisión? ¿Odiamos a los enemigos de nuestros padres como parte de nuestra identidad familiar o se trata acaso de los enemigos de la subcultura o del grupo con el que nos identificamos?

¿A qué intereses políticos y económicos sirve nuestra mentalidad hostil?

En una conferencia sobre el holocausto y el genocidio conocí a una persona que me enseñó que –aun en las circunstancias más extremas– no hay motivo para odiar a nuestros enemigos. Mientras me hallaba sentada en el vestíbulo de un hotel después de una conferencia sobre el holocausto nazi entablé una conversación con Helen Waterford. Cuando me enteré de que era una superviviente de Auschwitz le expresé mi repulsa hacia los nazis (aunque creo que sólo estaba tratando de demostrarle que yo estaba en el bando de los buenos).

Cuando me dijo «¿Sabes? Yo no odio a los nazis» me quedé boquiabierta. ¿Cómo podía no odiar a los nazis alguien que había sobrevivido a un campo de concentración?

Supe, entonces, que Helen charlaba periódicamente con un antiguo líder de las Juventudes Hitlerianas. Hablaban de lo terrible que había sido el fascismo tanto desde dentro como desde fuera de él. Fascinada por el tema me quedé charlando con Helen para aprender tanto como pudiera.

En 1980, Helen se sintió intrigada por un artículo que leyó en un periódico en el que el autor, Alfons Heck, describía su infancia y adolescencia en la Alemania nazi. Siendo un niño el sacerdote de la escuela católica a la que acudía le saludaba con un «¡Heil Hitler!» al que seguía un «Buenos días» y «En el nombre del Padre, del Hijo y del Espíritu Santo...». De este modo, Hitler ocupaba, en la mente de Heck, un lugar más elevado que Dios. A los diez años ingresó como voluntario en las Juventudes Hitlerianas y en 1944, cuando apenas había cumplido los dieciseis, escuchó por primera vez que los nazis estaban asesinando sistemáticamente a los judíos y no pudo creérselo. Poco a poco, sin embargo, llegó al convencimiento de que efectivamente había sido cómplice de un genocidio.

La sinceridad de Heck impresionó tanto a Helen que hizo todo lo posible por conocerle. Descubrió que se trataba de una persona tierna, inteligente y afectuosa. Helen estaba dando conferencias públicas sobre sus experiencias del holocausto y pidió a Heck que compartiera con ella el estrado en una próxima conferencia ante un grupo de cuatrocientos maestros de escuela. Elaboraron así una charla en la que cada uno de ellos expuso cronológicamente su historia personal durante el período nazi.

Helen contó que, en 1934, a los veinticinco años de edad, se había visto obligada a abandonar Frankfurt. Ella y su marido, un contable que había perdido el trabajo cuando los nazis alcanzaron el poder, tuvieron que escapar a Holanda. Allí colaboraron con la resistencia y Helen dio a luz a una niña. Sin embargo, en 1940 los nazis invadieron Holanda y, a partir de 1942, tuvieron que vivir en la clandestinidad. Dos años más tarde fueron descubiertos y enviados a Auschwitz. Su hija se quedó con unos amigos de la Resistencia y su marido terminó sus días en el campo de concentración.

La primera conferencia conjunta fue tan bien que decidieron seguir trabajando en equipo. En cierta ocasión, en una conferencia que realizaron ante un auditorio de ochocientos estudiantes de enseñanza superior le preguntaron a Heck: «Si le hubieran ordenado disparar contra algún judío, ¿lo hubiera hecho?». El público comenzó a silbar. Heck tragó saliva y respondió: «Sí. Lo hubiera hecho. Obedecía ordenes». Luego, volviéndose hacia Helen le pidió disculpas diciendo que no había querido molestarla. Ella replicó entonces: «Me alegro de que hayas respondido sinceramente. De lo contrario no hubiera podido volver a confíar en tí».

Heck tiene que enfrentarse una y otra vez ante quienes piensan que «quien una vez fue nazi seguirá siéndolo durante toda la vida». La gente le responde: «Hablas muy bien pero no creemos lo que nos dices. Es muy difícil dejar de creer en algo en que has creído». Heck explica pacientemente una y otra vez que pasaron muchos años antes de que pudiera reconocer que había sido educado en la mentira. Por otra parte, los neonazis le llaman por teléfono a altas horas de la madrugada y lo amenazan de muerte: «Aún no te hemos cogido, traidor, pero no tardaremos en terminar contigo».

¿Qué sentía Helen en Auschwitz hacia los nazis? «No me gustaban pero no puedo decir que deseara matarlos. Nunca lo sentí así. Creo que no soy una persona rencorosa». Por otra parte, Helen se ve frecuentemente hostigada por los mismos judíos que la censuran por no odiar, por no desear la venganza. «Es imposible que no les odies» –le dicen.

En las conferencias sobre el holocausto y el genocidio y en las conversaciones posteriores que he sostenido con Helen he tratado de comprender qué es lo que le ha permitido ser tan objetiva y no acabar culpando al pueblo alemán por el holocausto, por su sufrimiento y por la muerte de su esposo y he llegado a la conclusión de que la respuesta radica en su apasionado estudio de la historia.

La mayoría de las personas cree que la única explicación posible del holocausto nazi es que fue la obra de un loco pero, en opinión de Helen, ese tipo de conclusiones nos impide pensar que cada uno de nosotros podemos vernos implicados en un holocausto. La valoración de la salud mental de Hitler –afirma– importa menos que el examen minucioso de las fuerzas históricas y del modo en que Hitler las manipuló.

«A medida que se acercaba la guerra –me dijo Helen– comencé a leer e informarme de todo lo que había ocurrido desde 1933, cuando mi visión del mundo se colapsó. Leía continuamente. ¿Cómo había podido desarrollarse "el estado de las S.S."? ¿Cuál fue el papel desempeñado por la Gran Bretaña, Hungría, Yugoslavia, los Estados Unidos y Francia? ¿Qué es lo que había propiciado el holocausto? ¿Cuáles fueron los pasos concretos que lo permitieron? ¿Qué es lo que buscan las personas cuando participan en movimientos fanáticos? Creo que éste es el tipo de preguntas que seguiré haciéndome hasta el fin de mis días».

Quienes trabajamos por el cambio social tendemos a considerar a nuestros adversarios como enemigos, a estimarlos indignos de nuestra confianza, a sospechar de ellos y a creer que son moralmente inferiores a nosotros. Saul Alinsky, un brillante sociólogo, explicó las razones de esta polarización del siguiente modo.

> Uno sólo actúa de manera resuelta cuando tiene la convicción de que los ángeles están de su parte y los demonios se hallan entre las filas del enemigo. Un líder puede dudar a la hora de tomar una decisión y sopesar una y otra vez las virtudes y los defectos de una determinada situación que es, por así decirlo, un cincuenta y dos por ciento positiva y un cuarenta y ocho por ciento negativa. Pero una vez que ha tomado una decisión debe actuar como si su causa fuera un cien por cien positiva y la del contrario, en cambio, fuera cien por cien negativa... Durante la disputa que sostuvimos [en Chicago] con el inspector general de enseñanza media, muchos liberales nos decían que, después de todo, no era malo al cien por cien, ya que iba regularmente a misa, era un buen padre de familia y se mostraba bastante generoso en sus obras de caridad. ¿Os imagináis en medio de un conflicto diciendo que Fulanito es un bastardo y un racista y tratando de aligerar después el impacto de vuestras palabras matizando sus extraordinarias virtudes? Políticamente hablando eso sería una estupidez.

Sin embargo, la demonización de nuestros adversarios tiene un coste enorme ya que constituye un estrategia que asume y perpetúa tácitamente nuestra peligrosa mentalidad hostil.

En lugar de prestar una atención exclusiva al cincuenta y dos por ciento de «maldad» que hay en mi adversario debería atender al otro cuarenta y ocho por ciento y partir de la premisa de que en cada adversario tengo en realidad un aliado que puede permanecer en silencio, vacilar u ocultarse a mi mirada. Quizás no sea más que el sentimiento de ambivalencia que tiene respecto a las partes moralmente reprobables de su personalidad o de su trabajo. Sin embargo, ese tipo de dudas raramente tienen la oportunidad de manifestarse debido a la influencia abrumadora de la presión del contexto social en el que nos encontramos y lo mismo ocurre con *mi* capacidad para ser *su* aliado. En 1970, cuando todavía no había terminado la guerra de Vietnam, un grupo de personas pasamos el verano en Long Beach, California, organizando protestas contra una fábrica de napalm. Se trataba de una fábrica pequeña cuya única función era la de mezclar los elementos químicos y poner el napalm en las carcasas. Pocos meses atrás, una explosión accidental había arrojado fragmentos de napalm a las casas y los campos del vecindario. Ese incidente trajo, en un sentido bastante literal, la guerra a casa y movilizó a todos los opositores a la guerra de la comunidad. A petición suya nos desplazamos para reforzar y trabajar con el grupo local. Juntos organizamos una gira con proyección de diapositivas sobre el complejo militar dirigida a los líderes de la comunidad y enviamos piquetes a la fábrica. También conseguimos una entrevista con el presidente del consejo de administración.

Durante tres semanas nos dedicamos a preparar esta entrevista, estudiamos detenidamente el holding, su situación financiera, si había algún proceso jurídico pendiente sobre su presidente y nos informamos todo lo que pudimos sobre su vida personal, su familia, su iglesia, su club, sus hobbys, etcétera. También analizamos minuciosamente su fotografía y pensamos seriamente tanto en las personas a las que amaba como en las personas que le amaban tratando de comprender su visión del mundo y el contexto en el que se movía.

Discutimos mucho sobre lo enfadados que estabamos con él por la parte que le correspondía en la muerte y mutilación de niños en Vietnam. Pero por más que el odio nos ayudaba a sostener firmemente nuestra decisión llegamos a la conclusión de que manifestárselo así no haría más que ponerle a la defensiva y reduciría, por tanto, la eficacia de nuestra acción.

Tras estos preparativos, cuando llegó el momento en que tres de nosotros fuimos a visitarle ya no se trataba de un extraño. No le culpamos personalmente ni tampoco atacamos a su corporación. Simplemente le pedimos que cerrara la planta, no renovara su contrato con el gobierno y pensara en las consecuencias que se derivaban de las actividades de su fábrica. Le dijimos también que conocíamos los puntos débiles de su corporación (poseía una cadena de moteles que podían ser boicoteados) y añadimos que seguiríamos trabajando estratégicamente para obligar a su compañía a abandonar el negocio de abrasar a las personas. También hablamos de otros contratos similares de la compañía. No bastaba con cambiar una pequeña parte de las funciones de la corporación y para ello sacamos a relucir el tema de la dependencia económica de la fábrica con el negocio de la municiones y la guerra.

Nuestro principal interés era que nos viera como personas similares a él. Si nos hubiéramos presentado como un grupo de radicales apasionados casi le hubiéramos obligado a rechazar nuestras demandas. Asumimos, pues, que él ya cargaba con sus propias dudas y consideramos que nuestro papel era el de prestarle nuestra voz. Nuestro objetivo, por tanto, fue el de infiltrarnos –a nosotros y a nuestro punto de vista– en su contexto de tal modo que pudiera recordarnos y tener en cuenta nuestra postura a la hora de tomar decisiones.

Cuando dos meses más tarde llegó el momento de renovar el contrato su compañía no pujó por él.

Pero trabajar a favor del cambio social sin apoyarse en el concepto de enemigo suscita problemas prácticos concretos. ¿Qué debemos hacer, por ejemplo, con todo el odio que estamos acostumbrados a descargar sobre nuestros enemigos? ¿Es posible odiar acciones y políticas sin odiar a quienes los representan? ¿Acaso no minará nuestra determinación la empatía con aquellos que representan las acciones a las que nos oponemos?

No me engaño a mí misma creyendo que todo funcionará a la perfección si nos amigamos con nuestros adversarios. Reconozco que ciertos estrategas militares toman decisiones que nos ponen en peligro a todos nosotros. Sé también que algunos oficiales de policía desean mostrar su hombría cuando arrestan a alguien. Sin embargo, tratar a nuestros enemigos como aliados potenciales no implica necesariamente aceptar irracionalmente todas sus acciones. Nuestro desafío consiste en invocar a la humanidad que habita en el interior de cada uno de nuestros adversarios y en ampliar el rango de respuestas posibles. Ojalá hallemos un camino entre el cinismo y la ingenuidad.

32. LA MENTALIDAD CHAUVINISTA

Susan Griffin

Es feminista y autora de *Voices*; *Rape: The Power of Conscious-ness*; *Woman and Nature: The Roaring Inside Her*; *Pornography and Silence: Culture's Revenge Against Nature* y *A Course of Sto-nes: The Private Life of War* (de próxima aparición). Reside en Berkeley, California.

Debemos profundizar en «la mentalidad chauvinista» que ha definido el uso del término hombre para referirse a todo el género humano –excluyendo a la mujer– y descrifrar cuál es la imagen de mujer, de «negro» o de «judío» que tienen en su mente. Esta es la razón que me induce a escribir sobre la pornografía. La pornografía –que, en palabras de la poeti-sa Judy Grahn, es la «poética de la opresión»– es la mitolo-gía de esa mentalidad. Si logramos comprender las imágenes que pueblan ese tipo de mentalidad podremos cartografiar su orografía y llegar incluso a predecir los caminos que se abren ante ella.

Este es un asunto de capital importancia ya que, hechiza-dos por dicha mentalidad –una mentalidad, por otra parte, de la que todos participamos en una u otra medida– creemos que lo que nos ocurre es fruto de nuestro destino. Es por ello que hemos llegado a considerar que algunas de las plagas que asolan a nuestra civilización –como la rapiña o el holocausto, por ejemplo– forman parte de nuestro sino. Creemos que hay algo oscuro y tenebroso en el alma humana que ocasiona la violencia hacia nosotros mismos y hacia los demás. Culpamos a nuestra naturaleza –y a la naturaleza en general– de las decisiones tomadas por la cultura. Sin embargo, cuando observamos más detenidamente el sentido de la pornografía nos damos cuenta, por el contrario, de que la cultura no sólo ha rechazado con violencia a la naturaleza sino que, con mucha frecuencia, ha adoptado ante ella una actitud revanchista.

A medida que vayamos estudiando las imágenes que nos proporciona la mentalidad pornográfica iremos comprendiendo el sentido de su iconografía. Veremos así que, en la pornografía, el cuerpo atado, sometido, maltratado e incluso asesinado de la mujer son símbolos del poder de la naturaleza, un poder temido y odiado por la mentalidad pornográfica. Descubriremos también que para la mentalidad pornográfica «la mujer» representa –como el «judío» para el antisemita o el «negro» para el racista– la parte escindida de su alma, esa dimensión de su ser que preferiría negar y relegar al olvido, y comprenderemos que el reconocimiento de esa parte escindida de su alma conlleva la recuperación de eros.

Tanto la iglesia como la pornografía han elegido la misma víctima para proyectar este conocimiento reprimido. Ambas modalidades culturales han desdibujado cuidadosamente la verdadera naturaleza del ser de la mujer y la han convertido en una pantalla en blanco sobre la cual proyectar todo aquello que los hombres niegan de sí mismos. Pero la mujer, como veremos, no es una víctima accidental. El cuerpo de la mujer evoca el tipo de autoconocimiento que el hombre no quiere afrontar y, por consiguiente, lo teme sin comprender que tiene miedo de lo que la mujer despierta en él. De este modo termina convenciéndose de que la mujer *es* el mal. Como dijo Karen Horney: «Todo hombre intenta desembarazarse de su miedo a la mujer convirtiéndola en un objeto». En este sentido la pornografía constituye el ejemplo más palpable de esa «objetivación». Escuchemos las palabras de Sade: la mujer es «una criatura miserable, siempre inferior, menos elegante que el hombre, menos ingeniosa, menos inteligente que él... su repugnante forma es precisamente todo lo opuesto de lo que gusta y complace a un hombre... una tirana,... sucia y peligrosa...»

El pornógrafo, al igual que el sacerdote, odia y rechaza a una parte de sí mismo. Ambos repudian el mundo físico y su propia materialidad, ambos desprecian el conocimiento de su propio cuerpo. Su tentativa, sin embargo, está condenada al fracaso porque sus mismos deseos les recuerdan continuamente el cuerpo. Así pretende despojarse de un aspecto de sí mismo que, por otra parte, desea. Está atrapado en una contradicción insalvable, odiar, temer y aborrecer lo que anhela. Su lucha es interna pero, en lugar de ello, cree que su lucha es contra la mujer. Por ello proyecta en el cuerpo de ésta todo su temor y todo su deseo. Al igual que ocurre con la ramera de Babilonia en la iconografía católica, el cuerpo de la mujer atrae al pornógrafo y al mismo tiempo despierta su desdén.

En un folleto publicitario podemos ver dos imágenes familiares representando un drama ancestral. Un espantoso negro amenaza a una voluptuosa blanca. El vestido de la mujer parece desgarrado y entre los jirones de su falda asoma la desnudez de un muslo. Su blusa descompuesta muestra también sus hombros al aire. La mujer escapa mirando con terror hacia atrás. El cuerpo del hombre es enorme y tiene el aspecto de un simio. La expresión de su rostro parece la encarnación misma de la brutalidad, la mezquindad y la lujuria. A pie de foto leemos «Conquista y educa» y sobre ella un texto que advierte al lector contra los peligros del adulterio.

En el núcleo de la imaginación del racista se oculta también una fantasía pornográfica: el espectro del mestizaje. La imagen de un hombre de tez oscura que trata de violar a una mujer rubia constituye la encarnación misma de lo que más aborrece el racista. Esta fantasía se apodera continuamente de su mente. Hay quienes afirman que la mentalidad racista utiliza las imágenes pornográficas para manipular la mente de los demás pero lo cierto es que las imágenes que utiliza parecen manipularle exclusivamente a él y, en esa medida, podemos sospechar que juegan un importante papel en la génesis de su ideología.

Sabemos que el sufrimiento que experimentan las mujeres en una cultura pornográfica es formal y cualitativamente diferente del que experimentan los negros en una sociedad racista o los judíos en una antisemita (y también sabemos que el desprecio hacia la homosexualidad afecta de manera diferente a la vida de mujeres y hombres al margen de los roles sexuales tradicionales). A pesar de todas estas diferencias, sin embargo, podemos observar fácilmente que la imagen de un hombre o una mujer de color que tiene el racista, la que tiene el antisemita de un judío y de una mujer el pornógrafo son muy parecidas entre sí. Las tres son creaciones de la misma mentalidad, la mentalidad chauvinista, una mentalidad que proyecta en los demás lo que teme de sí misma, una mente que se define en base a lo que odia.

Los negros son estúpidos, perezosos y animales. Las mujeres son irracionales, no piensan, están mucho más atadas a la tierra. Los judíos son avariciosos y retorcidos. Las prostitutas. Las ninfómanas. Los deseos carnales de las mujeres insaciables. Las vírgenes. Los esclavos dóciles. Los judíos afeminados y usureros. Los africanos, «comilones insaciables» lascivos y sucios. Las mujeres negras: «Esas mujeres, negras como el hollín, expertas en las artes de Venus que hacen del amor un arte y conceden sus favores sin ningún problema». Los judíos se entregan a orgías sexuales y practican el canibalismo. Los judíos y los negros están sexualmente superdotados. Así de sencillo.

El famoso materialismo del judío, el negro y la mujer. La mujer que despilfarra las tarjetas de crédito de su marido en sombreros. El negro que conduce un Cadillac mientras sus hijos se mueren de hambre. El judío prestamista que vende a su hija. «No hay nada más insoportable que una mujer rica» -dice Juvenal. En un texto pornográfico del siglo dieciocho el autor describe a su heroína diciendo que «tenía un ingenioso cerebro pequeño burgués» y en una novela pornográfica contemporánea el protagonista mata a su mujer porque «ella prefería a los chicos que conducen Cadillacs». El apetito insaciable. El negro que despoja de su trabajo al blanco o la mujer que se lo roba al hombre.

Una y otra vez, el chauvinista dibuja un retrato de los demás que sólo nos recuerda las partes que ha enajenado y ocultado de su propia mente. El otro tiene apetitos e instintos, el otro tiene un cuerpo, el otro lleva una vida emocional descontrolada. De este modo, después de negar ciertos aspectos de su Yo, la mentalidad chauvinista construye un falso Yo con el que identificarse.

Dondequiera que tropecemos con la idea racista de que el otro es un ser malo o inferior descubriremos también la presencia de un *ideal* racial que considera al propio Yo como algo superior, bueno y justo. Ese fue precisamente el ideal racial de los esclavistas sureños. Los blancos se consideraban a sí mismos los custodios de las mejores tradiciones de la civilización, el último baluarte de la cultura. Es por ello que la mentalidad aristocrática sureña estaba engalanada de pretensiones, dignidad, buenos modales y ceremonias de ascensión social.

El hombre sureño atribuyó todos los defectos a las mujeres y los hombres de color adjudicándose, al mismo tiempo, todas las virtudes. En su opinión era «caballeroso», «magnánimo» y con una «honestidad» que emanaba del «brillo de su poderosa e impávida mirada». Era honorable, responsable y, por encima de todo, un aristócrata.

El antisemita, por su parte, establece el mismo tipo de polaridades y se ve a sí mismo adornado con las virtudes del ario: atractivo, valiente, honesto, en una palabra superior, tanto física como moralmente.

Esta polaridad, sin embargo, nos resulta muy familiar. Nuestro aprendizaje del ideal masculino –como opuesto al femenino– comienza casi desde el mismo momento del nacimiento. Se nos enseña muy pronto que los hombres son

313

más inteligentes y más fuertes que las mujeres. El protagonista masculino de la iconografía pornográfica –el ario hitleriano, por ejemplo–disfruta de una honradez moral intrínseca que le permite comportarse de manera amoral con las mujeres. Desde su propio punto de vista él es el miembro más valioso de todas las especies. Como decía el marqués de Sade, «la carne de la mujer», como la «carne de cualquier hembra», es inferior.

La mentalidad chauvinista utiliza esta supuesta superioridad como excusa para explotar y esclavizar a quienes considera inferiores. Es por ello que algunos historiadores han llegado a la conclusión de que la ideología chauvinista existe únicamente para poder justificar la explotación. En nuestra opinión, sin embargo, este tipo de ideología tiene una razón de ser que parece consustancial a nuestra mente. Si investigamos más profundamente descubrimos que por encima de todo el chauvinista necesita creer en su propia mentira. No se trata pues tan sólo de una simple explotación social. En realidad, las mentiras de la mentalidad chauvinista nacen de donde nacen todas las mentiras, del deseo de escapar de la verdad. El chauvinista no puede afrontar el hecho de que se desprecia a sí mismo.

Esta es la razón por la que el chauvinista se niega obcecadamente a considerar siquiera la posibilidad de que el otro pueda ser igual que él. El chauvinista insiste, una y otra vez, en que él es muy diferente de los demás. Esta insistencia es el punto de partida y la esencia de todo su pensamiento. Hitler escribe con respecto a los orígenes de su antisemitismo:

> Paseando por el centro de la ciudad tropecé con una figura vestida con una levita y largas trenzas cayéndole sobre los hombros. Mi primer pensamiento fue: ¿es esto un judío?... pero cuanto más miraba su estrafalario aspecto la pregunta fue transformándose poco a poco hasta que se convirtió en otra: ¿es un alemán?... Por primera vez en mi vida compré un folleto antisemita.

La mentalidad chauvinista construye una imagen inventada

de sí misma en la que representa al alma y al conocimiento de la cultura. De este modo, el objeto de su odio representa al Yo natural, al Yo rechazado, al Yo que contiene el conocimiento del cuerpo, un Yo, por tanto, carente de alma.

33. EL DESDOBLAMIENTO Y LOS MÉDICOS NAZIS

Robert Jay Lifton

Es un conocido profesor de psiquiatría y psicología de la City University de Nueva York. Entre sus obras más destacadas cabe resaltar *Death in Life*; *Home from the War*; *The Future of Immortality* y *The Nazi Doctors*.

Para estudiar la conducta de los médicos nazis deberemos comenzar clarificando los principios generales de una psicología del genocidio. Para ello convendrá prestar atención al mecanismo del desdoblamiento, el artificio psicológico que indujo a los médicos a participar en el mal. Luego deberemos identificar también aquellas tendencias -potenciadas e incluso exigidas en Auschwitz- que facilitaban el desdoblamiento.

Esta investigación tiene dos objetivos fundamentales, proporcionarnos una nueva perpectiva sobre las motivaciones y las acciones de los médicos nazis en particular -y de los nazis en general- y arrojar algo de luz sobre la conducta humana y sobre la forma en que el ser humano acomete -de manera individual o colectiva, deliberada o inconscientemente- actividades malvadas y destructivas. Estos dos objetivos, sin embargo, no son tan diferentes como parecen a simple vista. De este modo, si llegamos a alguna conclusión psicológica o moral con respecto a las características propias del asesino de masas nazi nos veremos obligados a deducir de ellas *principios* de aplicación más universal, principios que aluden al extraordinario peligro y potencial de autoaniquilación que amenaza actualmente a la humanidad.

El principio psicológico fundamental para comprender la actuación de los médicos nazis en Auschwitz descansa en el denominado «desdoblamiento», la división del Yo en dos totalidades independientes, cada una de las cuales tiene la suficiente autonomía como para funcionar como un Yo completo. Este mecanismo es el que permitió a los médicos de Auschwitz no sólo asesinar y ser cómplice en multitud de asesinatos sino también mantener una estructura egoica (o un proceso egoico) que pusiera a todos los aspectos de su conducta al servicio de ese proyecto maligno.

El desdoblamiento fue, por tanto, el vehículo psicológico que permitió a los fáusticos médicos nazis establecer un pacto con su entorno diabólico que les otorgaba el privilegio psicológico y material de una adaptación privilegiada (y, más allá de los muros de Auschwitz, la posibilidad de convertirse en el cerebro y el instrumento de un proyecto universal de renovación racial por medio del crimen y el asesinato de masas) a cambio de su participación en el holocausto.

Somos los únicos responsables morales de los pactos fáusticos que establezcamos, tengan éstos lugar de manera consciente o inconsciente. Nuestra investigación sobre el desdoblamiento nos permitirá comprender también la raíz del mal. Para el médico de Auschwitz el desdoblamiento era probablemente una forma de elegir el mal.

Hablando en términos generales el fenómeno del desdoblamiento presenta cinco características fundamentales. En primer lugar, supone una relación dialéctica entre dos Yos autónomos y, sin embargo, vinculados entre sí. Por una parte, el médico de Auschwitz necesitaba el Yo de Auschwitz para poder seguir funcionando en un entorno tan contrapuesto a sus estándares morales anteriores. Al mismo tiempo, sin embargo, también necesitaba su Yo anterior para poder seguir considerándose como un ser humano, como un padre y como un esposo. En esas condiciones el Yo de Auschwitz debía ser autónomo pero tenía que estar, al mismo tiempo, relacionado con el Yo original del que se había desgajado.

En segundo lugar, el desdoblamiento sigue un modelo holístico. El Yo de Auschwitz pudo «triunfar» porque era inclusivo y permitía conectar con el entorno de Auschwitz, dando sentido y coherencia a diversos aspectos y mecanismos sobre los que volveremos más adelante.

En tercer lugar, el desdoblamiento encierra también una dimensión vida/muerte. Así, para el agresor el Yo de Auschwitz constituía una forma de supervivencia psicológica en un entorno dominado por la muerte. Se trataba de un «Yo asesino» construido en aras de la salud y la supervivencia.

En cuarto lugar, una de las funciones principales del desdoblamiento es la de escapar al sentimiento de culpa ya que ese segundo Yo es el que se encarga de llevar a cabo el «trabajo sucio».

En quinto y último lugar el desdoblamiento supone una dimensión inconsciente –ya que tiene lugar, como hemos dicho, sin nuestro conocimiento– y un cambio significativo en nuestro horizonte moral.

El segundo de los rasgos que acabamos de describir –su inclusividad– diferencia al desdoblamiento del mecanismo psicoanalítico tradicional de la «división». Este último mecanismo, al que se le han asignado significados levemente diferentes, suele referirse a un secuestro de una parte del Yo para que ese elemento «escindido» deje de responder al entorno (como ocurre, por ejemplo, en lo que yo denomino «insensibilidad psicológica») o pueda entrar, de algún modo, en conflicto con el resto de su personalidad. En este sentido la división se asemeja a lo que Pierre Janet –contemporáneo de Freud en el siglo diecinueve– denominaba «disociación». El mismo Freud tendía a equiparar ambos términos. Sin embargo, en lo que respecta a las formas de adaptación más estables y duraderas del Yo no podemos todavía explicar la autonomía de ese «fragmento» desgajado del Yo o, como ha dicho un comentarista perspicaz, «¿qué es lo que se escinde en la división?».[1, 2]

Así pues, la «división», o «disociación», pueden explicarnos algo sobre la supresión de sentimientos y la insensibilidad psicológica de la que hicieron gala los médicos nazis en su participación en el holocausto.[3] Pero para comprender cabalmente su implicación rutinaria –año tras año– en los crímenes deberemos encontrar un principio explicativo que tenga en cuenta la totalidad funcional de su Yo. (El mismo principio que se aplica a las perturbaciones psiquiátricas duraderas). En este sentido, mi énfasis en el mecanismo del desdoblamiento coincide con el creciente interés que despiertan actualmente las funciones holísticas del Yo).[4]

El desdoblamiento forma parte del potencial universal de lo que William James –aludiendo a la existencia de tendencias opuestas del Yo– denominaba «yo dividido». James cita, en este sentido, el desesperado grito «¡*Homo duplex, homo duplex!*» con el que el escritor francés del siglo diecinueve, Alphonse Daudet trataba de trasmitir su propia «escisión» cuando –al enterarse de la muerte de su hermano Henri– su «primer Yo sollozaba» mientras el «segundo» permanecía indiferente como si se tratara de una obra de teatro.[5] Así pues, tanto para Daudet como para James el mecanismo del desdoblamiento es patrimonio de todo ser humano y suele desencadenarse en situaciones extremas, vinculadas, por lo general, a la muerte.

Pero como ejemplifica el caso de los médicos nazis, en ciertas ocasiones este «Yo opuesto» puede llegar a estar peligrosamente fuera de control. Según Otto Rank –que se ocupó detenidamente de estudiar la presencia del «doble» en la literatura y el folklore– ese Yo opuesto puede apoderarse lentamente de la personalidad, terminar suplantando al Yo original e incluso «hablar» en nombre de toda la persona.[6] En opinión de Rank, este Yo opuesto –en realidad nuestra capacidad para el mal– forma parte *consustancial* del psiquismo humano, ya que la pérdida de la sombra, del alma o del «doble» significa la muerte.

En términos psicológicos podríamos decir que el potencial adaptativo que hace posible el desdoblamiento es inherente al psiquismo humano y puede servir tanto para salvar la vida de un soldado en combate como la de una víctima de la barbarie de Auchswitz. Para poder sobrevivir en situaciones tan extremas el sujeto debe sufrir algún tipo de desdoblamiento. Obviamente, la función de este «Yo adverso» es la de potenciar la vida pero en ciertas condiciones puede fomentar una entrega incondicional al mal.

La situación de los médicos nazis me recuerda uno de los ejemplos de Rank (tomado de la película alemana de 1913 *El estudiante de Praga*). En esa película un estudiante, campeón de esgrima, acepta la oferta que le hace un mago negro de proporcionarle todo tipo de riquezas y la oportunidad de casarse con la mujer a la que ama a cambio de cierto objeto de su habitación, la imagen en el espejo del estudiante –una representación habitual del doble. Esta imagen termina utilizando los conocimientos de esgrima del estudiante para matar en duelo a un pretendiente de su amada (a pesar de que el estudiante –el yo original– había prometido al padre de aquélla que jamás le desafiaría en duelo). Esta variante de la leyenda de Fausto sigue idénticos lineamientos que el «pacto» entre los médicos nazis y el régimen de Auschwitz. Para ejercer en Auschwitz utilizaban el Yo oponente, un Yo que violaba sus normas morales anteriores aprovechando sus conocimientos técnicos sin encontrar la menor resistencia.[7]

Rank subrayó que el simbolismo de la muerte del doble constituye un «síntoma de la desintegración de la personalidad moderna» que conduce a la necesidad de «autoperpetuarse en la propia imagen»»[8] lo que podríamos llamar una forma literal de inmortalidad opuesta a una forma simbólica de inmortalidad que trata de «perpetuar el Yo en las obras que reflejan la personalidad de su autor». Para Rank, el mito de Narciso, por ejemplo, nos advierte del peligro de una concepción literal de la inmortalidad y de la necesidad de potenciar la concepción simbólica (encarnada por el «héroe-artista»).[9] Pero el movimiento nazi animaba a su supuesto artista-héroe, el médico, a que permaneciera, al igual que Narciso, esclavo de su propio reflejo. No podemos, en este punto, dejar de recordar a Joseph Mengele –paradigma de todos los médicos de Auschwitz– y su búsqueda narcisista del poder absoluto.[10]

Pero el mecanismo del desdoblamiento que permitía a los médicos nazis eludir el sentimiento de culpa no tenía lugar mediante una eliminación de la conciencia sino con lo que podríamos denominar, más acertadamente, una *transferencia de conciencia*. De este modo, los requerimientos morales eran transferidos al Yo de Auschwitz que operaba con sus propios criterios morales (el deber, la lealtad hacia el grupo, la «mejora» de las condiciones del campo de exterminio, etcétera) liberando así al Yo original de toda responsabilidad por sus acciones. Rank también habla de la culpa «que obliga al héroe a no seguir asumiendo la responsabilidad de ciertas acciones de su ego atribuyéndolas a otro ego, a un doble personificado por el mismo diablo o que es el fruto de un pacto diábolico», es decir, del pacto fáustico de los médicos nazis mencionado anteriormente. Según Rank, el factor que desencadena la transferencia es «un poderoso sentimiento de culpa»[11] pero en la mayoría de los médicos nazis, el mecanismo del desdoblamiento parecía bloquear este sentimiento de culpa antes de que creciera y alcanzase la conciencia.

Existe una relación inevitable entre la culpa y la muerte. Rank equipara al Yo opuesto con una «forma del mal que representa el aspecto perecedero y mortal de la personalidad».[12] El doble es igual al mal porque personifica nuestra propia muerte. De la misma manera, el Yo de los médicos de Auschwitz asumía las consecuencias de su propia muerte pero sin embargo seguía proyectando al mal para no tomar conciencia de su «aspecto perecedero y mortal», para hacer el «trabajo sucio» de todo el Yo y convertir ese trabajo en algo «apropiado» y proteger, de ese modo, al resto de su personalidad de tomar conciencia de su propia muerte y de su propia culpabilidad.

En el desdoblamiento, una parte del Yo «rechaza» a otra. Pero lo que se repudia no es la realidad misma –ya que el médico nazi era consciente de lo que hacía el Yo de Auschtwiz-sino el significado de esa realidad. El médico nazi era consciente de sus decisiones pero no las interpretaba como un asesinato. Así pues, esta negación tenía dos facetas, por una parte, la distorsión que el Yo de Auschtwiz hacía del significado del asesinato y, por la otra, la desvinculación del Yo original de *todas* las acciones llevadas a cabo por el Yo de Auschwitz. Así pues, desde el mismo momento de su aparición, el Yo de Auschwitz atentaba contra la imagen que tenían los médicos de sí mismos y requería, por tanto, una represión continua. Ese rechazo, sin embargo, era la sangre misma del Yo de Auschwitz.[13]

El desdoblamiento, la división y el mal

El desdoblamiento es un proceso psicológico activo, una forma de *adaptación a situaciones extremas*. Es por ello que utilizo esa expresión en lugar de la de «doble». La adaptación implica la disolución paulatina del «aglutinante psicológico»[14] para evitar el colapso radical del Yo. En Auschwitz, esta pauta fue estableciéndose a lo largo del duro período de adapración que cada uno de los médicos tuvo que afrontar. Durante ese período el médico nazi experimentaba la ansiedad de su propia muerte y de equivalentes tales como el miedo a la desintegración, la separación y el éxtasis. Así pues, para mitigar su ansiedad el médico necesitaba del Yo funcional de Auschwitz, un Yo que asumiera el control cotidianamente limitando la manifestación del Yo anterior a algunos momentos sueltos y a los contactos esporádicos con la familia y los amigos fuera del campo. De este modo, ninguno de los médicos del campo se sustrajo a esta usurpación sino que la acogieron como única forma de mantenerse psicológicamente a salvo. La *única* alternativa para permanecer en una situación extrema es el desdoblamiento.

Aunque el desdoblamiento no tiene porque suponer necesariamente una disociación radical y sostenida como la que aqueja a los casos de «personalidad dual» o «personalidad múltiple», lo cierto es que en un estadio posterior ambos Yos tienden a separarse cada vez más profundamente, a ignorarse mutuamente e incluso a considerar al otro Yo como un extraño. La patología conocida con el nombre de personalidad doble –o personalidad múltiple– por su parte, comienza en la primera infancia y persiste de forma más o menos ininterrumpida durante toda la vida. Los factores etiológicos causantes de la personalidad múltiple son los traumas psíquicos o físicos intensos, el clima de extrema ambivalencia afectiva, y los conflictos y confusiones de las identificaciones[15] son, a su vez, elementos intrumentales en el caso del desdoblamiento. Resulta también relevante en ambos casos el principio de Janet de que «una vez bautizado» –es decir, una vez nombrado y confirmado por una autoridad– un Yo determinado tiende a manifestarse de manera más clara y definida. En este sentido, aunque el Yo de Auschwitz jamás podía llegar a ser tan estable como un Yo de un caso de personalidad múltiple tuvo que sufrir, sin embargo, un bautismo similar en el momento en que los médicos nazis tomaron sus primeras decisiones.

Un autor contemporáneo ha utilizado la metáfora del árbol para tratar de determinar la profundidad de la «escisión» en los casos de esquizofrenia y personalidad múltiple, una alegoría que también es aplicable al mecanismo del desdoblamiento. Desde esta perspectiva, la quiebra del Yo que tiene lugar en la esquizofrenia «es similar al resquebrajamiento de un árbol que se ha podrido casi por completo desde la médula hasta las raíces». En los casos de personalidad múltiple, no obstante, este resquebrajamiento es más concreto y limitado, como ocurre, por ejemplo, «en el caso de un árbol muy robusto que sólo tiene descompuesta la parte superior del tronco».[16] En lo que respecta al desdoblamiento, por su parte, el problema afecta al nivel más elevado de un árbol cuyas raíces, cuyo tronco y cuyas ramas no habían experimentado previamente daño alguno. En este caso, una de las dos ramas que se han visto obligadas a separarse se va descomponiendo gradualmente mientras que la otra sigue creciendo normalmente hasta el momento en que las condiciones externas permiten nuevamente la reunión.

Por otra parte, no creemos que el desdoblamiento de los médicos nazis constituyera «un desorden de carácter» antisocial en el sentido clásico del término ya que dicho proceso tendía a ser más una forma de adaptación que una pauta definitiva. A pesar de ello, sin embargo, el desdoblamiento presenta ciertos rasgos característicos del deterioro «sociopático» del carácter como los desórdenes emocionales (que fluctúan entre la indiferencia y el odio), el rechazo patológico de la sensación de culpa y el uso de la violencia para superar la «depresión encubierta» (relacionada con la represión de la culpa y la indiferencia) y poder seguir manteniendo una sensación de vitalidad.[17] En ambos casos, además, la conducta destructiva –e incluso criminal– puede estar encubriendo el temor a la desintegración del Yo.

Los desórdenes propios del fenómeno del desdoblamiento son más puntuales, transitorios y ligados a una estructura institucionalizada mayor que no sólo los alienta sino que, en ocasiones, puede llegar a exigirlos. En este sentido, la conducta de los médicos nazis se parece a la de algunos terroristas, miembros de la Mafia, «escuadrones de la muerte» organizados por los dictadores y de determinadas bandas delictivas. En todas estos casos existen profundos vínculos ideológicos, familares, étnicos y, en ocasiones, generacionales que contribuyen a modelar la conducta criminal. El desdoblamiento constituye, pues, el mecanismo psicológico más importante que permite al individuo seguir viviendo en una subcultura criminal como ocurre, por ejemplo, en el caso de un jefe de la Mafia o de un jefe de los «escuadrones de la muerte» que ordena fríamente (o perpetra él mismo) un asesinato mientras sigue desempeñando el papel de esposo, padre y católico ejemplar. El desdoblamiento es, pues, un mecanismo adaptativo que permite subsistir en las condiciones extremas propias de una subcultura. Pero no debemos olvidar tampoco la existencia de factores adicionales, algunos de

los cuales se remontan a la temprana infancia, que contribuyen positivamente al desarrollo del proceso.[18] Ese fue el caso
de los médicos nazis.

Añadamos, para concluir, que el desdoblamiento es el mecanismo psicológico que nos permite invocar la maldad potencial que existe en nuestro Yo. El mal no es inherente ni ajeno al ego. Es por ello que poner fin al desdoblamiento o
potenciarlo es una elección moral de la que uno es responsable cualquiera sea su nivel de conciencia.[19] Así pues, al acceder al desdoblamiento –uno de los factores que nos permiten explicar la maldad humana– los médicos nazis eligieron
fáusticamente el mal.

34. ¿QUIÉNES SON LOS CRIMINALES?

Jerry Fyerkenstad

Es psicólogo y ejerce su actividad en Minneapolis. También trabaja en terapia con delincuentes sexuales y es director artístico del Dream Guild Theatre.

Gente que se revuelca en el fango. Marginados. Sórdidos. Mezquinos. Indisciplinados. Maleantes. Gamberros. Ladrones. Canallas. Depravados. Repugnantes. Gente que parece pensar con el culo. Una verdadera porquería. Gentuza que desprecia la ley, el camino correcto, el único camino, el camino hecho y derecho. Gente que no teme a Dios ni respeta a sus semejantes. Bestias. Pervertidos. Perros. Gente de mala raza. Bastardos. Ignorantes. Locos. Enfermos. Psicópatas. Almas descarriadas. Almas perdidas. Egoístas. Carniceros. Quebrantahuesos. Asesinos despiadados y fríos como el hielo que no dudarían un instante en matar a su propia madre.

Los criminales representan todo lo que nosotros no somos ni queremos ser, todo lo que rechazamos y deseamos expulsar de la sociedad. «Qué maravilloso sería que pudiéramos librarnos definitivamente de todos ellos. Esas personas ruines e indignas deben ser exterminadas. Encerrémoslas y tiremos la llave». Pero ese camino es un camino aparentemente erróneo del viaje del alma, un camino negativo, la Vía Negativa de la alquimia.

La alquimia en pocas palabras

La alquimia es muy simple. Comenzamos tomando la *massa confusa*, la materia prima, el plomo, y lo colocamos en un recipiente sellado, el vaso hermético. Después se calienta el recipiente y se realizan una serie de operaciones sobre la substancia para terminar transformándola en «oro». En opinión de Jung y Hillman, estas operaciones –la condensación, la destilación, la «repetitio», la «mortificatio» y «el matrimonio del rey y la reina»– no tienen ningún significado esotérico sino que se refieren metafóricamente al proceso que tiende a revelarnos la verdadera naturaleza de la substancia original. La *massa confusa* es pues equiparable a la piedra angular de la tradición bíblica y el oro –o el niño de oro– producto final del proceso, equivale al nacimiento del alma.

La alquimia es un Arte Hermético que, según se dice, es guiado por Hermes (Mercurio), que también era el dios de los ladrones, los criminales y otros ciudadanos clandestinos.

En nuestra cultura los delincuentes son la *massa confusa*, la piedra angular rechazada e indigna. Con ellos no puede hacerse nada sólido ni seguro. Rilke los llamaba los «necesitados», los imperfectos, esos a los que la gente no escucha si primero «no han confesado». Según Rilke «son sus voces las que pueden hacernos escuchar la bondad» y no las voces de los «eunucos de los coros eclesiales» que terminan aburriendo incluso a Dios. Aquí comienza todo. La Gracia sólo puede descender sobre lo imperfecto, sobre aquello que proclama sus faltas, sus iniquidades y sus debilidades.

Nosotros consideramos que los delincuentes comunes encarnan todos los rasgos negativos indeseables mientras creemos que nosotros somos «justos», buenos y observadores de la ley. ¿Pero se debe a qué somos personas naturalmente buenas o a que tenemos miedo a que nos «encierren»?

327

El delincuente se debate en el mundo de lo desconocido, más allá de la ley y el orden, en los dominios de Hermes y el inconsciente. El delincuente es cruel, violento e indiferente pero se ha atrevido a atravesar un límite que, en cierto modo, todos necesitamos cruzar. El teólogo y alquimista Sebastián Moore lo expresaba del siguiente modo: «Nuestro misterio más profundo consiste en que nuestras maldades y nuestros impulsos contra la totalidad nos exponen al amor de Dios de un modo y con una intensidad mayor que la que nos proporcionaría el mismo deseo de alcanzar la totalidad».

Nuestros delincuentes son personas que no pueden –o no quieren– crear oro utilizando los mismos procedimientos que la mayoría hemos decidido que son los correctos. Son aquellos que nos venden cosas que pretendemos no desear: cocaína, sexo, estéreos, bicicletas y automóviles «a precios casi regalados». Son aquéllos que están desesperados por su fracaso para alcanzar el «oro» siguiendo los criterios que los demás consideramos adecuados y viven explotando los reinos ocultos de la naturaleza humana que la mayoría negamos hipócritamente. De este modo, creemos erróneamente que al eliminar a los delincuentes nos libraremos también de nuestros propios vicios. Pero esta alternativa es imposible porque lamentablemente ignoramos que nuestros vicios encierran algo esencial para la naturaleza humana, algo que no puede ser encarcelado, abandonado o sacrificado sino que debe ser asumido, comprendido y trabajado alquímicamente.

Lo sagrado en lo profano

Jung creía que Dios, el Dios viviente, sólo puede ser encontrado donde menos queremos mirar, en el lugar en el que más nos resistimos a buscar. Ese Dios se halla oculto en nuestra oscuridad y nuestra sombra, entrelazado con nuestras heridas y complejos, inserto en nuestras patologías. Por otra parte, el Dios de la Creencia, el Dios que no tiene nada que ver con la creación y la vida cotidiana, el Dios ajeno a nuestras imperfecciones mundanas, sólo nos proporciona una excusa para permanecer alejados de las facetas más intrincadas de la existencia humana.

La alquimia es un proceso que nos permite extraer el Dios viviente de los aspectos más corruptos de la existencia. Pero ese proceso no puede comenzar hasta que no reconozcamos nuestra corrupción; una corrupción que se halla presente de manera explícita o implícita. Basta con limitarnos a reconocerla, admitir su existencia en nuestras acciones, en nuestras fantasías, en nuestros anhelos más secretos y momentos más ocultos.

En realidad, de lo que estamos hablando es de la diferencia entre el alma y el espíritu. El camino del espíritu es estrecho y ascendente pero el camino del alma, por el contrario, discurre de manera sinuosa, perturbadora y descendente. El camino del alma es también el camino de iniciación a nuestra propia humanidad. Nuestro objetivo, por tanto, no es el de llegar a ser «buenos», ingenuos e inocentes sino llegar a ser auténticos y reconocer nuestra oscuridad mediante la *via negativa*. Iniciarnos significa llegar a conocer de qué somos capaces, cuáles son nuestros límites, nuestros odios y nuestros deseos. Pero éste suele ser un conocimiento muy doloroso de adquirir. Sólo podemos ser realmente responsables de nuestras acciones y tomar decisiones inteligentes cuando seamos conscientes de esos factores.

Recordemos el cuento del Príncipe y el Dragón. Un matrimonio anciano que desea tener un hijo consulta a una comadrona que les aconseja que antes de dormir arrojen bajo la cama el agua con el que han lavado los platos. A la mañana siguiente descubren bajo la cama una flor con dos capullos, uno blanco y otro negro, y los recogen a ambos.

Al cabo de unos meses la comadrona vuelve a ser llamada para asistir al parto. Lo primero que aparece es una lagartija viscosa que la comadrona, con el beneplácito semiconsciente de la madre, arroja por la ventana. Unos instantes después nace un hijo robusto y hermoso al que todos aman. Tanta admiración despierta que llega a prometerse en matrimonio con la hija del rey.

Mientras tanto, el Dragón también va creciendo en secreto añorando a su hermano y a su familia, a quienes roba para poder seguir vivo y mantenerse caliente. De este modo, el Dragón termina desarrollando un carácter agrio, malhumorado y rencoroso.

Cuando, el día de la boda el príncipe sale del castillo, su carruaje debe detenerse súbitamente porque un gigantesco Dragón le corta el paso revelándole que es su hermano perdido hace tiempo y le pide que le encuentre una novia o, en caso contrario, jamás volverá a ver a su prometida. Entonces, comienza el difícil proceso –que durará varios años– de encontrar una mujer que esté dispuesta a pasar toda una noche con el Dragón en una habitación.

El punto crítico del relato reside en la escena en la que el Dragón sale de la oscuridad, declara su procedencia y reclama una muchacha que sea capaz de «amarle» tal como es. Hasta ese momento el Dragón se ha visto condenado a vivir como un criminal y un descastado. Ahora no quiere renunciar a ser como es. Ahora es una materia prima que quiere entrar en una habitación especial –el Vaso Hermético– y llevar a cabo un proceso alquímico que culmine en la forja de su alma. Sólo reconociéndose a sí mismo y reclamando lo que necesita podrá ser amado y disponer de un lugar en el mundo. Pero esto precisamente –mostrarnos a plena luz del día y reconocer los «sentimientos extraños» y los «deseos insanos» que nos abruman– es lo que tanto los delincuentes como los buscadores de chivos expiatorios nos negamos a hacer. En la medida en que «nos neguemos a experimentar esto» seguiremos enclaustrados, escondidos y seremos –como decía Goethe– «simples visitantes perturbados por la oscuridad de la tierra».

Tenemos miedo a ser capturados, a quemarnos (con el aceite), a nuestro Dragón oculto y a tomar conciencia de nuestras necesidades más desagradables. Es por ello que la mayoría de nosotros pretendemos ser absolutamente buenos. Sin embargo, ser bueno no es suficiente.

Casi todos creemos en la transformación, la muerte y el renacimiento –auspiciado por Hermes/Mercurio– pero no estamos dispuestos a afrontar la muerte. Queremos cambiar sin ser cambiados, queremos tener una «nueva imagen» pero no estamos dispuestos a sufrir las incomodidades, las molestias y el desequilibrio que necesariamente acompañan a todo cambio integral.

La psicología evolutiva, en especial la descrita por Robert Kegan, especifica las distintas fases que debemos atravesar para poder llegar a madurar como seres humanos. Sin embargo, la mayor parte de nosotros nos quedamos atascados en los estadios iniciales del proceso porque nunca se nos ha enseñado a hacer los sacrificios necesarios para afrontar las sucesivas muertes y renacimientos que constituyen el proceso evolutivo (una representación psicológica del proceso alquímico). Es por ello que tenemos dificultades para asimilar las lecciones que tiene que ofrecernos cada estadio (o, dicho en otras palabras, cada una de las operaciones del proceso alquímico).

La prisión: la entrada en el vaso hermético

El cautiverio, la prisión, la pena de muerte y la cadena perpetua representan condiciones verdaderamente alquímicas. El Vaso Hermético –el recipiente que contiene la materia prima, la *massa confusa*– debe permanecer sellado durante todo el proceso. Algo parecido ocurre en nuestro caso cuando encerramos en la cárcel a los criminales con la esperanza de que se transformen. Del mismo modo podríamos decir que el castigo y la terapia representan también operaciones alquímicas tales como la destilación y la putrefacción.

Pero no son los delincuentes los únicos que deberían sufrir este arduo proceso alquímico. Todos nosotros lo necesitamos y algunos de nosotros todavía más que ellos. Pero dado que nosotros nunca nos dejaremos *capturar* jamás nos someteremos al proceso. ¡Si hubiera algo que pudiera atraparnos! Dios sabe que no deseamos *enfrentarnos* a nosotros mismos y que tratamos de escapar de cualquier modo del proceso hermético. Pero para poder ser atrapados alguien debe delatarnos. Si evitamos la cárcel jamás podremos entrar en el vaso hermético –en el recinto sagrado– y el proceso alquímico jamás podrá iniciarse.

Al igual que sucede en el cuento del Príncipe y el Dragón, o en el mito de Eros y Psique, no puede ocurrir nada verdaderamente interesante hasta que el dragón –el monstruo que mora bajo la cama– sea «capturado», salga a plena luz del día y pueda ser visto e identificado. Sólo entonces puede comenzar el trabajo real. Hasta ese momento todo es inconsciente, impreciso y ciego.

Comparados con los criminales somos meros «voyeurs» que permanecemos fascinados contemplando a distancia el espectáculo. Muy pocos de nosotros confesaríamos –como Mick Jagger en "Simpatía por el Diablo"– que colaboramos inconscientemente con las fuerzas de la oscuridad y, de ese modo, nos negamos a penetrar en los dominios de la verdadera humanidad. Preferimos a un Dios a quien podamos adorar y ensalzar que a un co-creador que nos invite a colaborar en la creación. No estamos dispuestos a celebrar el «sacramento del asesinato» y reconocer que el núcleo de nuestra oscuridad, de nuestra atracción por el mal y de nuestro rechazo de la totalidad son tan esenciales para obtener la gracia, el alma y el «oro» como nuestras creencias y esfuerzos deliberados hacia la totalidad, la bondad y la perfección.

Consideramos que el crimen es algo antinatural e inhumano, un acto que va contra la naturaleza y la cultura. ¿Cómo podemos pues afirmar que el crimen sea una metáfora de algo esencialmente necesario? Nuestros sueños parecen querer violar, robar, saquear, profanar lo sagrado, golpear, mutilar, torturar, intimidar, etcétera, a nuestro ego cotidiano. De este modo, los sueños intentan enfrentarnos a nuestra *massa confusa* «relativizando» al ego. El sueño y la enfermedad son los principales medios que utiliza nuestra alma para comunicarse con nosotros. Es por ello que nuestra negativa cultural a comprometernos en el *opus* alquímico de trabajar con nuestros sueños aumenta la probabilidad del delito. De igual modo, la ampliación de nuestros presupuestos de defensa, el interés en la defensa personal, los sistemas antirrobo y las medidas de seguridad no hacen más que aumentar la probabilidad del delito ya que ese tipo de medidas profundizan el abismo, aumentan las diferencias y aseguran la inevitabilidad del ataque. Por tanto, si permitimos que los sueños se manifiesten y nos afecten –sin interpretarlos y darles un sentido que se acomode a nuestros conceptos previos– nos proporcionarán una vía de acceso al lado oscuro y criminal de nuestra mente y transformarla, así, en «oro».

El convicto debe seguir un camino diferente. Una parte muy importante de su «cura» (otra operación alquímica –curtir, oscurecer la piel, otra metáfora del castigo) consiste en aprender el rol de la víctima, sentir lo que siente, tomar, en definitiva, conciencia de todo el episodio y no limitarse *solamente* a desempeñar el papel de delincuente. Eso es lo que al criminal le parece antinatural, este es su *opus contranatura*, lo que puede curar su fragmentación y división.

Aumentar el calor

El fuego y el calor juegan un papel fundamental en muchas operaciones alquímicas como, por ejemplo, la destilación o *calcinatio* (secado). A los policías se les llama «maderos» y los delincuentes que todavía no han sido capturados tratarán a toda costa de evitar a los maderos y los que permanezcan cautivos intentarán huir o burlar el calor que produce ese tipo de leña.

«Calentarse», por otro lado, también se refiere al estado apasionado y vehemente por el que tenemos que pasar si queremos conseguir algo porque, de lo contrario, sólo seremos unos jodidos locos. Una persona «acalorada» es impredecible, irracional y testaruda. «Estar caliente» es también una forma de decir que estamos excitados sexualmente, un estado que no cesará hasta no haber satisfecho nuestro deseo. ¿Cuál es la motivación que impulsa al criminal cuando entra «en calor»? ¿Por qué está dispuesto a sacrificarse? ¿Cuál es esa perla de valor incalculable que sólo él parece conocer? ¿Se trata acaso del poder, el control, la riqueza, los objetos caros, las mujeres o las drogas? Según Gregory Bateson el delincuente busca algo esencial en su delito. ¿De qué se trata? ¿Qué cosa fantástica «imagina» que obtendrá? ¿Con quién quiere encamarse, acostarse, o fornicar? Sea como fuere ¡sólo esperamos no encontrarnos entre él y el objeto de su deseo!

Putrefacción, Repetitio *y otras operaciones*

Repetitio: si consideramos a la Tierra como vaso hermético todo lo que usamos y tiramos no sufre esta operación de *repetitio*. En lugar de seguir amontonando desperdicios que sólo hemos utilizado una vez debemos aprender a valorar y transformar la basura que se convierte en *massa confusa*.

Destilación: descartar lo superfluo y quedarnos con lo esencial. La mayoría tendemos a acumular objetos, ideas y proyectos sin llevarlos a cabo, sin hacer ningún tipo de selección previa, sin llegar a decidir jamás lo que es esencial, y actuar después en consecuencia.

Putrefacción: conocer nuestros aspectos despreciables y descubrir que nuestra mierda también apesta. Para los delincuentes convictos esto significa tomar clara conciencia de que sus acciones han dañado a los demás ya que, al igual que los políticos o los líderes religiosos, la mayoría de los delincuentes no se percatan de ello. Para poder simpatizar con el mundo que está más allá de nuestro ego y podamos darnos cuenta de sus imperiosas necesidades nuestra miopía debe disiparse. Para los no delincuentes, la putrefacción implica la toma de conciencia de su propia mierda y, en consecuencia, el cambio de rumbo en su continuo viaje hacia la superación y la perfección.

Contención: en el momento en que algo se escapa del vaso hermético el proceso alquímico se trunca y debe comenzar nuevamente. De este modo, aunque la ciencia, la industria y la tecnología moderna estén basadas en los antiguos principios herméticos, vierten todo tipo de sustancias tóxicas y las emisiones radioactivas procedentes de centrales nucleares contaminan nuestra tierra. Este vertido es fruto de un proceso sin integridad, un proceso en el que falta el alma y que no puede provocar, por tanto, ninguna transformación útil.

La importancia de la sal

Para los alquimistas la sal era un elemento imprescindible. La sal está asociada con la memoria porque sirve para conservar, para mantener las cosas en una condición utilizable y comestible. En los delincuentes, sin embargo, la memoria suele ser una cualidad bastante deteriorada. La terapia con los delincuentes parece funcionar mejor cuando se les pide que reconstruyan sus pasos, sus planes, su decisión de transgredir la ley, es decir, cuando se les pide que echen sal en el vaso que constituye su psiquismo o su alma. Por otra parte, la sal resulta también apropiada para mantener a los presidiarios ya que a todos se nos ha enseñado que poner sal en la cola de los pájaros impide su vuelo.

Sin embargo, el hecho de que hayamos pescado al delincuente no significa que éste no quiera zafarse del anzuelo. Debemos seguir con nuestras operaciones hasta encontrar un nuevo punto de vista que nos permita observar la totalidad del proceso. Debemos, pues, considerar al criminal como una parte de nuestra propia historia, debemos abrirle nuestro santuario privado para que nos despoje de todo aquello que no es imprescindible para vivir y nos haga sentir lo que es el dolor y la privación. Todo esto no sólo es aplicable al campo de los sueños sino que también sirve para que vayamos más allá de nuestra obra personal y privada y nos hagamos cargo del vaso mayor –el Vaso Hermético que es el planeta. De este modo, el delincuente suscita diversas reacciones paralelas ya que, si bien actúa en base a sus intereses personales y sus mezquinas necesidades, también constituye simultáneamente un elemento catalizador que puede activar el drama del alma en nuestra propia vida.

Los delincuentes son los esclavos espirituales de las minas de nuestra ignorancia

En realidad, el deseo de erradicar el crimen es el deseo de eliminar al alma, la imperfección y la necesidad de la gracia, el deseo de construir un mundo regido por consultores, conductistas, empresarios y relaciones públicas. No resulta, por tanto, extraño afirmar que padecemos un fascismo edulcorado de rostro educado y amable (un fascismo literalmente no violento, como subraya reiteradamente Noam Chomsky en sus escritos sobre la sutileza del fascismo americano).

Necesitamos a los delincuentes para poder detener a alguien que no seamos nosotros mismos. Preferimos mandar a otros a las minas, algún voluntario desesperado, una víctima propiciatoria que se encargue de llevar a cabo el trabajo sucio. No es soprendente que nuestra cultura haya abrazado una religión como la cristiana cuya teología santifica el que otra persona (Cristo) haga nuestro trabajo esencial y muera para expiar nuestros pecados. Pero esto no hace más que postergar nuestra crucifixión, abortar el proceso alquímico antes de su conclusión e impedir nuestra transformación en profundidad.

Si prestamos atención, metafórica y literalmente hablando, al mundo del crimen descubriremos que necesitamos a los «delincuentes» para atacar, violar y asesinar a nuestro ego habitual, a las pautas conceptuales y emocionales que corrompen nuestra alma y nos empujan a tomar decisiones y llevar a cabo acciones dañinas para el cuerpo social y para los objetos y criaturas del mundo. Sin embargo, aunque este crimen sea inevitable también debemos apresar al delincuente, mirarle a la cara y aclarar las cosas. Debemos escuchar las razones que arguye para justificar su agresión, cosa que no lograremos, en cambio, si nos limitamos a encerrarlo y tirar luego la llave, a desterrarlo o simplemente a ejecutarlo.

Aunque sacrificáramos a toda la humanidad con ello no haríamos más que perder la oportunidad de hacernos más humanos y desaprovecharíamos la ocasión de profundizar nuestra comprensión tanto de los aspectos oscuros como de los luminosos de todo el espectro de la humanidad. Lo peor de todo es que también parece que nos gustara sacrificar a la tierra que nos sostiene e, incluso, al alma humana. Creemos que los aztecas eran primitivos porque sacrificaban seres humanos para complacer a sus dioses pero no queremos darnos cuenta de que, al amordazar nuestra conciencia para no admitir que nosotros también sacrificamos a los delincuentes, inmolamos al Tercer Mundo en aras de nuestra prosperidad y a las generaciones venideras a cambio de unos pocos bienes de consumo.

*　　*　　*

Estaba enojado con mi amigo,
Le expresé mi rabia y ésta terminó.
Estaba enojado con mi enemigo,
No se lo dije y mi rabia fue en aumento.
Noche y día la regué
Con las lágrimas de mi miedo
Y la expuse al sol de mis sonrisas;
Y con sutiles y engañosas artimañas
Siguió creciendo día y noche
Hasta que brotó una brillante manzana
Y mi enemigo percibió su resplandor.
Y supo que era mía
Y entró furtivamente en mi jardín
Cuando la noche oscurecía el orbe.
A la mañana siguiente, triste, descubrí
a mi enemigo, tendido, bajo el árbol.

WILLIAM BLAKE

NOVENA PARTE:

EL TRABAJO CON LA SOMBRA: CÓMO ILUMINAR LA OSCURIDAD MEDIANTE LA TERAPIA, LOS RELATOS Y LOS SUEÑOS

Las mejores épocas de nuestras vidas son aquellas en las que acopiamos el suficiente valor como para rebautizar a nuestra maldad como lo mejor que hay en nosotros.

FRIEDRICH NIETZSCHE

En la mitad de la vida
extravié el camino correcto
y me encontré en un bosque oscuro...
Pero, por doloroso que sea perderse,
morir lo es más todavía.

DANTE

Los mitos nos enseñan que en lo más profundo del abismo puede escucharse la voz de la salvación. En los momentos más oscuros es cuando podemos escuchar el verdadero mensaje de transformación. En medio de la oscuridad sobreviene la luz.

JOSEPH CAMPBELL

La única maldad del psiquismo humano consiste en no poder unir o reconciliar los distintos fragmentos de nuestra experiencia. Cuando aceptamos todo lo que somos –incluida la maldad– hasta el mismo mal se transforma. Cuando logramos armonizar las distintas energías de nuestro psiquismo el rostro sangriento del mundo asume el semblante de la Divinidad.

ANDREW BARD SCHMOOKLER

INTRODUCCIÓN

Para recuperar nuestra sombra tenemos que afrontarla e integrar sus contenidos en una imagen más global y completa de nosotros mismos. El encuentro terapéutico con la sombra suele comenzar en la madurez, cuando nos damos cuenta de los efectos limitadores de la represión, cuando ponemos en cuestión los valores que hasta ese momento habían gobernado nuestra vida, cuando se tambalean las esperanzas que habíamos depositado en nosotros mismos y en los demás, cuando nos sentimos abrumados por la envidia, los celos, el impulso sexual y la ambición o cuando se desmoronan estrepitosamente nuestras más firmes convicciones. En cualquier caso, el trabajo con la sombra puede aparecer siempre que nuestra vida parezca estancarse y perder todo su interés y sentido.

Shakespeare era muy consciente de la necesidad de tomar conciencia de la sombra y en sus obras solía referirse a las funestas consecuencias de no prestarle la atención debida. Escuchemos, por ejemplo, la contundente voz del malvado Macbeth describiendo claramente la vacuidad y desdicha con que puede maltratarnos la insodable oscuridad:

La vida es una sombra huidiza...
mero ruido y furia,
un cuento absurdo
contado por un idiota.

La patética figura de Macbeth es muy interesante al respecto porque ha perdido el sentido de la vida cuando ya es

341

demasiado tarde para poder trabajar con su sombra. De ese modo, no le queda más remedio que actualizarla y acatar su destino transformándose en un asesino. En un lenguaje menos poético podríamos decir que la verdadera tragedia consiste en tomar conciencia de la sombra cuando ya es demasiado tarde para hacer algo al respecto.

Según Jung, para la mayor parte de nosotros la actualización de la sombra constituye «un problema eminentemente práctico». Lo que denominamos *trabajo con la sombra* es el proceso voluntario y consciente de asumir lo que hasta ese momento habíamos decidido ignorar o reprimir. La terapia, por tanto, exige que nos hagamos cargo de aquello que habíamos sacrificado en aras de un ego ideal y que reorganicemos nuestra personalidad sin dejar de lado nuestros aspectos más destructivos.

Pero, para poder establecer este nuevo orden, es necesario que afrontemos y nos liberemos de las ilusiones que hemos alimentado hasta ese momento. En su libro *Paseo por la tierra* el sociólogo Philip Slater describe el trabajo terapéutico del siguiente modo:

Aunque puedan experimentar regresiones puntuales, los pacientes que emprenden un trabajo psicoterapéutico no retornan literalmente a la niñez para desaprender las pautas de conducta destructivas que han aprendido a lo largo de su vida. Lo verdaderamente importante es llegar a ser capaz de desidentificarse de esa pauta, ser capaz de decirse a uno mismo: «He desperdiciado x años de mi vida tratando de conseguir un objetivo doloroso e inalcanzable. Pero, por más deplorable que esto sea, ahora tengo la oportunidad de cambiar». Sin embargo, ésta es una tarea difícil porque tenemos la tendencia de racionalizar nuestros errores como parte necesaria del proceso de desarrollo («me enseñó a ser disciplinado») y a declinar nuestra responsabilidad («eso era antes de que lo tuviera claro»). Cuando renunciamos a ese tipo de maniobras evasivas nos vemos abocados a la desesperación pero –como señala Alexander Lowen– la desilusión es lo único que puede curarnos de la ilusión. Sin desesperación –una especie de período de luto por las ilusiones y fantasías perdidas– jamás podríamos mirar de frente a la realidad. Quizás haya personas que no puedan superar la desilusión pero lo cierto es que sin ella no puede tener lugar ningún cambio verdaderamente importante.

El objetivo del proceso de individuación (el proceso que nos permite llega a ser personas completas y únicas) es el de abrazar simultáneamente la luz y la oscuridad y favorecer el desarrollo de una relación creativa entre el ego y el Yo (nuestro símbolo personal de totalidad individual). De este modo, el diálogo sincero y la interpretación de los sueños que tiene lugar en el encuentro terapeútico nos ofrece la oportunidad de desarticular nuestra falsa personalidad y llegar a aceptar nuestra verdadera naturaleza.

La tarea de reapropiarnos de nuestra personalidad inferior suele requerir la presencia catalizadora de un testigo (un guía o un psicoterapeuta, por ejemplo). En *La Sombra y el Mal en los Cuentos de Hadas*, Marie-Louise von Franz describe del siguiente modo el proceso de despertar gradual a la sombra:

> Si tratáramos de explicar lo que es la sombra a alguien que carece de la más mínima noción de psicología y acude a una sesión analítica por vez primera, deberíamos decirle que en el fondo de la mente existen ciertos procesos de los que no somos conscientes. Así pues, en una primera aproximación al inconsciente, la sombra no es más que un término «mitológico» que sirve para designar a todos los contenidos inconscientes de nuestro psiquismo. Sólo después de profundizar en los aspectos sombríos de nuestra personalidad y de investigar sus diferentes facetas hace aparición en los sueños una personificación del inconsciente del mismo sexo que el soñante.

A medida que aumenta nuestra conciencia de la sombra, las figuras oníricas se tornan más claras y su integración adquiere mayor importancia. Por otra parte, también debemos tener en cuenta que nuestra sombra personal está estrechamente ligada a la sombra colectiva de la cultura en que nos hallamos inmersos. El psicoanalista israelí Eric Neumann describió del siguiente modo este estadio del trabajo con la sombra en el proceso de individuación:

Quien ha emprendido el viaje hacia la individuación deberá diferenciar, en un momento u otro, entre «su» maldad y la maldad colectiva. A lo largo del proceso de individuación va desapareciendo gradualmente el impulso del ego hacia la perfección. Para llegar a algún tipo de acuerdo con la sombra es necesario sacrificar la inflación del ego, lo cual se opone frontalmente al antiguo ideal ético de la perfección absoluta.

Quien esté dispuesto a enfrentarse con sus enemigos –internos o externos– siempre hallará el camino expedito. Según Jung, el trabajo con la sombra exige un acto fundamental de reconocimiento (y, en ocasiones, de catarsis). «El hombre moderno –afirmaba– debe redescubrir la fuente más profunda de su vida espiritual pero para ello no le queda más remedio que luchar contra el mal, afrontar su sombra e integrar al diablo.»

Los colaboradores que participan en esta sección expresan con entusiasmo su visión respecto al trabajo con la sombra. En este sentido, los ensayos que presentamos a continuación constituyen un manual de trabajo con la sombra que nos habla de las habilidades del analista, las intuiciones que nos proporciona la literatura y la mitología, la sabiduría de los sueños y las experiencias que suelen acompañar a la llamada crisis de la mediana edad.

En el capítulo 35, "La Curación de la Sombra", un fragmento extraído del libro *Insearch: Psychology and Religion*, publicado en 1967, el analista y psicólogo junguiano experto en arquetipos James Hillman nos recuerda la extraordinaria importancia del amor, un factor necesario, pero no suficiente, para trabajar con la sombra.

El capítulo 36, procedente de *The Hero with Thousand Faces*, el último clásico del insigne mitólogo Joseph Campbell, nos habla de las experiencias que acontecen cuando atravesamos el umbral de lo desconocido –con la consiguiente autoaniquilación y resurrección simbólicas– y penetramos en "El Vientre de la Ballena". En este ensayo, Campbell estudia la presencia del tema del viaje a través de la sombra –que constituye un «acto de centramiento y de renovación de la vida»– en el seno de diferentes épocas y culturas.

En el capítulo 37, "La Utilidad de lo Inútil", aparecido originalmente en la revista *Psychological Perspectives*, Gary Toub se sirve de las parábolas taoístas y de la psicología junguiana para ilustrar su tesis, exhortándonos a vivir nuestra vida, a sostener la tensión de la naturaleza dual de los opuestos y, lo que es más importante todavía, a encontrar sentido donde menos lo esperábamos.

La psicóloga junguiana Karen Signell considera que el trabajo con los sueños constituye el camino real hacia la sombra. Su ensayo, "El Trabajo con los Sueños de las Mujeres", extraído de *Wisdom of the Heart*, demuestra la utilidad de la interpretación onírica para identificar e integrar a la sombra. El ensayo de Signell, aunque se centra en la vida de las mujeres, no se limita, sin embargo, a ellas sino que enseña a todo ser humano a «ablandar su corazón ante uno mismo y ante los demás».

En su ensayo " El Hombre de Mediana Edad", extraído de su best-seller *The Seasons of a Man's Life*, el famoso psicólogo Daniel J. Levinson describe los cambios que conlleva la llamada crisis de la mediana edad, entre los cuales cabe destacar la necesidad de tomar conciencia de nuestra agresividad y de nuestra mortalidad. En opinión de Levinson, si renunciamos a esta responsabilidad terminaremos sacrificando nuestra propia creatividad.

Finalmente, en "Aprender a Relacionarnos con el Mal" –publicado originalmente en la revista junguiana *Spring* en 1965– la analista junguiana Liliane Frey-Rohn afirma que el trabajo de integración de la sombra personal y de transformación del mal constituye un reto moral que exige un esfuerzo supremo de conciencia y que tiene una importancia capital para la estabilidad de nuestra cultura.

Los ensayos presentados en esta sección nos ofrecen, pues, una mano y una luz para ayudarnos a atravesar el tenebroso camino que conduce a la integración de la sombra.

35. LA CURACIÓN
DE LA SOMBRA

James Hillman

Analista junguiano, profesor y prolífico escritor, pertenece a la tercera generación de pensadores orientados por la obra de C. G. Jung. Fue editor de la revista *Spring* y director de la prestigiosa editorial *Spring Publications*. Entre sus obras cabe destacar *The Myth of Analysis*; *Suicide and the Soul*; *Insearch: Psychology and Religion*; *Re-Visioning Psychology*; *The Dream and the Underworld*; *Loose Ends*; *Anima: An Anatomy of a Personified Notion*; *Healing Fiction*; *Blue Fire*; el libro de entrevistas *Inter Views* y *Puer Papers* (Ed.).

La curación de la sombra constituye un problema moral que nos obliga a reconocer lo que hemos reprimido, darnos cuenta del modo en que lo hacemos, cuáles son nuestras racionalizaciones, de qué manera nos engañamos a nosotros mismos, qué tipo de objetivos perseguimos y a quiénes seríamos capaces de dañar, e incluso de destruir, para conseguirlos. Por otra parte, la curación de la sombra es también una cuestión de amor. ¿En qué medida aceptamos nuestros aspectos más abyectos, desagradables y perversos? ¿Cuánta caridad y compasión mostramos ante nuestra propia debilidad y enfermedad? ¿Cuál es nuestra participación en la construcción de una sociedad basada en el amor en la que tenga cabida todo el mundo?

Yo suelo utilizar la expresión «curación de la sombra» para resaltar la importancia del amor, porque si sólo tratamos de curarnos a nosotros mismos y centramos todo el interés en nuestro «*yo*», el proceso suele degenerar en una atención desmedida a nuestro ego que sólo conseguirá fortalecerlo y engordarlo para alcanzar sus metas, simples remedos de los objetivos de la sociedad. Si realmente queremos curar nuestras debilidades, nuestra obstinación, nuestra ceguera, nuestra insensibilidad, nuestra crueldad, nuestra falsedad, etcétera, deberemos inventar nuevas formas de convivencia en las que el ego aprenda a escuchar sus aspectos más desagradables, aceptarlos y llegar a amar incluso al más abyecto de todos ellos.

Amarse a uno mismo no es una tarea nada sencilla porque eso significa amar todo lo que hay en nosotros, hasta la misma sombra que nos hace sentir inferiores y socialmente inaceptables. Es por ello que la atención que prestamos a nuestras facetas más abyectas forma parte del proceso de curación. Pero cuidar de la sombra, en ocasiones, no significa más que asumirla. Así pues, el primer paso importante del proceso de curación de la sombra tan sólo consiste –como hacían los antiguos puritanos o los judíos en su interminable diáspora– en llevar la sombra con nosotros, es decir, en tomar conciencia cotidianamente de nuestros pecados, en permanecer atentos para que el Diablo no nos coja desprevenidos, en emprender un largo viaje existencial cargando una mochila llena de piedras sin nadie a quien recurrir ni una meta segura que alcanzar. Pero resulta imposible planificar este viaje que pretende que nuestros defectos se adecuen a los objetivos del ego. Por eso es tan difícil amar.

Para amar a la sombra es necesario aprender a llevarla con nosotros. Pero con eso no basta ya que también debemos tomar conciencia de la paradoja de esta locura que compartimos con el resto de los seres humanos. Sólo entonces podremos aceptar, caminar e incluso alimentarnos de lo que hayamos rechazado. Por otra parte, el simple amor puede llevarnos a una identificación con la sombra que termine convirtiéndonos en sus víctimas. Es por ello que no debemos menospreciar la dimensión ética del trabajo con la sombra. Así pues, la curación requiere también del reconocimiento moral de los aspectos más despreciables de nosotros mismos y de la aceptación amorosa y alegre de su misma existencia. Se trata, por tanto, de una empresa que exige, al mismo tiempo, del trabajo y de la entrega, del juicio exacto y de la participación gustosa, del moralismo occidental y de la renuncia oriental.

En mi opinión, el misticismo religioso judío –en el que Dios presenta dos rostros: el de la rectitud moral y la justicia, por una parte, y el de la gracia, la misericordia y el amor, por la otra– constituye un ejemplo arquetípico de esta actitud paradójica tan presente en los cuentos jasídicos en los que la devoción religiosa convive estrechamente con el gozo de la vida.

La descripción freudiana del mundo de la sombra es demasiado racional y no llega a comprender la profundidad del lenguaje paradójico con el que se expresa el psiquismo en el que cualquier imagen y cualquier experiencia tienen tanto un aspecto positivo como otro negativo. Freud no llegó a advertir la paradoja de que la basura también es un fertilizante, de que la infancia también es inocente, de que la perversidad polimorfa también es placentera y libre y de que el hombre más repulsivo puede ser, al mismo tiempo, un redentor disfrazado.

En otras palabras, las descripciones que Freud y Jung nos ofrecen de la sombra no constituyen dos perspectivas diferentes y opuestas. La visión de Jung, pues, profundiza y amplía la de Freud evidenciando su dimensión paradójica.

36. EL VIENTRE
DE LA BALLENA

Joseph Campbell

Durante cuarenta años fue profesor de mitología comparada en el
Sarah Lawrence College. Asimismo fue guionista y presentador –jun-
to a Bill Moyers– de la popular serie de televisión "The Power of
Myth". Campbell fue un prolífico autor que escribió, entre otras
obras: *El Héroe de las Mil Caras*; *Las Máscaras de Dios* (4 vols.),
The Mythic Image; *Miths to Live By*; *The Atlas of World Mythology*;
El Poder del Mito y la transcripción de la entrevista realizada por Mi-
chael Toms y publicada póstumamente con el título *An Open Life*.

La imagen del vientre de la ballena constituye un símbolo universal del tránsito a través de un umbral mágico en el
que el héroe, en lugar de conquistar o reconciliarse con el
poder del umbral, es engullido por lo desconocido y parece
morir para terminar renaciendo posteriormente.

> *Mishe-Nahma, Rey de los Peces,*
> *se precipitó hacia lo alto furiosamente*
> *como un relámpago sumergiéndose en el sol,*
> *abrió sus grandes fauces y se tragó*
> *a Hiawatha y su canoa.*[1]

Los esquimales del estrecho de Bering cuentan que un día,
Cuervo –héroe y mentiroso– estaba secando su ropa junto a

la playa cuando vió a una ballena nadando pesadamente muy cerca de la orilla. Entonces le gritó: «Amiga, la próxima vez que subas a respirar, abre la boca y cierra los ojos». Luego se vistió rápidamente su ropas de cuervo, se puso su máscara de cuervo, cogió la leña bajo el brazo y voló por encima del agua. La ballena volvió subir a la superficie e hizo lo que Cuervo le había aconsejado. Entonces Cuervo se sumergió en sus fauces abiertas y cayó directamente en su esófago. La ballena, asustada, reventó con un estallido. Cuervo estaba de pie en su interior, mirando a toda partes.[2]

Los zulús cuentan una historia de dos niños y su madre que fueron tragados por un elefante. Cuando la mujer llegó al estómago del animal «vió grandes bosques, ríos caudalosos y muchas mesetas. A un lado habían rocas y también muchas personas que habían construido allí su poblado, además de perros y ganado. Todo eso estaba dentro del elefante».[3]

El héroe irlandés Finn MacCool fue devorado por un monstruo de forma indefinida conocido en el mundo céltico como *peist*. La muchacha alemana Red Ridinghood fue devorada por un lobo. El polinesio Maui fue comido por su tatarabuela, Hine-nui-te-po y la práctica totalidad del panteón griego, a excepción de Zeus, fue devorada por su padre, Cronos.

Tras robar el arco de la reina de las amazonas, el héroe griego Herakles se detuvo a descansar en Troya en su viaje de vuelta y se enteró de que la ciudad estaba siendo asolada por un monstruo enviado por Poseidón, el dios del mar. La bestia se acercaba a la orilla y devoraba a la gente de la llanura. La belle Hesione, hija del rey, había sido atada como víctima propiciatoria por su propio padre a una roca que se hallaba a orillas del mar pero Herakles aceptó salvarla a cambio de un rescate. Cuando el monstruo salió de las profundidades marinas y abrió su enorme boca, Herakles se lanzó dentro de su garganta, se abrió paso hasta su estómago y acabó con su vida.

La enorme difusión de este símbolo subraya el hecho de que atravesar el umbral implica algún tipo de muerte del yo. Su similitud con la aventura de las Symplegades es evidente pero, en nuestro caso, el héroe, en lugar de dirigirse hacia los confines del mundo visible se encamina hacia el interior para terminar renaciendo. Se trata de un estado equiparable a la entrada del devoto en el templo donde se le recuerda que –aunque inmortal– no es más que polvo y cenizas. El interior del templo, el vientre de la ballena y el reino de los cielos que rodea los confines del mundo son una y la misma cosa. Por este motivo, los alrededores y las entradas de los templos están flanqueadas y protegidas por gárgolas colosales: dragones, leones, demonios armados sedientos de sangre, amenazadores enanos, bueyes alados, etcétera. Estos son los guardianes del umbral que se encargan de mantener alejados a quienes son incapaces de soportar su propio silencio. Estas son las primeras encarnaciones del aspecto peligroso de la presencia de lo numinoso (que se corresponden con los ogros mitológicos que rodean el mundo convencional o las dos hileras de dientes de la ballena), que sirven para ilustrar la necesaria transformación que debe experimentar el devoto. De este modo, en el momento de entrar en el templo el devoto, al igual que la serpiente muda su piel, debe despojarse de su ropaje secular. Una vez dentro puede decirse que ha muerto al tiempo y que ha retornado al Utero Cósmico, al Ombligo del Mundo, al Paraíso Terrenal. El hecho de que nadie pueda ver físicamente a los guardianes del templo no invalida su significado ya que si el intruso los ignora es como si se hubiera quedado fuera. Quien es incapaz de comprender a un dios lo percibirá como un demonio y tratará de huir de él. La entrada en el templo y el viaje del héroe a través de las fauces de la ballena constituyen, pues, la expresión alegórica de un proceso de centramiento y renovación de la vida.

«Ninguna criatura –escribe Ananda Coomaraswamy– puede ascender en la escala de la naturaleza sin dejar de existir.»[4] En realidad, el cuerpo físico del héroe puede ser realmente descuartizado, desmembrado y esparcido sobre la faz de la tierra o diseminado sobre la superficie del mar –como ocurre en el mito egipcio de Osiris, que fue colocado en un sarcófago y arrojado al Nilo por su hermano Set,[5] y asesinado y descuartizado en catorce pedazos que fueron esparcidos por toda

351

la tierra. Los héroes gemelos de los Navajos deben atravesar rocas que aplastan, juncos que cortan al viajero en pedazos, agujas de cactus que los aguijonean y arenas hirvientes que los abrasan. Quien ha superado su apego al ego atraviesa una y otra vez los límites del mundo y entra y sale del dragón como un rey que deambula por las habitaciones de su palacio. Este viaje de ida y vuelta demuestra que lo Increado y lo Imperecedero está por encima de las polaridades del mundo fenoménico y que, por consiguiente, no hay nada que temer.

Es por ello que, a lo largo y ancho de todo el mundo, aquellos hombres cuya función ha sido la de hacer visible sobre la tierra el misterio de la muerte del dragón –que permite renovar la vida– han encarnado en sus cuerpo este gran acto simbólico, diseminando su carne, al igual que ocurría con el cuerpo de Osiris, en aras de la renovación del mundo. En Frigia, por ejemplo, el decimosegundo día del mes de Marzo se cortaba un pino y se llevaba al santuario de la diosa madre Cibeles. Allí era amortajado, como si de un cadáver se tratara, con telas de lana y adornado con guirnaldas de violetas y en su centro se colocaba la efigie de un hombre joven. Al día siguiente, tenían lugar las lamentaciones ceremoniales acompañadas por el sonido de trompetas. El veinticuatro de Marzo, conocido como el Día de la Sangre, el sacerdote de mayor rango hacía manar sangre de sus brazos y la ofrendaba mientras sus acólitos giraban como derviches al son de las flautas, trompas, tambores y címbalos hasta que caían en un trance extático, hendían su cuerpo a cuchillazos y rociaban con su sangre el altar y el árbol, y los novicios, imitando al dios cuya muerte y resurrección celebraban, se castraban a sí mismos hasta caer y perder el sentido.[6]

Con idéntico espíritu, al arribar al decimosegundo año de su reinado, el rey de Quilacare, una provincia situada al sur de India, celebraba un solemne festival en el que, tras construirse un andamio de madera adornado con telas de seda, tomaba un baño ritual de purificación en el estanque sagrado y, acompañado de música y un gran cortejo, se dirigía al templo donde rendía adoración a lo divino. Luego subía al cadalso y, tomando un afilado cuchillo, comenzaba a cortarse, ante la enfervorecida concurrencia, tanta carne como fuera capaz de su nariz, orejas, labios, etcétera. Luego arrojaba los pedazos cortados y giraba sobre sí esparciendo los pedazos de su cuerpo hasta terminar que comenzaba a perder el sentido por la gran cantidad de sangre perdida. En ese momento, cercenaba sumariamente su garganta.[7]

37. LA UTILIDAD DE LO INÚTIL

Gary Toub

Psicólogo privado y analista junguiano en Denver. Se ha especializado en terapias corporales y en el trabajo con los sueños.

Hace más de dos mil años, el filósofo taoísta Chuang Tzu escribió diversas parábolas encomiando las cualidades de los seres humanos inútiles, feos o deformes –jorobados, tullidos y lunáticos, por ejemplo– y de los árboles retorcidos, nudosos y estériles. Veamos una de esas historias:

> Shih, el carpintero, se dirigía hacia el reino de Chi cuando llegó a Chu Yuan y descubrió un roble que servía de lugar de reunión de la población. El árbol se erguía sobre un montículo próximo a la población, sus ramas más bajas –algunas de las cuales eran tan grandes como para poder construir con ellas varias embarcaciones– se hallaban a unos veinte metros de altura, tenía más de veinte metros de diámetro y su copa era tan grande como para dar sombra a un centenar de bueyes. La muchedumbre se congregaba alrededor del árbol como lo hace en la plaza de un mercado. Nuestro carpintero, sin embargo, ni siquiera lo miró cuando pasó por su lado.
>
> Su aprendiz, sin embargo, no cesaba de mirarlo y se dirigió a su maestro, Shih, diciéndole: «Maestro, desde que soy tu alumno jamás había visto un árbol tan hermoso como éste. Pero tú,

sin embargo, has pasado a su lado sin echarle siquiera un vistazo».

Shih, el carpintero, replicó: «¡Atiende! Ese árbol es inútil. Si hiciera una barca se hundiría; si construyera ataúdes se pudrirían; si lo aprovechara para hacer herramientas se romperían de inmediato; si hiciera una puerta rezumaría resina; si hiciera vigas las termitas acabarían pronto con ellas. Es una madera inútil que no sirve para nada. Por eso ha podido vivir tanto».

Cuando el carpintero Shih retornó a su casa el roble sagrado se le apareció en sueños y le dijo: «¿Con qué me comparas? ¿Me comparas acaso con árboles útiles como los cerezos, los perales, los naranjos, los limoneros, los pomelos y los demás árboles frutales? A ellos se les maltrata cuando la fruta está madura, se les quiebran las ramas grandes y las pequeñas quedan maltrechas. Su misma utilidad es la que les amarga la vida. Por eso llaman la atención de la gente vulgar y son talados antes de alcanzar la vejez. Así sucede con todo. Hace mucho tiempo que intento ser inútil y, aún así, en diversas ocasiones casi han conseguido destruirme. Al final, sin embargo, he llegado a ser completamente inútil, lo cual me resulta muy provechoso. ¿Crees que si hubiera servido para algo me hubieran permitido llegar a crecer tanto? Además, tanto tú como yo somos cosas y ¿cómo puede una cosa juzgar a otra? ¿Qué puede saber un hombre inútil y mortal como tú sobre un árbol inútil?»

Shih, el carpintero, despertó y trató de comprender su sueño. Entonces su aprendiz le preguntó: «Si quería ser inútil ¿por qué sirve de santuario a la población?»

Shih, el carpintero, respondió: «¡Calla! Su única intención era no ser dañado por aquéllos que ignoran su inutilidad. Si no se hubiera convertido en un árbol sagrado probablemente hubieran terminado talándolo, por ello se ha protegido de un modo diferente a cómo suelen hacerlo el resto de las cosas. Por tanto, cometeríamos un grave error si juzgáramos a este árbol con criterios ordinarios».[1]

Chuang Tzu nos relata de manera parecida la historia de Shu, el jorobado, quien, a pesar de su cuerpo deforme supo cuidar de sí mismo y llegar a alcanzar una longeva edad.

Estas historias ilustran la importancia que los taoístas atribuían a las cosas que parecen no servir para nada, a todo lo que la sociedad y los individuos desdeñan por su inutilidad.

Es más, dichas historias constituyen metáforas que enseñan al sabio a apreciar e incluso a cultivar su propia inutilidad (o sus cualidades más inútiles) para poder llegar a gozar de una vida plena y natural.

En la alquimia, los cuentos de hadas y los sueños del hombre contemporáneo también podemos hallar temas similares. Los alquimistas, por ejemplo, concedían una importancia fundamental a la obtención de la *materia prima*, a la substancia inicial del proceso de transformación. Esta *materia prima*, sin embargo, era descrita como veneno, orina o excremento, una materia inútil, despreciable y peligrosa. En los cuentos de hadas, por su parte, lo inútil se halla simbolizado por el loco, un personaje estúpido, indolente, inútil y desdichado que termina convirtiéndose em una especie de héroe. Este tema también aparece en el simbolismo de los sueños del hombre de hoy en día. En el sueño de Carl, por ejemplo, aparece el mismo motivo arquetípico taoísta de la inutilidad que resulta de capital importancia en el proceso de individuación.

Una joven corre frenéticamente por un patio interior tratando de escapar de alguien. Súbitamente resbala y cae aunque logra cogerse a una barandilla en el último momento. Se halla en grave peligro pero, en ese momento, aparece un hombre deformado de aspecto horripilante que, a pesar de su aterradora presencia, la salva del peligro. Luego estoy caminando por el interior de una gran sala donde se celebra un oficio religioso. A un lado, veo una fila de hombres jóvenes elegantes y bien parecidos que permanecen de pie con aire severo. Al otro lado, sin embargo, hay una hilera de personas harapientas y tullidas que se asemejan al hombre de la escena anterior. Sé que debo elegir y, cuando decido unirme al último grupo, todos aplauden celebrando mi elección.

La relatividad de los opuestos

Los cuentos que elogian la inutilidad nos trasmiten dos rasgos fundamentales del pensamiento taoísta: la relatividad de los valores y el principio de polaridad. Este último se representa tradicionalmente mediante la figura del yin y del yang, las laderas oscura y soleada de una montaña, las dos caras de una misma moneda, la oscuridad y la luz, lo útil y lo inútil, los dos polos complementarios e inseparables de la naturaleza. Según Chuang Tzu:

> Quienes desean el bien ignorando su contrapartida maligna y quienes aspiran al buen gobierno sin su correlato, el mal gobierno, no comprenden los grandes principios que rigen el universo ni las condiciones a las que está sujeta toda criatura. Del mismo modo, también podríamos hablar de la existencia del cielo sin la de la tierra o del principio negativo sin el positivo, lo cual sería evidentemente absurdo. Si esas personas no se rinden ante la evidencia debe ser porque son locos o bribones.[2]

Los taoístas se dieron cuenta de que no existe ningún concepto ni ningún valor que sea superior o absoluto. Es por ello que, si ser útil es beneficioso, ser inútil, por su parte, no lo es menos. Existe un relato taoísta sobre un granjero a quien se le escapó el caballo que transmite claramente la interrelación existente entre los opuestos:

> Cuando su caballo se escapó su vecino se compadeció de él pero la única respuesta que recibió, fue: «¿Quién sabe lo que es bueno y lo que es malo?» Al día siguiente, el caballo regresó con una manada de caballos salvajes a los que se había unido. En esta ocasión el vecino le felicitó por su inesperada suerte pero la respuesta fue la misma que antes: «¿Quién sabe lo que es bueno y lo que es malo?» También en este ocasión nuestro granjero acertó porque al día siguiente su hijo se rompió una pierna al tratar de montar uno de los caballos salvajes. El vecino le mostró ahora su condolencia y por tercera vez escuchó la misma respuesta. «¿Quién sabe lo qué es bueno y los que es malo?» y una vez más sus palabras fueron acertadas porque al amanecer llegaron los soldados reclutando gente para el ejército pero su hijo se salvó a causa de su lesión.[3]

Según el Taoísmo, el yin y el yang, la luz y la oscuridad, lo útil y lo inútil, constituyen diferentes aspectos de la misma cosa. Por consiguiente, en el mismo momento en que nos decantamos por uno de ellos reprimimos el otro y alteramos el equilibrio natural. Si aspiramos a la totalidad debemos seguir el camino de la naturaleza y perseguir el difícil objetivo de conciliar los opuestos.

La integración de la sombra

Jung demostró que el psiquismo humano se compone de luz y oscuridad, de una parte masculina y de otra parte femenina y de un interminable número de opuestos fluctuantes que generan un estado de tensión psicológica. Al igual que los taoístas, Jung no pretendía resolver esa tensión mediante la identificación con uno solo de los polos (por ejemplo, tratando exclusivamente de ser productivo) porque sabía perfectamente que sobrevalorar o desarrollar excesivamente un aspecto del psiquismo constituye una peligrosa actitud unilateral que suele terminar abocando a la enfermedad física, la neurosis o la psicosis. Para Jung, en cambio, nuestra única posibilidad –la condición *sine qua non*, por otra parte, del proceso de individuación– consiste en sustentar los contrarios que se albergan en nuestro interior.

Una de las formas más fructíferas de integrar los opuestos internos consiste en afrontar conscientemente nuestra sombra, esa parte «oscura» de nuestra personalidad que contiene las características y atributos negativos que más nos «negamos» a aceptar como propios. El hecho de afrontar y reapropiarnos de esos atributos constituye un proceso difícil y doloroso porque, aunque la sombra puede contener algunos elementos positivos, normalmente encierra los aspectos más abyectos, primitivos, inadaptados y violentos de nuestra naturaleza que hemos terminado rechazando por motivos morales, estéticos, sociales o culturales.

En la medida en que la sombra es el símbolo de todo lo que es despreciable, inferior o inútil es equiparable a las imágenes taoístas del árbol retorcido y del jorobado porque, como ellos, es aparentemente inútil. Así pues, perfectamente podríamos decir que en el interior de cada uno de nosotros se esconde un Shu jorobado o un árbol retorcido.

Lo erróneo es lo correcto

Además de nuestra tendencia a infravalorar a la sombra, también tendemos a considerar inútiles nuestros problemas físicos y emocionales. Se trate de una simple jaqueca, de un simple malestar digestivo, de una depresión o de un cáncer de mama, nos desagrada lo que no anda bien. Para nosotros, la enfermedad no sirve para nada y, por consiguiente, la consideramos como un obstáculo y tratamos de eliminarla a toda costa.

Esta actitud frente a la enfermedad es consecuencia del reduccionismo causalista del modelo médico occidental que da por supuesto que las enfermedades son perjudiciales e inadecuadas y que una vez que hayamos eliminado su causa el paciente se recuperará. La aplicación indiscriminada de este abordaje que pretende fomentar la curación genera, sin embargo, una actitud fundamentalmente negativa hacia los síntomas y hacia la enfermedad similar a la que sentía el carpintero de la historia de Chuang Tzu con respecto al árbol centenario.

Del mismo modo que ocurría en el caso del jorobado, el lisiado y el árbol retorcido, las parábolas de Chuang Tzu nos proporcionan una nueva perspectiva para sacar partido de nuestra situación y encontrar algo positivo en nuestras dolencias. Desde este punto de vista, lo que parece incorrecto es absolutamente adecuado porque nos proporciona un nuevo sentido que puede servir a algún propósito desconocido.

Según la psicología finalista de Jung nuestros problemas y síntomas contienen elementos positivos de fundamental importancia. Es por ello que Jung proponía que además de tratar nuestras enfermedades de un modo causalista y reductivo debíamos también tratar de encontrar su significado. Según Jung, nuestros síntomas y complejos neuróticos son elaboraciones del inconsciente para impulsarnos hacia el camino de la realización. En su libro, *Two Essays on Analytical Psychology*, escribió:

> Yo mismo he conocido a más de una persona que han encontrado el sentido de su existencia en una neurosis... que le conducía a un modo de vida que desarrollaba sus potencialidades más valiosas.[4]

El vínculo existente entre enfermedad y autorrealización ha sido tratado posteriormente por Esther Harding en *The Value and Meaning of Depression* (1970), donde demuestra que los estados depresivos constituyen intentos creativos del Yo para que establezcamos una comunicación más profunda con la totalidad. Arnold Mindell, por su parte, llegó a la misma conclusión con respecto a los síntomas somáticos. En un artículo aparecido en la revista *Quadrant* afirmaba:

> Si dejo mis opiniones de lado, cuanto más trabajo con el cuerpo más valoro y simpatizo con una determinada «enfermedad». Cuando una filosofía finalista combinada con una observación exacta reemplace a las terapias causalistas y a los miedos basados en la ignorancia, el cuerpo dejará de parecernos un demonio enfermo e irracional y se nos mostrará como un proceso que posee su propia lógica y sabiduría interna.[5]

Las neurosis y las enfermedades físicas contienen pautas y valores inconscientes fundamentales para el desarrollo de nuestra integridad. Pero para descubrir su sentido es necesario dejar de costado nuestras creencias al respecto y estar de parte de la enfermedad prestando atención a sus síntomas sin tratar de modificarlos. Desde este punto de vista, lo que está ocurriendo es algo fundamentalmente correcto y es necesario que le prestemos toda nuestra atención.

Mindell compara este trabajo con la obra alquímica que también se inicia con una substancia impura e incompleta que debe ser transformada. Este «cuerpo impuro» -o *materia prima*- son los dolores, los trastornos y las molestias cotidianas que deben ser transformadas alquímicamente hasta que revelen su verdadero significado. Este proceso consiste en concentrarse en lo que ocurre focalizando en ello toda nuestra atención para amplificarlo. Los ejemplos que brindamos a continuación ilustran la manera práctica de llevar a cabo este trabajo.

La utilidad y la individualidad

Las enseñanzas de Chuang Tzu no sólo nos muestran el valor de la enfermedad sino que también nos enseñan que para desarrollar todo nuestro potencial debemos convertirnos en algo inútil a los ojos del mundo. De otro modo nos veremos obligados a llevar una vida fragmentaria e insatisfactoria despojados de aspectos primordiales de nuestra personalidad. De este modo, Chuang Tzu nos alienta- con su estilo un tanto exagerado- a desarrollar nuestra propia individualidad.

Jung también subrayaba la importancia de vivir nuestra propia vida. El punto fundamental del proceso de individuación consiste en desarrollar nuestra personalidad a pesar de las exigencias a que nos somete la vida colectiva. Jung estaba particularmente interesado en la crisis del individuo inmerso en la sociedad moderna ya que en el mismo momento en que se confunde con la masa su singularidad se ve reducida y distorsionada.

Como señalaba Jolande Jacobi en *The Way to Individuation*:

> Hay muchas personas que no viven su propia vida y que lo desconocen todo sobre su verdadera naturaleza. Estas personas hacen auténticos esfuerzos para «adaptarse», para no llevar nunca la contraria y cumplir exactamente lo que las opiniones, las normas, las reglas y los convencionalismos del entorno consideran «adecuado». Esas personas son esclavas del «qué dirán», de «lo que hacen los demás», etcétera.[6]

Este es precisamente el caso cuando intentamos vivir como personas normales y nos casamos, tenemos hijos, aprendemos una profesión, etcétera, normas que son especialmente letales para aquellos cuyas pautas internas se desvían mucho de la norma, como los artistas, los genios y los místicos, por ejemplo.

Cuanto más tratamos de seguir nuestro propio camino más nos molesta la rigidez de las normas y los valores colectivos. Para alcanzar la plenitud debemos liberarnos del poder del psiquismo colectivo y del entorno que nos rodea y estar dispuestos a parecer inútiles o imbéciles. Como dijo Lao Tzu:

> *Cuando el sabio oye habla del Camino*
> *trata de vivir en armonía con él.*
> *Cuando el hombre normal oye hablar del Camino*
> *sólo lo comprende en parte.*
> *Cuando el loco estudia el Camino*
> *se rie de él.*
> *Sin embargo, si el loco no se riera*
> *no sería el Camino.*
> *Por tanto, si buscas el Camino*
> *escucha la risa de los locos.*[7]

Lieh Tzu llevó todavía más allá la idea de inutilidad, sugiriendo incluso que debíamos abstenernos de sacrificar un solo pelo en beneficio del mundo ya que sólo de ese modo el mundo puede permanecer en orden, lo cual, por cierto, no deja de ser una exageración porque Lieh Tzu no pretendía que todos abandonaramos el mundo y nos convirtieramos en ermitaños. El verdadero sabio aspira a seguir su verdadera naturaleza en medio de los asuntos del mundo. Como dijo Chuang Tzu:

> Sólo el hombre perfecto puede trascender los límites de lo humano sin retirarse, no obstante, del mundo; vivir de acuerdo a la humanidad y, sin embargo, no sufrir por ello. El hombre perfecto no aprende nada de las enseñanzas del mundo y conserva su propia independencia.[8]

En otras palabras, debemos aspirar a convertirnos en nosotros mismos y a integrar *lo que somos* en el mundo.

38. EL TRABAJO CON LOS SUEÑOS DE LAS MUJERES

Karen Signell

Es una analista junguiana que reside en San Francisco. Es autora de *Wisdom of the Heart: Working with Women's Dreams*.

«¿Quién sabe que el mal anida en el corazón del ser humano? La Sombra lo sabe». Este eslogan, que abría un célebre programa radiofónico de los años cuarenta, *The Shadow*, tiene algo de cierto. En numerosas ocasiones vislumbramos –ocultos en los oscuros rincones de nuestra mente– misterios que forman parte de la condición humana. Vemos y sentimos cosas que resultan inaceptables socialmente y que no querríamos ver ni sentir. El término sombra hace referencia a todas esas cualidades negativas que desterramos de nuestra conciencia egoica cotidiana por no adecuarse a la imagen consciente que hemos forjado de nosotros mismos.

En la vida cotidiana podemos percibir fugazmente la existencia de la sombra detrás de nuestro rechazo inexplicable hacia ciertos temas y por la presencia de sentimientos difusos de culpabilidad, inseguridad, insatisfacción y malestar. En cualquier momento podemos sentirnos embargados por un vago sentimiento de temor, por un inoportuno ataque de risa nerviosa, por un estallido de lágrimas o por una explosión de ira. En lo que respecta a los sueños, deberíamos vencer nuestra resistencia a recordarlos y comprender sus mensajes. En cierto modo, ésta es una experiencia desagradable pero también puede convertirse en un acontecimiento terapéutico capaz de restituir nuestra integridad.

El primer sueño que veremos nos muestra la importancia del descubrimiento de nuestra sombra personal porque, al descubrir el lado oscuro de nuestra sombra personal, podemos tomar conciencia de que este lado oscuro puede ayudarnos a tratar mejor tanto a los demás como a nosotros mismos.

> *Una rata en la ratonera.* Mi cocina apesta. Se trata de una rata que ha quedado atrapada en una ratonera. Todavía está viva y se retuerce. La mato y me deshago de ella. Afronto la situación de algún modo.

Peg, la soñante, se preguntaba: «¿Qué es *mi* rata: mi sombra?» Las ratas son escurridizas, ladronas y rastreras. La primera asociación de Peg tenía que ver con el alivio que sentía porque su antiguo novio hubiera cancelado su viaje y no fueran a encontrarse tal como habían planeado. Súbitamente se dio cuenta de que había caído en una trampa ya que, a pesar de estar casada y ser una esposa fiel, inconscientemente había estado planeando tener relaciones sexuales con su amigo. De este modo, Peg descubrió la sombra que lleva a muchas personas a establecer relaciones ambiguas que parecen inocentes y comprensibles cuando se trata de uno mismo pero abominables cuando se trata de tu pareja. El sueño le mostraba así que si engañaba a su marido sería una «sucia rata» y el «olor a rata» no era más que un indicio de la presencia de la sombra.

Los sueños –como las capas de una cebolla– tienen numerosos significados superpuestos. Podríamos preguntarnos, por ejemplo, por qué había que matar a la rata y por qué estaba en la cocina, el centro neurálgico de la comida. Durante un tiempo, Peg había estado aquejada de gripe y es muy posible que el sueño le estuviera indicando que algo no funcionaba bien en su vida cotidiana. ¿Acaso el sueño constituía una metáfora poética de las relaciones de Peg? Lo cierto es que Peg se sentía atrapada en una ratonera y, más pronto o más tarde, debería afrontar el mal trago de poner punto final a sus relaciones. Por otra parte, Peg sabía e ignoraba, al mismo tiempo, que la atracción inconsciente por esa aventura residía en el rechazo y la insatisfacción que le provocaba su marido y las poderosas imágenes del sueño trataban de hacer más precisa la situación.

Aun en el caso de que la sombra nos lleve a tomar conciencia de situaciones desagradables como, por ejemplo, que no somos tan buenos como pensábamos, también libera enormes cantidades de energía que permanecen atrapadas en el inconsciente. En el siguiente sueño Peg bailaba en una pradera esmaltada de flores. Qué duda cabe de que su trabajo con los sueños –que trataba de hacer más consciente a la sombra– contribuyó también a que su gripe remitiera.

Cuando un sueño saca a la luz nuestra sombra o cuando un amigo nos señala un error nuestro primer impulso es negarlo y defendernos («No soy tan malo»), encogernos de hombros («Yo soy así») o tomar aire y aparentar ser mejores de lo que somos. Sin embargo, todas estas respuestas son equivocadas. No conviene cerrar la puerta a la sombra porque en tal caso merodeará a nuestro alrededor, armará un escándalo y terminará causándonos problemas. Debemos darnos cuenta de la presencia de la sombra, abrirle un espacio en nuestra conciencia, invitarla a comer, tratarla con amabilidad y tomar conciencia de lo que tiene que ofrecernos.

La intensa y prolongada experiencia con nuestra familia, con las luchas de sus miembros reclamando atención y poder, con sus pactos, secretos y resentimientos, afecta profundamente a las expectativas inconscientes que solemos abrigar con respecto a nosotros mismos y a nuestros semejantes. Estas expectativas suelen ser compartidas por toda la familia, lo cual nos permite hablar de la existencia de una «sombra familiar» y de un «inconsciente familiar». Es por ello que algunos de los sentimientos más poderosos de nuestra sombra se manifiestan en la relación que sostenemos con nuestros parientes. Así, por ejemplo, en el seno de la familia nos habituamos a ocupar un determinado estatus –ya sea ventajoso o no– y tendemos inconscientemente a aspirar a ese mismo nivel aprendido en el entorno social en el que nos hallamos inmersos.

Los sueños revelan situaciones y actitudes inconscientes, en especial, aquéllas relacionadas con el orden que ocupamos en la relación familiar: el mayor, el mediano, el pequeño, el hijo único, el gemelo.

El hijo mayor, por ejemplo, suele estar expuesto a padecer celos. El nacimiento de sus hermanos supone para él un cambio radical y arbitrario que le obliga a compartir lo que hasta ese momento había disfrutado únicamente para él. La experiencia de los más pequeños, sin embargo, es muy diferente porque ellos nacieron en un mundo en el que los demás ya existían y no esperan más que una pequeña tajada. Por otra parte, a los hermanos mayores suele obligárseles a reprimir sus sentimientos negativos y a comprender a los pequeños. Esta es una situación clásica relativa a los celos que suele afectar posteriormente a la vida de la persona.

A veces la sombra se halla tan alejada de la conciencia y resulta tan amenazadora que la puerta no puede abrirse hasta que uno no se encuentre preparado para afrontarla porque, en tal caso, uno podría verse desbordado por el inconsciente y perecer ahogado por la ansiedad arquetípica. En los trabajos de grupo, por ejemplo, una persona puede aprestarse –impulsada por el entusiasmo– a «descubrirlo todo», cuanto más profundo mejor, pero no hay que olvidar que cada persona tiene un grado de vulnerabilidad que no debemos dejar de lado.

Lo más profundo no siempre es lo mejor. Después de todo, las defensas sirven para algo. Si nuestra curiosidad nos lleva a desprendernos de una coraza antes de tiempo podemos dejar nuestras heridas al descubierto. El proceso natural de curación lleva tiempo. Sólo cuando hayamos elaborado otra capa protectora para la herida que se esconde en su profundidad estaremos realmente en condiciones de observar sin peligro.

Veamos, a continuación, el sueño de Carolyn:

Fantasmas. Parece que estoy sentada en un cine contemplando una película. La escena transcurre de noche en una playa en la que aparece una niña mala, manchada de sangre, y varios cuerpos acuchillados.

Estoy sentada cerca de una puerta abierta –un servicio– y me levanto apresuradamente a cerrarla. Pero junto a mí hay una mujer joven, llamada *Verité*, que me ordena que abra nuevamente la puerta. Comenzamos a discutir y tengo que pelear con ella para mantener la puerta cerrada. Luego nos reconciliamos y nos abrazamos.

Escucho una voz que dice: «Estás luchando para guardar el secreto de una mujer». Pronto la playa se llena de gente, parecen muertos, zombis que nos miran amenazadoramente. Les arrojo un líquido espeso que adormece a algunos pero no puedo impedir que otros sigan acercándose peligrosamente. Necesito algo para desembarazarme de ellos.

La primera asociación de Carolyn fue que «la niña mala» era ella. Recordó entonces un sueño que había tenido el mes anterior:

Las Madres no Recuerdan las Cosas Desagradables. Mi madre está mirando una película de terror y esconde su rostro para no ver lo que ocurre mientras dice: «No quiero recordar las cosas desagradables». Pero su hija, mirándola, sabe que su madre sí recuerda. Pareciera como si ambas recordaran vagamente algo terrible que ocurrió en su infancia.

Así es como los niños perciben la proyección de la maldad arquetípica. Cuando una familia mantiene algún secreto inconfesable los niños se sienten culpables. Carolyn decía: «Cada noche, cuando me iba a dormir, me acosaban los fantasmas».

Pero ¿cuál era este secreto? La respuesta se halla en el sueño de los Zombis. La lucha con Verité –la verdad– con la que trataba de mantener la puerta cerrada a un espantoso secreto sobre una mujer, parecía expresar la necesidad inconsciente de Carolyn de seguir creyendo que su madre fue buena y sentirse segura, pero lo que estaba evidenciando, en realidad, era la prohibición materna a hablar de ciertos temas –en este caso, los malos tratos a un niño– para mantener intacto el «inconsciente familiar». Verité luchaba para revelarle una verdad que todavía no estaba en condiciones de escuchar.

¿Cuál puede ser el líquido que adormece? Según Carolyn se trata del alcohol ya que ella, en ocasiones, bebe vino o cerveza para relajarse. Pero, como evidencia claramente el sueño, el líquido sólo disipa momentáneamente los fantasmas del inconsciente que la han atemorizado durante toda su vida. El sueño también nos dice que no todos los fantasmas pueden ser adormecidos, es decir, seguir reprimidos en el inconsciente, ya que la verdad no descansa y los fantasmas seguirán pugnando por salir a la superficie y manifestarse.

En esa época Verité -la verdad- no venció, lo cual demostraba también que Carolyn no se hallaba en condiciones de descubrir más su inconsciente. Años más tarde, tras acopiar fuerzas para afrontar por fin la verdad, Caloryn terminó recordando que su madre la había maltratado físicamente siendo muy pequeña y que su padre había abusado sexualmente de ella a los cuatro años de edad. Es muy probable que por ese motivo hubiera revivido esos incidentes en un estado de trance o disociación -«como si estuviera contemplando una película»- como suelen hacerlo los niños menores de cinco años. Los «zombis» del sueño eran las imágenes de sus padres que Carolyn había conservado de aquella época. Su madre tomaba tranquilizantes y parecía extrañamente ausente, como si fuera un zombi, aunque a veces, no obstante, era víctima de súbitos arrebatos de ira inconsciente en los que llegaba a golpearla. De la misma manera, cuando su padre abusaba de ella no parecía ser él mismo sino alguien extrañamente indiferente y ausente que, muy probablemente, se hallaba también presa de un estado de compulsión inconsciente, quizás una reviviscencia de algún abuso al que también había sido sometido en su infancia.

¿Cómo encajaba este sueño en el presente de Carolyn? ¿Por qué motivo el sueño había aparecido en esta época concreta de su vida? Carolyn temía que el aspecto de su sombra que se negaba a a abrir la puerta de los lavabos y acceder a su vida cotidiana fuera su lesbianismo y se sentia muy ansiosa al respecto. Es por ello que Carolyn luchaba contra Verité, porque si permitía que esa verdad saliera a plena luz del día traería consigo el fantasma profundo de una sombra arquetípica mucho más aterradora que había estado proyectando sobre sí misma como una niña maltratada y violada ya que una de sus imágenes más tempranas que tenía de sí misma era la de una «niña mala». No cabe pues la menor duda con respecto al motivo por el cual Carlyn tenía que luchar contra Verité porque de otro modo tendría que aceptarse a sí misma saliendo del lavabo convertida en una lesbiana y porque la desaprobación cultural volvería a abrir sus más profundas heridas personales y arquetípicas.

Carolyn respetó las implicaciones del sueño pero estaba todavía demasiado ansiosa como para poder descubrir la naturaleza exacta de sus viejas heridas y curarlas y aún no tenía la suficiente fortaleza como para poder cambiar su estilo de vida. Para ello necesitaba aprender a diferenciar entre sus miedos personales y los temores arquetípicos. En cierto momento, Carolyn dijo que se sentía obligada a ser abierta pero también agregó que «quienes se creen invulnerables no conocen la crueldad». Necesitaba descender un poco más junto a su vieja «madre buena» que no podía escuchar cosas desagradables, antes de hallarse en condiciones de afrontar la terrible realidad que había vivido en su infancia y asumir las consecuencias sociales que pudieran derivarse de su cambio de valores.

El hecho de abrir la puerta a todos los contenidos negativos de nuestra sombra, por más indignos que puedan parecernos (nuestra rata más repugnante, nuestra rivalidad más agria, nuestros fantasmas familiares y nuestros más íntimos secretos), puede ayudarnos a ablandar nuestro corazón hacia nosotros mismos y hacia nuestros semejantes, a ser más comprensivos con las flaquezas humanas y a ser más cuidadosos para no proyectar nuestra sombra sobre los demás ni sobre nosotros mismos.

39. A PROPÓSITO DEL HOMBRE DE MEDIANA EDAD

Daniel J. Levinson

Profesor de psicología en el Departamento de Psiquiatría y Psicología de la Yale University School of Medicine, New Haven, Connecticut, autor de *The Seasons of a Man's Life* y coautor de *The Authoritarian Personality*.

La crisis de la madurez nos obliga a revisar nuestra vida y buscar la forma de conferirle un sentido más profundo. Pero para ello debemos tener en cuenta que la creación y la destrucción constituyen aspectos fundamentales de la vida. A medida que el tiempo discurre vamos tomando conciencia del proceso universal de destrucción que acabará con nuestra existencia y esa misma conciencia nos lleva a afirmar con más vehemencia nuestra propia vida y la de las generaciones venideras. En consecuencia, cada vez sentimos con más intensidad la necesidad de crear. Pero esta creatividad no se limita a «hacer algo» sino que consiste en dar vida, en dar a luz a algo. El espíritu creativo es capaz de infundir vida a una canción, un cuadro, una simple cuchara o un juguete, por ejemplo, y enriquecer, de ese modo, la vida de quienes entren en contacto con él.

La certidumbre de la muerte que acompaña a la crisis de la mediana edad intensifica, pues, los dos aspectos de la polaridad creación/destrucción despertando nuestra creatividad y haciéndonos, al mismo tiempo, tomar conciencia de la presencia de las fuerzas destructivas en la naturaleza, en la vida y en nosotros mismos.

Quien es capaz de ver contempla la muerte y la destrucción por doquier. En la misma naturaleza una especie se come a otra y sirve de alimento, a su vez, a una tercera. La evolución geológica de la Tierra supone un proceso continuo de destrucción y transformación. Para construir hay que destruir, para organizar hay que desorganizar.

Nadie alcanza los cuarenta años sin haber experimentado, de algún modo, las dolorosas consecuencias de la destructividad humana. De una manera u otra, los demás (incluyendo las personas más próximas a nosotros) han dañado nuestra autoestima, dificultado nuestro desarrollo, obstaculizado, de una u otra forma, el logro de lo que más deseábamos y, en ocasiones, nosotros mismos hemos sido los causantes del sufrimiento de nuestros semejantes (incluyendo a nuestros seres más queridos).

Esta revisión de la vida que tiene lugar durante la crisis de la madurez nos obliga a reconsiderar el daño real o imaginario que los demás puedan habernos hecho. Quizás sintamos entonces una rabia impotente hacia nuestros padres, nuestra esposa, nuestros maestros, nuestros amigos o nuestros seres más queridos a quienes, a partir de ahora, consideraremos como los causantes de todas nuestras desdichas. Y, lo que es todavía más difícil, deberemos también tomar conciencia de nuestra culpabilidad por haber sido destructivos con los demás y con nosotros mismos. Para ello deberemos preguntarnos: ¿En qué medida he renunciado a asumir mi responsabilidad con respecto a mis seres queridos y a empresas que afectaban a otros seres humanos? ¿De qué modo me he traicionado a mí mismo y he desaprovechado las oportunidades de crecimiento que se me han presentado?

Esta toma de conciencia nos lleva a comprender más profundamente el papel que juega la destructividad en nuestra propia vida y en los asuntos humanos en general. La mayor parte de este trabajo, sin embargo, es inconsciente e implica, sobre todo, la reelaboración de los sentimientos y experiencias dolorosas. Hay quienes articulan sus nuevos conocimientos verbalmente, otros, en cambio, lo expresan estéticamente a través de la música, la pintura o la poesía pero la mayoría, no obstante, se limitan a vivir su propia vida. En cualquier caso, sin embargo, nos veremos obligados a reconocer nuestra culpabilidad y nuestro dolor como víctimas y villanos de la interminable historia de la cueldad del hombre consigo mismo. Si el peso de la culpa y el sufrimiento es excesivo seremos incapaces de superarlos y nos veremos obligados a seguir creyendo que la destructividad no existe y, por tanto, nuestra capacidad de crear, amar y afirmar la vida se verá seriamente perjudicada.

También es necesario que reconozcamos y asumamos nuestra propia capacidad destructiva ya que, aunque no alberguemos ningún tipo de hostilidad, nuestras acciones a veces resultan dolorosas para nuestros semejantes. Como padres, por ejemplo, podemos castigar a nuestros hijos con la mejor de las intenciones y la peor de las consecuencias; nuestra relación amorosa, por su parte, puede enfriarse repentinamente, perder todo sentido y llevarnos a cortar la relación a pesar del abandono y la traición que puede experimentar nuestra pareja; nuestra profesión, por su parte, puede obligarnos a despedir a personas honradas pero incompetentes, dañando su autoestima y sus aspiraciones. No existe ninguna acción que sea totalmente inofensiva y debemos ser muy conscientes de que, a pesar de querer hacer el bien, necesariamente haremos daño y, en algunos casos, provocaremos más mal que bien.

Pero no resulta fácil admitir que podemos ser destructivos sin quererlo y todavía resulta más difícil aceptar que podemos sentir impulsos destructivos hacia otras personas (incluidos nuestros seres más queridos). Pero hay ocasiones en las que los seres humanos sentimos odio y rechazo, en las que nos gustaría abandonar o atacar a nuestros seres queridos porque nos resultan insoportablemente crueles, despreciables, mezquinos y dominantes. A veces sentimos amargura y rabia sin saber cuál es su origen ni hacia quién va dirigida. Sea como fuere, sin embargo, deberemos tomar conciencia de que, en ocasiones, tenemos la intención deliberada de causar daño a nuestros seres queridos y de que, en ciertos casos, llevamos esas intenciones a la práctica.

Quienes rondan la cuarentena difieren notablemente en su predisposición a reconocer y asumir su propia destructividad. Hay quienes ni siquiera reconocen que pueden haber dañado a alguien y que rechazan, incluso, haberlo deseado alguna vez; otros, por el contrario, se sienten tan culpables que son incapaces de considerar el problema de una manera desapasionada y distante; otros, en cambio, son relativamente conscientes de la ambivalencia de sus sentimientos y reconocen, por tanto, que pueden sentir amor y odio, al mismo tiempo, por la misma persona. En cualquiera de los casos, sin embargo, el proceso de crecimiento nos conduce a tomar más conciencia de nosotros mismos y asumir cada vez más nuestra propia responsabilidad.

Durante la crisis de la mediana edad aun el más maduro y comprensivo de los hombres tiene mucho que aprender sobre el papel que desempeña la destructividad en sí mismo y en la sociedad. Entonces deberá asumir toda la rabia acumulada contra los demás y contra sí mismo que porta consigo desde la infancia y profundizar en el odio que ha ido acumulando a lo largo de toda su vida, reconocer que esos impulsos destructivos internos coexisten con los impulsos creativos que le sirven para afirmar la vida y descubrir nuevas formas de integrar ambas dimensiones de la existencia.

Pero este aprendizaje no es algo consciente o intelectual que pueda lograrse mediante la simple lectura de unos cuantos libros, la asistencia a unos pocos cursillos o la psicoterapia, aunque todos estos factores, no obstante, son de inestimable ayuda a largo plazo en el proceso de desarrollo. El principal aprendizaje debe tener lugar en las entrañas de nuestra propia vida atravesando períodos de sufrimiento, confusión, rabia contra los demás y contra nosotros mismos y nostalgia por las oportunidades desaprovechadas y los aspectos perdidos de nuestro propio Yo.

Una de las posibles consecuencias de afrontar esta polaridad consiste en el «sentimiento trágico de la vida» que resulta de la comprensión de que los grandes fracasos y adversidades no nos vienen impuestos desde el exterior sino que suelen ser una consecuencia fatal de nuestros propios errores.

Sin embargo, las tragedias no tienen porqué ser necesariamente tristes. En este último caso, los enemigos, las condiciones desfavorables, la mala fortuna o los defectos inesperados del héroe son los causantes de su fracaso, de su muerte o del rechazo de su amada. Las historias trágicas, por su parte, presentan características muy diferentes. En ellas el héroe pone en juego todas sus habilidades y virtudes al servicio de una causa noble pero es derrotado a consecuencia de las enormes dificultades que conlleva la empresa que acomete. Este fracaso del héroe suele tener que ver con un defecto de su carácter que normalmente está relacionado con el pecado de *hubris* (arrogancia, inflación del ego, omnipotencia) y la destructividad. La nobleza y la ruindad constituyen dos aspectos indisolublemente unidos de la misma moneda. Pero, aunque el héroe no llegue a ver cumplidas sus aspiraciones iniciales, las verdaderas tragedias no suponen necesariamente un fracaso porque el héroe siempre termina alcanzando la victoria puesto que aprende a afrontar sus defectos, a aceptarlos como parte de sí mismo y de la humanidad y a experimentar una transformación personal mucho más valiosa que el éxito o el fracaso mundanos.

40. CÓMO APRENDER
A RELACIONARNOS
CON EL MAL

Liliane Frey-Rohn

Decana de la escuela de analistas de Zurich, Suiza, fue íntima colaboradora de Jung y es autora de numerosos textos sobre el tema del mal. Entre otros, ha escrito los siguientes libros: *Friedrich Nietzsche: A Psichologycal Interpretation of His Life and Work* y *From Freud to Jung: A Comparative Study of the Psychology of the Unconscious.*

Cuando un ser humano se enfrenta al mal es posible que se manifiesten sus virtudes más elevadas. Pero, aunque sea posible transformar la maldad en bondad, no debemos olvidar, no obstante, que se trata tan sólo una posibilidad. Cuando el ser humano se enfrenta al mal es posible que se manifiesten sus virtudes más elevadas. El problema fundamental de cualquier psicología del mal consiste en aprender a relacionarnos con ese adversario –con este oponente numinoso y peligroso– que se oculta en las profundidades nuestro psiquismo sin que termine destruyéndonos.

Podríamos, por ejemplo, trazar un círculo alrededor del mal y afirmar que debe ser sublimado o reprimido o, como sugería Nietzsche, podríamos aliarnos a él –a la otra cara de la moral- y tratar de actualizar en nuestra experiencia la ciega voluntad de vivir. Ambas tentativas, no obstante, apuntan hacia objetivos claramente diferentes. El psicólogo que emplea el primer método pretende neutralizar el mal reconciliando al individuo con la moral colectiva o poniendo límites a sus propios deseos. En sus últimos escritos, Freud destacó el efecto curativo de una «educación para la realidad» y del adiestramiento del intelecto,[1] e intentó alcanzar ambos objetivos fortaleciendo al Logos ante los poderes de Ananke (el ominoso destino). Nietzsche, por su parte, a diferencia de la actitud pesimista de Freud, asumió la postura representada por el segundo de los métodos mencionados y defendió la afirmación dionisíaca del mundo, el *amor fati* [2] y proclamó las virtudes del superhombre y del infrahombre. Ambas posturas, sin embargo, son unilaterales y terminan conduciendo a una disociación entre la bondad consciente y la maldad inconsciente ya que, como intentaremos demostrar, tanto «la bondad excesiva» -que fortalece la maldad interna- como «la falta de moral» terminan provocando una disociación entre el bien y el mal.

Quisiera resaltar a este respecto que William James llegó a la conclusión de que la salud espiritual constituye un elemento fundamental para que la personalidad humana alcance una totalidad armónica.[3] Pero la personalidad religiosa estable no descansa en la perfección moral sino en la aceptación de nuestras actitudes reprimidas. Para James, el secreto de la conquista del bien y el mal consiste en la aceptación incondicional de los dictados de nuestro Yo inconsciente.[4] En este sentido, si bien no desestimó el riesgo de quedar a merced de la voz interna -ya que jamás podremos estar seguros de si se trata de una voz divina o diabolica- mantuvo que el único camino de salvación consiste en la entrega del individuo a la dimensión transpersonal e inconsciente.

No obstante, como señala Jung, la relación con el mal constituye una empresa individual que sólo podemos describir muy vagamente. La experiencia nos demuestra de continuo que el individuo no tiene ninguna garantía de poder superar este reto ni tampoco existe ningún un criterio objetivo para saber lo que es «correcto» en cada situación ya que la experiencia de la sombra arquetípica nos enfrenta a lo absolutamente «desconocido» y, por consiguiente, nos expone a peligros imprevisibles. Se trata de un acontecimiento similar al de experimentar en todo su esplendor la misma imagen de Dios –la bondad y la maldad absolutas– una experiencia que puede transformar por completo la personalidad de un ser humano (tanto su ego como su sombra).

Llegar a un acuerdo con el inconsciente siempre entraña el riesgo de conceder demasiada credibilidad al Diablo. No olvidemos que el hecho de enfrentarnos con un arquetipo puede llevarnos al error y a la corrupción con la misma frecuencia que a la guía y la verdad. No debemos equiparar *eo ipso* los mensajes del inconsciente con la voz de Dios y siempre es necesario cuestionar si los mensajes provienen de Dios o del Diablo. Debemos, pues, tener bien presente que este encuentro con el inconsciente pueden contribuir tanto a disgregar nuestra personalidad como a guiarnos por el camino de la sabiduría. Por consiguiente, la fe ciega y la entrega a los poderes del inconsciente no es más satisfactoria que la obstinada resistencia a lo «desconocido» porque la confianza desmedida puede ser una actitud ingenua e infantil y la resistencia crítica puede ser una medida de autoprotección. Con ello estamos diciendo que el problema de la «dosis» no sólo es importante en el ejercicio de la medicina sino que también afecta al campo de la psicología. Todo depende, a fin de cuentas, de «cómo» nos relacionemos con el adversario. Una aproximación demasiado estrecha a lo numinoso –sin importar que se nos aparezca como bueno o malo– acarrea inevitablemente el peligro de inflación del ego y de vernos desbordados por los poderes de la luz o de la oscuridad.

El Elixir del Diablo de E. T. A. Hofmann[5] nos muestra claramente el peligro de ser superados por lo demoníaco. En esta novela E. T. A. Hofmann describe la forma en que el monje Medardus es poseído por «la personalidad maná» de San Antonio y termina siendo víctima del Anticristo. Embriagado por su propia elocuencia y seducido por el deseo de poder, Medardus cae en la tentación de tomar un trago del elixir del Diablo. Tras beber la pócima, Medardus descubre el secreto de la eterna juventud pero, al mismo tiempo, cae presa del poder del Diablo. Su anhelo de amor y las cosas de este mundo le cegaron y arrastraron a la destrucción y como resultado de esta escarceo con el lado oscuro de su personalidad su alma terminó escindiéndose en dos entidades autónomas: el alma corporal y el alma espiritual. Hofmann prosigue su relato exponiendo lo que él denomina «doble», es decir, aquella parte del alma que si bien se halla disociada del ego sigue siendo, sin embargo, su más inseparable compañera. Igualmente persuasivo es el método que propone para reunir de nuevo las dos partes disociadas del alma. Para ello, Medardus comienza regresando nuevamente a la soledad del monasterio. Allí, la penitencia, la comprensión y el arrepentimiento clarifican las tinieblas de sus sentidos y, por vez primera, alcanza la paz y se libera de sus compulsivos impulsos comprendiendo que la naturaleza de la bondad moral depende del mal. Esta relativización del bien y el mal –que depende de la aceptación de su violento adversario– también supuso un cambio en su conciencia cristiana. El alma corporal sólo logra entender muy lentamente lo que el alma espiritual sabe desde siempre, de modo que el problema surge nuevamente con renovado brío. Medardus, como Fausto, sólo puede hallar la tan ansiada reconciliación entre el espíritu y la naturaleza –que se experimenta como el esplendor puro del amor eterno– en esa zona crepuscular que se halla entre la vida y la muerte.

Quisiera ahora prestar atención a uno de los problemas más importantes que pueden aparecer en nuestra relación con la sombra –sea individual o arquetípica–. Como Jung subrayaba con frecuencia, la sombra «es el problema moral por excelencia», una realidad que nos obliga a realizar un esfuerzo supremo de conciencia. La estabilidad de la vida individual y colectiva dependen, en gran medida, de nuestra toma de conciencia de la sombra. Ser consciente del mal supone estar cuidadosamente atentos a lo que hacemos y a lo que nos ocurre. En uno de los evangelios apócrifos, Jesús se dirige a un judío que estaba trabajando en sábado diciéndole: «Bendito seas si sabes lo que estás haciendo pero si lo ignoras estás transgrediendo la ley y tu actividad será maldita».[6]

Tomar conciencia de la sombra parece una tarea relativamente sencilla pero, en realidad, constituye un reto moral extraordinariamente difícil de llevar a cabo. Para ello, debemos comenzar tomando conciencia de nuestra maldad individual, es decir, de aquellos valores negativos que el ego ha rechazado, y de nuestras aspiraciones conscientes al bien. En otras palabras, debemos hacer conscientes nuestros conflictos inconscientes, lo cual significa 1) sustituir nuestra visión moral previa –basada en la tradición– por la reflexión subjetiva, 2) aceptar que los derechos de los demás son tan legítimos como los del ego y 3) conceder el mismo valor a los derechos del instinto que a los de la razón.

La toma de conciencia de nuestros conflictos siempre se experimenta como un enfrentamiento entre impulsos irreconciliables, como una especie de guerra civil interna. *El conflicto consciente entre el bien y el mal se convierte en una disociación inconsciente. En consecuencia, la regulación instintiva inconsciente es suplementada por el control consciente.* De este modo, llegamos a ser capaces a reconocer con más exactitud las consecuencias de nuestras acciones sobre los demás, a estimar las proyecciones de nuestra sombra y, quizás, incluso, a disiparlas. Finalmente, nos vemos obligados a revisar nuestras opiniones sobre el bien y sobre el mal y comprender que el secreto para lograr un mayor ajuste con la realidad suele depender de nuestra capacidad para renunciar a «nuestro deseo de ser buenos» y de aceptar que la maldad también tiene derecho a vivir. Como señala Jung «las desventajas del bien menor» son equilibradas con «las ventajas del mal menor».[7]

Contrariamente a la opinión generalizada de que la conciencia de la sombra atrae y acentúa el mal frecuentemente nos encontramos con que ocurre exactamente lo contrario.

El conocimiento de nuestra sombra personal constituye el requisito fundamental de cualquier acción responsable y, consecuentemente, resulta imprescindible para tratar de atenuar la oscuridad moral del mundo. Lo que estamos diciendo no sólo es aplicable a la sombra personal sino que también es extensible a la sombra colectiva, a la figura arquetípica del adversario que sirve para equilibrar el consenso colectivo de un determinado momento histórico. Así pues, la toma de conciencia de la sombra arquetípica no sólo resulta primordial para la realización del individuo sino que constituye un elemento fundamental para la transformación de los impulsos colectivos de los que depende la conservación de la vida individual y grupal. El individuo no puede desvincularse por completo de la vida social y *la responsabilidad hacia uno mismo siempre implica la responsabilidad hacia la totalidad*. Podríamos afirmar incluso que, en la medida que el individuo sea más consciente, la sociedad se beneficiará porque la reconciliación con nuestro adversario arquetípico nos sensibiliza a los problemas de la moral colectiva y nos permite anticiparnos a los nuevos valores emergentes.

Pero no basta con tomar conciencia del conflicto moral porque la relación con la sombra nos obliga a elegir entre dos opuestos mutuamente excluyentes y a reconocerlos en nuestra vida consciente. Para resolver este problema el individuo dispone de tres métodos diferentes: renunciar a un aspecto en favor del otro; abstenerse de los dos o buscar una solución satisfactoria para ambas facetas. Las dos primeras alternativas no precisan mayor discusión, la tercera, por su parte, parece imposible. Si la lógica nos enseña que *tertium non datur* ¿cómo podemos reconciliar dos opuestos tan dispares como el bien y el mal? La única forma posible de reconciliar los opuestos consiste en «trascenderlos», es decir, en llevar el problema a un nivel superior en el que las contradicciones puedan resolverse. En este sentido, si una persona, por ejemplo, consigue desidentificarse de los opuestos podrá verificar que la misma naturaleza interviene para ayudarle. Todo depende, en última instancia, de nuestra actitud personal. Cuanto más nos liberemos de los principios rígidos e inmutables y cuanto más dispuestos nos hallemos a sacrificar la voluntad del ego, más oportunidades tendremos de vernos conmovidos por algo superior al ego. Entonces experimentaremos una especie de liberación interna, un estado que se halla -por utilizar la expresión nietzscheana- «más allá del bien y del mal». En términos psicológicos podríamos decir que la renuncia a la voluntad egoica intensifica la energía de nuestro inconsciente y reactiva todos sus símbolos. En términos religiosos diríamos que se trata de una crucifixión -a la que sigue una resurrección- en la que la voluntad del ego se unifica con la voluntad de Dios ya que, desde cierto punto de vista, el sacrificio voluntario es la condición *sine qua non* de la salvación. Al mismo tiempo también tiene lugar una transformación paralela en los símbolos del bien y del mal en la que el bien pierde algo de su bondad y el mal algo de su maldad. De este modo, en la medida en que crece la «luz» de la conciencia se disipan también las tinieblas que oscurecen el alma. Entonces aparecen nuevos símbolos que expresan la reconciliación de los opuestos como, por ejemplo, los símbolos de la cruz, del *Tai-chi-tu* y de la Flor de Oro cuya emergencia aporta al individuo una nueva comprensión del conflicto, una neutralización de los opuestos y una transformación de la imagen de Dios que siempre tienen un efecto liberador sobre el alma y que transfigura completamente nuestra personalidad consciente y la personalidad de nuestra sombra. El mal- ya sea una enfermedad, un desorden externo, la pérdida del sentido de la vida o un impulso inmoral- constituye un poderoso factor curativo que nos ayuda a reconciliar nuestra individualidad con el núcleo central de nuestro ser, el Yo, la imagen de la Divinidad. Quien logre esta reconciliación no sólo se abrirá a lo creativo sino que también experimentará la tensión entre los opuestos de un modo nuevo y más positivo, recuperando, al mismo tiempo, su capacidad de decisión y de acción.

* * *

Aplícate tu propio bálsamo.
Proclama por doquier tu enfermedad.
Eso te restablecerá.
Cuanto más emplees este tratamiento
más digno y más sabio te harás.
Y recuerda que, si crees que en este momento
no tienes ningún defecto,
te convertirás de inmediato
en el artífice de tu propia desgracia.

RUMI

DÉCIMA PARTE:

RECUPERAR NUESTRO LADO OSCURO MEDIANTE LA INTUICIÓN, EL ARTE Y EL RITUAL

Si existe una forma de ser mejor consiste en verlo todo del peor modo posible.

THOMAS HARDY

Quien ha integrado su propia sombra emana calma y se muestra más apenado que airado. Si los antiguos están en lo cierto, la sombra no sólo contiene información sino que también encierra inteligencia y energía. Es por ello que quien ha integrado su propia sombra dispone de más energía e inteligencia que quien no lo ha hecho así.

ROBERT BLY

Anoche cuando dormía
soñé ¡bendita ilusión!
que una colmena tenía
dentro de mi corazón.
Y las doradas abejas
iban fabricando en él
con las amarguras viejas
blanca cera y dulce miel.

ANTONIO MACHADO

Si permites que lo que está en tu interior se manifieste, eso te salvará. Si no lo haces te destruirá.

JESUS

INTRODUCCIÓN

No existe ninguna triquiñuela mental, ningún método fácil para integrar nuestro lado oscuro. Para llegar a integrar a la sombra es necesario realizar un esfuerzo laborioso y prolongado, un esfuerzo que exige todo nuestro compromiso y toda nuestra atención y el apoyo afectuoso de otras personas que hayan recorrido ya ese tramo del camino.

Integrar la sombra no significa relegarla a la oscuridad del inconsciente y dedicar todo nuestro empeño a alcanzar la iluminación –como parecen preconizar ciertas tradiciones orientales– ni tampoco supone –como afirman los practicantes de la magia negra y el satanismo– ensombrecer nuestra conciencia y rendirnos a los poderes de la oscuridad.

Para reapropiarnos de nuestra propia sombra debemos, por el contrario, aceptar todo lo que hemos reprimido y, de ese modo, ampliar y profundizar nuestra conciencia. Según la analista Barbara Hannah, Jung decía que nuestra conciencia es como un bote que flota en la superficie del inconsciente:

> Cada fragmento de la sombra que recuperamos tiene su propio peso específico, un peso que termina lastrando el barco de nuestra conciencia. Bien podríamos decir, por consiguiente, que el trabajo con la sombra consiste en estabilizar adecuadamente el lastre de nuestro bote ya que si el lastre es muy ligero nos veremos arrastrados por la corriente y nos alejaremos de la realidad convirtiéndonos, por así decirlo, en una nube inmaterial que flota a la deriva; pero si, por el contrario, la cargamos en exceso, correremos el peligro de zozobrar.

385

Trabajar con la sombra nos obliga a adoptar otros puntos de vista, a responder a las demandas de la vida con nuestras cualidades menos desarrolladas, con nuestras facetas más instintivas y experimentar, en fin, en carne propia, lo que Jung denominaba la tensión de los opuestos –el bien y el mal, lo correcto y lo erróneo, la luz y la oscuridad.

El trabajo con la sombra nos obliga a iluminar los rincones más oscuros de nuestra mente, allí donde escondemos nuestros secretos más vergonzosos y amordazamos nuestros impulsos más violentos. Para trabajar con la sombra debemos estar dispuestos a examinar sinceramente lo que ocurre con ese amante que nos seduce y a quien idealizamos, con ese individuo que tanto nos exaspera y nos irrita, con ese grupo religioso o étnico que nos aterra o nos cautiva. Trabajar con la sombra supone, en fin, estar dispuestos a iniciar un diálogo interno que puede fomentar nuestra propia aceptación y despertar una compasión real por todos nuestros semejantes.

En una carta escrita en 1937, Jung decía que trabajar con la sombra «no es más que una actitud. Uno debe comenzar aceptando y tomando seriamente en cuenta la existencia de la sombra, luego debe percatarse de sus cualidades y sus intenciones y, por último, debe afrontar la inevitable y laboriosa tarea de negociar con ella».

Hay ciertas situaciones –como la traición de un ser querido, la mentira de un amigo íntimo, el desencanto de alguien a quien admirábamos o la agresión de un extraño, por ejemplo– que nos ayudan a dar el primer paso, es decir, a reconocer que la oscuridad subyace en el fondo del corazón de cada ser humano. Lo cierto es que, en cualquiera de los casos, el descubrimiento de la sombra nos despoja de nuestra inocencia.

Si pudiéramos utilizar esas situaciones como un espejo para ver en nuestro interior nos quedaríamos mudos de asombro al descubrir el abismo que existe entre quienes somos y quienes creemos ser. En tal caso no tendríamos más remedio que admitir la profunda verdad de que el amante y el adúltero, el santo y el pecador, conviven en el interior de cada uno de nosotros.

Si comprendemos este punto en profundidad dejaremos de actuar como aquella persona que habiendo perdido la llave de su casa en la oscuridad se obstina, no obstante, en buscarla junto a la farola porque allí hay más luz. El camino que conduce a la plenitud nos obliga a tomar conciencia, de manera lenta pero implacable, de que la llave se encuentra en la oscuridad y de que no tenemos, por tanto, más remedio que aceptar las cosas que más nos desagradan de nosotros mismos y de los demás.

Al igual que ocurre en el cuento de *La Bella y la Bestia*, cuando aceptamos nuestras facetas más crueles profundizamos, al mismo tiempo, en nuestros aspectos más positivos. A esto se refería el poeta Rainer Maria Rilke cuando afirmaba que temía que si sus diablos le abandonaban sus ángeles también se escaparían.

Sólo después de haber dado el primer paso (aceptar la existencia de la sombra) podemos iniciar el segundo (descubrir sus cualidades) observando atentamente nuestras reacciones ante los demás y reconociendo que lo que parece negativo no son *los demás* –o *nuestros enemigos*– sino un impulso procedente de nuestro interior. De este modo podremos aprender a re-apropiarnos de nuestras proyecciones y recuperar la energía y el poder que, según Robert Bly, constituyen una parte fundamental de nuestro patrimonio.

En el capítulo 41 de nuestro libro –procedente de *El Espectro de la Conciencia*– el filósofo transpersonal Ken Wilber se ocupa de estudiar la proyección de nuestras cualidades negativas sobre los demás. De este modo, el núcleo fundamental de "Asumir la Responsabilidad de Nuestra Propia Sombra" nos ayuda a reconocer que «la sombra no es un asunto que tenga lugar entre uno mismo y los demás sino algo que ocurre dentro de cada uno de nosotros».

En el capítulo 42, procedente de *A Little Book on the Human Shadow*, el poeta Robert Bly sugiere que para poder «asimilar la sombra» no basta con identificarla sino que también debemos poner en marcha toda nuestra creatividad y pedir que los demás nos ayuden a recuperar nuestros rasgos enajenados.

El psicólogo y escritor Nathaniel Branden -que fue quien popularizó el término Yo enajenado- nos relata en "Asumir el Yo Enajenado" el modo en que varios de sus clientes llegaron a tomar conciencia de sus sentimientos infantiles de dolor y de poder.

En "Educar a Nuestra Vergonzosa Voz Interna" -un fragmento de *Healing the Shame That Bind Us*- el escritor y líder de talleres grupales John Bradshaw investiga la función crítica y avergonzante de la voz interna. Como dice la analista junguiana Gilda Frantz: «Para llegar a integrar el complejo de la sombra debemos mascar nuestra vergüenza una y otra vez como si se tratara de un cartílago».

En "El Aprendizaje de la Imaginación Activa" la analista Barbara Hannah nos ofrece una introducción general al trabajo con la imaginación activa -tal como le fue enseñada por el mismo Jung- que puede mostrar a los lectores una forma práctica de utilizar su energía creativa para integrar su propia sombra.

A continuación siguen dos artículos -especialmente escritos para este libro- en los que la artista de Los Angeles Linda Jacobson nos enseña a utilizar la visualización para evocar imágenes y esbozar gráficamente la sombra y la psicoterapeuta y novelista Deena Metzger, por su parte, nos propone el ejercicio de escribir sobre *los demás* como una forma muy reveladora de trabajo con la propia sombra.

Por más esfuerzos que realicemos y por más prolongadas que sean las negociaciones que llevemos a cabo para reapropiarnos de la sombra, el resultado, sin embargo, es incierto. No sabemos de ningún ser humano que haya hecho consciente toda la vergüenza, la avaricia, los celos, la rabia, el racismo y la tendencia a hacer enemigos. No existe ningún ser humano que haya dejado de proyectar sobre los demás sus mezquindades más oscuras o sus aspiraciones más elevadas.

En realidad, el proceso de descubrimiento de la sombra es interminable y cada vez que afrontamos un nuevo miedo, cada vez que aceptamos algo que previamente habíamos rechazado, descubrimos la existencia de un estrato todavía más profundo. Pero en el recoveco más insospechado del camino podemos encontrarnos con que las cualidades que nos parecían más atractivas y luminosas revelan sus facetas más oscuras y aquellas otras que nos resultaban más insoportables se convierten, por el contrario, en algo sumamente interesante.

Así, por ejemplo, cuando una mujer reprime su propia sensualidad percibirá a las mujeres voluptuosas como demasiado llamativas y manipuladoras. Pero esta sensación de extrañeza desaparecerá en el mismo momento en que tome conciencia de su propia sensualidad. Del mismo modo, cuando un hombre que detestaba los negocios por considerarlos demasiado competitivos y codiciosos alcanza el éxito deja de enjuiciar de una manera tan intransigente a sus semejantes. En cada uno de estos casos nuestra identidad se expande hasta llegar a incluir aquellas características que habíamos negado en nosotros mismos y que habíamos terminado desterrando sobre los demás.

El campo de batalla de esta guerra entre opuestos es el mismo corazón del ser humano. Sólo podremos llegar a convertirnos en portadores de la luz cuando seamos capaces de abrazar compasivamente el lado oscuro de la realidad. Cuando nos abrimos a los demás –a los extraños, a los débiles, a los pecadores, a los marginados– cuando simplemente los tenemos en cuenta terminamos transmutándolos y, al actuar así, nos acercamos a la plenitud.

41. ASUMIR LA RESPONSABILIDAD DE NUESTRA PROPIA SOMBRA

Ken Wilber

Probablemente el más famoso de los filósofos transpersonales de la actualidad, es un prolífico escritor, autor, entre otros, de *Conciencia sin Fronteras*; *El Espectro de la Conciencia*; *El proyecto Atman*; *Los tres ojos del conocimiento*; *Cuestiones Cuánticas* (todos Ed. Kairós); *Up from Eden* y *Grace and Grit: Spirituality and Healing in the History of Treya Killam-Wilber*.

Al igual que sucede con la proyección de emociones negativas también es muy común en nuestra sociedad la proyección de cualidades negativas ya que equiparamos erróneamente «negativo» con «indeseable». Pero, de ese modo, en lugar de aceptar e integrar nuestros rasgos negativos no hacemos más que alienarlos y proyectarlos viéndolos entonces en cualquiera menos en nosotros mismos. A pesar de todo, sin embargo, esas cualidades no desaparecen sino que siguen perteneciéndonos. Veamos un ejemplo.

En un grupo de diez amigas nueve de ellas quieren a Jill, pero Betty, la décima, no puede soportarla porque, según dice, es una remilgada y ella detesta la mojigatería. Por ello intenta convencer a sus amigas de la supuesta mojigatería de

Jill pero nadie parece estar de acuerdo con ella, lo cual la enfurece todavía más. Quizás resulte evidente que la única razón por la que Betty odia a Jill sea su propia tendencia inconsciente a la mojigatería proyectada sobre Jill. De esta manera, un conflicto que originalmente tiene lugar entre Betty y Betty termina convirtiéndose en una disputa entre Betty y Jill. Jill, por supuesto, nada tiene que ver con ese conflicto y su único papel en esta escena se limita a actuar como espejo involuntario del desprecio que Betty siente hacia sí misma.

Todos tenemos puntos ciegos, tendencias que simplemente nos negamos a admitir como propias, rasgos que rehusamos aceptar y que, por consiguiente, vertemos hacia el exterior, blandiendo toda nuestra cólera e indignación puritana para luchar contra ellos cegados por un idealismo que nos impide reconocer que la batalla es interna y que el enemigo está mucho más cerca de lo que nos imaginamos. Lo único que necesitamos para integrar esas facetas es concedernos a nosotros mismos la misma amabilidad y comprensión que dispensamos a nuestros amigos. Como afirmaba elocuentemente Jung:

> La aceptación de uno mismo es la esencia del problema moral y el epítome de cualquier comprensión global de la vida. Dar de comer a los hambrientos, perdonar los agravios y amar a nuestros enemigos en nombre de Cristo son, sin duda, grandes virtudes. Lo que hago al último de mis hermanos se lo hago también a Cristo. Pero ¿qué sucede cuando descubro que el más insignificante de todos ellos, el más miserable de los mendigos, el más procaz de los pecadores, el verdadero enemigo, se hallan en mi interior y que soy yo mismo quien necesita de la limosna de mi propia amistad, que yo soy el enemigo que debe ser amado?[1]

Las consecuencias de esta situación tienen siempre una doble vertiente. En primer lugar, llegamos a creer que carecemos por completo de las cualidades que proyectamos, cualidades que, por consiguiente, permanecen fuera de nuestro alcance y no podemos actuar sobre ellas, utilizarlas ni satisfacerlas en modo alguno, lo cual nos provoca una tensión y una frustración crónica. En segundo lugar, vemos esas cualidades en nuestro entorno asumiendo proporciones aterradoras hasta el punto de que terminamos flagelándonos con nuestra propia energía.

En el nivel egoico la proyección es fácilmente identificable. Cuando una persona, o una cosa, nos *informa*, lo más probable es que no estemos proyectando; si, por el contrario, nos *afecta* es muy plausible que estemos siendo víctimas de nuestras propias proyecciones. Es perfectamente posible, por ejemplo, que Jill fuera una remilgada pero ¿sería ésa una razón suficiente para que Betty la odiara? Evidentemente no. Betty *no sólo recibía información de que Jill era una remilgada sino que además se sentía fuertemente afectada* por la mojigatería de Jill, un signo inequívoco de que su odio por ella no era más que el desprecio –proyectado o extravertido– que sentía hacia sí misma. De modo similar, cuando Jack duda entre limpiar o no el garaje y su esposa se interesa por lo que está haciendo su reacción es exagerada. En el caso de que realmente no hubiera deseado limpiar el garaje, si ese impulso no hubiera sido realmente suyo, se hubiera limitado a responder que había cambiado de opinión. Sin embargo, Jack no hizo eso sino que se indignó con ella, «¡Qué desfachatez. Quería obligarme a limpiar el garaje!» Jack había proyectado su propio deseo y lo experimentaba como apremio, de modo que la inocente pregunta de su esposa no le informó sino que le afectó profundamente y se sintió injustamente presionado. Y ésta es una diferencia fundamental: lo que vemos en los demás es más o menos correcto si se limita a facilitarnos información pero si nos produce un fuerte impacto emocional no hay la menor duda de que se trata de una proyección. De este modo, tanto si estamos excesivamente ligados emocionalmente a alguien –o a algo– como si lo eludimos u odiamos, estamos abrazando o luchando respectivamente con la sombra, un signo inequívoco de que el dualismo-represión-proyección cuaternaria ha tenido lugar.

Desmantelar una proyección implica «descender» por el espectro de conciencia (desde el nivel de la sombra hasta el nivel egoico) y cuando nos re-apropiamos de aquellos aspectos que anteriormente habíamos alienado ampliamos nuestra área de identificación. Para ello, el primer paso, el paso preliminar, consiste siempre en comprender que lo que consideramos que el entorno nos hace de manera mecánica no es más que lo que nos estamos haciendo a nosotros mismos. *Nosotros somos los únicos responsables.*

Por consiguiente, si siento ansiedad probablemente alegaré que soy una víctima indefensa de la tensión, que la gente o las situaciones son las *causantes* de mi ansiedad. El primer paso consiste en ser plenamente consciente de la ansiedad, establecer contacto con ella, temblar, estremecerme, tener dificultades para respirar –*sentirla realmente*, aceptarla y expresarla– comprender que yo soy el único responsable, que estoy tenso, que al bloquear la excitación la experimento como angustia. Yo soy el único causante de mi propia ansiedad. La angustia no es un asunto que se desarrolle entre yo y el medio ambiente sino que tiene lugar exclusivamente en mi interior. Este cambio de actitud supone que, en lugar de alienar mi excitación, en vez de desvincularme de ella y protestar por ser una *víctima, he asumido la responsabilidad de lo que estoy haciendo conmigo mismo.*

Si el primer paso en el proceso de «curación» de las proyecciones de la sombra es el de asumir la responsabilidad de dichas proyecciones, el segundo consiste en *invertir* el sentido de la proyección y hacer amablemente a los demás lo que hasta entonces nos habíamos estado haciendo despiadadamente a nosotros mismos. Si lo hacemos así, la afirmación previa de que «el mundo me rechaza» se transforma en «¡en este momento rechazo todo el condenado mundo!»; «mis padres quieren que estudie» se convierte en «quiero estudiar»; «mi pobre madre me necesita» deviene «necesito estar cerca de ella»; «tengo miedo de quedarme sólo» se traduce como «malditas las ganas que tengo hoy de ver a nadie» y «la gente siempre me critica» pasa a ser «no paro de criticar a todo el mundo».

En breve volveremos a estos dos pasos esenciales, la responsabilidad y la inversión pero, por el momento, baste con señalar que, en todos los casos de proyección de la sombra, estamos distorsionando «neuróticamente» nuestra autoimagen para hacerla aceptable. De esta manera, todas aquellas facetas de nuestra autoimagen, de nuestro ego, que no coinciden con lo que superficialmente creemos que nos interesa, todos aquellos aspectos incompatibles con las bandas filosóficas, todos aquellos rasgos que hemos alienado en momentos de stress, impasse o doble vínculo, constituyen ahora aspectos enajenados de nuestro propio potencial. Como resultado de todo ello, nuestra identidad va reduciéndose progresivamente hasta llegar a ser tan sólo una pequeña fracción de nuestro ego, la distorsionada y empobrecida *persona* y, al mismo tiempo, nos condenamos eternamente a sentirnos acosados de continuo por nuestra propia sombra, a la que ahora negamos la menor atención consciente. No obstante, la sombra siempre tiene algo que decir y pugna por abrirse paso hacia la conciencia en forma de ansiedad, culpa, miedo y depresión. La sombra deviene síntoma y se aferra a nosotros como un vampiro a su presa.

Metafóricamente hablando, podríamos decir que hemos escindido la *concordia discors* del psiquismo en numerosas polaridades, contrarios y opuestos (a los que nos referimos grupalmente como dualismo cuaternario) y terminamos dividiendo al psiquismo en la persona y la sombra. En cada uno de estos casos nos identificamos sólo con «medio» aspecto de la dualidad y desterramos al otro aspecto, a menudo rechazado, al tenebroso mundo de la sombra. De esta manera, la sombra se convierte precisamente en lo *opuesto* de la persona que consciente y deliberadamente creemos ser.

Así pues, si queremos –a modo de experimento personal– saber cómo ve el mundo nuestra sombra, no tenemos más que *asumir exactamente lo opuesto de lo que conscientemente deseemos, queramos, sintamos, necesitemos, intentemos o creamos*. De ese modo, podremos establecer contacto consciente con nuestros opuestos, expresarlos, representarlos y, por último, recuperarlos. Después de todo, la sombra siempre tiene algo que decir y o bien nos apropiamos de ella o ella se apropia de nosotros. Si algo hemos aprendido en cada uno de los ejemplos que hemos ofrecido en este capítulo es que o bien *tratamos sensatamente de ser conscientes* de nuestros opuestos o *nos veremos obligados a tomar conciencia* de ellos.

Ahora bien, utilizar los opuestos, ser consciente y, finalmente, re-apropiarnos de ellos no significa necesariamente *actuar* según sus dictados. Casi todo el mundo teme enfrentarse a sus opuestos por miedo a que le dominen y, sin embargo, lo que ocurre es exactamente lo contrario: sólo cuando la sombra permanece inconsciente terminamos sometidos a sus dictados aunque éstos vayan en contra de nuestra voluntad.

Para tomar cualquier decisión o elección válida debemos ser plenamente conscientes de ambos aspectos, de ambos opuestos, porque si una de las dos alternativas permanece inconsciente nuestra decisión será necesariamente inadecuada. Como lo demuestra claramente este ejemplo y el resto de los presentados en este capítulo, en cualquier área de la vida psíquica debemos afrontar nuestros opuestos y re-apropiarnos de ellos, lo cual no significa necesariamente actuar según sus dictados sino simplemente *ser consciente* de ellos.

A medida que vamos afrontando nuestros propios opuestos cada vez resulta más evidente –y esto es algo que no nos cansaremos de repetir– que, dado que la sombra es una faceta realmente integrante del ego, todos los «síntomas» y molestias que ésta parece infligirnos son, en realidad, síntomas y molestias que nos estamos infligiendo a nosotros mismos por más que protestemos conscientemente de lo contrario. *Todo sucede como si de un modo deliberado nos estuviéramos pellizcando dolorosamente a nosotros mismos y pretendiéramos, al mismo tiempo, que no es así*. En este nivel, cualquier síntoma –culpa, miedo, ansiedad, depresión– es la consecuencia directa de los pellizcos «mentales» que, de un modo u otro, nos estamos dando, lo cual significa ineludiblemente –por más increíble que pueda parecernos– que *¡deseamos que el doloroso síntoma en cuestión –cualquiera sea éste– desaparezca y permanezca al mismo tiempo!*

Así pues, el primer opuesto al que podemos intentar enfrentarnos es el deseo oculto de mantener los síntomas, el deseo inconsciente de pellizcarnos a nosotros mismos. Señalemos, además, que cuanto más ridículo le parezca esto a un determinado individuo menos en contacto se hallará éste con su propia sombra, con esa parte de sí mismo que es la responsable de los pellizcos.

Por consiguiente, no tiene el menor sentido preguntarnos cómo puedo desembarazarme de esos síntomas porque ¡eso supondría que no soy *yo* quien lo está haciendo! Lo mismo ocurre si me pregunto «¿cómo puedo dejar de pellizcarme?» Mientras sigamos preocupados por dejar de pellizcarnos, mientras persistamos en *intentar* dejar de hacerlo es obvio que no nos habremos dado cuenta de que somos nosotros mismos quienes nos estamos pellizcando. De ese modo, no hacemos sino mantener, o incluso aumentar, el dolor. ¡Si realmente nos diéramos cuenta de que nos estamos pellizcando a nosotros mismos no nos preguntaríamos cómo dejar de hacerlo sino que simplemente dejaríamos de hacerlo de inmediato! En otras palabras, la razón por la que el síntoma no desaparece es precisamente el hecho de que estamos tratando de hacerlo desaparecer. Por este motivo Perls afirmaba que cuanto más luchamos contra un síntoma más empeora éste. El cambio deliberado nunca funciona porque excluye a la sombra.

¡*No se trata* de desembarazarnos de ningún síntoma sino más bien de intentar exagerarlo deliberada y conscientemente, de tratar de experimentarlo plenamente! Si estamos deprimidos procuremos deprimirnos todavía más; si estamos tensos aumentemos la tensión; si nos sentimos culpables exageremos el sentimiento de culpa. ¡Hagámoslo literalmente así! Si intentamos hacer esto reconoceremos a la sombra y, por vez primera, nos solidarizaremos con ella y, por consiguiente, pasaremos a hacer conscientemente lo que hasta entonces sólo habíamos hecho de un modo inconsciente. Cuando, de un modo activo y deliberado, pondremos todo nuestro empeño en intentar reproducir nuestros síntomas estaremos reunificando realmente *nuestra persona y nuestra sombra*.

Entonces tomaremos contacto con nuestros opuestos y nos pondremos de su parte y, en resumen, re-descubriremos nuestra sombra.

Si exageramos, de modo deliberado y consciente, cualquier síntoma presente hasta llegar a darnos cuenta de que eso es lo que siempre hemos hecho estaremos, por primera vez, en situación de dejar de hacerlo. Al igual que Max, en nuestro ejemplo anterior, sólo pudo dejar de tensarse libremente después tomar clara conciencia de que era él quien se estaba tensando. Si somos libres para provocarnos *más* culpabilidad entonces nos percataremos espontáneamente de que también podemos hacer algo por sentirnos *menos* culpables. Si somos libres para deprimirnos también lo somos para no hacerlo. Mi padre tenía un remedio infalible para curar instantáneamente el hipo sacando un billete de veinte dólares y pidiendo a cambio que la víctima hipara sólo una vez más. Admitir la ansiedad es dejar de sentirse ansioso y el modo más fácil de «dis-tensar» a una persona es invitarla a que se tense todo lo que pueda. En todos los casos, la adhesión consciente a un determinado síntoma nos libera de él.

La desaparición de los síntomas es algo que no debe preocuparnos ya que los síntomas desaparecerá sin que nos preocupemos por él. Si intentamos exagerar los opuestos sólo para desembarazarnos de un síntoma estaremos condenados al fracaso. En otras palabras, no se trata de intentar exagerar un síntoma sin entusiasmo y verificar ansiosamente si ya ha desaparecido. Si se escucha diciendo «Bien, he intentado que el síntoma empeorase pero todavía no ha desaparecido» es que no ha llegado siquiera a conectar con la sombra y se ha limitado a pronunciar una especie de conjuro intentando aplacar a los dioses y a los demonios. Nuestra propuesta, por el contrario, consiste en transformarnos deliberada y completamente en esos demonios hasta tal punto que toda nuestra atención consciente esté ocupada en producir y mantener nuestros propios síntomas.

Pero cuando tomo contacto con mis síntomas e intento identificarme deliberadamente con ellos debo recordar que, si esos síntomas tienen un núcleo emocional, se trata de una forma visible de la sombra que no sólo contiene la cualidad opuesta sino también el sentido contrario. Si, por ejemplo, me siento profundamente afectado y ofendido «a causa» de lo que cierto individuo me ha dicho, lo primero que debo hacer es darme cuenta de que yo soy el artífice de lo que me está ocurriendo, de que literalmente estoy torturándome a mí mismo. Sólo después de asumir la responsabilidad de mis propias emociones estaré en condiciones de invertir el sentido de la proyección y de ver que, aunque conscientemente abrigue buenas intenciones hacia esa persona, el sentimiento de sentirme dañado oculta, precisamente, mi deseo de dañarle. Así pues, «me siento herido por tal persona» debe traducirse como «tengo ganas de dañarla». Esto no significa que tenga que golpearle (aunque, desde luego, también pueda descargar ese impulso aporreando una almohada) sino que para integrarla basta con ser consciente de mi cólera. Mi síntoma, el dolor, no sólo refleja la cualidad opuesta sino también el sentido opuesto. Por consiguiente, tendré que asumir la responsabilidad tanto de mi cólera (que es la cualidad opuesta de mi afecto consciente hacia el individuo en cuestión) como del hecho de que la cólera parte de mí y se dirige hacia él (que es precisamente el sentido opuesto al que soy consciente).

Así pues, en el caso de la proyección de una emoción *primero* deberemos darnos cuenta de que lo que nosotros pensamos que el exterior nos está haciendo es, en realidad, lo que nos estamos haciendo a nosotros mismos, que literalmente nos estamos atormentando a nosotros mismos y, a continuación, deberemos comprender que *ése es nuestro deseo solapado de atormentar a los demás*. «Nuestro deseo de atormentar a otros» puede ser, según los casos, el deseo de amarlos, de odiarlos, de tocarlos, de ponerles nerviosos, de poseerlos, de mirarlos, de matarlos, de abrazarlos, de estrujarlos, de atraer su atención, de rechazarlos, de dar, de someterlos, de jugar con ellos, de dominarlos, de engañarlos, de ensalzarlos, etc.

El *segundo* paso, la inversión, es esencial. Si la emoción no se descarga completamente en la dirección correcta no tardaremos en volver rápidamente al antiguo hábito de dirigirla contra nosotros mismos. Cada vez que establezcamos contacto con una emoción, como por ejemplo el odio, cada vez que comencemos a dirigir el odio hacia nosotros mismos, invirtamos su sentido ¡Dirijámoslo hacia el exterior! La alternativa es pellizcar o ser pellizcado, mirar o ser mirado, rechazar o ser rechazado.

Eliminar una proyección es algo más simple –aunque no necesariamente más fácil– cuando se trata de cualidades, rasgos o ideas proyectadas porque éstas no tienen un sentido, por lo menos un sentido tan pronunciado como sucede con las emociones. Los rasgos positivos o negativos, tales como la sabiduría, el valor, la malicia, la avaricia, etcétera, parecen ser relativamente mucho más estáticos. En este caso sólo deberemos preocuparnos de la cualidad no de la dirección. Obviamente cuando estas cualidades se proyectan, podemos reaccionar ante ellas de un modo emocionalmente violento –y entonces podemos incluso proyectar esas emociones reactivas y reaccionar ante ellas entrando en una especie de espiral vertiginosa de proyecciones. Además, también puede suceder que sólo se proyecten aquellas cualidades o ideas que estén cargadas emocionalmente. Sea como fuere, si consideramos a las cualidades proyectadas en sí mismas podemos re-integrar gran parte de ellas.

Los rasgos proyectados, al igual que las emociones proyectadas, son también cualidades que «vemos» en los demás y que no sólo nos informan sino que también nos afectan profundamente. Normalmente se trata de cualidades que creemos que poseen los demás, precisamente aquellas cualidades que más aborrecemos, las cualidades que más violentamente condenamos. Poco importa que vituperemos contra los aspectos más tenebrosos de nuestro corazón con la esperanza de exorcizarlos. A veces las cualidades proyectadas son algunas de nuestras propias virtudes y entonces solemos colgarnos de aquellas personas a las que se las atribuimos y nos convertimos en una especie de guardaespaldas que intenta monopolizar febrilmente a la persona elegida. En este caso nuestra inquietud procede, por supuesto, del intenso deseo de mantenernos próximos a ciertos aspectos de nosotros mismos.

En última instancia, hay proyecciones para todos los gustos. Las cualidades proyectadas –como las emociones proyectadas– siempre son las opuestas de aquellas que conscientemente creemos poseer, pero, a diferencia de ellas, los rasgos no tienen un sentido y su integración es más sencilla. En el primer paso, exagerar nuestros opuestos, tendremos que darnos cuenta de que lo que amamos o aborrecemos de los demás no son más que cualidades de nuestra propia sombra. No se trata de algo que ocurra en nuestra relación con los demás sino en la relación que sostenemos con nosotros mismos. Al exagerar nuestros opuestos entramos en contacto con la sombra y, cuando comprendamos que somos nosotros mismos quienes nos estamos pellizcando dejaremos inmediatamente de hacerlo. Los rasgos proyectados carecen de sentido y, por ello, su integración no requiere el segundo paso de la inversión.

De este modo, exagerando nuestros opuestos y concediendo un espacio a la sombra terminaremos ampliando nuestra identidad y asumiendo también nuestra responsabilidad por todos los aspectos de nuestro psiquismo, no sólo por nuestra empobrecida persona. De este modo «rellenamos y salvamos» el abismo existente entre la persona y la sombra.

42. EL PROCESO DE DIGESTIÓN DE LA SOMBRA

Robert Bly

Conocido ensayista, traductor y poeta que ha recibido el Premio Nacional de Poesía por su libro *The Light Around the Body*. Entre sus numerosas obras cabe destacar: *Loving a Woman in Two Worlds*; *News of the Universe: Poems of Twofold Conciousness*; *A Little Book on the Human Shadow* y *Iron John: A Book About of Men*. Afincado en Minnesota, Bly suele escribir sobre mitología masculina y dirige seminarios para hombres a lo largo y ancho de todo EE.UU.

Pero ¿qué pasos hay que seguir en la práctica para recuperar una proyección, es decir, para llegar a asimilar nuestra sombra?

Para ello resulta muy interesante tratar de romper nuestros hábitos, agudizar nuestra sensibilidad olfativa, gustativa, táctil y auditiva en la vida cotidiana, visitar tribus primitivas, hacer música, modelar con barro, tocar el tambor, permanecer aislados durante un mes o considerarnos a nosotros mismos como criminales.

Una mujer, por ejemplo, podría intentar desempeñar temporalmente el papel de patriarca y ver si le agrada. Un hombre, por su parte, podría tratar de actuar como una bruja en ciertos momentos del día –contando cuentos de hadas o riendo como una bruja, por ejemplo– para ver lo que siente.

Cuando un hombre siente que una mujer le ha seducido podría dirigirse hacia ella, saludarla cordialmente y decirle: «Quiero que me devuelvas lo que es mío. Dámelo». Ella, entonces, quizás sonría y puede que se lo devuelva o puede que no. Si lo hace el hombre podría pedirle perdón, girarse hacia la izquierda, mirar a la pared y hacer como que se lo come. Una mujer, por su parte, podría pedirle a su madre que le devolviera a su bruja –porque las madres suelen seducir a sus hijas para conservar su poder sobre ellas. También podría dirigirse hacia su padre y decirle, por ejemplo: «Tú tienes a mi gigante. Quiero que me lo devuelvas» o dirigirse a su ex-marido (o a su marido) o a un viejo profesor diciéndoles: «Tienes a mi patriarca negativo. Quiero que me lo devuelvas». Este tipo de juegos resulta muy beneficioso aunque la persona que supuestamente posee el gigante o el enano haya muerto.

Hay muchas formas de asimilar la sombra, recuperar nuestras proyecciones y disminuir el tamaño del saco que todos llevamos con nosotros. Todos conocemos cientos de ellas. Aquí sólo mencionaré que el uso de un lenguaje escrupuloso –de un lenguaje apropiado que tenga un fundamento físico– parece ser uno de los métodos más fructíferos para recuperar la substancia de nuestra sombra, una substancia que hemos exteriorizado mucho más allá de nuestro psiquismo y que hemos terminado diseminando por todo el mundo. El lenguaje constituye una especie de red y, si lo utilizamos adecuadamente, podremos atrapar con él las proyecciones que hemos ido esparciendo por todas partes. Debemos utilizar activamente esas redes. Si queremos recuperar a nuestra bruja deberemos escribir sobre ella; si queremos recuperar a nuestro guía espiritual no bastará con que nos sometamos pasivamente a la guía de otra persona sino que deberemos escribir activamente sobre él. Como ilustran perfectamente Isaac Bashevis Singer y Shakespeare el lenguaje contiene la substancia de la sombra de todos nuestros ancestros. Si en un determinado momento el lenguaje no resulta adecuado quizás puedan serlo, por ejemplo, la pintura o la escultura. Cuando pintamos a la bruja conscientemente pronto descubriremos la morada en la que habita. Así, el quinto estadio implica actividad, imaginación, cazar, pedir... «Reclama siempre lo que quieras».

Quienes permanecen pasivos con respecto a sus proyecciones están contribuyendo, lo quieran o no, a aumentar el riesgo de una guerra nuclear, porque cualquier fragmento de energía con el que no nos relacionamos activamente mediante el lenguaje o mediante el arte permanece flotando sobre la atmósfera de los Estados Unidos y Reagan –que posee un gran aspirador para absorber toda esa energía– podría utilizarla. Con esto no quiero hacerte sentir culpable por no llevar un diario personal o por no ejercer alguna actividad creativa sino tan sólo subrayo que este tipo de actividades contribuyen al desarrollo del mundo. ¿Recordáis lo que decía Blake?: «Nadie que no sea artista puede ser cristiano». Con ello quería decir que quienes se niegan a participar activamente en su propia vida y a utilizar el lenguaje, la pintura, la escultura, la música o el dibujo no son seres humanos sino gusanos disfrazados de cristianos. El mismo Blake utilizó tres disciplinas diferentes para comunicarse con la substancia de su sombra: la pintura, la música y la literatura, ilustrando y poniendo música a sus propios poemas. De este modo, no dejaba a su alrededor ningún tipo de energía dispersa que los políticos pudieran proyectar sobre otros países. Es por ello que una de las actividades fundamentales de todo norteamericano consiste en trabajar y asimilar individualmente su propia sombra para asegurarse de que no los políticos no la utilicen en contra de Rusia, China o Sudamérica.

43. ASUMIR EL YO ENAJENADO

Nathaniel Branden

Es psicólogo y ejerce en la ciudad de Los Angeles. Entre sus libros cabe destacar *The Disowned Yo*; *Honoring the Yo*; *How to Raise Your Yo-Esteem* y *The Psychology of Romantic Love*.

¿Cómo puede una persona desconectarse de tal manera de su propia experiencia emocional que llegue a ser incapaz de sentir el significado de las cosas?

Comencemos diciendo que la mayoría de los padres *enseñan* a sus hijos a reprimir los sentimientos. Veamos algunos ejemplos: cuando un niño tropieza y se queja su padre suele reprenderle ásperamente con el argumento de que «los hombres no lloran»; cuando una niña odia a su hermano o siente rechazo por algún pariente mayor su madre suele decirle: «Odiar es algo terrible. En realidad tú no sientes odio»; cuando un niño entra corriendo en casa, pletórico de entusiasmo y alegría, suele encontrarse con un padre enojado que le recrimina con acritud: «¿Qué te ocurre? ¿Por qué haces tanto ruido?» Los padres emocionalmente distantes e inhibidos suelen criar hijos igualmente distantes e inhibidos. Y ello no sólo a consecuencia de sus manifestaciones verbales abiertas sino también mediante el ejemplo tácito que les ofrecen ya que con su propia conducta están enseñando a su hijo lo que es «correcto», «apropiado», «socialmente aceptable», etcétera. En especial, resulta particularmente nefasta la influencia de aquellos padres que tratan de inculcar a sus hijos una determinada enseñanza religiosa porque suelen inducirles conceptos tan erróneos y perniciosos como que hay «malos pensamientos», «malas emociones», etcétera, imbuyéndoles así de un miedo moral hacia su propia vida interior.

De este modo, un niño puede verse abocado a concluir que sus sentimientos son potencialmente peligrosos que, en ocasiones, es aconsejable negarlos y, en fin, que de un modo u otro, debe «controlarlos».

Pero para «controlar» sus sentimientos el niño debe *enajenarlos,* es decir, dejar de experimentarlos. Las emociones son experiencias psicosomáticas, experiencias que se manifiestan simultáneamente a nivel mental y a nivel físico y, por tanto, el intento de «controlar» las emociones también debe tener lugar a esos dos niveles. En consecuencia, en el nivel psicológico el niño deja de reconocer –es decir, deja de ser consciente– de los sentimientos indeseables separando su conciencia de ellos mientras que en el nivel físico, por su parte, debe tensar muscularmente su cuerpo para anestesiarlo parcialmente e insensibilizarse con respecto a sus propios estados internos (como ocurre, por ejemplo, en el caso de los niños que tensan los músculos de su rostro y de su pecho para contener su respiración y tratar de ignorar y reprimir, de ese modo, el daño que siente). Es innecesario decir que este proceso no parte de una decisión consciente y calculada sino que se origina en una determinación subconsciente. Ello no impide, sin embargo, que de ese modo el niño inicie el proceso de enajenación mediante el cual aprende a negar sus sentimientos, invalidar sus juicios y valoraciones, rechazar su propia experiencia y despojarse de determinados aspectos de su personalidad. Debemos señalar, no obstante, que no nos estamos refiriendo aquí al aprendizaje de la regulación racional de nuestro comportamiento –que constituye un tema completamente diferente– sino tan sólo a *la censura y negación de la experiencia interna.* Hecha esta salvedad podemos seguir con la historia del desarrollo de la represión emocional.

Los primeros años de la vida de la mayoría de los niños encierran muchas experiencias terribles y dolorosas. Quizás sus padres nunca atiendan a su necesidad de ser tocado, abrazado y acariciado; tal vez le griten constantemente o bien se griten entre sí; quizás utilicen deliberadamente el miedo y la culpabilidad como una forma de control; es posible que oscilen entre la sobreprotección y negligencia; quizás le mientan o se burlen de él; puede que se muestren negligentes o indiferentes; quizás le critiquen y le reprendan de continuo; tal vez le desconcierten con normas confusas y contradictorias; es posible que le abrumen con expectativas y exigencias que no tienen en cuenta sus aptitudes, necesidades e intereses; quizás, en fin, le sometan a malos tratos físicos o descalifiquen todos sus esfuerzos por expresar su espontaneidad y su asertividad.

El niño carece del adecuado conocimiento intelectual necesario para reconocer sus necesidades o comprender la conducta de sus padres. Pero lo cierto es que, en ocasiones, el miedo y el sufrimiento pueden desbordarle e incapacitarle. En consecuencia, cuando el contacto con sus emociones deviene intolerable si el niño quiere sobrevivir se ve abocado inexorablemente a protegerse desconectándose de sus emociones. Para ello debe negar sus sentimientos y congelar en su cuerpo –mediante la tensión muscular y fisiológica– todo el miedo y el sufrimiento que no puede experimentar, expresar y descargar. De ese modo, sin embargo, se inicia una pauta de conducta que tenderá a repetirse cada vez que se sienta amenazado por algún sentimiento que no desee experimentar.

Pero la represión no se limita tan sólo a los sentimientos negativos sino que se va generalizando progresivamente hasta llegar a comprometer a toda la vida emocional. La represión de las emociones se rige por el mismo principio que la anestesia quirúrgica, el *bloqueo de la sensibilidad*, un bloqueo que no sólo anula la capacidad de sentir dolor sino que también elimina la capacidad de experimentar placer.

Debemos reconocer, sin embargo, que la represión emocional es una cuestión de grado y que, por tanto, es más profunda y completa en unos individuos que en otros. Lo cierto, en cualquier caso, es que la represión reduce tanto nuestra capacidad de experimentar placer como nuestra capacidad de experimentar dolor.

No resultará difícil, por tanto, admitir que todos los seres humanos arrastran el peso de una enorme cantidad de sufrimiento inconsciente sin descargar, un sufrimiento que no se origina solamente en el presente sino que se remonta a los primeros años de nuestra vida.

Una tarde estaba hablando con unos colegas sobre este tema cuando un joven psiquiatra me dijo que creía que estaba exagerando la magnitud del problema. Le pedí, entonces, que participara en una demostración. Se trataba de una persona inteligente aunque algo tímida ya que hablaba en voz muy queda, casi con reticencia, como si dudara de que los presentes estuviéramos realmente interesados en conocer su opinión. Respondió que no tenía ningún inconveniente en colaborar pero me advirtió también que si pretendía examinar su infancia quizás no fuera un buen sujeto para mi experimento. En su opinión, aunque mi tesis fuera correcta a nivel general, me dijo que tal vez convendría buscar otro voluntario ya que temía que me llevara la lamentable sorpresa de ver mis expectativas frustradas porque sus padres siempre se habían mostrado muy receptivos a sus necesidades y había tenido la suerte de gozar de una niñez extraordinariamente dichosa. A pesar de todo, sin embargo, le invité a proseguir.

Le expliqué entonces que íbamos a realizar un ejercicio que había diseñado para trabajar en terapia con mis clientes. Le pedí que se sentara cómodamente en la silla, apoyara los brazos, cerrara los ojos y relajara su cuerpo.

«Ahora –continué– quiero que imagines la siguiente escena: Estás agonizando en la cama de un hospital. Tienes tu edad actual. No padeces ningún dolor físico pero eres muy consciente, sin embargo, de que dentro de muy pocas horas tu vida habrá concluido. Imagina que tu madre se halla de pie al borde de tu cama. Observa su rostro. ¡Hay tantas cosas por decir! Date cuenta de todo lo que habéis callado, de todo lo que jamás os habéis dicho, de todos los pensamientos y sentimientos que nunca habéis compartido. Esta es la mejor ocasión de tu vida para comprender a tu madre y para que ella escuche lo que tengas que decirle. ¡Háblale! ¡Díselo!».

A medida que hablaba las manos del joven iban crispándose, su rostro enrojeció y podía percibirse claramente la tensión muscular de su frente y el anillo muscular que rodeaba sus ojos con el que parecía tratar de reprimir el llanto. Cuando por fin habló su voz sonaba más infantil que antes. Entonces dijo entre gemidos: «*¿Por qué no me escuchas? ¿Por qué no me escuchas nunca cuando te hablo?*»

En ese momento interrumpí el trabajo porque no quise invadir su intimidad aunque era evidente que tenía muchas cosas más que decir. No era el momento de hacer psicoterapia ni tampoco me había invitado a ello pero hubiera sido muy interesante señalarle la posible relación existente entre la frustración de su necesidad infantil de ser escuchado y su carácter cauteloso y reservado. Al cabo de un rato abrió los ojos, sacudió la cabeza con expresión atónita y un tanto azorada y me dirigió una mirada de aprobación.

Señalemos, de paso, que el desarrollo completo de esta técnica exige la *confrontación* imaginaria con ambos padres. A ello se le añade, en ocasiones, la necesidad de imaginar la presencia de una madre o de un padre ideal –distintos a los padres reales– y preguntarle lo que uno desee, lo cual puede resultar muy útil para que las personas establezcan contacto con las necesidades frustradas de su infancia, aquellas que fueron negadas y reprimidas. Por lo general, el ejercicio se realiza acostado sobre el suelo porque parece demostrado que en esa posición de indefensión física las defensas psicológicas también tienden a debilitarse.

Volviendo al caso del joven psiquiatra que acabamos de mencionar quisiera llamar la atención sobre el hecho de que en ningún momento he creído que mintiera sobre su niñez ya que no me cabe la menor duda de que cuando hablaba de su feliz infancia era totalmente sincero. Pero también es cierto que, al reprimir el sufrimiento de su infancia, también se estaba despojando de algunas de sus necesidades legítimas, de sentimientos importantes, es decir, que estaba enajenándose de una parte de sí mismo. Es muy posible que esa situación no sólo fuera la responsable de su menoscabo emocional sino también de su relativo deterioro intelectual ya que cualquier intento para tratar de relacionar su presente con su pasado, o de comprender la reticencia de su personalidad hubiera sido distorsionada por juicios equivocados, los cuales, a su vez, dificultan necesariamente sus relaciones personales actuales.

Cuando una persona reprime los recuerdos, las valoraciones, los sentimientos, las frustraciones, los anhelos y las necesidades de su infancia, se está cerrando, al mismo tiempo, el acceso a datos cruciales. En esas condiciones, cuando intenta pensar sobre su vida y sus problemas se ve obligado a debatirse en la oscuridad porque ha perdido ciertos ítems claves. Por otra parte, la necesidad de *proyectar* su represión, de *mantener* sus defensas, contribuye también a mantener su mente a salvo de las irrupciones «peligrosas» de pensamientos que pudieran fomentar o reactivar el temido material sumergido. En esta situación es inevitable la presencia de mecanismos de defensa tales como la distorsión y la racionalización.

A veces los clientes muestran una considerable resistencia a entrar completamente en este ejercicio. Sin embargo, la resistencia concreta que presenta un determinado cliente puede resultar muy ilustrativa a este respecto.

Recuerdo cierta ocasión en que me invitaron a presentar esta técnica en una sesión de terapia grupal dirigida por un colega. Al comienzo la mujer con quien estaba trabajando se dirigió a su padre con una voz impersonal y distante y parecía bastante ajena al significado emocional de sus palabras. Sin embargo, a medida en que iba haciéndole preguntas tales como «¿Qué *siente* una niña de cinco años cuando su padre la maltrata de ese modo?» sus defensas comenzaron a disolverse y se zambullía cada vez más profundamente en sus emociones hasta que rompió a llorar con el rostro embargado por el dolor y el sufrimiento. Sin embargo, en el momento en que parecía estar a punto de entregarse por completo se asustó de lo que estaba experimentando, retornó bruscamente al tono impersonal y dijo, como reprochándose a sí misma: «Es inútil que te culpe, tú no puedes ayudarme, tú tienes tus propios problemas y no sabes cómo manejar a los niños». Cuando le aclaré que no se trataba de «culpar» a nadie, que lo único que nos interesaba era saber lo que había sucedido y lo que ella sentía al respecto, se sintió nuevamente segura y volvió a establecer contacto con sus emociones. Entonces volvió a hablar de lo que había ocurrido y de lo que ella había sentido. Pero siempre que parecía estar a punto de estallar de rabia se activaba algún mecanismo de censura, reaparecía la voz impersonal y daba «excusas» para justificar el trato que había recibido. Era evidente que todavía no se hallaba en condiciones de renunciar a todas sus defensas.

El hecho de permitirse experimentar plenamente todo su odio resultaba insoportablemente peligroso y la hubiera hecho sentirse culpable de albergar esa rabia contra sus padres. Por otra parte, es muy posible que temiera que si sus padres hubieran conocido sus sentimientos los hubiera perdido para siempre. Por último, si se hubiera permitido experimentar plenamente sus emociones hubiera debido también afrontar todo el sufrimiento y frustración que esconden, cosa que no parecía estar dispuesta a afrontar. Para ello no sólo hay que estar dispuesto a soportar el dolor y el sufrimiento sino que también hay que asumir la *soledad*, la cruda realidad de que la niña pequeña que una vez fue, no tuvo –y ya no tendrá jamás– los padres que necesitaba y hubiera deseado.

Recuerdo otro caso en el que uno de mis clientes comenzó a hacer gala de una elocuencia de la que hasta ese momento parecía carecer. El hecho ocurrió un mes después de que mi cliente –un hombre de unos veinticinco años– entrara en terapia de grupo. Se trataba de una de las personas más tensas y bloqueadas físicamente con las que había trabajado. Se lamentaba de su total incapacidad para sentir y saber lo que quería de la vida que ignoraba hacia donde debía encaminar sus pasos. Me dijo que no podía llorar. Comenzó hablando, con una voz tímida y suave, del miedo que tenía a la frialdad y severidad de su padre. Entonces le insinué que, en ocasiones, los niños también podían odiar a un padre que les tratara con crueldad. En ese momento, todo su cuerpo se estremeció y gritó: «¡No quiero hablar de eso!» «¿Qué ocurriría –le pregunté– si le hablaras de tu enojo?» Las lágrimas rodaron entonces espontáneamente por sus mejillas y chilló: «¡Le tengo miedo! ¡Tengo miedo de lo que podría hacerme! ¡Me mataría!»

Su padre había fallecido veinte años atrás, cuando mi cliente tendría unos seis años de edad.

En las semanas siguientes no le pedí que volviera a repetir este ejercicio y me limité a dejarle que observara el trabajo que realizábamos con el resto del grupo. Sin embargo, cada vez que veía que uno de sus compañeros afrontaba las experiencias traumáticas de su infancia nuestro sujeto prorrumpía en llantos. Poco a poco fue recordando su infancia y comenzó a hablar de ella con cierta implicación emocional. A medida que transcurría el tiempo podía apreciarse que sus tensiones musculares iban desapareciendo, que su cuerpo se relajaba y que iba recuperando lentamente su capacidad de sentir. De esta manera, en la medida en la que se permitía experimentar sus necesidades y frustraciones –previamente enajenadas– fue descubriendo en su interior deseos, respuestas y aspiraciones ignoradas hasta que, al cabo de unos meses, renació en él el interés –largamente reprimido hasta entonces– de dedicarse a una determinada profesión.

44. EDUCAR A NUESTRA VERGONZOSA VOZ INTERNA

John Bradshaw

Vive en Houston donde, aparte de ser consejero familiar, es profesor y monitor de talleres grupales. Su famosa serie de televisión de la BPS le ha hecho tan conocido que sus libros se han convertido en auténticos best-sellers. Es autor de *Bradshaw: On the Family*; *Healing the Shame that Binds You* y *Homecoming: Reclaiming and Championing Your Inner Child*.

Como persona tímida que era he debido trabajar duro para llegar a aceptarme plenamente. Gran parte de esa tarea ha consistido en integrar los sentimientos, las necesidades y los deseos ligados a la vergüenza porque las personas tímidas suelen sentirse separadas de muchos sentimientos esenciales y están avergonzadas de necesitar ayuda, de sentir rabia, tristeza, miedo o alegría, de sentir que su conducta es asertiva, de sentirse excitados sexualmente, etcétera.

Los tímidos, en consecuencia, tratamos de no sentir lo que estamos sintiendo y de actuar como si no tuviéramos necesidades. Recordemos, por ejemplo, las veces que hemos dicho que estábamos bien cuando, en realidad, estábamos tristes o enfadados. Del mismo modo, ignoramos nuestra sexualidad y nos comportarnos de una manera puritana o bien, por el contrario, la utilizamos para evadirnos de otros sentimientos y necesidades. En cualquiera de los casos, nos hallamos separados de nuestras facetas más vitales –especialmente la sexualidad y los instintos naturales– las cuales, no obstante, tienden a reaparecer en nuestros sueños y en nuestras proyecciones.

Jung denominaba sombra a todos los fragmentos enajenados de nosotros mismos, que debemos integrar para poder volver a ser completos.

La voz interna

Robert Firestone denominaba «voz interna» a esa especie de «diálogo interno» que sostenemos con nosotros mismos. Diversos autores han descrito esta voz interna de muy diferentes modos. Para Eric Berne se trata de una especie de cassettes que recogen unas veinticinco mil horas de grabaciones familiares. Según Fritz Perls y la Gestalt son «voces familiares introyectadas». Aaron, por su parte, las denomina «pensamientos automáticos». Pero sea cual fuere el nombre que les adjudiquemos, lo cierto es que todos nosotros mantenemos este tipo de diálogo interno que, en el caso de los tímidos, suele ser francamente autocrítico.

La voz interna de las persona tímida suelen afirmar que son despreciables, indignos y malvados, contribuyendo, de este modo, a alimentar la imagen de que son niños malos. La voz puede ser experimentada como si fuera un pensamiento consciente pero, en la mayoría de los casos, sin embargo, se trata de un pensamiento parcial o totalmente inconsciente. Es por ello que la mayoría de nosotros sólo somos conscientes de la voz en aquellas situaciones tensas en las que nos sentimos avergonzados. Después de cometer un error, por ejemplo, uno puede decirse «¡Qué tonto eres!», «¡Otra vez igual!», «¡No aprenderás nunca!», etcétera. Antes de una importante entrevista para solicitar trabajo, por ejemplo, la voz puede atormentarnos con pensamientos del tipo: «¿Cómo puedes pensar que estás preparado para asumir las responsabilidades de un trabajo así? Además, estás muy nervioso y ellos, sin duda, van a darse cuenta».

Resulta extraordinariamente difícil desembarazarnos de la voz interna debido a la ruptura original del vínculo interpersonal y el establecimiento de esa mediación imaginaria. Cuando éramos niños nos sentimos abandonados (reprimidos, ofendidos, confundidos) y cuánto más severo fue ese abandono mayor fue la necesidad de crear una conexión ilusoria con nuestros padres. Esta conexión es lo que Robert Firestone denomina el «vínculo imaginario».

Pero para poder llegar a establecer este «vínculo imaginario» –cuyo único propósito es la supervivencia– el niño, que depende irremediablemente de sus padres, no puede culparlos porque, en tal caso, no podría sobrevivir y, por consiguiente, se ve forzado a idealizarlos y a autoinculparse, a volverse «malo». De este modo, el vínculo imaginario (que hace buenos a los padres y malo al hijo) cumple la misma función que los espejismos del desierto y proporciona al niño la ilusión de que en esta vida puede hallar alimento y sustento. Y no sólo esto, sino que con el correr de los años, cuando el niño crezca y deje a sus padres, la voz interna seguirá manteniendo ese vínculo imaginario que una vez fue externo. De este modo, la voz exasperada, represora y punitiva de sus padres termina por internalizarse. Por este motivo, el proceso de afrontar y transformar la voz interna crea una enorme ansiedad. Sin embargo, como apunta Firestone: «No es posible una trasformación terapéutica profunda que no vaya acompañada de esta ansiedad».

La voz está configurada principalmente por las herméticas defensas de la mentalidad pacata de nuestros primeros censores. Del mismo modo que unos padres tímidos no pueden aceptar su debilidad, sus anhelos, sus sentimientos, su vulnerabilidad y sus dependencias, tampoco pueden aceptar las necesidades, los sentimientos, la debilidad, la vulnerabilidad y la dependencia de sus hijos. Para Firestone la voz es el resultado del deseo profundamente reprimido de los «padres» de destruir la espontaneidad y vitalidad de sus hijos cuando esos sentimientos amenazan sus propios mecanismos de defensa.

Robert Firestone ha efectuado un trabajo pionero en la identificación de los orígenes y tendencias destructivas de la voz, desarrollando algunos métodos muy eficaces para traer a la conciencia de los padres esos pensamientos hostiles. Según él, «el proceso de formular y verbalizar los pensamientos negativos ayuda a paliar el efecto destructivo de la voz en la conducta de los padres».

En la terapia con la voz los pacientes aprenden a *externalizar* sus pensamientos internos más críticos y, al actuar así, sacan a la luz el acoso constante al que someten a su propia personalidad y desarrollan, a la postre, recursos para transformar su actitud negativa en una perspectiva más objetiva y menos prejuiciosa. A medida que se externaliza la voz a través de la verbalización se liberan intensos sentimientos que desembocan en una poderosa catarsis emocional acompañada de la correspondiente comprensión.

Irritabilidad cotidiana

Comenzaremos presentando una técnica que proviene de los primeros trabajos realizados por Firestone para analizar los factores que originan el surgimiento de la voz obsesivamente crítica. Para ello debemos empezar a prestar atención a nuestras reacciones desmedidas. Este trabajo da mejores resultados cuando se realiza en el seno de un grupo aunque también puede ser llevado a cabo en el contexto de nuestras relaciones interpersonales cotidianas.

Todas las noches antes de acostarnos debemos rememorar los acontecimientos del día. ¿Cuándo nos alteramos? ¿Qué nos hizo reaccionar desmesuradamente? ¿En qué contexto? ¿Con quién? ¿Cómo compararías lo que ella te dijo con lo que tú te dices a ti mismo?

Por ejemplo, el día 16 de diciembre mi esposa y yo estábamos considerando la posibilidad de hacer algunas reformas en casa. En un momento determinado de la conversación observé cómo mi voz se aceleraba y se elevaba. Pronto, estaba vociferando sobre el stress que mi trabajo implica. Me esuché a mí mismo decir: «No esperes que supervise ese trabajo. Apenas si puedo hacer frente a mis obligaciones». Después, incluí este exabrupto en mi diario, dándole la siguiente forma:

Fecha: Miércoles. 16 de diciembre, 8:45 p.m.

Contenido: Discusión sobre las reformas en una habitación de nuestra casa.

Reacción Desproporcionada: Después que ella dijo, «voy a necesitar tu ayuda», respondí en un tono cada vez más agitado, «No esperes que supervise ese trabajo, etcétera».

Voz Interna: «Eres un marido despreciable. No sabes cómo organizar nada. Eres patético. Tu casa está desmoronándose ¡Qué farsante! Los hombres de verdad saben cómo arreglar y hacer las cosas. Los buenos padres cuidan del hogar».

Resulta crucial dedicar algún tiempo al estudio de las voces. Te recomiendo que adoptes una actitud relajada en un entorno tranquilo. Escucha atentamente tu diálogo interno, toma buena nota de él y luego repítelo en voz alta con espontaneidad. Una vez que empieces a leer en voz alta puedes sorprenderte de la reacción automática que se desencadena.

Firestone recomienda que en el trabajo de grupo la persona exprese sus sentimientos en voz alta y con implicación emocional. Para ello puede insinuarles, por ejemplo: «Dílo más fuerte», «Déjalo salir», etcétera. Te aliento a hacer lo mismo. Expresa espontáneamente todo lo que aparezca en tu mente. Dílo en segunda persona. Déjate llevar por el alto voltaje emocional que despierte la voz.

Responder a la voz

Una vez que hayas expresado en voz alta ese diálogo interno puedes empezar a responder. Contesta tanto al contenido como al tono de la voz. En mi diario, por ejemplo, escribí que yo era un buen marido que había sido capaz de comprar una buena casa. El que me considere un buen marido no depende en ningún caso de que haga esto o lo otro. Trabajo duramente y puedo pagar para que alguien arregle mi casa. Pagaría a alguien aunque yo mismo supiera hacer el trabajo. Tengo mejores cosas que hacer con mi tiempo. Hay hombres admirables que son carpinteros o albañiles pero también hay muchos otros que no lo son.

Al día siguiente repetí este diálogo, respondiendo en todo momento tanto emocionalmente como racionalmente. *Firestone recomienda que uno debe actuar sin oponerse ni convertirse en cómplice de la voz.* En mi caso, llamé a un carpintero conocido, le dije exactamente lo que quería y lo dejé solo. Me fui a jugar al golf y me sentía plenamente satisfecho por haber podido pagar a alguien para arreglar mi casa.

Localización del crítico interno

La terapia gestalt nos proporciona otro método para sacar a la luz a la voz interna al que denominaré *Localización del crítico interno.* En todas las personas tímidas tiene lugar un diálogo interno autocrítico. Se trata de un juego que ha sido llamado el juego de la «autotortura» y suele ser algo tan habitual que casi siempre es *inconsciente.*

El siguiente ejercicio –extraído del libro *Awareness*, de John O. Stevens– puede ayudar a hacer más consciente ese proceso y proporcionar herramientas para asumirlo e integrarlo.

Siéntate confortablemente y cierra los ojos... Imagina que estás sentado frente a una representación visual de tí mismo. ¿Cómo es esa imagen? ¿Cómo va vestida? ¿Qué expresión tiene su rostro

Critica ahora en silencio a esta imagen como si estuvieras hablando con otra persona. (Si haces el experimento solo hazlo en voz alta). Comienza cada frase con las palabras:

417

«Tú debes...», «Tú no debes», o sus equivalentes. Toma nota de lo que observes y anota a continuación todas tus críticas.

Imagina ahora que asumes el lugar de la imagen. Conviértete en esa imagen y responde silenciosamente. ¿Qué tienes que responder a estas críticas? ¿En qué tono se expresa tu voz? ¿Cómo te sientes cuando contestas?

Invierte los papeles otra vez y adopta nuevamente el de crítico. Sé consciente de lo que dices, de cómo lo dices, de tus palabras, de tu tono de voz, etcétera. Detente, de vez en cuando, para tomar nota de lo que dices.

Intercambia los papeles cuantas veces quieras pero mantén vivo el diálogo. Date cuenta de todos los detalles que ocurren en tu interior a medida que lo haces. Advierte cómo te hace sentir físicamente cada papel. ¿Reconoces a alguien en la voz que te critica y te dice «No deberías...»? ¿De qué más cosas eres consciente en esta interacción? Continúa este diálogo silente durante varios minutos más. ¿Observas algún otro cambio a medida que el diálogo prosigue?

Ahora siéntate tranquilamente y revisa lo ocurrido. Es muy posible que experimentes alguna contradicción entre una parte autoritaria, poderosa, crítica de ti mismo y otra más débil que se mantiene a la defensiva, trata de evadirse e inventa excusas para justificarse. Parece como si te hubieras dividido en un padre «protector» que continuamente trata de mantener el control para hacerte «mejor», y un niño «desvalido» que pretende escapar de todo intento de ser cambiado. Quizás puedas reconocer en la voz que te critica a tus padres o alguien que te exige como tu mujer, tu jefe, o alguna otra figura autoritaria que trate de controlarte.

Esta voz crítica puede reactivarse en cualquier situación vulnerable. Una vez activada se pone en funcionamiento una espiral de vergüenza que funciona autónomamente. La externalización de este diálogo interno es imprescindible porque ese es uno de los principales motivos que te mantienen dividido y te impiden aceptarte a tí mismo. Así pues, el ejercicio ayuda a hacer consciente este diálogo interno, el primer paso en la externalización de la voz.

El segundo paso consiste en tomar cada uno de los mensajes críticos y traducirlo a una conducta específica concreta ya que cualquier afirmación crítica es una generalización y, como tal, es falsa. Así pues, en lugar de repetirte que «eres un egoísta», di que «no puedes hacer favores», en lugar de insistir en que «eres idiota» piensa que «no sabes álgebra». Hay ocasiones en las que uno debe seguir su propio camino y existen áreas en la vida sobre las cuales todos estamos confundidos. De este modo, al referir estas generalizaciones (juicios, condiciones o méritos) a conductas específicas concretas puedes contemplar una imagen real de tí mismo y aceptarte de una manera más equilibrada e integrada.

El tercer paso consiste en tomar estas generalizaciones y formular afirmaciones positivas que las contradigan. Así, en lugar de decir, por ejemplo, «soy un egoísta», repítete, «no soy egoísta». Es importante verbalizar esto y que te escuches diciéndolo. También te recomiendo que te dirijas a otra persona, quizás alguien perteneciente a tu grupo de apoyo, tu mejor amigo, tu esposo o esposa, y verbaliza ante ella tu afirmación pero asegúrate de que esa persona no esté condicionada por la vergüenza.

45. EL APRENDIZAJE DE LA IMAGINACIÓN ACTIVA

Barbara Hannah

Nació en Inglaterra y vivió en Suiza donde ejerció como psicoterapeuta, analista y profesora del C. G. Jung Institute. Es autora de *Striving Towards Wholeness*; *Jung: His Life and Work, a Biographical Memoir* y *Encounters with the Soul*.

Recuerdo que una mujer muy sabia me dijo que, durante un viaje por países que siempre había querido visitar, se vio obligada a compartir la habitación con una mujer que le resultaba muy antipática. Al enterarse creyó que esa circunstancia iba a arruinarle el viaje pero pronto comprendió que si permitía que esa circunstancia le arruinara el viaje echaría a perder uno de los momentos más interesantes y satisfactorios de su vida. Pero para ello tuvo que desidentificarse de sus sentimientos negativos, aceptar a su antipática compañera y mostrarse atenta y amable, una técnica que funcionó maravillosamente y le dispensó la posibilidad de disfrutar de un viaje extraordinario.

Esto es precisamente lo que ocurre con los contenidos inconscientes que nos desagradan y nos resultan particularmente antipáticos ya que si permitimos que estos sentimientos nos afecten malgastaremos nuestro viaje a lo largo de la vida. Si, por el contrario, podemos aceptarlos tal como son y somos amables con ellos descubriremos, no obstante, que no son tan malos como parecen y evitaremos su hostilidad.

La primera figura que emerge de nuestro inconsciente es la sombra personal. La sombra -aquello que hemos rechazado de nosotros mismos- suele resultar tan desagradable como la compañera de viaje del ejemplo anterior. Si somos hostiles a nuestro inconsciente éste será cada vez más insoportable pero si lo tratamos con amabilidad -comprendiendo que está bien tal como es- cambiará notablemente.

En cierta ocasión, y a raíz de un sueño especialmente desagradable que había terminado aceptando, Jung me dijo: «Ahora su conciencia es menos brillante pero mucho más profunda que antes. Ahora sabe que es una mujer indiscutiblemente honesta pero que también puede ser deshonesta. Esto quizás le resulte desagradable pero realmente es un gran logro». Cuanto más avanzamos más claro nos resulta que el principal avance consiste en la ampliación de la conciencia. Casi todas las dificultades de nuestra vida, provienen del hecho de tener una conciencia demasiado estrecha como para comprenderlas y nada contribuye más a comprender estas dificultades que aprender a conectar con ellas mediante la imaginación activa.

La imaginación activa nos ayuda a armonizarnos con el Tao y, de ese modo, fomentar el desarrollo correcto de las cosas. Hablar del Tao chino quizás resulte demasiado exótico pero el lenguaje coloquial está plagado de expresiones que aluden al mismo hecho en nuestra experiencia cotidiana. La frase «Esta mañana saltó de la cama con la pierna izquierda» (o, como dicen los suizos: «con el pie izquierdo»), por ejemplo, describe muy precisamente una condición psicológica en la que no estamos en armonía con nuestro inconsciente. De la misma manera que la noche sigue al día, el hecho de estar enfadados y de mal humor tiene un efecto disgregador sobre nuestro medio ambiente.

Todos nosotros hemos experimentado el hecho de que nuestras intenciones conscientes se ven interferidas de continuo por motivaciones desconocidas -o relativamente desconocidas- procedentes del inconsciente. Quizás la definición más simple de la imaginación activa consista en decir que nos brinda la posibilidad de entablar negociaciones -y, a su debido momento, llegar a un acuerdo- con las fuerzas y figuras del inconsciente. En este sentido la imaginación activa difiere del sueño porque, en este último caso, no tenemos el menor control sobre nuestra conducta. En la mayoría de los casos basta con analizar nuestros sueños para restablecer el equilibrio entre la conciencia y el inconsciente pero existen algunos casos, no obstante, en las que eso no es suficiente. Antes de seguir adelante, sin embargo, convendría describir sucintamente las técnicas que suelen utilizarse en la imaginación activa.

La primera condición consiste en estar a solas y sin posible perturbación. Entonces debemos sentarnos y concentrarnos en cualquier imagen o sonido procedente del inconsciente. Cuando esto ocurre -y tal cosa no suele ser sencilla- debemos evitar que regrese de nuevo al inconsciente dibujando, pintando o escribiendo lo que hayamos visto u oído (aunque, en ocasiones, quizás resulte más adecuado recurrir al movimiento o la danza). Hay personas que tienen dificultades para conectar directamente con el inconsciente. Para ellas quizás resulte más apropiado escribir una historia sobre otras personas, una historia que, en definitiva, revela invariablemente facetas totalmente inconscientes del psiquismo del narrador.

En cualquiera de los casos, el objetivo consiste en llegar a establecer contacto con el inconsciente, lo cual supone una oportunidad para que éste se exprese. (Quien esté convencido de que el inconsciente no tiene vida propia debería probar este método alguna que otra vez.) Para ello casi siempre resulta necesario superar un mayor o menor nivel de   «dificultad consciente» y permitir que las fantasías -que de un modo u otro siempre pueblan el inconsciente- emerjan en la conciencia. (En cierta ocasión Jung me dijo que, en su opinión, el sueño siempre está presente en el inconsciente pero que para registrarlo plenamente en la conciencia debemos dormir y retirar nuestra atención del exterior). La primera regla de la imaginación activa consiste pues en aprender, por así decirlo, a ver o escuchar el sueño mientras estamos despiertos.

Jung también incluye, en ocasiones, el movimiento y la música entre las distintas modalidades que nos permiten descubrir estas fantasías aunque también señala que con el movimiento –de una importancia extraordinaria a veces para disolver el bloqueo de la conciencia– existe la dificultad adicional de registrar los movimientos ya que, si no existe registro externo, es asombrosa la velocidad con la que las cosas que brotan del inconsciente desaparecen de nuevo en él.

Jung propone la repetición de los movimientos liberados hasta que se hayan fijado realmente en la memoria y aún entonces conviene dibujar el patrón de la danza o el movimiento o describirlo en pocas palabras para impedir que vuelvan a desaparecer a los pocos días.

Existe otra forma de tratar con el inconsciente mediante la imaginación activa que siempre he considerado sumamente útil: *la conversación con contenidos personificados del inconsciente.*

¡Obviamente, resulta muy importante saber *a quien* estamos hablando y no considerar cualquier cosa que escuchemos como la voz del Espíritu Santo! Con la visualización esto resulta relativamente sencillo pero también resulta posible sin ella porque podemos aprender a identificar las voces o la forma de hablar como para no cometer ese tipo de errores. Además, esas figuras son muy paradójicas: las hay positivas y las hay negativas y con frecuencia se interrumpen mutuamente. En tal caso también podemos juzgarlas por el contenido de sus mensajes.

Al trabajar con la imaginación activa debemos recordar una regla muy importante. En cada ocasión en que entremos en nosotros mismos debemos prestar una atención plena y consciente a lo que decimos o hacemos, tanta –o incluso más todavía– de la que prestaríamos a cualquier situación externa importante. De este modo impediremos que se convierta en una fantasía pasiva. Pero una vez hayamos dicho o hecho todo lo que queramos debemos también ser capaces de mantener nuestra mente en blanco para poder escuchar o ver lo que el inconsciente quiera hacer o decirnos.

La técnica visual o auditiva consiste fundamentalmente en dejar que las cosas sucedan. Pero no debemos permitir, sin embargo, que las imágenes cambien caleidoscópicamente. Si la primera imagen es un pájaro, por ejemplo, no debemos permitir que se transforme en un león, un barco en medio del océano, el escenario de una batalla, etcétera. La técnica consiste en mantener nuestra atención sobre la primera imagen y no permitir que el pájaro desaparezca hasta que nos haya explicado porqué apareció, qué mensaje nos trae del inconsciente o qué es lo que quiere saber de nosotros. Resulta evidente la necesidad de entrar en la escena o de participar en la conversación. Si no lo hacemos así, aunque hayamos aprendido a dejar que las cosas sucedan, la fantasía podrá transformarse del modo que describimos o –incluso en el caso de mantener la primera imagen– permanecer pasivos ante ella como lo hacemos en el cine o al escuchar la radio. Ser capaz de permitir que las cosas sucedan es muy necesario pero resulta perjudicial si nos mantenemos en ello durante mucho tiempo. El único objetivo de la imaginación activa consiste en llegar a un acuerdo con el inconsciente y para ello debemos dejar que el inconsciente salga a la luz, lo cual nos obligará, necesariamente, a mantener un punto de vista suficientemente consolidado.

46. DIBUJANDO
LA SOMBRA

Linda Jacobson

Es una artista residente en Los Angeles y profesora en una delegación
de UCLA.

Una enorme y oscura figura aparece de pronto en mi idílico
jardín. Estoy aterrada. Me doy cuenta temblando de que estoy
a su disposición. Yo soy suya. Es mi padre, el hombre que me
violó repetidas veces cuando era una niña. Conteniendo a du-
ras penas las lágrimas dibujo una imagen de ese hombre lasci-
vo que está dispuesto a devorarme a menos que haga lo que desea. Entonces dibujo la sombra de esta figura que ha atormentado
y ha puesto una mortaja sobre toda mi vida.

Este es el resumen de la experiencia de N. R., una de mis
alumnas, durante un ejercicio de visualización guiada orientado a dibujar la sombra. El trabajo con la visualización pretende que las imágenes puedan emerger espontáneamente del
inconsciente, la fuente de tanto arte.

Las imágenes que se «ven» mediante las técnicas jun-
guianas de imaginación activa pueden servirnos para acceder
a aquellos aspectos de nosotros mismos que permanecen alejados de nuestra conciencia vigílica. Estas imágenes representan a personajes imaginarios, a facetas oníricas o a personas de nuestra vida cotidiana que simbolizan aquellas partes

de nosotros mismos que nos resultan más inquietantes y menos atractivas. Con mucha frecuencia suele tratarse de aspectos completamente opuestos a la imagen que tenemos de nosotros mismos. No se trata de facetas exclusivamente negativas sino que representan aquellas cualidades que nos hemos visto obligados a reprimir.

El dibujo facilita la toma de conciencia de nuestros aspectos más enajenados al permitirnos verlos en el marco seguro y objetivo de un pedazo de papel. Cuando podamos reconocer estas cualidades oscuras también podremos integrar otras facetas más positivas –tales como el poder, la sexualidad, la asertividad y la ternura, por ejemplo– y de ese modo expandir nuestra identidad.

Antes de llevar a cabo esta visualización conviene crear un entorno acogedor mediante el uso ritual de velas, flores o música, por ejemplo. Entonces cerremos los ojos, prestemos atención a la respiración y digámonos:

Estás en un hermoso jardín, un paraje que ya conocías anteriormente o un lugar completamente desconocido. Mientras caminas sientes la textura del camino de piedra bajos tus pies. Adviertes el fascinante color de las flores y las plantas, la claridad azul del cielo, la suavidad de las nubes blancas y la brisa del aire en tu rostro. ¿Hace frío o calor? Toma nota de todos los detalles sensoriales.

Siente entonces que estás en un lugar sagrado, un lugar seguro u poderoso. Siente también que estás lleno de una radiante luz, que eres un ser humano pleno.

A continuación ves a la única persona que no desearías ver. (Pausa) Ese individuo te saca de tus casillas y te molesta terriblemente sin que sepas siquiera por qué. En muchos sentidos se trata de alguien completamente opuesto a tí ¿Se trata de de alguien a quién conoces o es acaso una mezcla de diferentes personajes? ¿Qué aspecto tiene? ¿Qué colores y estados de ánimo rodean su presencia? ¿Sientes enfado, temor, pavor, odio, respeto, amor o fastidio?

¿Qué es lo que tanto te desagrada? ¿Cuál es el sonido de su voz? ¿Qué es lo que dice? ¿Es exigente, egoísta, cruel, tímido, provocativo o arrogante?

Tómate tiempo para llegar a sentir plenamente esta figura

oscura. Deja que sus sentimientos penetren profundamente en todas las células de tu cuerpo hasta que su ser te resulte evidente. (Pausa).

Entonces, con los ojos cerrados, comienza a bosquejar tus sensaciones. Luego abre lentamente los ojos y sigue dibujando durante unos quince minutos.

Tras esta visualización guiada puedes tratar de dar forma a la experiencia utilizando materiales fáciles como ceras u óleo. Sé espontáneo y permite que las imágenes vayan surgiendo ante tu visión interna sin criticarlas. Trata de permanecer en contacto con la sensación sin prestar atención a los aspectos formales, sin juzgar la calidad del dibujo sino guiándote exclusivamente por la expresión emocional.

No importa que el dibujo sea abstracto o representativo, no importa que comprendas o no el significado de la imagen, lo único que importa es que la imagen se adecue a tu sensación. El simple hecho de dibujar es curativo porque careces de una imagen consciente de tu sombra para trabajar con ella.

Si aparece una imagen espantosa, tal como la víctima de un abuso o un tirano enojado, por ejemplo, sigue dibujando. El dolor puede incentivar nuestra energía creativa y ofrecernos una gran oportunidad de renovación.

A partir de este dibujo original puedes desarrollar también una serie de imágenes de la sombra. La imagen y los colores pueden cambiar y asumir muchas formas reflejando, de este modo, el proceso curativo.

N. R., como muchos de mis discípulos descubrió que el hecho de afrontar el aspecto paterno de su sombra y su dañado niño interno favorece la comprensión creciente de nuestra propia fortaleza y el logro de una mayor confianza en nosotros mismos. Veamos ahora otros ejercicios para trabajar con la sombra:

• Haga un dibujo que integre la sombra con el resto de su persona.

• Dialogue por escrito con su sombra tratando de descubrir cuáles son sus necesidades.

• Dibújese a usted mismo desde el punto de vista de la sombra.

De este modo es posible que usted también llegue a descubrir que el hecho de dibujar la sombra puede convertirse en una fecunda experiencia creativa.

47. ESCRIBIENDO SOBRE EL OTRO

Deena Metzger

Psicoterapeuta, profesora, poeta y novelista. Vive en Los Angeles y es autora de *Tree; The Woman Who Slept with Men to Take the War Out of Them*; *What Deena Thought* y *Looking for Faces of God*.

La sombra –ese elusivo fantasma del que no podemos escapar y con el que resulta difícil establecer contacto– es nuestra propia imagen oscura. Por consiguiente, para conectar con la sombra debemos estar dispuestos a entrar en su morada –la oscuridad– a convivir con lo desconocido y a sentir que *somos* la misma oscuridad. Dirigirnos hacia la sombra nos enfrenta al miedo a ser devorados por ella pero de no hacerlo así corremos el riesgo de que termine abatiéndose violenta y furtivamente sobre nosotros.

¿Pero cómo conectar con la sombra? Para ello debemos reconocer que hay ciertas facetas que normalmente consideramos extrañas y ajenas –aspectos que solemos aborrecer, desdeñar o rechazar en nosotros mismos– y aceptar que por más abominables que puedan parecernos forman parte de nosotros mismos. El hecho de que existan partes de nuestro Yo que son extraños y al mismo tiempo próximos a nosotros mismos es uno de los principales misterios del psiquismo. Su reconocimiento y aceptación, sin embargo, constituye una especie de declaración de paz que anima a la sombra a emerger.

Todos somos conscientes de que la sombra se extiende a medida que cae el día y de que la noche es su morada. En el acto de escribir existe también una situación parecida a ésta, el momento en el que la luz meridiana de la razón se atenúa. En esas circunstancias –al desaparecer la luz que podría aniquilarla y de la cual, por consiguiente, escapa es muy probable que la sombra responda a nuestra invocación y termine por hacer acto de presencia.

Con estas ideas en la mente he elaborado una serie de preguntas y ejercicios imaginarios que pretenden evidenciar la sombra a través de la escritura y el desarrollo de personajes e historias. Se trata de un conjunto de cuestiones tan arriesgadas para el Yo como para la sombra y que, por ello mismo, favorece la manifestación de la sombra.

Las primeras preguntas aspiran a definir el territorio en el que reside la sombra, un territorio en el que reconocemos que la sombra es un continuo de nosotros mismos en el que nos convertimos cuando vamos al otro lado. La sombra, por así decirlo, es nuestro rostro oscuro.

¿Cuáles son las cualidades o los atributos de aquellas personas a quienes encuentra más distintas a sí mismo? Recuerde una época en la que haya sentido odio. ¿Esa persona a quien aborrecía también le odiaba? ¿Cuáles son sus prejuicios más incorregibles? ¿Con qué grupo de personas se siente menos afín? ¿Quiénes son las personas que no quisiera imaginarse ser porque le repugnan, le ofenden, le aterran, le encolerizan o que considera indignas de usted o grotescas? ¿En qué circunstancias se sentiría tan humillado como para no seguir viviendo? ¿Cuál es el miedo que le resulta más intolerable?

Cuando analice sus respuestas observará que algunas de sus aversiones están basadas en principios morales o éticos mientras que otras, en cambio, estarán cargadas de desprecio, repugnancia y náusea. Estas últimas están asentadas en el reino de la sombra. Con esas cualidades podrá crear un personaje, alguien con un nombre, una personalidad y una historia. Establezca un diálogo íntimo y sincero con esa persona hasta que lo sepa todo sobre ella –dónde vive, cómo es su casa, qué desayuna, qué piensa, qué teme, qué desea, qué sueña, por ejemplo. Sea lo más sincero y abierto que la sombra le permita.

Hay otro camino para descubrir a este personaje interno: Imagine que su vida está amenazada y que para escapar del peligro debe crear otra identidad, una apariencia falsa.

Esta fachada debe ser perfecta, una identidad tan parecida a sí mismo y, sin embargo, tan diferente, que le permita estar completamente disfrazado mientras da vida a ese personaje. Ese personaje tendrá cualidades completamente ajenas aunque confortables y familiares. ¿En quién se convertiría si tuviera que disfrazarse para salvar su vida? Imagínese invisible y escoltando a ese personaje día tras día, observándole en su soledad y en su relación con los demás. ¿Qué es lo que piensa cuando sigue sin dormir a las tres de la madrugada? ¿Qué secretos y pesares le afligen? ¿Cuál es la parte esencial de su Yo que se oculta tras ese personaje?

No le quepa duda de que si es escrupuloso y amable la sombra aparecerá. Por consiguiente, pregunte, observe, interésese y acepte todo lo que vea y llegue a conocer. Sea cuidadoso y trate de que sus juicios, sesgos y temores no terminen contaminando o destruyendo sus descubrimientos.

Cuando crea que sabe tanto –o más– de la sombra como de usted mismo imagine que este personaje es un hermano suyo, alguien nacido del mismo padre y madre. Describa sus relaciones con él. «Recuerde» cómo fue su infancia, describa algún momento en el que haya sentido una gran afinidad con él. ¿Cuándo comenzaron a separarse sus vidas? Elabore una historia que exprese el momento en que se distanciaron. Imagine a su padre y a su madre evocando el pasado de sus dos hijos y hablando de sus similitudes y de sus diferencias.

Finalmente permita que ese hermano/otro/enemigo/fachada le observe. Deje que ese personaje hable con su propia voz de usted mismo. ¿Cuál es su aspecto desde esta perspectiva? Dialogue con ese personaje. ¿Qué es lo que quiere saber?

En la medida en que este familiar, este otro, esta sombra penetre en su vida, en su familia, por decirlo así, permita que su imaginación y su vida real se fundan. Tenga cuidado de la necesidad de ser literal porque esto siempre oculta el conocimiento profundo. Por otra parte, no permita que la imaginación le distraiga o le distancie de la forma en que la sombra es, de hecho, su familia, su otro, su Yo.

Este Yo oscuro no está, en modo alguno, separado de nosotros, ni siquiera como lo está un hermano. Esta es la sombra que proyectamos, la única que permanece siempre con nosotros. Observe la imagen de esa persona, reflexione en su vida tanto desde fuera como desde dentro. Entre en esta ironía: la única persona con quien hemos creado una isla común de comprensión mutua es absolutamente otra o, lo que es lo mismo, la única persona absolutamente ajena es aquélla a quien podemos comprender perfectamente. Imagínese a sí mismo viviendo su vida.

Imagine, por último, la muerte de su sombra. ¿Conociendo ya como ha sido su vida, como supone que morirá?

La sombra, por supuesto, nunca muere, la sombra siempre nos acompaña. Pero nuestra forma de relacionarnos con ella y viceversa depende de nuestro conocimiento. Este conocimiento implica la inevitable pérdida de una inocencia que jamás recuperaremos y la comprensión de la complejidad de nuestra naturaleza. Este conocimiento es el que puede despertar la amabilidad y la tolerancia por los demás e incluso, en ocasiones, por nosotros mismos.

A fin de cuentas, lo que permanece con nosotros es aquello que sólo podemos conocer cuando estamos solos, desnudos, y la luz está en nuestro interior.

* * *

Entro en el bosque y me asiento en el silencio.
En torno a mí las inquietudes se sosiegan

como las ondas sobre la superficie del lago,
y las preocupaciones se aquietan
como el ganado que pace tranquilo.

Entonces aparece aquéllo que me teme
y permanece un instante ante mis ojos
para desaparecer un momento después
llevándose consigo sus temores.
Canta y escucho su canción

Luego surge aquéllo a lo que temo
y perdura un instante ante mis ojos
para desaparecer un momento después
llevándose consigo mis temores.
Canta y escucho su canción.

WENDELL BERRY

EPÍLOGO

Jeremiah Abrams

Si el loco persistiera en su locura
se tornaría sabio.

WILLIAM BLAKE

Soy autodidacta por naturaleza y, por consiguiente, me agrada aprender de la experiencia. Cuando presto atención a un determinado tema suelen ocurrir todo tipo de sincronicidades relacionadas significativamente –aunque no de un modo causal– con mis experiencias externas o con las experiencias de mis conocidos, lo cual me proporciona un feedback que no sólo me hace sentir renovado y confortado sino que también me confirma lo que es real y verdadero.

Durante la época de mi formación como terapeuta tuve, en numerosas ocasiones, la experiencia de que, cuando algo llamaba mi atención, ese mismo tema reaparecía en mi consulta el mismo día. Esto me desconcertaba tanto que lo descartaba como un simple producto de la percepción selectiva (el fenómeno por medio del cual el carterista que pasea por la calle no ve más que bolsillos). No obstante, la persistencia reiterada de estos incidentes a lo largo del tiempo terminó convirtiéndose para mí en una innegable evidencia.

Hoy mismo, por ejemplo, mientras estoy escribiendo este epílogo, he recibido la llamada de una joven preocupada por un sueño que tuvo la noche anterior. En mi trabajo analizo sueños de modo que he permanecido durante un rato al teléfono tratando de analizar su sueño cuyo fragmento más significativo paso a relatar a continuación: Mi paciente soñó que estaba trabajando agachada cuando sintió un fuerte dolor en la mitad de su espalda. Entonces se puso en pie y descubrió a una mujer de pelo negro arrojándole dardos.

Esa mujer era su sombra, representada por una persona del mismo sexo con el pelo de otro color (la soñante es pelirroja) ubicada a sus espaldas –como el inconsciente (lo que se halla detrás de nosotros, detrás de nuestra visión consciente)– aguijoneándola con los dolorosos dardos de la conciencia.

¡Entonces comprendí! La atención puede traer a la sombra a nuestra esfera inmediata. Cuando prestamos atención a nuestros aspectos alienados éstos cobran vida y terminan respondiendo.

Durante el proceso de elaboración de *Encuentros con la Sombra* este diálogo con los aspectos inconscientes se ha convertido para mí en una dimensión plenamente manifiesta. Este proceso ha terminado corroborando gran parte de mis experiencias y observaciones personales sobre la sombra y, lo que es más importante todavía, me ha obligado a trabajar con mi propia sombra. Durante más de un año he escrutado el rostro oculto de las cosas y he dado vueltas a estas ideas hasta que se han terminado convirtiendo en algo indiscutible. Mis sueños se han visto salpicados por la sombra, he tenido extraños encuentros con hombres misteriosos, he luchado en las tinieblas y he realizado asombrosos descubrimientos con compañeros inverosímiles. Ahora conozco personalmente los efectos de la sombra, reconozco más fácilmente las imperfecciones de mi propia alma y dedico cada vez menos energía a mis aspiraciones y actitudes anteriores.

Junto a nuestras más creativas aptitudes se ocultan también nuestras potencialidades más destructivas. Nada cambiará en nosotros mientras no reconozcamos que nuestro enemigo más siniestro se agazapa en el interior de nuestro

435

psiquismo. Este reconocimiento constituye así un acto de contricción que jalona el inicio del cambio psicológico. El trabajo con la sombra constituye la condición indispensable del camino de la integración psicológica.

Pero, por mucho que hablemos de totalidad, nadie puede abrazar a la totalidad, al menos de un modo consciente. Nuestro conocimiento es esencialmente fragmentario y no resulta posible ser conscientes de todo en todo momento.

Cualquier intento de conocer completamente a la sombra es tan infructuoso como pretender comprender plenamente los misterios de la creación ya que nuestro conocimiento siempre será limitado. Sólo podemos servir al principio de la realidad, aspirar a una vida auténtica y seguir buscando conscientemente los niveles más profundos de la verdad, recuperando a nuestro tramposo -a nuestro loco- recuperando lo que ha sido reprimido o negado y, de ese modo, descubrir su sentido personal. Así pues, sólo estaremos en condiciones de encontrar la sabiduría cuando estemos dispuestos a aceptar nuestra locura.

El humor facilita enormemente el trabajo de aceptación de la sombra. Cualquier cómico sabe intuitivamente que el humor constituye una manera inofensiva de liberar los confusos y peligrosos contenidos de la sombra. El humor puede conmover nuestros temores y emociones reprimidas y liberarnos del embarazo y vergüenza que sentimos por nuestras debilidades. El humor puede mostrarnos la faceta más vulnerable de las cosas y evidenciarnos lo que no estamos dispuestos a admitir. Es muy probable que quien carezca de sentido del humor se halle muy desconectado de su sombra y sienta la imperiosa necesidad de seguir manteniendo la fachada de las apariencias. La risa nos permite liberar la energía atrapada en la oscuridad de la sombra. Como dice la canción country, «si no pudiéramos reir terminaríamos enfermando».

Cuando puedo reirme con lo demás -incluso de las cosas más serias e importantes- mi trabajo resulta más placentero y eficaz. En las fronteras de lo inapropiado se halla un territorio en el que merece la pena arriesgarse porque es ahí, en las fronteras de la conciencia, donde podemos descubrir la «Gran Vía» del Zen, el camino en el que el signifidado profundo de las cosas se mantiene a salvo de la tendencia de nuestra mente consciente a establecer todo tipo de demarcaciones. «Separar lo que te gusta de lo que te desagrada –dijo el tercer Patriarca Sengstan– es la enfermedad de la mente.»

En mi opinión, por tanto, la selección de ensayos e ideas que acabamos de presentar en este libro constituye una estimulante invitación al conocimiento creciente de nuestra ubicua sombra. Para ello bastará con que el lector lea unas pocas páginas y observe luego, a la luz de lo leído, su propia vida. A fin de cuentas, todo el mundo puede sacar provecho del trabajo con la sombra.

El trabajo con la sombra es una buena medicina que nos encamina hacia la *búsqueda de una vida auténtica*, lo que algunos llamarían llevar una existencia íntegra. Para ello deberemos enfrentarnos a nuestro personalidad hipócrita (nuestra sombra) para poder decir –cuando nos hallemos postrados en nuestro lecho de muerte próximos al encuentro con el Hacedor– que hicimos cuanto pudimos de la mejor manera posible. Como dijo Gandhi: «El único diablo que existe en el mundo mora en nuestro propio corazón. Es ahí, a fin de cuentas, donde debemos librar nuestra más decisiva batalla».

Mientras no tomemos conciencia de la enorme influencia de la sombra en nuestras decisiones conscientes permaneceremos sujetos a su influjo. Sólo entonces podremos tomar decisiones claras y conscientes y liberarnos definitivamente del remordimiento, sólo entonces podremos *elegir* ser personas respetables y decidir comportarnos como alguien con quien se puede contar.

El trabajo con la sombra nos ofrece la extraordinaria oportunidad de disipar la tensión existente entre nuestra sombra y nuestro ego y, en ese sentido, de ser plenamente conscientes de nuestras decisiones. Si podemos elegir lo que hacemos en el mundo también podremos asumir la responsabilidad del mundo que creamos.

* * *

Entrar en la oscuridad con una luz
sólo nos permite conocer la luz.
Para conocer la oscuridad
hay que ir a oscuras.
Ve sin ver y descubre que la oscuridad
también florece y canta,
y puede ser hollada
por pies oscuros y por oscuras alas.

WENDELL BERRY

NOTAS

10. Downing: La sombra compartida por los hermanos

1. C. G. Jung, "Symbols of the Mother and Rebirth", *Collected Works*, vol. 5, p. 259 (Nueva York: Pantheon, 1959); C. G. Jung, *Two Essays on Analytical Psychology, C. W.* vol. 7, pp. 38, 75.
2. C. G. Jung, "Concerning Rebirth", *Collected Works*, vol. 9, 1, p. 131.
3. Otto Rank, *The Double* (Chapell Hill: University of North Carolina Press, 1971); *Beyond Psychology* (Nueva York: Dover, 1941).

12. Conger: El cuerpo como sombra

1. C. G. Jung, *Symbols of Transformation: An Analysis of the Prelude to a Case of Schizophrenia*, 2ª ed., traducción al inglés de R. F. C. Hull, Bollingen Series XX, vol. 5 (Princeton, N. J.: Princeton University Press, 1956), p. 71.
2. C. G. Jung, *Analytical Psychology: Its Theory and Practice*, (Nueva York: Vintage, 1968), p. 23; (las cursivas son mías.)
3. Wilhelm Reich, *The Function of the Orgasm*, traducido al inglés por Theodore P. Wolfe (Nueva York: Meridian, 1970). [Publicado en castellano con el título *La función del orgasmo*, Buenoa Aires: Editorial Paidós.]
4. Wilhelm Reich, *Ether, God and Devil*, traducido al inglés por Mary Boyd Higgins y Therese Pol (Nueva York: Farrar, Straus & Giroux, 1970), p. 91.
5. C. G. Jung, *The Estructure and Dynamics of the Psyche*, 2ª ed., traducido al inglés por R. F. C. Hull, Bollingen Series XX, vol. 8, (Princeton, N.J.: Princeton University Press: 1969), p. 215.

6. C. G. Jung, *The Archetypes and the Collective Unconscious*, traducido al inglés por R. F. C. Hull, ed. por Sir Herbert Read, Michael Fordham y Gerhard Adler, Bollingen Series XX, vol 9 (Princeton, N. J.: Princeton University Press, 1980), p. 284.

7. Wilhelm Reich, *The Mass Psychology of Fascism*, trad., Vincent R. Carfagno, (Nueva York: Farrar, Straus & Giroux, 1970), p. 11. [Publicado en castellano con el título *Fascismo y Psicología de masas*, Ciudad de México: Editorial Siglo XXI.]

8. Véase el relato de Hans Chistian Andersen "La sombra", en *Eighty Fairytales* (Nueva York: Pantheon Press, 1982), p. 193. Véase también Otto Rank, *The Double: A Psychoanalytic Study*, traducido y editado por Harry Tucker, Jr. (Nueva York: Meridian, 1971), pp. 10-11.

9. Reich, *The Mass Psychology of Fascism*, p. xi.

10. C. G. Jung, *Two Essays on Analytical Psychology*, 2ª ed., traducido al inglés por R. F. C. Hull, Bollingen Series XX, vol. 7 (Princeton, N J.: Princeton University Press, 1972), p. 192.

11. Reich, *The Mass Psychology of Fascism*, p. 11.

19. Glendinning: Cuando la tecnología daña

1. Lewis Mumford, *My Works and Days: A personal Chronicle* (New York: Harcourt Brace Jovanovich, 1979), p. 14.

2. Paul Brodeur, *Outrageous Misconduct: The Asbestos Industry on Trial* (Nueva York; Pantheon, 1985), p. 14.

22. Nichols: El diablo en el Tarot

1. Alan McGlashan, *The Savage and Beautiful Country* (Londres: Chatto & Windus, Ltd., 1967).

2. C. G. Jung, *Psychologycal Reflections*, ed. por Jolande Jacobi (Princeton: N. J.: Princeton University Press, 1970).

3. Ibid.

24: Jung: El problema del mal en la actualidad

1. C. G. Jung, *Aion, Collected Works*, trad. R. F. C. Hull, Bollingen Series XX, vol. 9, ii, (Princeton N. J.: Princeton University Press, 1980), pp. 82 y siguientes.

26. Peck: La curación del mal humano

1. Aunque frecuentemente haya sido objeto de todo tipo de interpretaciones incorrectas y exageradas, la concepción de la naturaleza dual del pecado quizás constituya una de las contribuciones más interesantes de la doctrina cristiana. En este sentido, subraya la naturaleza intrínsecamente pecadora del ser humano, según la cual todo verdadero cristiano debe considerarse a sí mismo como un pecador. Desde este punto de vista, el hecho de que muchos «cristianos» nominales no se consideren pecadores no supone, en ningún caso, una deficiencia doctrinal sino, por el contrario, constituye un fracaso del individuo que es incapaz de vivenciarlo de este modo (Más adelante insistiremos sobre el tema del mal en el cristianismo.) Por otra parte, la doctrina cristiana enfatiza también que todos nuestros pecados están perdonados si nos arrepentimos de ellos. Si comprendiéramos plenamente la magnitud de nuestra maldad y no confiáramos, al mismo tiempo, en la naturaleza compasiva y misericordiosa del Dios cristiano, la desesperación nos abrumaría. Así pues, la Iglesia, cuando se muestra más racional, insiste también en el hecho de que reparar de continuo en todos y cada uno de nuestros pecados más triviales (una actitud conocida con el nombre de «exceso de celo») puede constituir un pecado en sí mismo. Puesto que Dios siempre perdona nuestros pecados, el hecho de que nosotros no nos los perdonemos implica una forma pervertida de orgullo que se asienta, de algún modo, en la creencia de que somos superiores a Dios.

2. Gerald Vann, *The Pain of Christ and the Sorrow of God*, (Springfield, Ill.: Temple Gate Publishers. Copyright by Aquin Press, 1947), pp. 54-55.

3. En su último libro, titulado *Scape from Evil* (McMillan, 1965), Ernest Becker destacó el papel fundamental que desempeña el fenómeno del chivo expiatorio en la génesis de la maldad del ser humano. Según Becker, la única causa del fenómeno del chivo expiatorio descansa en el temor a la muerte. En mi opinión, sin embargo, esa causa hay que buscarla, más bien, en el miedo a la autocrítica. Desde este punto de vista, el miedo a la muerte es equiparable al miedo a la autocrítica ya que ésta exige una transformación profunda de nuestra personalidad. En la medida en que critico una parte de mí mismo me encuentro en la obligación moral de cambiarla. No obstante, el proceso de cambio es tan doloroso que bien podríamos compararlo con una especie de muerte de nuestras pautas de conducta obsoletas. Así pues, la maldad se aferra pato-

lógicamente al *status quo* de la vieja personalidad narcisista que se considera a sí misma perfecta. Hay que añadir también que, desde el punto de vista de nuestros yoes más queridos, el cambio más prequeño es equiparable a la aniquilación total. En este sentido, para una persona «malvada», el temor a la autocrítica es perfectamente equiparable con el miedo a la extinción total.

4. Buber, *God and Evil*, p. 111. Si tenemos en cuenta que uno de las causas fundamentales del mal descansa en la mentira, el seno de la Iglesia constituye uno de los lugares en donde más personas malvadas podemos encontrar. ¿Qué mejor modo, si no, de ocultar nuestra maldad ante nosotros mismos y ante los demás que el de asumir el papel de sacerdote o cualquier otro cargo representativo de la jerarquía eclesiástica? Supongo que en India, por ejemplo, las personas malvadas manifiestan la misma tendencia a convertirse en «buenos» hindúes o en «buenos» musulmanes. Con todo esto no estoy afirmando, sin embargo, que las filas de los creyentes se nutran exclusivamente de personas malvadas ni tampoco que las motivaciones religiosas sean completamente falsas sino que tan sólo pretendo llamar la atención sobre el hecho de que las personas malvadas se sienten atraídas hacia el moralismo por el disfraz y el anonimato que éste puede proporcionarles.

27. Diamond: Redimiendo nuestros diablos y nuestros demonios

1. Liliane Frey-Rohn, "Evil from the Psychologycal Point of View", en *Evil* (Evanston, Ill: Northwestern University Press, 1967), p. 167.

2. Ibid., p. 160.

3. Carl Jung, *Memories, Dreams and Reflections* (Nueva York: Pantheon Books, 1961), p. 153. [Hay traducción castellana: *Recuerdos, Sueños y Pensamientos*, Barcelona: Seix y Barral.]

4. Rollo May, "Reflections and Commentary", en Clement Reeves, *The Psychology of Rollo May: A Study in Existential Theory and Psychotherapy* (San Francisco: Josey-Bass, 1977), p. 304.

5. M Scott Peck, *People of the Lie: The Hope for Healing Human Evil* (Nueva York: Simon & Schuster, 1983), pp. 67, 78, 183. (Puede consultarse una crítica al libro de Peck en mi artículo, "The Psychology of Evil", publicado en *The San Francisco Jung Institute Library Journal 9*, nº 1 [1990], pp. 5-26).

6. Sigmund Freud, *Totem y tabú*, (Madrid: Alianza Editorial, 1972)

7. Ibid

8. C. G. Jung, "Psychologycal Types", en *The Collected Works of C. G. Jung*, vol. 6, (Princeton, N. J.: Princeton University Press, 1971), p. 109.

9. Rollo May, *Man's Search for Himself* (Nueva York: W. W. Norton, 1953), pp. 72-73

10. Jung, *Memories, Dreams and Reflections*, p. 347.

11. Rollo May, *Love and Will*, (Nueva York: W. W. Norton, 1969), p. 121.

12. Marie Louise von Franz, "Daimons and the Inner Companions", *Parabola 6*, nº 4 (1981); p. 36.

13. May, *Love and Will*, pp. 136-37.

14. Ibid., p. 129.

15. Ibid., p. 137.

16. Jung, *Memories, Dreams adn Reflections*, p. 387.

17. May, "Reflections and Comentary", p. 305.

18. James Hillman, *Healing Fiction* (Nueva York: Station Hill Press, 1983); p. 68.

19. Marie-Louise von Franz, "Daimons and the Inner Companions", p. 39.

28. Becker: La dinámica fundamental de la maldad en el ser humano

1. Wilhelm Reich, *Tha Mass Psychology of Fascism*, 1933 (Nueva York: Farrar, Straus, 1970), pp. 334 y siguientes.

2. Ibid., p. 339.

3. Erich Neumann, *Depth Psychology and a New Ethic*, (Londres: Hodder & Stoughton, 1969), p. 40.

4. Carl G. Jung, "After the Catastrophe", *Collected Works*, vol. 10 (Princeton, N.J.: Bollingen, 1970), p. 203

5. Ibid.

6. Neumann, *Depth Psycholgy*, p. 50.

7. Jung. "After the Catastrophe", p. 216.

29. Schmookler: La toma de conciencia de nuestra escisión interna

1. M. Scott Peck, *People of the Lie: The Hope for Healing Human Evil* (Nueva York: Simon & Schuster, 1983); p. 69.

2. M. Esther Handing, *The "I" and the "Not-I": An Study in the Development of Conciousness* (Princeton, N. J.: Princeton University Press, 1965); p. 91.

3. Citado en *Tarrytown Letter*, abril de 1983, p. 16.

4. Citado en Robert G. C. Waite, *The Psychopathyc God: Adolf Hitler* (Nueva York: Basic Books, 1977), p. xvii.

5. Ibid.

6. Véase Erik Erikson, *Gandhi's Truth: On the Origins of Militant Non-violence*, (Nueva York: W. W. Norton, 1969). Es interesante constatar la existencia de un fenómeno similar en la vida de Leon Tolstoy quien, a pesar de tratar de convertir a todo el mundo hacia el amor y la paz cristianos perfectos durante los últimos diez años de su vida, mostró, no obstante, un despotismo cruel hacia su esposa y su ama de llaves.

7. Erikson, *Gandhi*, p. 251.

8. George Orwell, *Collected Essays* (Londres: Heinemann, 1966); p. 456.

9. Erikson, *Gandhi*, p. 234.

10. Erich Neumann, *Depth Psychology and a New Ethic* (London: Hodder & Stoughton, 1969), p. 111.

11. Erikson, *Gandhi*, p. 433.

12. Citado por Peck, *Lie*, p. 11.

33. Lifton: El desdoblamiento y los médicos nazis

1. Paul W. Pruyser, "What Splits in Splitting?", *Bulletin of the Menninger Clinic*, 39. (1975); pp. 1-46.

2. Melanie Klein, "Notes on Some Schizoid Mechanisms", *International Journal of Psychoanalysis*, 27; (1946); pp. 99-100 y también Otto F. Kernberg, "The Syndrome", en *Borderline Conditions and Pathological Narcissism*, (Nueva York; Jason Aronson, 1973), pp. 3-47.

3. Henry V. Dicks, *Licensed Mass Murder: A Socio-Psychological Study of Some SS Killers*; (Nueva York: Basic Books, 1972).

4. Véase, por ejemplo, Erik H. Erikson, *Identity: Youth and Crisis* (Nueva York: W. W. Norton, 1968); Heinz Kohut, *The Restoration of the Self* (Nueva York: International University Press, 1977) [Hay traducción castellana con el título *La Restauración del Sí-mismo*, publicada por Editorial Paidós, Ciudad de México, 1990]; Henry Guntrip, *Psychoanalytic Theory, Therapy and the Self* (Nueva York: Basic Books, 1971); y Robert Jay Lifton, *The Broken*

Connection: On Death and the Continuity of Life, (Nueva York: Basic Books, 1983 [1979]).

5. William James, *The Varieties of Religious Experience: A Study in Human Nature*, (Nueva York: Collier, 1961 [1902]), p. 144. [Hay traducción catalana, con el título *Les Varietats de L'experiència Religiosa*, Clàssics del Pensament Modern. Edicions 62/Diputació de Barcelona, Barcelona:1985.]

6. Los dos principales estudios de Rank sobre este fenómeno son *The Double: A Psychoanalytic Study*, (Chapel Hill: University of North Carolina Press, 1971 [1925]); y "The Double as Inmortal Self", en *Beyond Psychology*, (Nueva York: Dover, 1958 [1941]), pp. 62-101.

7. Rank, *Double*, pp. 3-9; Rank, *Beyond Psychology*, pp. 67-69. Sobre el "El estudiante de Praga", véase Siegfried Kracauer, *From Caligari to Hitler: A Psychological History of the German Film*, (Princeton. N.J.: Princeton University Press, 1947), pp. 28-30. El primer estímulo de los estudios de Rank sobre el tema del doble procede de su visión de la película *El Estudiante de Praga* en una reposición efectuada a mediados de 1925. A partir de ese momento, siguió interesado en este tema durante toda su vida. Rank también advirtió las similitudes existentes entre el guión del autor, Hans Heinz Ewers, y el cuento de E.T.A. Hoffmann, "Story of the Lost Reflection". (Véase E.T.A. Hoffmann, "Story of the Lost Reflection", en J. M. Cohen, ed., *Eight Tales of Hoffmann*, (Londres, 1952).

8. Rank, *Beyond Psychology*, p. 98.

9. En sus primeros trabajos, Rank parece seguir a Freud al relacionar el mito con el concepto de «narcisismo», es decir, con la líbido dirigida hacia el propio ego. Sin embargo, da la impresión de que Rank no estuviera muy entusiasmado con ese punto de vista y de ahí que subrayara de continuo el tema de la muerte y de la inmortalidad subyacentes al narcisismo. En su formulación última, Rank llegó a la conclusión de que el tema de la muerte era un elemento fundamental en el mito de Narciso y se refirió en tono levemente despectivo «a ciertos psicólogos contemporáneos... [que] afirmaban haber hallado en este mito un símbolo del principio del amor hacía uno mismos». (Véase Rank, *Beyond Psychology*, pp. 97-101). En esa época Rank ya había roto con Freud y establecido firmemente su propio punto de vista.

10. Rank, *Double*, p. 76.

11. Ibid.

12. Rank, *Beyond Psychology*, p. 82.

13. Michael Franz Basch habla de la existencia de una interferencia con la «unión afectiva con un percepto sin que se produzca, no obstante, un bloqueo de la percepción consciente». Véase al respecto Michael Franz Basch, "The Perception of Reality and the Disavowal of Meaning", *Annual of Psychoanalysis*, vol. II, (Nueva York: International Universities Press, 1982), p. 147. En ese sentido, el rechazo guarda cierta semejanza con la insensibilidad psicológica, en cuanto que ésta altera la *valencia* –o carga emocional– del proceso de simbolización.

14. Ralph D. Allison, "When the Psychic Glue Dissolves". *HYPNOS-NYTT* (Diciembre de 1977).

15. Las dos primeras influencias son descritas por George R. Greaves en "Multiple Personality: 165 Years After Mary Reynolds", *Journal of Nervous and Mental Disease*, 168 (1977), pp. 577-96. Freud subraya la tercera en su obra *The Ego and the Id*, en la *Standard Edition of the Works of Sigmund Freud*, James Strachey, ed. (Londres: Hogarth Press, 1955 [1923]), vol. XIX, pp. 30-31.

16. Margaretta K. Bowers et al., "Theory of Multiple Personality", *International Journal of Clinical and Experimental Hypnosis*, 19 (1971); p. 60.

17. Véase Lifton, *Broken Connection*, pp. 407-9; y Charles H. King, "The Ego and the Integration of Violence in Homicidal Youth", *American Journal of Orthopsychiatry*, 45 (1975); p. 142.

18. En el contexto de las subculturas mencionadas, Robert W. Rieber utiliza el término «pseudopsicopatía» para referirse a lo que denomina un «comportamiento criminal selectivo». Véase también Robert W. Rieber, "The Psychopathy of Everyday Life" (Manuscrito inédito).

19. James S. Grotstein habla del desarrollo de un «ser separado que vive dentro de cada uno de nosotros, una entidad que se ha separado de manera preconsciente y que tiene una existencia independiente, una motivación independiente, unos objetivos independientes, etcétera» y en el que puede originarse «el mal, el sadismo, la destructividad» e, incluso, «la posesión demoníaca». Siguiendo a Colin Wilson, Grotstein denomina «mente parásita» a aquellos aspectos y atributos del yo que han sido reprimidos y enajenados artificialmente en la más temprana infancia. (Véase James S. Grotstein, "The Soul in Torment: An Older and Newer View of Psychopathology", *Bulletin of the National Council of Catholic Psychologists*, 25 (1979), pp. 36-52.

36. Campbell: El vientre de la ballena

1. Longfellow, *The Song of Hiawatha*, VIII. Las aventuras que Longfellow atribuye a Hiawatha (personaje histórico que vivió en el siglo XVI y fue jefe de los iroqueses) pertenecen, en realidad, a Manabozho, héroe de la cultura de los algonquinos.

2. Leo Frobenius, *Das Zeitalter des Sonnengottes*, (Berlín, 1904), p. 85.

3. Henri Callaway, *Nurse Tales and Traditions of the Zulus*, (Londres, 1868), p. 331.

4. Ananda Coomaraswamy, "Akimcanna: Self-Naughting", en *New Indian Antiquary*, vol. 3, (Bombay, 1940), p. 6, nota 14, citando y discutiendo la *Summa Theologica*, de Santo Tomás de Aquino, I, 63, 3.

5. El sarcófago y la canasta constituyen una imagen alternativa al vientre de la ballena. Compárese con el episodio de la cesta de mimbre de la vida de Moisés.

6. Sir James G. Frazer, *The Golden Boudh* (edición en uun volumen, pp. 347-49. Utilizado por gentileza de The Macmillan Company. Copyright 1922 by The Macmillan Company.

7. Duarte Barbosa, *A Description of the Coasts of East Africa and Malabar in the Beginning of the Sixteenth Century*, (Londres: Hakluyt Society, 1866), p. 172, citado por Frazer, op. cit. pp. 274-5. Reimpreso por gentileza de The Macmillan Company, eds. Se trata del mismo sacrificio que intentó evitar el rey Minos cuando ocultó el toro de Poseidón. Como demuestra Frazer, el regicidio ritual fue una tradición muy difundida en todo el mundo antiguo. «En el sur de India –escribe– el reinado y la vida del rey finalizaban cuando el planeta Júpiter completaba su giro alrededor del Sol. En Grecia, por su parte, el rey perdía su situación privilegiada cuando completaba un ciclo de ocho años... Es por ello que bien podemos suponer, sin temor a pecar de imprudentes, que el tributo de siete jovenes y siete doncellas que cada ocho años los atenienses estaban obligados a enviar al rey Minos estaba relacionado con la renovación del poder real durante un nuevo ciclo de ocho años» (ibid). De este modo, el sacrificio requerido por el rey Minos parece implicar que la autoinmolación del rey tras un período de reinado de ocho años exigida por la tradición parece haber sido sustituida por el sacrificio de siete muchachos y siete doncellas atenienses. Quizás fue así como el rey Minos terminó convirtiéndose en el monstruo conocido posteriormente por el nombre de Minotauro, el rey autoaniquilado, el tirano Holdfast, el estado hiérático donde cada

ser humano tiene un papel asignado, el imperio mercantilista en el que nadie es dueño de sí mismo. Estas prácticas sustitutorias parecen haber sido comunes en el mundo antiguo hasta el final del gran período de los antiguos estados hiératicos –segundo y tercer milenio a. d. J.C.

37. Toub: La utilidad de lo inútil

1. Chuang Tzu, *Chuang Tse*, editado por G.F. Feng y J.English (Nueva York: Vintage Books, 1974), pp. 80-82.
2. Chuang Tzu, *Chuang Tzu*, traducido por H. Giles (londres: Unwin Paperbacks, 1980), p. 164.
3. H. Smith, *The Religions of Man*, (Nueva York: Harper & Row, 1958), p. 212.
4. C. G. Jung, *Two Essays on Analytical Psychology*, (Princeton, N. J.: Princeton University Press, 1966), par. 68.
5. A. Mindell, "Somatic Consciousness", *Quadrant*, 14 (I/1981), pp. 71-73.
6. J. Jacobi, *The Way of Individuation*, (Nueva York: Harcourt, Brace & World, 1967), p. 82.
7. Lao Tsu, *Tao Te Ching*, editado por G. F. Feng & J. English (Nueva York: Vintage Books, 1972), Cap. 41.
8. Chuang Tzu, *Chuang Tzu*, traducido por H. Giles (Londres: Unwin Paperbacks, 1980), pp. 263-264.

40. Frey-Rohn: Cómo aprender a relacionarnos con el mal

1. Sigmund Freud, *The Future of an Illusion*, trad., W. D. Robson-Scott, International Psycho-Analytical Library, vol. 15, (Londres: The Hogarth Press, Ltd., 1949), p. 86.
2. Friedrich Nietzsche, *The Case of Wagner,* en *Select Aforism in Works*, vol. VIII, p. 59.
3. William James, p. 176.
4. Ibid., p. 488, nota. «En la búsqueda religiosa de las personas [dos veces nacidas] el mal no se evita sino que simplemente se suprime.»
5. E.T.A. Hoffman (Amadeus), *The Devil's Elixir*, traducción anónima, (Edimburgo, 1824).
6. Code Bezae ad Luc. 6.4.
7. C. G. Jung, *Mysterium Coniunctionis*, Collected Works, tra-

ducido al inglés por R. F. C. Hull, Bollingen Series, XX, vol, 14, (Princeton, N.J.: Princeton University Press, 1963), p. 428.

41. Wilber: Asumir la responsabilidad de nuestra propia sombra

1. C. G. Jung, *Modern Man in Search of a Soul*, (Londres: Harcourt Brace Jovanovich, 1955), pp. 271-2.

BIBLIOGRAFÍA

A continuación reseñamos las fuentes bibliográficas de esta colección y otros títulos relevantes al respecto.

Andersen, Hans Christian. "The Shadow". *Eighty Fairy Tales*. Nueva York: Pantheon Books, 1976.

Babbs, John. "New Age Fundamentalism". *Critique*, Primavera de 1990.

- "You Are So Wonderful» *Critique*, Primavera de 1990.

Bach, George R., y Herb Goldberg. *Creative Aggresion*. Nueva York: Doubleday, 1974.

Bauer, Jan. *Alcoholism and Women*. Toronto: Inner City Books, 1982.

Becker, Ernest. *The Denial of Death*. Nueva York: Free Press, 1973.

- *Escape from Evil*. Nueva York: Free Press, 1975.

Bernstein, Jerome S. *Power and Politics: The Psychology of Soviet-American Partnership*. Boston: Shamhala (para la C. G. Jung Foundation, New York), 1989.

Berry, Patricia. *Echo's Subtle Body*. Dallas: Spring Publications, 1982.

Berry, Wendell. *Sabbaths*. San Francisco: North Point Press, 1987.

Berzin, Alexander (trad.) *The Mahamudra of the Ninth Karmapa, Wang-Ch'ug Dor-je: Eliminating the Darkness of Ignorance*. Dharamsala, India: Library of Tibetan Works and Archives, 1978.

Birkhauser-Oeri, Sibylle. *The Mother: Archetypal Image in Fairy Tales*. Toronto: Inner City Books, 1988.

Bishop, Peter. "The Shadows of the Wholistic Earth". *Spring*, 1986

Bleakley, Alan. *Fruits of the Moon Tree*. Londres. Gateway Books, 1984.

- *Earth's Embrace: Facing the Shadow of the New Age*. Bath, Inglaterra: Gateway Books, 1989.
Bly, Robert. *A Little Book on the Human Shadow*. Nueva York: Harper & Row, 1988.
Boer, Charles. "In the Shadow of the Goods: Greek Tragedy". *Spring*, 1982.
Bolen, Jean Shinoda. *Gods in Everyman*. Nueva York: Harper & Row, 1989.
Borysenko, Joan. *Guilt Is the Teacher, Love Is the Lesson*, Nueva York: Warner Books, 1990.
Bradshaw, John. *Healing the Shame That Binds You*. Deerfield Beach, Fla.: Health Communications, 1988.
Branden Nathaniel. *The Disowned Self*. Nueva York: Bantam Books, 1978.
Brewi, Janice, y Anne Brennan. *Celebrate Mid-Life: Junguian Archetypes and Mid-Life Spirituality*. Nueva York: Crossroad, 1989.
Buber, Martin. *The Writings of Martin Buber*. Nueva York: Meridian Books, 1956.
- *Good and Evil*. Magnolia, Mass.: Peter Smith, 1984.
Bulfinch Thomas. *Myths of Greece and Rome*. Nueva York: Penguin, 1981.
Butler, Katy. "Encountering the Shadow in Buddhist America". *Common Boundary*, Mayo-junio de 1990.
Campbell, Joseph. *The Hero with a Thousand Faces*. Princeton. N.J.: Princeton University Press, Bollingen Series, 1973. [Hay traducción castellana con el título *El Héroe de las Mil Caras. Psicoanálisis del Mito*, publicado por el Fondo de Cultura Económica, Ciudad de México, 1959.]
Castellanos, Rosario. *The Selected Poems of Rosario Castellanos*, St. Paul, Minn.: Graywolf Press, 1988.
Chuang Tsu. *Chuang Tse*. (G. F. Feg y J. English, ed.). Nueva York: Vintage Books, 1974.
- *Chuang Tzu*. (H. Giles, trad.). Londres: Unwin Paperbacks, 1980.
Chernin, Kim. *The Hungry Self*. Nueva York: Random House, 1985.
Conger, John P. *Jung and Reich. The Body as Shadow*. Berkeley, Calif.: North Atlantic Books, 1985.
D'Aulaire, Ingri y Edgard. *Book of Greek Myths*. Garden City. Nueva York: Doubleday, 1962.
Diamond, Stephen A. "The Psychology of Evil". *San Francisco Jung Institute Library Journal* 9, nº 1, 1990.
Dodds, E. R. *The Greeks and the Irrational*. Berkeley: University of California Press, 1951.

Dossey, Larry. *Beyond Illness*. Boston: Shambhala, 1984.

Downing, Christine. *Psyche's Sisters*. Nueva York: Harper & Row, 1988.

- (ed.). *Mirrors of the Self*. Los Angeles: Jeremy P. Tarcher, 1991. (De próxima aparición en Ed. Kairós con el título *Espejos del Yo*).

Edinger, Edward F. *The Anatomy of the Psyche*. La Salle Ill: Open Court, 1986.

Eichman, William Carl. "Meeting Darkness on the Path". *Gnosis*. n⁰ 14, invierno de 1990.

Ekman, Paul. *Why Kids Lie*. Nueva York: Charles Scribners, 1988.

Elliot, T. S. *Four Quartets*. Londres: Faber and Faber, 1949. [Hay traducción castellana con el título *Cuatro Cuartetos*, publicada por Seix Barral, Barcelona, 1974.]

Feinstein, David y Stanley Krippner. *Personal Mythology: The Psychology of Your Evolving Self*. Los Angeles: Jeremy P. Tarcher, 1988.

Ferrucci, Piero. *What We May Be*. Los Angeles: Jeremy P. Tarcher, 1982.

Fjerkenstad, Jerry. "Alchemy and Criminality". *Inroads*, primavera de 1990.

Frazer, James G. *The Golden Bough*. Nueva York: St. Martin's Press, 1977. [Hay traducción castellana, con el título *La Rama Dorada*, publicada por el Fondo de Cultura Económica: Ciudad de México, 1974.]

- "Evil from the Psychological Point of View". *Spring*, 1965.

- "The Shadow Revealed in the Works of Friedrich Nietzsche". *The Well Tended Tree* (Hilde Kirsch, ed.). Nueva York: G. P. Putnam's Sons (para la C. G. Jung Foundation de Nueva York), 1971.

- *From Freud to Jung: A Comparative Study of the Psychology of the Unconscious*. Boston: Shambhala, 1990.

Fromm, Erich. *Anatomy of Human Destructiveness*. Nueva York: Henry Holt & Co., 1973.

Gallard, Martine Drahon. "Black Shadow/White Shadow". *The Archetype of the Shadow in a Split World* (Mary Ann Mattoon, ed.). Zurich: Daimon, 1987, pp. 199-213.

Gerzon, Mark. *Act II: How to Turn Your Midlife Crisis Into a Quest*. (En prensa: Delacorte).

Gibran, Kahlil. *The Prophet*. Nueva York: Alfred A. Knopf, 1923.

Glendinning, Chellis. *When Tecnology Wounds: The Human Consequences of Progress*. Nueva York: William Morrow, 1990.

Goldberg, Jane. *The Dark Side of Love*. Los Angeles: Jeremy P. Tarcher, 1991.

Goleman, Daniel. *Vital Lies, Simple Truths*. Nueva York: Simon & Schuster, 1986.

– "The Dark Side of Charisma". *New York Times*, 1 de Abril de 1990.

Greene, Liz y Stephen Arroyo. *The Jupiter/Saturn Conference Lectures*. Sebastopol, Calif.: CRCS Publications, 1984.

Griffin, Susan. *Pornography and Silence: Culture's Revenge Against Nature*. Nueva York: Harper & Row, 1981.

Grof, Christina y Stanislav. *The Stormy Search for the Self*. Los Angeles: Jeremy P. Tarcher, 1990.

Guggenbühl-Craig, Adolf. "Quacks, Charlatans and False Prophets". *The Reality of the Psyche* (Joseph Wheelright, ed.). Nueva York: G. P. Putnam's Sons, 1972.

– *Marriage Dead or Alive*. Dallas: Spring Publications, 1978.

– Adolf. *Power in the Helping Professions*. Dallas: Spring Publications, 1978.

– *Eros on Crutches*. Dallas: Spring Publications, 1980.

Hannah, Barbara. "Ego and Shadow". *Guild of Pastoral Psychology*, Lecture nº 85, Marzo de 1955.

– *Encounters with the Soul: Active Imagination*. Boston: Sigo Press, 1981.

Harding, Esther M. "The Shadow". *Spring*, 1945.

– *The I and the Not I*. Princeton, N.J.: Princeton University Press, Bollingen Series, 1965.

Henderson, Joseph L. *Shadow and Self: Selected Papers in Analytical Psychology*. Wilmette, Ill.: Chiron Publications, 1989.

Hendrix, Harville. *Getting the Love You Want*. Nueva York: Harper & Row, 1988.

Hill, Michael Ortiz. "Healing the Dream of Apocalypse" y "Out of My Father's House: A Fairy Tale". (Artículos inéditos.)

Hillman, James. "Friends and Enemies: The Dark Side of Relationship". *Harvest*, nº 8, 1962, pp. 1-22.

– *Insearch: Psychology and Religion*. Nueva York: Charles Scribners, 1967.

– *The Dream and the Underworld*. Nueva York: Harper & Row, 1979.

– "Notes on White Supremacy". *Spring*, 1986, pp. 29-59.

– (ed.). *Puer Papers*. Dallas: Spring Publications, 1979.

– (ed.). *Soul and Money*. Dallas: Spring Publications, 1982.

Hopcke, Robert H. *A Guided Tour of the Collected Works of C. G. Jung*. Boston: Shambhala, 1989.

Irwin, Jolen T. *Doubting and Incest-Repetition and Revenge: A Speculative Reading of Faulkner.* Baltimore y Londres: John Hopkins, 1975.

Jacobi, Jolande. *The Psychology of C. G. Jung.* New Haven: Yale University Press, 1951.

- *Masks of the Soul.* Grand Rapids, Mich.: William B. Eerdmans, 1967.

- *The Way of Individuation.* Nueva York: Harcourt, Brace & World, 1967.

Jaffé, Aniela, (ed.). *C. G. Jung: World and Image.* Princeton. N.J.: Princeton University Press, Bollingen Series XCVII: 2, 1979.

-Johnson, Robert A. *Extasy: Understanding of the Psychology of Joy.* Nueva York: Harper & Row, 1987. [Hay traducción castellana con el título *Extasis: Psicología del Gozo*, publicado por Kairós, Barcelona, 1992.]

- *Owning Your Shadow.* Nueva York: Harper and Row, (en prensa).

Joy, W. Brugh. *Avalanche: Heretical Reflections on the Dark and the Light.* Nueva York: Ballantine Books, 1990.

Jung, Carl Gustav. "The Fight with the Shadow". *Listener*, 7 de Noviembre de 1946.

- *Answer to Job.* Londres: Routledge & Kegan Paul, 1952.

- *Collected Works*, vols. 1-20. (R. F. C. Hill, trad. y H. Read, M. Fordham, G. Adler y William McGuire, eds.). Princeton, N.J.: Princeton Unversity Press, Bollingen Series XX, 1953-1990.

- *Memories, Dreams, Reflections.* Nueva York: Pantheon Books, 1973. [Hay traducción castellana con el título *Recuerdos, Sueños, Pensamientos*, publicado por Seix Barral, Biblioteca Breve, Barcelona, 4ª edic. 1986.]

- con Marie-Louise von Franz, Joseph L. Henderson, Jolande Jacobi y Aniela Jaffé. *Man and His Symbols.* Garden City, Nueva York: Doubleday, 1964. [Hay traducción castellana con el título *El Hombre y sus Símbolos*, publicado por Caralt, Barcelona, 1981.]

- *Two Essays on Analytical Psychology.* Princeton, N.J.: Princeton University Press, 1966.

Keen, Sam. *Faces of the Enemy.* Nueva York: Harper & Row, 1986.

- con Anne Valley-Fox. *Your Mythic Journey.* Los Angeles: Jeremy P. Tarcher, 1989. [Hay traducción castellana con el título *Su viaje mítico*, publicado por Ed. Kairós, Barcelona, 1992.]

Kelsey, Morton. *Discernment: A Study in Ecstasy and Evil.* Nueva York: Paulist Press, 1978.

Keppler, Carl F. *The Literature of the Second Self*. Tucson, Ariz.: Books Demand UMI, 1972

Koestler, Arthur. *Janus: A Summing Up*. Nueva York: Vintage Books, 1978.

Kopp, Sheldon P. *If You Meet the Buddha on the Road, Kill Him*. Palo Alto, California.: Science & Behavior Books, 1976.

Kunkel, Fritz, *Selected Writtings*. Nueva York: Paulist Press, 1984.

Lao Tzu. *Tao Te King*. (G. F. Feng y J. English, eds.). Nueva York: Vintage Books, 1972.

Le Guin, Ursula K. *The Wizard of Earthsea*. Nueva York: Parnassus Press, 1975

Leonard, Linda Schierse. *Witness to the Fire*. Boston: Shambala, 1989.

Lessing, Doris. *The Marriages Between Zones Three, Four and Five*. Nueva York: Vintage Books, 1981.

Levinson, Daniel J. *The Seasons of a Man's Life*. Nueva York: Random House, 1979.

Lifton, Robert Jay. *The Nazi Doctors: Medical Killing and the Psychology of Genocide*. Nueva York: Basic Books, 1986.

Lorde, Audre. *Sister Outsider*. Nueva York: Crossing Press, 1984.

Lower, Alexander. *The Betrayal of the Body*. Nueva York: Macmillan, 1967.

Lowinsky, Naomi. *Stories from the Motherline*. Los Angeles: Jeremy P. Tarcher (En prensa).

Martin, P. W. *Experiments in Depth*. Londres: Routledge & Kegan Paul, 1955.

May, Rollo. *Power and Innocence*. Nueva York: W. W. Norton, 1972.

McWhinney, Will. "Evil in Organizational Life: Faustians Professionals, Bureaucrats & Humanists" (Artículo inédito).

Metzger, Deena. "Personal Disarmement: Negotiating with the Inner Government". *Re-Vision* 12, Nº 4, primavera de 1990.

Metzner, Ralph. *Opening to Inner Light*. Los Angeles: Jeremy P. Tarcher, 1986. [Hay traducción castellana con el título *Las grandes metáforas de la tradición sagrada*, publicado por Ed. Kairós, Barcelona, 1988.]

Miller, Alice. *For Your Own Good: Hidden Cruelty in Child-Rearing and the Roots of Violence*. Nueva York: Farrar, Straus, Giroux, 1983.

- *Banished Knowledge: Facing Childhood Injuries*. Nueva York: Doubleday, 1990.

Miller, Patrick D. "What the Shadow Knows: An Interview with John

A. Sanford". *The Sun*, nº 137, 1990.

Miller, William A. *Your Golden Shadow*. Nueva York: Harper & Row, 1989.

Mindell, Arnold. "The Golem". *Quadrant* 8, Nº 2, invierno de 1975.

- "Somatic Concioussnes". *Quadrant* 14:1 (1972), pp. 66-7.

- *City Shadows: Psychological Interventions in Psychiatry*. Londres: Routledge, 1989.

Moffitt, Phillip. "The Dark Side of Excellence". *Esquire*. diciembre de 1985.

Monick, Eugene. *Phallos: Sacred Image of the Masculine*. Toronto: Inner City Books, 1987.

Moreno, Antonio. *Jung, Gods and Modern Man*. South Bend, Ind.: University of Notre Dame Press, 1970.

Morrish, Ivor. *The Dark Twin: A Study of Evil & Good*. Essex, Inglaterra: L. N. Fowler, 1980.

Murdock, Maureen. *The Heroine's Journey*. Boston: Shambhala, 1990. [Hay traducción castellana con el título *Ser Mujer*, publicado por Ediciones Gaia, Madrid, 1992.]

Nebel, Cecile. *The Dark Side of Creativity*. Troy, Nueva York: Whitston Publishing, 1988.

Neumann, Erich. *Depth Psychology and a New Ethic*. Nueva York: Putnam, 1969.

Nichols, Sallie. *Jung y el Tarot*. York Beach, Me.: Samuel Weiser, 1980. [Hay traducción castellana con el título *Jung y el Tarot. Un Viaje Arquetípico*, publicada por Ed. Kairós, Barcelona, 1988].

O'Flaherty, Wendy Doniger. *Dreams, Illusions and Other Realities*. Chicago: University of Chicago, 1984.

O'Neill, John. *The Dark Side of Success*. Los Angeles: Jeremy P. Tarcher (en prensa).

Peavey, Fran. "Us and Them". *Whole Earth Review*, nº 49, invierno de 1985.

Peck, M. Scott. *People of the Lie*. Nueva York: Simon & Schuster, 1983.

Perera, Silvya Brinton. *The Scapegoat Complex: Toward a Mythology of Shadow and Guilt*. Toronto: Inner City Books, 1986.

Pierrakos, John C. *Anatomy of Evil*. Nueva York: Institute for the New Age of Man, 1974.

- *Core Energetics: Developing the Capacity to Love and Heal*. Mendocino, California: LifeRythm, 1988.

Raine, Kathleen. "The Inner Journey of the Poet". *In the Wake of Jung*. (Molly Tuby, ed.) Londres: Coventure, 1986.

Rank, Otto. *Beyond Psychology*. Nueva York: Dover, 1958 [1941].

- *The Double*. (Harry Tucker, Jr. trad. y ed.). Nueva York: New American Library, 1977.

Rilke, Rainer Maria, *The Sonets to Orpheus*. (Stephen Mitchell trad.), Nueva York: Simon & Schuster, 1985.

Robb, Christina, "Shadows Loom in the Stuart Case". *Boston Globe*, 16 de enero de 1990.

Rosen David. *Depression, Ego and Shadow*. Los Angeles: Jeremy P. Tarcher (en prensa).

Samuels, Andrew, et al. *A Critical Dictionary of Jungian Analysis*. London: Routledge & Kegan Paul, 1986.

Sandner, Donald F. "The Split Shadow and the Father-Son Relationship". *Betwixt & Between* (Louise Mahdi, et al. trad.). La Salle, III.: Open Court, 1988.

Sanford John A. *Evil: The Shadow Side of Reality*. Nueva York: Crossroad, 1984.

- *The Strange Trial of Mr. Hyde*. Nueva York: Harper & Row, 1987.

Scarf, Maggie. *Intimate Partners: Pattners in Love and Marriage*. Nueva York: Random House, 1982.

Schmookler, Andrew Bard. *Out of Weakness: Healing the Wounds that Drive Us to War*. Nueva York: Bantam, 1988.

Sharp, Daryl. *The Survival Papers: Anatomy of a Mid-Life Crisis*. Toronto: Inner City Books, 1988.

Sidoli, Mara. "The Shadow Between Parents and Children". *The Archetype of the Shadow in a Split World* (Mary Ann Matton ed.). Zurich: Daimon, 1987.

- "Shame and Shadow". *The Journal of Analytical Psychology*. n° 33.

Signell, Karen A. *Wisdom of the Heart: Working with Women's Dreams*. Nueva York: Bantam, 1990.

Sinetar, Marsha. *Do What You Love, The Money Follow*. Nueva York: Dell Books, 1987.

Singer, June. *Boundaries of the Soul*. Nueva York: Doubleday, 1972.

Slater, Philip. *Earthwalk*. Garden City, Nueva York: Anchor Press/Doubleday, 1974. [Hay traducción castellana con el título *Paseo por la tierra*, publicado por Ed. Kairós, Barcelona, 1979.]

Smith, Huston. *The Religions of Man*. Nueva York: Harper & Row, 1958.

Solzhenitsyn, Alexander. *The Gulag Archipielago*. Nueva York: Harper & Row, 1978.

Stein, Robert M. *Incest and Human Love: The Betrayal of the Soul in Psychoterapy*. Dallas: Spring Publications, 1973.

Stevens, Anthony. *Archtypes: A Natural History of Self*. Nueva York: Quill, 1983.

- *The Roots of War: A Jungian Perspective*. Nueva York: Paragon House, 1989.

Stillings, Dennis. "Invasions of the Archetypes". *Gnosis*, nº 10. Invierno de 1989.

Stone, Hal y Sidra Winkelman. *Embracing Our Selves*. San Rafael, Calif.: New World Library, 1989.

Te Paske, Bradley A. *Rape and Ritual: A Psychological Study*. Toronto: Inner City Books, 1982.

Toub, Gary. "The Usefulness of the Useless". *Psychological Perspectives* 18, nº 2, otoño de 1987.

Tuby, Molly. "The Shadow". The Guild of Pastoral Psychology, *Guild Lecture* Nº 216, Londres, 1963.

Tucher, Harry, Jr. "The Importance of Otto Rank's Theory of the Double". *Journal of the Otto Rank Association*. Invierno 1977-78.

Tymes, Ralph. *Doubles in Literary Psychology*. Cambridge, England University of Oxford Press, 1949.

Van Over, R., (Ed.) *Taoist Tales*. Nueva York: New American Library, 1973.

Ventura, Michael. *Shadow Dancing in the USA*. Los Angeles: Jeremy P. Tarcher, 1985.

von Franz, Marie-Louise. *Shadow and Evil in Fairytales*. Dallas: Spring Publications, 1974.

- *C. G. Jung: His Myth in Our Time*. Nueva York: G. P. Putnam's Sons (para la C. G. Jung Foundation de Nueva York), 1975.

- *Projection and Re-collection in Jungian Psychology*. La Salle, Ill.: Open Court Publishing, 1980.

- y James Hillman. *Jung's Typology*. Dallas: Spring Publications, 1971.

Wakefield, Joseph. "Analysis in Revolution: Shadow and Projection in El Salvador". *Spring*, 1987.

Washburn, Michael. *The Ego and the Dynamics Ground*. Nueva York: State University of New York Press, 1988.

Whitmond, Edward C. *The Symbolic Quest*. Princeton, N.J.: Princeton University Press, 1978.

- "Individual Transformation and Personal Responsability". *Quadrants* 18, nº 2. Otoño de 1985, pp. 45-56.

Wilber, Ken. *The Spectrum of Consciousness*. Wheaton, Ill.: Theosophical Publishing House, 1982. [Hay traducción castellana con el título *El Espectro de la Conciencia*, publicado por Editorial Kairós, Barcelona, 1989].

Wilmer, Harry A. *Practical Jung: Nuts and Bolts of Jungian Psychoterapy*. Wilmette, Ill.: Chiron Publications, 1987.

Woodman, Marion. *The Pregnant Virgin*. Toronto: Inner City Books, 1985.

Woodruff, Paul y Harry Wilmer (Eds.) *Facing Evil at the Core of Darkness*. La Salle, Ill.: Open Court, 1986.

Yandell, James. "Devils on the Freeway", "This World". *San Francisco Chronicle*, 26 de julio de 1987.

Ziegler, Alfred J. *Archetypical Medicine*. Dallas: Spring Publications, 1983.

PERMISOS Y COPYRIGHTS

NOTA SOBRE
LOS EDITORES

CONNIE ZWEIG es escritora y editora y vive al borde de un acantilado en el Topanga Canyon, California. Ha sido editora ejecutiva del *Brain/Mind Bulletin*, columnista del *Esquire* y en la actualidad trabaja como editora para Jeremy P. Tarcher, Inc. Su interés fundamental se centra en el campo de la psicología y ha orientado su trabajo espiritual hacia la práctica y la enseñanza de la meditación. Es la compiladora del libro *Ser Mujer*, en esta misma colección.

JEREMIAH ABRAMS ha trabajado durante los últimos veinte años como terapeuta junguiano, analista de sueños, escritor, consejero y consultor. Actualmente es director del Mount Vision Institute, un Centro de Individuación ubicado en Sausalito, California. Vive con su esposa y sus dos hijos en California del Norte. Es autor de la compilación titulada *Recuperar el niño interior*, en esta misma colección).

ÍNDICE